证券投资者保护实现机制研究

Research on Realization
Mechanism of Securities Investors Protection

陈 洁 著

社会科学文献出版社
SOCIAL SCIENCES ACADEMIC PRESS (CHINA)

目　录

导语 《证券法》关于投资者保护制度的新发展

证券市场的运行特点以及投资者在证券市场中的基础地位，决定了证券法要以保护投资者权益为宗旨。我国《证券法》自1998年颁布，历经四次修订，在2019年"大修"之际，终于设专章规定投资者保护制度，并对证券市场历经实践检验符合市场需求的创新安排加以制度化规范化，切实增强了我国投资者权益保护的整体效能，彰显了我国资本市场对投资者保护的决心、对投资者保护制度功能的积极探索以及努力构建具有中国特色的投资者保护机制的立法智慧与制度自信。最新修订的《证券法》对投资者权利保护系统的全新打造和科学构建，不仅是因应一种强烈而现实的市场运行和社会发展需求的重大举措，也是我国证券市场迈向法治化、成熟化进程的重要标志。

一 设专章规定投资者保护制度

新增"投资者保护"专章是现行《证券法》的一大亮点。域外尽管有专门制定诸如"证券投资者保护法"之类的立法例，但鲜有在《证券法》中专章规定投资者保护制度的。对此，尽管学界意见不一，但鉴于我国证券市场中小投资者众多且高度分散的"散户型"市场特征以及投资者保护机制的结构性缺陷和功能性障碍，《证券法》设专章规定投资者保护制度契合市场需求、深具中国特色且颇富法理价值。其一，突出了投资者保护在《证券法》中的重要地位，凸显了立法者对投资者保护的重视，集中表达了《证券法》保护投资者权益的立法宗旨与核心价值。我国《证券法》立法伊始，就确立了保护投资者合法权益的立法宗旨和基本原则，但其实施效果并不尽如人意。究其原因诸多，但立法层面对如何实现投资者保护的机理思路尚未厘清是至为重要的原因之一，反映在过往《证券法》文本设计上的一个重要表现就是投资者保护规定的散乱残缺。2019 年的修法，立足于投资者作为市场主体兼具投资者和证券交易者双重身份的特性，统筹兼顾，大胆借鉴，系统构筑投资者权益保护的顶层设计。这种单独成章的立法方式不仅仅有利于唤起整个市场对投资者保护的关注，增强市场各方对投资者保护的法律意识，对损害投资者行为起到宣示威慑作用，也便于整个市场充分利用证券法提供的投资者权益保护机制。其二，实现了立法层面投资者保护的法理逻辑与制度设计的一体化，有利于法律条文的具体落实与便捷应用。由于投资者保护关涉资本市场的方方面面，几乎每项证券法律制度都渗透着保护投资者的理念与思维，因此，过往《证券法》中关于投资者保护的制度规范始终是零散不成体系的，而法条之间的逻辑与分布过于松散，势必影响法律规范的整体把握与准确实施，实践中也着实给市场各方以及司法部门对法条的理解适用造成很大的困扰。现行《证券法》"投资者保护"专章不仅把难以被其他章节吸收的内容一并纳入"投资者保护"的专章规定中，更重要的是建构了以投资者权利为本位的规范架构与思维范式，即以投资者与证券公司，投资者与上市公司，投资者与发行人的控股股东、实际控制人等的关系为主线，明确了投资者可以让渡的权利、让渡的途径以及接受权利让渡的投资者保护机构为保护投资者权益可以采用的方式。这种立法模式使我国投资者保护制度更加体系化、更加科学完善，有利于把立法上的制度优势更好地转化为投资者保护的制度效能。

二 确立了专门的投资者保护机构

现行《证券法》第六章浓墨重彩地以 4 个条文（全章总共 8 个条文）对投资者保护机构的定位、职能予以规范，也是《证券法》的一大特色。尽管域外法定投资者保护机构多指投资者保护基金，但从《证券法》为投资者保护机构设定的特殊职能以及我国投资者保护基金的功能定位来看，投资者保护基金无疑是一般意义上的投资者保护机构，而我国《证券法》第六章所确立的"投资者保护机构"特指中证中小投资者服务中心有限责任公司（投服中心）。

作为加强对中小投资者保护的一项重大举措,中国证监会于 2014 年 8 月批准设立证券金融类公益机构投服中心。投服中心的主要职责就是为中小投资者自主维权提供教育、法律、信息、技术等服务。其中,"公益性持有证券等品种,以股东身份行权维权"是其重要职责之一。投服中心采取由中国证监会主导、其他社会组织力量积极配合的模式依法组建。此种由证券监管机构支持成立的半官方组织身份可能使投服中心的独立性受到质疑,但同时也方便了它的设立,使其具有较为充沛的经费来源。这种制度设计是充分考虑我国证券市场的结构特征以及证券监管机制的运行环境所作出的选择,也是对我国台湾地区"证券投资人及期货交易人保护中心"模式成功经验的借鉴。

现行《证券法》集思广益,砥砺创新,对专门的投资者保护机构的定位职能予以明确,无疑是对我国证券市场长期以来积极探索投资者保护机制创新成果的制度化规范化,具有重要的制度建构价值和实践意义。具体而言,投资者保护机构兼具公共机构和机构投资者(公益股东)的双重属性,是集市场职能和监管职能于一身的特殊市场主体。就其市场职能来看,投资者保护机构运行机制的本质逻辑是由政府成立专门的维权组织,通过公益性持有股票并行使股东权利,充分发挥市场自律作用,向市场释放信号,形成威慑,进而示范动员其他广大投资者共同参与到维权过程中,提高投资者的维权意识和能力,将市场力量集中化、组织化。这种机制是为了弥补我国投资者保护体系中自为机制的不足,是我国中小投资者保护的重大制度创新,是我国资本市场监管部门为更深入、更全面地保护投资者,尤其是相对弱势的中小投资者的合法权益而设计的一种具有中国特色的中小投资者保护的创新机制,它与行政监管、自律管理共同构成我国保护中小投资者合法权益的"三驾马车"。实践表明,投资者保护机构的有效运行,一是在结构上可以弥补我国资本市场成熟投资者的数量不足,从而强化投资者权益保护自为机制的组织基础;二是在功能上可以投资者身份行使民事权利,从而启动证券民事权利的实现机制,优化配置证券市场上的民事权利资源。

综上,现行《证券法》对投资者保护机构的制度规范,表明了在我国证券市场转轨时期,建立由证监会统筹监管、与准行政性的投资者保护基金公司并存的投资者保护组织体系，是我国完善中小投资者保护体系的必然方向和重要措施。《证券法》对投资者保护创新机制的确认，有利于市场多方利用制度资源，提高证券市场的自治能力，也为我国中小投资者权益保护提供新的制度创新思路和现实可能性。

三　创新了投资者民事赔偿权利的实现方式

保障因证券违法行为而遭受损害的投资者的民事赔偿权利是践行投资者保护宗旨的基础性制度。在借鉴域外成熟制度经验的基础上，现行《证券法》就如何切实高效地实现投资者的民事赔偿权利作了适应我国国情的重大探索与制度创新，具体包括责令购回、纠纷调解、支持诉讼等。其中最具中国特色的当数先行赔付与集体诉讼制度。其一，先行赔付。它是指在证券市场发生欺诈发行、虚假陈述或者其他重大违法行为案件时，在对发行人、上市公司等市场主体据以承担赔偿责任的行政处罚、司法裁判作出之前，由民事赔偿责任的可能的连带责任人之一先行垫资向投资者承担赔偿责任，然后再由先行赔付者向未参与先行赔付的发行人、上市公司以及其他责任人进行追偿的一种措施。先行赔付制度可以及时赔偿投资者的损失，有利于维护投资者的权益，避免因责任人之间的相互推诿和求偿程序复杂而导致投资者求偿无门，是我国证券民事责任制度的必要而有益的补充。在我国的证券市场运行与管理实践中，已经出现了先行赔付的做法。《证券法》总结市场监管实践经验，在全面实行证券发行注册制的制度预期下，为弥补当前证券民事责任制度实施机制之不足，果断引入先行赔付制度，积极建构我国资本市场民事赔偿的新模式，无疑是消除迈向注册制时产生的投资者市场疑虑的重要措施。其二，集体诉讼制度。《证券法》顺应市场的呼声，明确引入中国特色的集体诉讼制度，规定投资者保护机构可以作为诉讼代表人，按照"明示退出""默示加入"的诉讼原则，依法为受害投资者提起民事损害赔偿诉讼。在该集体诉讼机制下，一旦胜诉，法院作出的判决裁定对参加登记的投资者均发生效力，这无疑将有效利用司法资源，极大降低投资者的维权成本。与此同时，我国的集体诉讼制度以投资者保护机构为抓手，通过维权组织来发动对于证券违法行为的诉讼，同域外由律师主导的集团诉讼相比较，具有突出的优势。一方面，投资者保护机构的公益性足以有效避免集团诉讼普遍存在的滥诉问题；另一方面，投资者保护机构可以更好地协调其与其他执法资源之间的关系，尤其有利于和政府监管、市场约束等执法机制的协同发展，既弥补现有的执法机制之不足，也避免执法资源的浪费。可以相信，《证券法》上述机制的有效运行，可以充分发挥证券市场机制的系统效益，增强各种社会组织在规范证券市场秩序方面的角色功能，尽快实现我国证券市场积极保护投资者权益的市场态势，确保证券法宗旨的有效实现。

上编

证券投资者保护机构

第一章 证券投资者保护机构的界定及其功能阐释

证券法以保护投资者权益为宗旨，这是由证券市场的运行特点和投资者在证券市场中的基础地位所决定的。国际证监会组织早在2002年发布的《证券监管目标与原则》中就指出，保护投资者是证券监管的三大目标之一。基于此，结构多样、功能不一的投资者保护机构日益成为资本市场发达国家大力践行投资者保护宗旨的重要举措。我国《证券法》借2019年的"大修"之机新增专章规定"投资者保护"，并浓墨重彩地以4个条文（全章总共8个条文）对投资者保护机构的定位、职能予以规范，彰显了我国对投资者保护机构的厚望以及对投资者保护的创新安排加以制度化规范化的立法智慧。但投资者保护机构毕竟是我国资本市场的新生事物，不仅市场各方对投资者保护机构的内涵外延、属性职责等远未形成统一的认识，而且即使是现行制定法对投资者保护机构的法律地位、功能实现的内在机理以及同证券市场其他组织机构的协调配合等也存在明晰和探讨的必要。笔者以为，对我国投资者保护机构的认识研究，不应拘泥于对投资者保护机构法律条文的规范阐释以及我国现有投资者保护机构功能实施的现实，而应从投资者保护机构在整个证券市场的应有地位和固有功能出发，根据证券市场投资者保护机制的内在本质、运行规律和发展需要，以及证券市场投资者保护国际发展的趋势，在更宏大的视野和更深入的层次上，探求投资者保护机构的应然结构及其制度建构，以及投资者保护机构的功能实现与行政监管、市场主体培育之间的合理关系，以积极推进我国证券市场投资者保护组织体系建设，有效建构具有中国特色的投资者保护机制。

一 证券投资者保护机构的界定及其入法缘由

(一) 我国证券投资者保护机构的界定

在组织结构层面，中国证监会对证券市场投资者保护的制度性安排，是以"一体两翼"为基本框架。[①]"一体"指的是中国证监会投资者保护局（简称"投保局"），"两翼"指的是中国证券投资者保护基金有限责任公司（简称"投保基金"）和中证中小投资者服务中心有限责任公司（简称"投服中心"）。此外，证监会有关部门、各派出机构、会管单位以及市场各方，包括各上市公司、证券经营机构、基金公司等也都是我国证券市场投资者保护的参与者。不过，通常意义上，"一体两翼"被视为我国资本市场法定的证券投资者保护机构。

2019 年《证券法》的修订，使得"投资者保护机构"作为法定概念首次在法律层面得以体现。《证券法》新增第六章"投资者保护"，其在规定"……依照法律、行政法规或者国务院证券监督管理机构的规定设立的投资者保护机构（以下简称投资者保护机构）"[②]的前提下，赋予投资者保护机构行使征集投票权、受托达成先行赔付协议、主持调解、支持诉讼、提起股东派生诉讼、担任证券民事赔偿诉讼的代表人六大职能。从相关法条的表述看，[③]这六大职能实际上具有复合性，诸如主持调解、支持诉讼等职能是公权力机构可以行使的，但包括提起股东派生诉讼、行使征集投票权等职能又必须以上市公司股东身份为基础才可以行使。可见，《证券法》从两个层面规定了投资者保护机构的识别要件：①依照法律、行政法规或者国

---

① 尽管 2023 年 5 月 18 日，国家金融监督管理总局正式挂牌成立，2023 年 10 月 29 日起施行的《国家金融监督管理总局职能配置、内设机构和人员编制规定》第 3 条规定"中国证券监督管理委员会的投资者保护职责划入国家金融监督管理总局"，但具体的机构调整安排目前尚未出台，故本章仍以我国证券市场投资者保护的制度现状为研究对象。

② 《证券法》第 90 条第 1 款规定："上市公司董事会、独立董事、持有百分之一以上有表决权股份的股东或者依照法律、行政法规或者国务院证券监督管理机构的规定设立的投资者保护机构（以下简称投资者保护机构），可以作为征集人，自行或者委托证券公司、证券服务机构，公开请求上市公司股东委托其代为出席股东大会，并代为行使提案权、表决权等股东权利。"

③ 具体参见《证券法》第 90、93、94、95 条。

务院证券监督管理机构的规定设立；②投资者保护机构可以全面行使《证券法》特别授权的六大职能。

从广义上说，"一体两翼"所包括的投保局、投保基金和投服中心都是依照法律、行政法规或者国务院证券监督管理机构的规定设立的投资者保护机构，三个组织体都符合《证券法》规定的第一个识别要件。但结合第二个识别要件，即从《证券法》为投资者保护机构设定的特殊职能来看，我国《证券法》规定的"投资者保护机构"只能是指投服中心。

其一，从投保局的职能设定考察。投保局于 2011 年底正式成立。作为证监会的内设机构，投保局的职能主要包括：投资者保护工作的统筹规划、组织指导、监督检查、考核评估；推动建立健全投资者保护相关法规政策体系；统筹协调各方力量，推动完善投资者保护的体制机制建设；督导促进派出机构、交易所、协会以及市场各经营主体在风险揭示、教育服务、咨询建议、投诉举报等方面，提高服务投资者的水平；推动投资者受侵害权益的依法救济；组织和参与监管机构间投资者保护的国内国际交流与合作。① 由上可见，投保局是作为监管机构的内设组成部分，依法专门负责对全国证券市场投资者保护工作的组织规划、协调力量、监督指导。正是因其证监会内设机构的属性，投保局为维护投资者权益所开展的投资者保护工作的组织指导、监督检查之类性质上是属于行使行政监管权。换言之，作为行政监管机构，投保局无法以上市公司股东身份行使《证券法》赋予的提起股东派生诉讼、行使征集投票权等职能。

其二，从投保基金的基本职责分析。投保基金于 2005 年 6 月经国务院批准成立，业务归口中国证监会管理。《证券法》第 126 条规定："国家设立证券投资者保护基金。证券投资者保护基金由证券公司缴纳的资金及其他依法筹集的资金组成，其规模以及筹集、管理和使用的具体办法由国务院规定。"2016 年由中国证监会、财政部、中国人民银行共同发布的《证券投资者保护基金管理办法》第 2 条第 1 款规定："证券投资者保护基金是指按照本办法筹集形成的、在防范和处置证券公司风险中用于保护证券投资

---

① 参见中国证监会官方网站，http://www.csrc.gov.cn/pub/zjhpublic/G00306215/201404/t20140414_247007.htm。

者利益的资金。"投保基金的主要职责是筹集、管理和运作投资者保护基金，监测证券公司风险、参与处置问题券商、应对被处置证券公司及公募基金管理人破产风险给投资者造成的损失等，同时也承担投资者的教育和诉讼纠纷等职能。[①] 可见，投保基金的职能侧重于投资者保护的赔偿性安排，主要包括对证券公司、公募基金管理人风险处置所涉及的对投资者的赔付、对欺诈发行所涉及的先行赔付等，总体上是一种"善后"的活动，其法定职责并不包括以上市公司股东身份行使《证券法》赋予的提起股东派生诉讼、行使征集投票权等职能。

其三，从投服中心的功能定位来看。投服中心是于 2014 年 12 月成立的证券金融类公益机构，归属中国证监会直接管理。投服中心的主要职责包括：面向投资者开展公益性宣传和教育；公益性持有证券等品种，以股东身份或证券持有人身份行权；受投资者委托，提供调解等纠纷解决服务；为投资者提供公益性诉讼支持及其相关工作。其职能设定中最特殊的就是"公益性持有证券等品种，以股东身份行权维权"（简称"持股行权"）。[②] 简言之，投服中心的职能主要包括两方面，一方面是作为公共组织开展的诸如调解、支持诉讼等职能，另一方面是作为上市公司股东开展的持股行权等功能。实践中，投服中心主要侧重于投资者保护的事前、事中的活动，比如持股行权、纠纷调解、支持诉讼等活动。鉴于投服中心是证监会批准设立的唯一可以从事持股行权业务的投资者保护机构，因此只有投服中心能够满足《证券法》规定的"投资者保护机构"的两个识别要件。

事实上，除了现行《证券法》，结合证监会 2018 年修订的《上市公司治理准则》，也可以对投资者保护机构予以进一步的明确识别。《上市公司

---

① 《证券投资者保护基金管理办法》第 7 条规定："基金公司的职责为：（一）筹集、管理和运作基金；（二）监测证券公司风险，参与证券公司风险处置工作；（三）证券公司被撤销、被关闭、破产或被证监会实施行政接管、托管经营等强制性监管措施时，按照国家有关政策规定对债权人予以偿付；（四）组织、参与被撤销、关闭或破产证券公司的清算工作；（五）管理和处分受偿资产，维护基金权益；（六）发现证券公司经营管理中出现可能危及投资者利益和证券市场安全的重大风险时，向证监会提出监管、处置建议；对证券公司运营中存在的风险隐患会同有关部门建立纠正机制；（七）国务院批准的其他职责。"

② 中国证券监督管理委员会：《证监会投资者保护局对投资者关注问题的答复》，载中国证券监督管理委员会官网，http://www.csrc.gov.cn/wcm/websearch/zjh_simp_list.jsp，最后访问日期：2018 年 1 月 26 日。

治理准则》第七章"机构投资者及其他相关机构"共 5 条，主要是鼓励各类机构投资者积极参与上市公司治理。其第 82 条规定："中小投资者保护机构应当在上市公司治理中发挥积极作用，通过持股行权等方式多渠道保护中小投资者合法权益。"推究该规定的缘由，在 2019 年修订的《证券法》出台之前，投服中心持股行权业务已在沪深交易所市场全面展开并获得了国内外普遍关注与认可。鉴于持股行权机制作为应对我国投资者保护困境的制度创新取得的成效以及投服中心以股东身份参与上市公司治理的角色定位，其主管部门证监会作为规则制定者，在 2018 年修订的《上市公司治理准则》中将以公司制形式组织的投服中心视作一类特殊的机构投资者予以肯定。① 因此，在《上市公司治理准则》修订说明中，证监会明确指出："……更加注重中小投资者保护，发挥中小投资者保护机构的作用"② 是此次修订的重点之一。

综上，《证券法》第一个识别条件无法将《证券法》规定的投资者保护机构和其他具有投资者保护功能的组织体完全区分开来，我国投资者保护机构和其他具有投资者保护功能的组织体的根本区别，实质上并不在于其是"依法设立"，而在于其特定的法律授予的职责，以及为通过私法方式实现公法目的而采取的特殊的制度安排。基于《证券法》为投资者保护机构设定的更多扮演积极股东的角色功能，而此类功能通常并非赔偿基金性质的法定机构的主要工作，而且即便作为中国证监会内设机构的投保局，它为维护投资者权益所开展的投资者保护工作的组织指导、监督检查之类，可能和投服中心的维权机制有相似之处，但它也不是持股行权主体，所开展的相关活动也不能称为持股行权。因此，《证券法》规定的投资者保护机构应该特指投服中心，并不包含投保局和投保基金。作为中国证监会批准设立并直接管理的专门负责组织和实施持股行权的证券金融类公益机构，在我国，投资者保护机构主体应该具有特定性和唯一性。下文若无特别说明，表述中不再特意区分"投资者保护机构"和"投服中心"。

---

① 参见郭雳《作为积极股东的投资者保护机构——以投服中心为例的分析》，《法学》2019 年第 8 期。

② 《证监会发布修订后的〈上市公司治理准则〉》，载中国证券监督管理委员会官网，http：//www.csrc.gov.cn/csrc/c100028/c1001175/content.shtml，最后访问日期：2018 年 10 月 8 日。

(二) 我国投资者保护机构的入法缘由

1. 投资者维权情势严峻的结构性原因是引入投资者保护机构的现实基础

保护投资者是证券法中最核心的理念,其在证券法中具有独特的、重要的意义。我国证券市场最鲜明的特征就是以中小投资者为主的市场。相对于大股东或机构投资者,中小投资者自身的知识结构与参与治理能力显著不足。而就我国投资者权利保护系统考察,长期以来,我国证券市场长期秉持"倚重政府而非市场导向"的思路,致使投资者成熟度低、依赖性强、主动性弱,以致体现以市场机制配置资源的民事法律制度不能有效实施。可以说,这一局面是造成我国投资者维权情势严峻的结构性原因和机制性障碍。为此,探索建立中小投资者保护机构就是弥补这种缺陷的有效措施。具体而言,一方面是在结构上,通过投资者保护机构以弥补成熟投资者的数量不足,从而强化投资者权益保护自为机制的组织基础;另一方面是在功能上,促使投资者保护机构以投资者身份行使民事权利,从而强化证券民事权利的实现机制,优化配置证券市场上的民事权利资源。

2. 投服中心业已取得的重大成效是投资者保护机构入法的重要因素

随着持股行权、纠纷调解、诉讼及支持诉讼等各项工作的陆续展开,投服中心为保护中小投资者所组织开展的维权活动在资本市场获得了良好的反响和积极的评价。尤其是 2017 年 12 月 7 日,国际货币基金组织和世界银行公布了中国"金融部门评估规划"(FSAP)更新评估成果报告,该报告包括《中国金融体系稳定评估报告》、《中国金融部门评估报告》和《关于中国遵守〈证券监管目标与原则〉详细评估报告》。报告认为:"中国证监会基于中国证券市场中小投资者众多的实际情况,采取了诸多具有独创性的措施,设立中证中小投资者服务中心有限责任公司,开展支持诉讼和持股行权工作,建立证券期货纠纷多元化解机制,强化经营机构的适当性义务并统一监管要求,投资者保护工作成效显著。"[①] 由此,如何将投服中心业已取得的历经实践检验符合市场需求的创新安排加以制度化规范化是

[①] 《国际货币基金组织、世界银行公布中国"金融部门评估规划"更新评估成果报告》,载中国证券监督管理委员会官网,http://www.csrc.gov.cn/csrc/c100028/c1001412/content.shtml,最后访问日期:2017 年 12 月 7 日。

《证券法》修订的应有之义。基于对投服中心持股行权工作的性质、内容、方式等方面所作的全方位的理论探讨与实践总结，2019 年修订的《证券法》终于以立法方式为投服中心及其职能行使的合法性、正当性提供了立法支持，以利进一步推进对我国资本市场投资者的权益保护。

3. 域外经验的借鉴与本土化的结合是投资者保护机构入法的实现路径

由于我国资本市场发展的历程较短，大量借鉴成熟市场的法律制度及其实施经验，就成为辅助我国资本市场法治体系建设的重要措施。就从事投资者权益保护与服务的机构而言，在经历了长期实践的探索和改进之后，域外建立了较为成熟的投资者保护机制，积累了较为丰富的投资者服务经验。可以说，域外成熟的投资者保护机构的经验和做法，为我国投保机构的落地实施打下了坚实的制度基础。但从具体制度来看，由于大陆法系或英美法系中的具体制度是在其特有的市场机制、法律体系和文化环境中发挥作用的，我国在借鉴域外经验的基础上，立足我国资本市场的实际情况和改革需求，从制度构建方式、配套机制等方面作了大量适应本国国情的创新探索。例如，虽然我国《证券法》第 95 条第 3 款采纳了域外证券集团诉讼制度，但通过最高人民法院《关于证券纠纷代表人诉讼若干问题的规定》，实现了对投资者保护机构作为特别代表人从诉讼启动、受理、集体成员的确认、费用的减免、代表人权利的设置等关键的实体与程序问题的"本土化"，从而使"中国版的证券集体诉讼"可以有条不紊具体实施。因此，域外经验的借鉴与本土化的结合，使资本市场监管部门为更深入、更全面保护投资者，尤其是相对弱势的中小投资者的合法权益而设计出一种具有中国特色的中小投资者保护的创新机制，由此构筑了我国投资者保护机构入法的实现路径。

二 我国投资者保护机构的双重属性及其中国特色

基于投资者保护机构的组织特性以及与之相连的权力、能力和治理机制，结合投服中心的目标和具体职能设定，如何理解投资者保护机构的性质及其背后的合理性与发展逻辑是学界颇为关注的问题。① 明确投资者保护

---

① 参见邓峰《论投服中心的定位、职能与前景》，《投资者》2018 年第 2 期。

机构的性质，即这一机构究竟是政府机构监督机制的补充和延伸，还是机构投资者积极行动主义的延续和升级，对于明确监管部门对投资者保护机构监管的正当性以及投资者保护机构行权的边界甚为重要，而且无疑是厘清如何监管投资者保护机构以及如何寻求政府管制与市场自治界限的重要理论前提。

（一）投资者保护机构的双重属性

1. 投服中心的公共机构属性

在一个组织机构的基本架构与运营机制中，最核心的问题主要有四点——由谁出资、由谁管理、如何使用及其实现目标，这四个问题决定了该组织机构的属性。投服中心的基本运作模式及其作为公益组织的目标和功能就决定了其作为公共机构的基本属性。

第一，关于投服中心的设立者。2013 年 12 月 25 日，国务院办公厅发布《关于进一步加强资本市场中小投资者合法权益保护工作的意见》指出，"要探索建立中小投资者自律组织和公益性维权组织，向中小投资者提供救济援助"。2014 年 12 月，投服中心作为证监会批准设立并直接管理的证券金融类公益机构应势而生。所以，尽管投服中心持"有限责任公司"之名，以企业的组织形式出现，但投服中心的设立者是中国证监会，因此，其设立在本质上来自公共权力的授予。投服中心所承担的执行法律、规章的法定义务，除持股行权之类"不行使监管或自律职责"外，[1] 其余只要属于公共职能范畴的，就应被认为是证券监管的重要组成部分。至于域外的某些机构投资者，诸如日本和韩国的投保组织，无论其通过何种方式具备了公共目标和从事了何种公共行为，由于其不具有特殊的权力、权利和定位，因此，它们本质上都是在一般的组织法原则上而存在的。[2] 至于投服中心，则全然与此不同。事实上，《投服中心公司章程》第 73 条规定："本章程经股东会审议通过并经中国证监会批准后生效。"由此可见，组建投服中心根本不是私法意义上的组织发起行为，而是政府推动、监管部门批准的一个

---

① 投服中心和证监会均声明持股行权"不行使监管或自律职责，不代表证券监管机构的立场"。

② 参见邓峰《论投服中心的定位、职能与前景》，《投资者》2018 年第 2 期。

改革措施。

第二，关于投服中心的资金来源。投服中心的五个股东分别为上海证券交易所、上海期货交易所、中国证券登记结算有限责任公司、深圳证券交易所和中国金融期货交易所股份有限公司。这五个股东的构成实际上是由证监会批准决定的。此外，《投服中心公司章程》第12条规定："公司的股权可以依法转让。股东转让所持股权应当报中国证监会批准，并及时通知公司及其他股东。"第65条规定："公司可以根据经营和发展的需要，增加公司的注册资本。公司增加注册资本，应当报经中国证监会批准。公司新增注册资本的认缴，按照法律、行政法规、中国证监会有关规定执行。"第66条规定："公司减少注册资本应当报经中国证监会批准。"第68条规定："公司解散应当报中国证监会批准。具体解散事宜由公司按照法律法规的规定办理。"综上可见，投服中心的资金来源及增资减资直至解散都是需经中国证监会批准的。

第三，关于投服中心的人事任命。《投服中心公司章程》第24条规定："公司设董事长1人，可设副董事长。董事长、副董事长的任免由中国证监会提名，董事会选举产生。"第35条规定："公司设总经理1名，副总经理若干名。总经理、副总经理由中国证监会提名，董事会聘任或解聘。总经理、副总经理每届任期3年，任期应当符合中国证监会相关规定。"第39条规定："公司设监事会。监事会向股东会报告工作。监事会成员不少于3人，其中中国证监会委派专职监事1至2名，职工监事不得低于三分之一。公司职工代表由公司职工通过职工代表大会或者其他形式民主选举产生。"第40条规定："监事会设监事长1人。监事长的任免由中国证监会提名，监事会选举产生。"鉴于投服中心的董事长、总经理以及监事等均由国务院证券监督管理机构提名及任命，其章程的制定和修改也必须经国务院证券监督管理机构批准，因此，投服中心实质性处于证券监管部门的直接控制下。

第四，关于投服中心的主要目标。《投服中心公司章程》第8条规定："公司的经营宗旨：以投资者需求为导向，扩充投资者知权渠道，丰富投资者行权方式，完善投资者赔偿救济维权手段，切实维护投资者的合法权益。"由此可见，投服中心以为证券市场中小投资者提供保护为要旨，为了社会公益为资本市场提供公共产品。显而易见，这些目标具有公共性质，其与《证券监管目标与原则》中为政府监管金融市场确定的目标是相同的，即维护市场的完善（公正、有效率和透明的市场）、维护金融的安全（降低系统的风险）以及保护投资者。[①]就此而言，投服中心具有明显的公共机构色彩，至少在投服中心的运营目标中，显然包括上述的公共利益目标。

综上，从投服中心的设立、人事、资金来源、经营宗旨可以看出，投服中心名义上是"有限责任公司"，但实质上是中国证监会批准设立并直接管理的证券金融类公益机构。投服中心的公益机构属性不仅来源于法理上的推演，立法和法律实践也充分表明了投服中心的公共性。但是，值得注意的是，投服中心是公益性的法定机构，但不是监管机构。投服中心与证监会行政监管的区别在于，证监会各机构是行使国家行政职权，负责对资本市场各项行政事务进行组织、管理、监督；而投服中心尽管由中国证监会批准设立并直接管理，但它属于监管机关设立的公益组织，不属于行政机构范畴，不行使行政监管权。投服中心履行职能的行为，本质上是基于监管部门的授权而行使的公益性行为，并不属于一般性的行政执法行为。

2. 投服中心的特殊机构投资者属性（公益股东属性）

投服中心通过在每个上市公司中均持有一手股票而成为上市公司股东。就上市公司股东身份而言，投服中心和一般股东并没有本质差异。但投服中心作为投资者保护机构，基于法律赋予其特殊的权限而具有特殊股东的属性。

首先，投服中心是特殊机构投资者。一般的机构投资者通常是大额持股的，其行权也是出于自我权利的实现或者是以消极的财务投资者的身份行使权利。投服中心仅持有一手股票，但基于《证券法》关于"持股比例和持股期限不受公司法规定的限制"的特殊制度安排，其可以投票、议案、提名等方式产生与其持股数量不相匹配的力量。美国学者 Camara 根据设立动机、目的、来源等区分不同类型的机构投资者：第一类是市场驱动型，

---

① *Model For Effective Regulation*, Report of SRO Consultative Committee of the IOSCO, May 2000.

包括对冲基金、共同基金和风投资本等；第二类是政治驱动型，包括政府、公共退休基金、有政治目标的股东；第三类是社会驱动型；第四类是多元驱动型，包括私人养老基金、银行信托部门和保险公司等。[①] 以此观之，投服中心的定位更契合第二和第三类。把投服中心视为一类特殊机构投资者具有理论与实践含义。[②] 客观上，我国 2018 年修订的《上市公司治理准则》将投服中心持股行权相关规定置于第七章"机构投资者及其他相关机构"中，也就是倾向于将投服中心视为一类特殊的机构投资者。

其次，投服中心是公益股东。尽管投服中心在每个上市公司中均持有一手股票，但其并不是为了取得投资回报而持股。投服中心与其他企业组织或上市公司股东的根本区别就在于它不以为单位或单独个人牟利为目的。投服中心行使的一切权利，包括股东权利都不以营利为目的。投服中心的行权工作实质上是紧紧围绕中小投资者权益保护而展开的不以营利为目的的公益股东的维权活动。此外，投服中心不进行利润分配，甚至它为投资者提供的服务也不收取任何费用。实践中对经投资者授权所为的诉讼，也是由投服中心承担诉讼费用或申请法院减免费用。可以说，公益性是投服中心持股行权区别于其他维权机制的核心特征。

（二）投服中心作为投资者保护机构的中国特色

不同国家或地区的历史背景以及中小投资者保护法律制度供给的不同，使各国投资者保护机构的组织结构与运行逻辑差异甚大。其发展模式及其实现程度本质上是由其内在的制度基础与投资者保护的需求所共同决定的。我国的投服中心作为投资者保护机构的实现逻辑，基于我国的制度环境以及投资者保护需求的特殊性而呈现一定的中国特色。

1. 理念上追求公私结合模式

投资者保护是各国资本市场发展不可回避的根本性问题。为解决该问题，各国或地区基于各自的制度背景，在立法例上体现了不同的保护路线。传统上可分为两种不同路线：以美国法为中心之"私权主导模式"以及多

---

① 参见 K. A. D. Camara, "Classifying Institutional Investors", 30 *Journal of Corporation Law* 219 (2004)。
② 参见郭雳《作为积极股东的投资者保护机构——以投服中心为例的分析》，《法学》2019年第 8 期。

数大陆法系国家实行之"公权介入模式"。① 我国基于法律传统以及投资者维权情势严峻的结构性原因和机制性障碍，借鉴我国台湾地区投保组织的经验，兼采两种路线之长而选择了"公私结合模式"。究其因，尽管证券市场横跨公私两域，但我国证券市场长期是公权力占主导地位的控管模式，民事机制的功能发挥受到很大压制。为此，投资者保护机构兼采"公私结合模式"，目的就是使得证券法域公私权治理的协同作用发挥，一方面吸收公权监管的力量，另一方面发挥股东自身私权自治与私法手段保护投资者权益的优越性，两者协同以共同推进证券市场秩序建构。

2. 实现方式上投服中心角色的复合性

如前所述，投服中心形式上是公司法人性质的非营利组织，但其实际上兼有辅助达成行政目的的官方色彩浓厚的组织性质，因此可以说是富有公权色彩的专职行权组织，肩负两种不同的角色：公营机构、机构投资者。详言之：①投服中心是公营机构，其作为法定机构的特点是显而易见的，其维护证券市场秩序、投资者权益以及非营利的目的，体现了投服中心行使政府职能的一面，目的是要更好地实现政府监管证券市场的行政目标。②投服中心是机构投资者，其作为股东直接行使权利的特性也很明显。在投服中心持股行权过程中，其持有上市公司股份的事实与行为，体现了投服中心市场角色的一面，要按照市场主体的行为规范行使权利。但是，投服中心作为政府设立的公益性的市场维权组织，不同于一般的行政机构或者非营利组织，可谓集市场职能和监管职能于一身的特殊市场主体。其与一般的经济组织相比，具有明显的公共机构性质，同时作为上市公司的机构投资者，又具有公益股东的性质。投服中心兼具公共机构和机构投资者的双重属性，体现了我国投资者保护机构既由政府发起，但又主要依靠市场力量运作的创新性维权举措，具有中国特色，同时也深刻体现了现阶段我国在投资者保护机制选择上尊重市场配置资源的现实逻辑与主体选择的客观基础。

---

① 参见王文宇《台湾地区投资人保护中心的法制与实践》，载施天涛等主编《证券法律评论》（2015年卷），中国法制出版社，2015，第429页。

三 我国投资者保护机构功能的展开及其限制

我国投资者保护机构多重角色以及双重属性的特征，使投资者保护机构具有独特的生命力，但也使其面临不同角色与不同职能间的冲突，从而需要对投资者保护机构从建构理念到职能设定提出特殊的监管思路，尤其要厘清其职能设定背后的理论内涵、界限挑战与实现路径，从而对其功能拓展的边界作审慎科学的理论阐释和合乎逻辑的判断。

（一）我国投资者保护机构的基本功能

《证券法》通过第 90、93、94、95 条四个条文在法律层面搭建了投服中心职能的基本框架，这些职能设置既是对投服中心业已开展的诸多实践经验的确认，更是为投服中心未来全面开展各项投资者保护工作提供了指引并赋予其新的权能。结合《投服中心公司章程》第 9 条关于"公司的经营范围"之规定，"（一）面向投资者开展公益性宣传和教育；（二）公益性持有证券等品种，以股东身份或证券持有人身份行权；（三）受投资者委托，提供调解等纠纷解决服务；（四）为投资者提供公益性诉讼支持及其相关工作；（五）中国投资者网站的建设、管理和运行维护；（六）调查、监测投资者意愿和诉求，开展战略研究与规划；（七）代表投资者，向政府机构、监管部门反映诉求；（八）中国证监会委托的其他业务"，可以看出，投服中心的功能主要包括两方面，一是纠纷调解、支持诉讼等具有公共服务性质的职权；二是作为股东持股行权的职能，包括公益股东承担的特殊职能。

1. 具有公共服务性质的职能

（1）作为证券民事赔偿特别代表人诉讼的代表人

《证券法》第 95 条明确规定，"投资者保护机构受五十名以上投资者委托，可以作为代表人参加诉讼"。结合最高人民法院出台的《关于证券纠纷代表人诉讼若干问题的规定》（以下简称《规定》），"投资者保护机构在公告期间受五十名以上权利人的特别授权，可以作为代表人参加诉讼"，从而将证券民事赔偿诉讼的普通代表人诉讼转为特别代表人诉讼。值得注意的是，《规定》明确了在普通代表人诉讼中，代表人必须具有原告股东身份，但并没有明确作为特别代表人的投资者保护机构是否必须具有股东身份。这样，尽管在广义的投保机构中，只有投服中心具有公司股东身份，但中国版的证券集团诉讼是否只能由投服中心作为代表人发起值得推敲。不过，鉴于上述分析认为《证券法》中的"投资者保护机构"只能是指投服中心，因此，作为特别诉讼代表人就成为《证券法》赋予投服中心的法定职责。实践中，在康美药业虚假陈述民事赔偿案中，投服中心就是作为代表人提起特别代表人诉讼的。经 2021 年 11 月 12 日广州市中级人民法院一审判决，投服中心代表的 52037 名投资者共获赔约 24.59 亿元。康美药业案是我国首起证券虚假陈述民事赔偿特别代表人诉讼案件，也是迄今为止法院审理的原告人数最多、赔偿金额最高的上市公司虚假陈述民事赔偿案件。可以说，康美药业案就是投服中心践行《证券法》第 95 条赋予的职能，实现中国版证券集团诉讼"零的突破"的经典范例。

（2）先行赔付协议的受托人

《证券法》第 93 条规定，"发行人因欺诈发行、虚假陈述或者其他重大违法行为给投资者造成损失的，发行人的控股股东、实际控制人、相关的证券公司可以委托投资者保护机构，就赔偿事宜与受到损失的投资者达成协议，予以先行赔付"。这里的"可以"一词表明责任人可以自愿选择是否启动先行赔付，而投服中心可以接受责任人的委托就赔偿事宜与受到损失的投资者达成协议。从《证券法》第 93 条的规定来看，立法层面希望投服中心发挥公益维权组织的功能，促成先行赔付协议的达成，但从万福生科、海联讯、欣泰电气等三起实践案件来看，投保基金作为基金管理人介入先行赔付协议达成后的基金管理事务更多，投服中心在促成先行赔付协议达成方面似乎并未起到应有的作用。

（3）调解纠纷

《证券法》第 94 条规定，"投资者与发行人、证券公司等发生纠纷的，双方可以向投资者保护机构申请调解"。为避免诉讼机制的高成本，投服中心作为居中独立的第三方机构，接受投资者等当事人申请，通过专业、高效和便捷的调解服务，妥善化解证券纠纷。尽管从实践来看，由于调解是以自愿为前提的，很多机构或组织事实上也在从事调解工作，但投服中心的调解权限是法定的，投服中心从事的调解工作与其他也可以发挥调解机制作用的非法定调解机构所从事的调解是有实质差异的。

（4）支持诉讼

《证券法》第94条第2款规定："投资者保护机构对损害投资者利益的行为，可以依法支持投资者向人民法院提起诉讼。"支持诉讼通常是指当受损投资者作为原告提起诉讼时，鉴于证券诉讼的专业性以及原告投资者在诉讼地位和能力上的弱势地位，投服中心发挥专业和信息优势，为投资者提供诉讼支持，以促进证券市场公平正义。此外，针对涉及中小投资者权益的典型性和代表性的事件，投服中心也可以代理或者其他方式支持中小投资者行使股东权利，实质就是提供行权支持。

（5）投资者教育

投资者教育是投资者保护机构的常规性职能。为促进投资者理性行权维权，投服中心除了为中小投资者自主维权提供法律、信息、技术服务，更是以各种方式开展公益性宣传投资者保护措施，包括建立专门网站、定期出版投资者保护刊物等来增强对投资者的教育。

2. 基于股东身份的职能

投服中心基于股东身份的职能可以概括为持股行权。持股行权实际上由"持股"和"行权"两个方面内容构成。《中证中小投资者服务中心持股行权工作规则（试行）》（以下简称《持股行权规则》）第2条规定："本规则所称持股行权是指中证中小投资者服务中心有限责任公司（以下简称投服中心）持有上市公司的股票，以股东身份自行或联合其他股东，行使查阅、建议、质询、表决、短线交易归入请求、提名、提案、提起诉讼、请求召开股东大会、召集及主持股东大会等法律赋予的股东权利。"实践中，在"持股"方面，投服中心是通过购买并持续持有我国证券市场全部上市公司、挂牌公司每家股份100股的方式来获得上市公司股东身份；"行权"则是指投服中心在持有上市公司的股票后，以股东身份或接受其他股东的委托，行使《公司法》规定的股东可以享有的各项权利，也包括投服中心以代理或者其他方式支持中小投资者行使股东权利。归结起来就是投服中心既可以普通股东身份参与公司治理，如参加股东会议，通过投票以及提起股东建议方式有效促进上市公司规范运作，同时还可以作为特殊机构投资者以及公益股东身份督促上市公司积极落实中小投资者权益保护相关政策，提升上市公司整体投资者保护水平。投服中心作为公益股东身份履行职能的特殊性主要体现在以下几方面。

（1）提起股东派生诉讼

《证券法》第94条第3款规定："发行人的董事、监事、高级管理人员执行公司职务时违反法律、行政法规或者公司章程的规定给公司造成损失，发行人的控股股东、实际控制人等侵犯公司合法权益给公司造成损失，投资者保护机构持有该公司股份的，可以为公司的利益以自己的名义向人民法院提起诉讼，持股比例和持股期限不受《中华人民共和国公司法》规定的限制。"该规定赋予了投服中心作为"特殊股东"的特殊职能，即通过豁免持股比例和期限限制，使投服中心能够更加便利地提起派生诉讼，以维护上市公司利益。实践中，2023年2月20日，上海金融法院裁定准予原告投服中心代表上海大智慧股份有限公司诉公司董事、监事以及高级管理人员张某虹、王某、王某红、洪某等四被告损害公司利益责任纠纷一案撤诉。因被告张某虹已全额向上市公司赔偿诉请损失，原告投服中心以全部诉讼请求均已实现为由，申请撤回起诉。该案系全国首例由投资者保护机构根据《证券法》第94条规定提起的股东派生诉讼，也是上市公司因证券欺诈被判令承担民事赔偿责任后，全国首例由投资者保护机构代位提起的向公司董事、监事、高级管理人员（简称"董监高"）追偿的案件。通过派生诉讼，投服中心起到了震慑"关键少数"、追"首恶"的积极效果。

（2）征集投票权

《证券法》第90条第1款规定："上市公司董事会、独立董事、持有百分之一以上有表决权股份的股东或者依照法律、行政法规或者国务院证券监督管理机构的规定设立的投资者保护机构，可以作为征集人，自行或者委托证券公司、证券服务机构，公开请求上市公司股东委托其代为出席股东大会，并代为行使提案权、表决权等股东权利。"该规定中征集人是否需要股东身份并不明确，实践中亦有争议。但根据中国证券监督管理委员会公告《上市公司治理准则》（〔2018〕29号）第16条规定，"上市公司董事会、独立董事和符合有关条件的股东可以向公司股东征集其在股东大会上的投票权。上市公司及股东大会召集人不得对股东征集投票权设定最低持股比例限制。投票权征集应当采取无偿的方式进行，并向被征集人充分披露具体投票意向等信息。不得以有偿或者变相有偿的方式征集股东投票权", 上市公司征集投票权需要股东身份,但不得对股东征集投票权设定最低持股比例限制。因此,投服中心虽然仅在每家上市公司持股100股,但以其公益股东身份,就可以行使征集投票权的职能。此外,由上述第16条规定也可以看出,投保基金以及投保局由于不具有股东身份,就不能征集投票权,由此也可佐证《证券法》中规定的"投资者保护机构"只能是指投服中心。

(二) 投资者保护机构功能拓展的限制

投服中心虽然形式上是有限责任公司,但其实际上还兼有辅助达成行政目的的性质,是一个具有浓厚官方色彩的非营利法人组织。这种定位与功能的特殊性使得投服中心的功能拓展也受到相应的质疑与限制。①

1. 投服中心基于自身定位属性引发的三大固有困境

与我国台湾地区的投保中心模式类似,投服中心从成立伊始,就面临内在激励、独立性与专业能力的三大隐忧。①独立性问题。投服中心客观上是由证监会批准设立的官方组织,也是法定机构,投服中心也并不讳言自己接受证监会直接管理的地位,但与此同时,它又作为上市公司股东进行持股行权。此种身份必然使投服中心的独立性受到质疑。事实上,虽然投服中心和证监会均声明持股行权"不行使监管或自律职责,不代表证券监管机构的立场",也没有证据表明证监会直接干预或指挥投服中心的行权行动,但其法定机构身份所受到来自政府及相关机构的压力,使得其独立性成为更加关键和深层次的问题。② 致使实践中,投服中心一方面需要顾及公权力不得滥用,另一方面又要防止不作为问题。②内在激励问题。如前所述,投服中心具有浓重的官方行政色彩,其设立、组织和运行都受到监管机构的影响,因此,其可能出现政府组织常见的各种弊端,比如运行效率低下、人浮于事等情形。此外,作为非营利组织,面对持股行权、集团诉讼等制度创新,投服中心的驱动力究竟在哪里?尽管从投服中心整体的

---

① 参见汤欣《私人诉讼与证券执法》,《清华法学》2007年第3期。
② 参见吕成龙《投保机构在证券民事诉讼中的角色定位》,《北方法学》2017年第6期。

公众形象及监管系统内部评价机制出发，投服中心也可能有一定动力，但基于成本的考量，投服中心越少提起特别代表人诉讼以及越少持股行权，越符合经济原则。因此，如何解决投服中心的激励问题是不争的困境。③专业能力问题。从法定职能来看，投服中心除了证券集体诉讼，还负责纠纷调解、持股行权等。随着我国资本市场的规模壮大，上市公司数量越来越多，投服中心以如此有限的人力资源面对越发庞大的市场，只能是捉襟见肘，尤其是面对证券市场业务的复杂性，投服中心的专业能力显然难以满足市场的需求。

2. 投服中心持股行权的权限范围边界

投服中心作为公益股东持股行权，首先面临的就是如何处理其与上市公司的关系问题。基于《持股行权规则》第 5 条之规定，"投服中心开展持股行权工作，除监管部门要求外，原则上不参与下列事项：（一）干预或参与公司日常经营；（二）涉及公司董事、监事、高级管理人员等的重要人事变更事项；（三）涉及公司控制权争夺等利益纠纷的事项"，以及证监会关于"投服中心持股行权不以参与公司经营管理和营利为目的"的官方态度，[①] 投服中心持股行权显然是以不干涉上市公司的经营为原则的。然而，投服中心究竟是否有必要介入公司经营以及介入何种程度，不仅是简单的立法取向应该选择的问题，更多的是实践中如何把握限度的问题。从常识逻辑出发，面对沪深交易所 5000 多家上市公司，投服中心以有限的人力资源，根本无法支持其介入上市公司的日常经营。此外，投服中心作为非营利公益机构，不仅缺乏介入上市公司日常经营的内在激励，而且介入上市公司的经营以及利益纷争势必影响其作为非营利机构的公信力。但是，鉴于《证券法》第 90 条关于投服中心"可以作为征集人，自行或者委托证券公司、证券服务机构，公开请求上市公司股东委托其代为出席股东大会，并代为行使提案权、表决权等股东权利"之规定，当投服中心征集投票权并代为行使提案权、表决权等职能时，难免涉及公司经营以及公司董事、监事、高级管理人员等的重要人事变更事项。此外，《证券法》第 94 条明

---

① 《持股行权试点将扩展至全国范围》，载中国证券监督管理委员会官网，http://www.csrc.gov.cn/csrc/c100028/c1001548/content.shtml，最后访问日期：2024 年 2 月 3 日。

确规定，"投资者保护机构持有该公司股份的，可以为公司的利益以自己的名义向人民法院提起诉讼，持股比例和持股期限不受《中华人民共和国公司法》规定的限制"。该规定大大增强了投服中心作为公益股东持股行权的能力。事实上，从投服中心持股行权实践来看，投服中心行权所涉事项较为广泛，既涵盖股东大会程序规范性、公司章程修改合法性、上市公司担保程序合法性等公司治理与合规问题，也包括上市公司资产重组标的盈利能力、估值合理性等涉及实质性商业判断的问题。[①] 因此，显而易见，投服中心的角色已经突破《持股行权规则》第5条之原则规定而呈现积极股东主义的色彩。也正因此，投服中心介入上市公司经营已不再是需要继续纠结的问题，如何把握其介入的程度、投服中心持股行权理论上的权限边界在实践中如何得以科学把握才是更值得进一步思考的问题。

3. 投服中心的制度预设目标与实践效果的可能反差

投资者保护机构在我国的引入，缘起于我国证券市场投资者保护的监管困境应对，其法理基础在于倚重私法规范行权可兼容市场与"促进主体性发展"的投资者保护的理念。[②] 换言之，投服中心虽然是由证监会发起，依靠公权力的力量推行，但是它又不是一种普通的行政化手段，在其具体运行中，主要运行原理还是通过利用并壮大市场力量来保护中小投资者。因此，关于投服中心的制度预设目标，是由政府成立的专门机构，通过公益性持有股票并行使股东权利，充分发挥市场自律作用，向市场释放信号，形成威慑，进而示范动员其他广大投资者共同参与到维权过程中，提高投资者的维权意识和能力，将市场力量集中化、组织化，归根结底是为了培育市场力量。但是，与此同时，也有质疑的声音：投服中心试图以"一己之力"弥补我国投资者保护体系中自为机制之不足，究竟是垄断市场还是培育市场？从理论上而言，要培育市场力量，当然是要依私法规范，让真正的普通投资者正常行使股东权利，这才是真正的市场需求和合理的培育方式。但投服中心持股行权以及代替普通股东行使股东权或辅助行使股东权的方式，客观上更加重了普通投资者对监管机构的依赖性，从根本上无

---

① 参见郭雳《作为积极股东的投资者保护机构——以投服中心为例的分析》，《法学》2019年第8期。

② 参见邓峰《论投服中心的定位、职能与前景》，《投资者》2018年第2期。

助于普通投资者维权意识和能力的提升，反而有损于市场力量的培育，并使当前行政主导下的持股行权机制实际运行存在异化为监管权扩张的风险。例如，作为唯一获得《证券法》授权可以提起特别代表人诉讼的机构，投服中心零星提起特别代表人诉讼的发动机制与域外分散决策的律师千方百计积极尝试启动集团诉讼的发动机制相较，无疑大大减损了证券集团诉讼对资本市场不法行为的威慑力，也无益于市场力量的培育。在此发展趋势下，投服中心将日趋成为代表诉讼的"独占者"，从证券市场保护制度的建构来看，可能弊多于利。因此，投服中心要成为市场力量的培育者，就应该打破投服中心在包括特别代表人诉讼方面的事实垄断地位，例如可以尝试改为投服中心把满足50个投资者委托的案件，分派给外请律师，以增强集团诉讼的威力，也可以真正培育市场力量。总而言之，当前投服中心持股行权的实际运行效果与其制度预设目标可能存在偏差。投服中心究竟如何"践行积极股东、合格股东和示范股东的角色要义，带动广大中小投资者全面知权、积极行权、依法维权"，① 在增强投服中心持股行权示范性以激发普通投资者持股行权的积极性的同时，积极从制度根源上消除普通股东便捷行权的制度障碍以恢复市场自主供给，最终促进投资者"主体性"发展将是一个需要持久研究的问题。

---

① 徐明：《中国资本市场急需培育积极股东、合格股东——在第12届中国上市公司价值评选高峰论坛上的发言》，载中国投资者网，https://www.investor.gov.cn/information_release/market_news/201808/t20180814_314884.shtml。

第二章　持股行权理论与中国实践研究

改革开放以来，尤其是社会主义市场经济体制建立以来，我国证券市场获得了前所未有的发展，并取得了举世瞩目的成就。我国证券法确立了保护投资者合法权益的立法宗旨和基本原则，并得到了切实有力的实施。但是，就总体效果而言，与证券市场现实水平与发展前景相比，与证券法为投资者权益保障所提供的制度空间与实现可能相比，当前的证券投资者尤其是公众投资者权益的保护机制与保护水平还远远不适应，投资者的市场信心并未因证券法律的实施与市场监管力量的付出而获得相应的提高与巩固。固然有多种原因致使形成这种局面，但证券市场投资者培育机制不完备是最为重要的原因之一。

从我国投资者群体的总态势来看，投资者在行权意愿和维权能力上存在以下不足。①投资者缺乏参与性。在证券法、公司法等确认和保障投资者权利的法律中，许多权利需要投资者的自身参与才能实现，如参加上市公司股东大会、选举或罢免公司高管人员等。但实际上，中小股东通过参与上市公司股东会而行使权利的比例极低。②投资者缺乏专业性。证券法、公司法虽然规定了投资者的质询权、查询权，但是对上市公司经营方案的质询、公司财务资料的查询等，又需要以一定的专业知识为基础。对于上市公司信息披露的分析判断，也需要相当的知识与经验。中小投资者通常缺乏相应的专业知识，委托他人代为行使这些权利又需要为此支付成本。因此，中小投资者行使这些权利时，通常缺乏相应的专业保障，导致行权效果不佳。③投资者缺乏主动性。法律规定的证券民事责任制度已经相当完备，但是通过民事责任制度来保护投资者权益，必须以投资者主动行使请求权为前提。有数据表明，我国证券民事赔偿诉讼提起率远低于预期。

主动提起诉讼的投资者没有超过权利受到损失并符合起诉条件的投资者总人数的 10%，起诉总标的没有超过投资者可计算损失总额的 5%。究其原因，一是证券民事赔偿诉讼具有"小额多数"的特点，对绝大多数的个体受害投资者而言，其诉讼成本可能远大于收益。基于"搭车心理"和"集体行动"的困境，个体投资者即便权益受到侵害也往往不愿诉诸法律来维护自己的权益。二是投资者在权利救济过程中需要"过关斩将"，包括立案关、审理关、判决关和执行关等，而司法实践中经常出现证券民事赔偿案件起诉不收案、收案不立案、立案不审理、审理不判决、判决难执行、对共同诉讼设置种种障碍等情况，严重影响了投资者提起诉讼的积极性。

投服中心自 2014 年底成立以来，随着持股行权、纠纷调解、诉讼及支持诉讼等各项工作的陆续展开，其为保护中小投资者所组织开展的维权活动在资本市场获得了良好的反响和积极的评价。其中制度创新最为明显、实施效果最为显著的措施，就是投服中心的"持股行权"。为将持股行权工作进一步推向全面深入，切实增强我国投资者权益保护的有效性，根据投服中心的设立目的、规划措施和工作实际，本章立足我国证券市场的发展现状以及持股行权运行机制的实现路径，对持股行权工作的性质、内容、方式、效果、社会效应等方面进行全方位的理论探讨与实践总结，以期为投服中心持股行权的合法性、正当性和适度性提供判断依据，也为进一步完善持股行权机制、推进我国资本市场投资者权益保护提供建议参考。

一　持股行权的基本理论

（一）持股行权的内涵及其建构意义

1. 持股行权的内涵界定

持股行权是我国资本市场的新生事物。它特指投服中心作为证监会批准设立并直接管理的证券金融类公益机构，按照证监会的要求，"公益性持有证券等品种，以股东身份行权维权"（简称"持股行权"）。具体而言，就是投服中心通过购买并持续持有上市公司、挂牌公司股份的方式（数量上通常为一手）来获得证券投资者身份，然后再以此身份在证券市场运行的各个环节行使投资者权益，从而实现积极保护投资者权益的市场态势，确保证券法宗旨的有效实现。与证券市场其他投资者保护机制相较，持股行权的特殊性主要体现在以下四个方面。

（1）持股行权主体的唯一性

证监会在 2014 年 8 月专门批准成立了投服中心，规定由其"持有上市公司股票，建立投资者权利代理机制，以股东身份参与上市公司治理"，并"通过调解、和解、仲裁、补偿、诉讼等方式对上市公司违法违规等损害投资者利益行为进行约束，行使股东权利"。[①] 因此，在我国，持股行权特指由投服中心为保护投资者权益而公益性持有股票并行使股东权利，它并不包含证券市场上的普通投资者或机构投资者持有股票，当自己的权利受到侵害时为维护自己的权益而行使股东权利的情形。即便是作为中国证监会内设机构的投资者保护局，它为维护投资者权益所开展的投资者保护工作的组织指导、监督检查之类，可能和持股行权机制有相似之处，但它也不是持股行权主体，它所开展的相关活动也不能称为持股行权。简言之，投服中心是中国证监会批准设立并直接管理的专门负责组织和实施持股行权的证券金融类公益机构，未经中国证监会批准，任何单位和个人不得从事持股行权业务。所以，在我国，持股行权主体具有特定性和唯一性。

（2）持股行权方式的特殊性

持股行权实际上由"持股"和"行权"两个方面内容构成。如前所述，在"持股"方面，投服中心是通过购买并持续持有我国证券市场全部上市公司、挂牌公司每家股份 100 股的方式来获得上市公司股东身份；"行权"则是指投服中心在持有上市公司的股票后，以股东身份或接受其他股东的委托，行使查阅权、建议权、质询权、表决权、短线交易归入请求权、诉讼权、独立董事提名权、提案权、召集及主持股东大会权等股东权利。此外，"行权"还包括投服中心对涉及中小投资者权益的典型性和代表性的事件，以代理或者其他方式支持中小投资者行使股东权利，即提供行权支持。归结起来，持股行权方式就是投服中心以股东身份行使或帮助支持中小投

---

① 《证监会投资者保护局对投资者关注问题的答复》，载中国证券监督管理委员会官网，http://www.csrc.gov.cn/csrc/c100028/c1002481/content.shtml，最后访问日期：2020 年 5 月 5 日。

资者行使我国《公司法》《证券法》赋予股东的各项权利，从而帮助中小投资者切实维护自身的合法权益，促进上市公司的规范运作。

（3）持股行权目的的公益性

投服中心是中国证监会批准设立并直接管理的证券金融类公益机构，它是以对证券市场中小投资者提供保护为要旨，为了社会公益的目的为资本市场提供公共产品。投服中心与其他企业组织的根本区别就在于它不以为单位或单独个人牟利为目的，不进行利润分配，不以参与者的利益最大化为目标。同时，它为投资者提供的服务不收取任何费用。即便对经投资者授权所为的诉讼，也是由投服中心承担诉讼费用。不过，对投资者胜诉时的费用承担，投服中心在胜诉后，可将获得的损害赔偿金扣除必要诉讼费用后，再交付给投资者。至于败诉时的费用承担，如果投服中心败诉，应由投服中心承担诉讼费用，而不应由投资者承担该费用。此外，投服中心与证监会行政监管的区别在于，证监会各机构是行使国家行政职权，负责对资本市场各项行政事务进行组织、管理、监督。而投服中心尽管由中国证监会批准设立并直接管理，但它属于公益组织，不属于行政机构范畴，不行使行政监管权。可以说，公益性是投服中心持股行权区别于其他维权机制的核心特征。投服中心行使的一切权利，包括股东权利都不以营利为目的，行权工作紧紧围绕中小投资者权益保护而展开。

（4）持股行权是由政府发起，但又主要依靠市场力量运作的创新性维权举措

对投资者权益保护，我国证券市场长期以来采取两大途径来实施：一是中国证监会及其派出机构等从行政监管的角度采取措施；二是证券交易所、上市公司协会等自律监管机构从自律管理的角度去保护投资者。持股行权虽然是由证监会发起，依靠公权力的力量推行，但是它又不是一种普通的行政化手段，在其具体运行中，主要运行原理还是通过利用并壮大市场力量来保护中小投资者。因此，"持股行权"的本质逻辑是由政府成立的专门机构，通过公益性持有股票并行使股东权利，充分发挥市场自律作用，向市场释放信号，形成威慑，进而示范动员其他广大投资者共同参与到维权过程中，提高投资者的维权意识和能力，将市场力量集中化、组织化。这种机制是为了弥补投资者保护体系中自为机制的不足，是我国资本市场

监管部门为更深入、更全面保护投资者，尤其是相对弱势的中小投资者的合法权益而设计的一种具有中国特色的中小投资者保护的创新机制。

2. 持股行权机制的建构意义①

（1）进一步实现资本市场上政府与市场关系的合理可行

长期以来，监管机构在我国证券市场中处于核心地位。在投资者保护方面，证券市场建构者长期秉持"倚重政府而非市场导向"的思路，致使投资者成熟度低、依赖性强、主动性弱，以致体现以市场机制配置资源的民事法律制度不能有效实施。"依赖政府—上访诉求"形成于同一投资者心理和证券市场结构，迫使证券监管机构过度干预证券市场运行机制，在投资者权益保护方面甚至导致维权变维稳的尴尬局面。投服中心作为公益性的市场维权组织，是以利益代表者和利益维护者的身份成为中小投资者利益组织化的有效载体，其持股行权工作有效融合了角色二重性。其在投资者权利运行机制上的本质特征在于，可以通过自身的特殊投资者身份独立行使权利，也可接受个体投资者权利的让渡，并以其专业的知识、组织的力量来实现保障投资者个体权利的宗旨。在投服中心的持股行权过程中，其持有上市公司股份的事实与行为，体现了投服中心的市场角色的一面，要按照市场主体的行为规范行使权利，更多体现市场配置资源的微观基础和主体选择；其维护证券市场秩序、投资者权益以及非营利的目的，体现了投服中心行使政府职能的一面，要更好地发挥政府监管证券市场的行政目标。

投服中心开展持股行权为证券执法体系的合理化建构，以及在其中为政府与市场确立有效的功能定位及运行机制，提供了新的制度创新思路和现实可能性。投服中心在政府与市场关系上采取了科学合理的有机联系方式，是在证券市场上和投资者权益保护体系中市场与政府关系的最为集中而合理的制度体现。

（2）是通过私法手段实现公法目的的重要尝试

政府职能的扩大以及"政府失灵"的存在，使得引入市场机制以帮助政府实现公共产品的有效供给成为必须，也是当前政府职能转变的重要路

---

① 参见陈甦、陈洁《持股行权：理念创新与制度集成》，《证券日报》2016年12月31日。

径。体现在公法与私法的关系上，就是传统的私法调整方式被部分地或间接地引入了公法领域，形成私法关系向公法领域延伸与公法关系向私法领域扩展的双向互动。

投服中心持股行权不是为了营利，而是为了保护证券市场上不特定投资者的权益，促使上市公司等忠实审慎勤勉经营，维持证券市场信心和证券市场秩序，这是投服中心的公益性目的。投服中心的公益性特征使其具有提供公共服务的天然优势，它提供的公共服务能够满足公共需求的多样性与异质性，是政府有力的公私合作伙伴。投服中心具有民事主体的资格，它是以私法手段来进行公务活动的，在法律上都受私法规范的调整，与私法的一般主体是具有平等的资格的，这个是公法私法化的另外一个表现。

相较政府机构，投服中心在运营上比较灵活，对公众的需求有更强的回应性等。投服中心作为股东持股行权，这种方式对公司运作有更充分的了解，能够及时发现、及时改善公司治理。如果由证券监管机构直接介入上市公司内部行使监管，既有法律上的障碍，亦使监管成本高昂。基于对"市场失灵"和"政府失灵"的理性反思与因应对策，在我国证券市场监管转型的市场阶段与法治环境中，政府的监管方式从过去的"集权管理"转型为现代化的"多元治理"、"硬性管理"转型为"弹性治理"，是投服中心持股行权的理念基础。这种证券市场治理结构，内含着权力与权利之间的相互协调与沟通合作。

（3）可以充分利用证券法提供的投资者权益保护机制

在证券法领域，政府发挥规制功能是通过行政管理，如行业管理或功能管理；市场发挥规制功能则是通过市场自治，如市场主体的个体守法、团体自律、司法救济。在证券法律责任制度方面，政府发挥规制功能是通过行政法律责任制度的设置与执行，市场发挥规制功能则是通过民事法律责任制度的设置与适用。

在证券法建构的投资者权益保护机制中，行政监管是有力且有效的，但仍有其局限性。例如，行政责任只能是过错责任，而不能是连带责任；证监会不能以投资者身份提起民事诉讼。这样一来，公法性质的法律在维持市场秩序方面虽然有效，但对投资者保护而言则未必有效。投服中心能够以股东身份介入证券市场和上市公司，通过监督公司活动、实施股东权利、发动股东派生诉讼等多种方式促进公司信息披露，保护中小股东利益。因此，投服中心持股行权的制度连接点与角色平衡点都把握得很好，有利于多方利用制度资源，确保证券法提供的各种措施目标可以实现，从而可以充分发挥证券市场机制的系统效益，提高证券市场的自治能力，增强各种社会组织在规范证券市场秩序方面的角色功能。

（4）是证券市场体系具有重大效益性的顶层设计

通过投服中心来发动对于证券违法行为的诉讼，同学界极力主张的由律师主导的集团诉讼相比较，具有突出的优势。首先，投服中心倾向于协助投资者提起有益证券市场健康发展的诉讼，其公益性足以有效避免集团诉讼普遍存在的滥诉问题。其次，投服中心可以更好地协调其与其他执法资源之间的关系，尤其有利于和政府监管、市场约束等执法机制的协同发展，既弥补现有的执法机制之不足，也避免执法资源的浪费。投服中心持股行权具有低成本高效益的特征。一是在财政初期投入后，投服中心持股行权可通过公司治理结构与运行机制展开。二是持股行权的示范作用、警示作用等，可以较低成本获得较高的约束效益。三是通过持股行权提起或参与诉讼仲裁时，其胜诉赔偿可用来支撑持股行权成本。四是投服中心按照公司治理结构设置内部组织结构、配置内部监管。参与持股行权，可提高管理效益。

总之，投服中心的构建及其持股行权机制的建立，不仅是因应一种强烈而现实的市场运行和社会发展需求的重要措施，也是我国证券市场迈向法治化、成熟化进程的重要标志。在我国证券市场转轨时期，建立由证监会统筹监管，与准行政性的投资者保护基金公司并存的投资者保护组织体系，是我国完善中小投资者保护体系的必然方向和重要措施。

（二）持股行权应遵循的基本原则

要科学构建一个系统高效的持股行权实施机制，对开展持股行权过程中应遵守的一些基本原则进行总结提炼无疑是非常必要的。持股行权工作应遵循的基本原则是指持股行权工作所特有的、反映证券市场投资者保护的发展规律、广泛适用于持股行权各项活动及整个过程的基本行为准则。持股行权的基本原则应当体现三个标准：第一，它是反映持股行权基本价值与功能取向的最一般的规则，是持股行权基本价值的体现；第二，它是投服中心整个行权活动，包括持股、行权、支持行权等各个环节都必须遵循的基本行为准则，贯穿于持股行权立法、执法和司法活动过程的始终，对持股行权各项工作具有概括性调整作用；第三，它应当是持股行权这个系统机制所特有的，根据持股行权的本质特征并结合证券市场客观发展规律加以高度概括而成的基本准则，不应混同于证券市场的一般监管或自律规则。根据开展持股行权工作的初衷以及相关上位法规定，持股行权实施过程中应遵循以下基本原则：股东定位原则；公益性原则；信息公开原则；示范引领原则。

1. 股东定位原则

股东定位原则是整个持股行权机制的出发点。它是指投服中心持股行权应坚持股东定位，运用市场化手段，以股东身份按照法定程序行使各项股东权利，并且不以参与公司经营管理和营利为目的，不行使监管或自律职责，不代表证券监管机构的立场。不过，如何界定投服中心的股东身份及其权利配置是股东定位原则的核心难题。笔者认为，投服中心作为公益股东，本质上属于普通股股东，但它又是特殊的普通股股东。投服中心特殊的组织性质与功能定位，表明它不可能等同于上市公司普通的持有 100 股股票的小股东。投服中心的股东权配置应当与其保护股东权益的制度预设目标相契合。该问题将在本章第四部分加以详细探讨。

2. 公益性原则

公益性原则是整个持股行权机制的基本价值取向。首先，投服中心是在政府主导下组建形成的公益性组织，整个持股行权工作的具体开展就是由投服中心这个专门的公益机构负责；其次，投服中心在整个持股行权过程中，不以营利为目的，不干预上市公司日常经营管理。投服中心持股行权的目的就是保护中小投资者的合法权益，促进上市公司完善治理，维护证券市场秩序。因此，公益性不仅是投服中心区别于其他市场营利组织的重要特征，也是投服中心区别于其他普通股股东的核心特征，更是投服中心持股行权本质的展示。

3. 信息公开原则

信息公开是整个证券市场有效运行的制度基石，也是持股行权机制健康运行的制度基础。从法理上说，非营利组织可能存在滥权与志愿失灵的问题，这就要求政府和公众投资者拥有足够的监督能力，这进一步仰赖于非营利组织信息的充分披露，这是解决非营利组织自身弊病的重要工具，以此防止部分主体利用信息优势侵害其他主体的合法权益。[①] 从域外成熟市场的经验看，各国或地区对非营利性维权组织进行监督的一个重要手段就是所谓的"公开原则"（disclosure rule），非营利性维权组织应定期披露财务、运行情况，并及时公布其起诉与和解的细节等，以此减少监管机构的监督成本。对于那些公益性非营利组织来说，信息披露的要求甚至不亚于上市公司。[②] 具体到我国持股行权工作中，投服中心应遵循公开、透明的原则，主动接受中国证监会及投资者监督。除了主管机关的临时检查外，投服中心应根据中小投资者的特点，建立便于投资者了解保护组织运作情况的相关机制，诸如强化信息公布，构建工作动态通报机制，在不影响保密规定和行权效果的情况下，投服中心应向市场公开行权工作规则、实施细则等工作制度，披露持股情况、行权进度、行权结果等信息。

4. 示范引领原则

示范引领是整个持股行权工作的核心目标。由专门的投资者保护机构开展持股行权工作的最终目的并不是只单纯依靠这一公益机构通过持股来行使股东权利进而保护自己作为投资者的权益，更重要的是想通过由专门机构开展这一工作，组织利用市场力量，通过示范引导，唤醒投资者的股权意识，动员广大中小投资者共同参与到维权活动中来。实践中，投服中心持股行权就是坚持以问题为导向，以维护中小投资者合法权益为宗旨，以投资者权益维护中的难点、热点问题为重点，对法律法规及监管规定有明确要求但上市公司未落实或落实不到位，从而涉嫌侵害中小股东知情权、参与权、收益权和救济权等权益的事项，主动行使或以委托代理或联合行权等方式组织其他投资者共同行权，示范行使法律赋予股东的各项权利，从而利用有限力量形成最大的社会示范效果。

---

① 参见李维安主编《非营利组织管理学》，高等教育出版社，2013，第114页。
② 参见汤欣《证券集团诉讼的替代性机制——比较法角度的初步考察》，载《证券法苑》（第4卷），法律出版社，2011，第188页。

(三) 持股行权主体的定位与功能①

作为加强对中小投资者保护的一项重大举措，证监会 2014 年 8 月份批复成立了投服中心，其于 2014 年 12 月 5 日完成了相应的工商注册登记。按照证监会批复，其主要职责就是为中小投资者自主维权提供教育、法律、信息、技术等服务。其中，"公益性持有证券等品种，以股东身份行权维权"是证监会批复的投服中心的六项职责之一。鉴于此，在我国，实施开展"持股行权制度"的相关工作只能由投服中心具体负责。投服中心也就成为"持股行权"的法定唯一主体。尽管投服中心成立近十年，但总体而言，投服中心的公益性维权活动尚处于发展阶段，市场各方对公益性维权组织的属性职责、功能定位等还未形成统一认识。为进一步推进我国资本市场投资者保护组织体系建设，从法理及立法上对中小投资者维权组织的法律地位、职能范围等基本问题予以明确，这不仅是保障强化维权组织功效发挥的法制基础，也是促进维权组织同证券市场上其他组织机构相互协调配合、大力践行投资者保护宗旨的重要举措。

1. 投服中心的设立背景与制度基础

（1）中小投资者在资本市场的相对弱势是投服中心存在发展的客观基础

从整体层面看，证券市场赖以建立与运行的资金基础，主要由投资者的投资形成。由此，投资者在证券市场上处于决定地位，没有投资者便没有证券市场。但是，投资者群体也是证券市场风险的主要承担者。从个体层面看，证券投资者的大多数是公众投资者，其在市场信息的判断能力和风险的承受能力等方面，处于相对弱势的地位。我国资本市场实践中，公众投资者与上市公司、中介机构、大投资者、公司高管的实力明显失衡，以至于公众投资者已经成为上市公司治理水平落后和市场违法行为猖獗的主要受害者。与此同时，由于证券民事赔偿诉讼具有"小额多数"的特点，以及绝大多数的个体受害投资者受困于"搭车心理"和"集体行动"，个体投资者即便权益受到侵害也往往不愿诉诸法律。这样，在"不告不理"的

---

① 参见陈洁《〈证券法〉应明确公益性中小投资者维权组织的功能定位》，《中国证券报》2016 年 12 月 13 日。

民事诉讼原则下，司法保护对于证券市场的违法行为也就无能为力。即便某些颇具"情怀"的个人或组织可能提起基于公益的诉讼，但由于经费和其他种种限制，此类诉讼势必难以为继。鉴于中小投资者分散的多元利益和天然的弱势地位，寻求公益性维权组织作为中小投资者的利益代言人无疑是迅速提升中小投资者维权能力的现实路径。

（2）现有的制度设计未能充分实现投资者基于"股东身份"的特殊保护

虽然我国证券法确立了保护投资者合法权益的立法宗旨和基本原则，但是，总体而言，立法者对如何实现投资者保护的机理思路尚未厘清，规范制度也失之片面。一方面，我国证券领域的法律制度整体上是以证券发行者及相关服务提供者为原点制定的，其本意是通过直接规范证券发行者及服务提供者的市场行为来间接达到保护证券投资者的合法权利的目的。然而，这样缺少以投资者保护为直接原点的制度设计，未能从服务接受者的角度考虑问题和制定规则，其实施效果难免有所偏差。另一方面，在证券市场上，投资者具有双重身份：投资者既是上市公司的股东，享有股东权利，又是证券交易者，直接面对证券市场的巨大风险。尽管股东身份是相对于被投资公司而言的，法理上基于股东利益的保护显然应由公司法来安排，但公司法所调整的公司与其股东之间的关系，在证券法上则作为证券发行主体与投资者之间的关系来调整。公司法所保护的股东的权益，主要是对特定股东的利益的保护，而证券法所保护的投资者权益则是对不特定投资者利益的保护。现实中，由于上市公司规模的巨大以及经营者实际控制力的提高，以至于上市公司的中小股东事实上由公司的"主人"转变为公司的"外部人"，并在一定程度上与公司形成利益对立。这就需要证券法对作为现有股东和潜在股东的投资者给予超越公司法意义上的股东身份的特殊保护。然而，现行的证券法注意到了投资者作为交易者身份的特殊保护，例如，现行《证券法》第126条规定国家设立证券投资者保护基金，以应对被处置证券公司及公募基金管理人破产风险给投资者造成的损失，但对投资者股东身份的特殊保护机制明显缺漏。突出表现为有关投资者损害救济制度不完善、专门投资者保护机构缺位、民事救济途径不足、缺乏必要的配套规定确保其可行性等。

（3）中小投资者的维权实践表明发展公益性维权组织的急迫性

保障因证券违法行为而遭受损害的投资者的民事赔偿权利是践行投资者保护宗旨的基础性制度。由于中小投资者处于信息、资金等弱势地位，单个投资者行权维权面临专业知识储备不足、耗时久、成本高等重重阻碍。有学者对我国证券民事赔偿制度实行后十余年间的相关案件从数量和质量两方面进行了系统性的实证研究。研究表明，证券民事赔偿诉讼提起率远低于预期。① 可以说，我国投资者维权实践的严峻现实决定了现阶段发展维权组织的急迫性。我国资本市场急切需要专门的投资者保护机构帮助投资者依法及时有效地行权维权。

另外，如前所述，通过维权组织来发动对于证券违法行为的诉讼，同学界极力主张的由律师主导的集团诉讼相比较，具有突出的优势。

2. 投服中心的角色定位

投服中心作为公益性中小投资者维权组织，从现实情形分析，其既扮演了"各上市公司股东的身份"，同时其为了扩大开展维权工作，又接受市场中其他投资者的委托，帮助中小投资者行使权利，即又扮演了"中小股东受托人"的角色。因此，投服中心是拥有"上市公司股东"和"中小股东受托人"双重身份的主体。

它是以利益代表者和利益维护者的身份成为中小投资者利益组织化的有效载体。投服中心的本质特征在于，其可以通过自身的特殊投资者身份独立行使权利，也可接受个体投资者权利的让渡，并以其专业的知识、组织的力量来实现保障投资者个体权利的宗旨。基于此本质特征，投服中心之角色定位必须包含四个要素，即组织性、独立性、非营利性、专业性。

（1）组织性

作为介于市场和政府之间的一种社团法人，维权组织必须具备法定的组织形式和制度规范，以保证其身份的稳定性和持续性。具体运行中，建立类似于现代企业制度的董事会治理结构以及公开、透明的运营管理制度是维权组织加强自律、增强透明度、实现组织公益性的重要保证。值得强

---

① 参见何朝丹《虚假陈述证券民事诉讼法律实效研究》，载《证券法苑》（第五卷），法律出版社，2011，第191页。

调的是，维权组织作为证券投资者保护组织体系中的一个子系统，在系统内部应发挥不同于其他组织的功能并具备利于其功能发挥的组织结构，这就要求维权组织的运行机制要注重与证券市场上其他组织机构的有机衔接，从而保证整体效能的发挥。

（2）独立性

作为独立的法人组织，维权组织应当具备财产上的独立性和行为上的独立性，即具备能够独立支配的财产，并能以自己的名义独立行使权利和承担义务。从域外经验来看，维权组织作为代表特定群体利益的一类社会团体，既可以完全基于民间力量自助发起，也可以在政府的主导下组建形成。传统上认为，维权组织在设立、组织、经费和运作方面应独立于政府，由此避免政府对于维权组织的不当影响。这也是非营利组织制度设计的一大重要特质。但实践表明，没有政府的支持，也可能使得该类组织的维权行动举步维艰。考虑到我国资本市场发展基础尚为薄弱，民间组织的一些固有缺陷在我国可能尤为凸显。因此，目前的投服中心采取中国证监会主导、其他社会组织力量积极配合的模式依法组建。严格说来，该维权组织并不是一个完全独立的非营利组织，而是证券监管机构支持下成立的半官方组织。此种身份可能使其独立性受到质疑，但同时也方便了它的设立，并使它具有较为充沛的经费来源。这种制度设计是充分考虑我国证券市场的结构特征以及证券监管机制的运行环境所作出的选择，也是对我国台湾地区"证券投资人及期货交易人保护中心"模式成功经验的借鉴。

（3）非营利性

非营利性是指维权组织具有公益性，不以追逐利益为目的。这是维持其独立性的重要前提，也是其区别于企业等市场营利组织的重要特征。不过，维权组织在服务过程中也可能存在收费现象，只是该收费用于组织发展，而不能在成员之间进行利润分配，也不能用于任何其他形式的个人受惠。可以说，公益性是维权组织本质的展示。

（4）专业性

维权组织必须具备能够胜任维权工作的专业技术和经验，以此弥补个体投资者在资源、信息、经验等方面的欠缺。相较于公众投资者而言，投服中心具有专业性和敏感性，能够广泛搜集、专业分析证券市场上的各种信息，同时可以将投资者分散的利益诉求在组织内部进行筛选加工，以形成集中和简约的利益表达，随时为协助中小投资者行权维权提供及时有效的帮助。

3. 投服中心的主要职能

中小投资者维权组织对投资者权利的保护主要体现在协助其行使权利并给予权利救济两个方面。综观国内外中小投资者维权组织的运行情况，可以发现其主要职能包括：①向中小投资者提供信息和相关咨询服务；②受理中小投资者的投诉，并进行调查、调解；③代表或协助中小投资者行权维权；④开展投资者教育工作；⑤推动证券投资者保护立法。在 2019 年《证券法》修订前，我国投服中心的职责设定就是积极回应投资者行权、维权过程中遭遇的普遍性突出性的问题，着重履行持股行权、提起或支持诉讼、证券纠纷调解等国务院证券监督管理机构规定的职责。① 《证券法》的修订明确了投服中心征集投票权、达成先行赔付协议、主持调解、支持诉讼、提起股东派生诉讼、担任证券民事赔偿诉讼特别代表人的六大职能，从而为完善具有中国特色的投资者保护组织体系提供了重要的法治保障。

二 域外股东维权组织相关经验的梳理和借鉴

证券市场上的投资者兼具上市公司股东和证券交易者的双重身份，因此，总体而言，各国或地区对投资者的保护路径也可以由此两个身份展开。为保护投资者作为证券交易者的权益，资本市场较为成熟的国家或地区大多专门建立证券投资者保护基金，作为防范和处置证券公司风险中保护证券投资者利益的资金。至于投资者股东身份权益的保护，由于世界各国或地区资本市场发展水平、监管理念以及法律传统差异，其对于投资者作为股东是否应该给予组织保护，以及组织保护程度、方式存在较大差异。在给予组织保护的国家或地区中，绝大多数的股东维权主要通过纯民间组织来实现，这些组织被称为"非政府组织"（Non-Government Organization，NGO），或"非营利组

---

① 投服中心自 2014 年在上海虹口区市场监督管理局注册成立以来，已经陆续开展了多项投资者保护工作。通过全国企业信用信息公示系统（上海）查询所得信息，其经营范围则包括"面向中小投资者开展公益性宣传和教育；为中小投资者自主维权提供法律、信息、技术服务；公益性持有证券等品种，以股东身份行权和维权；受中小投资者委托，提供调解等纠纷解决服务；代表中小投资者，向政府机构、监管部门反映诉求；中国证监会委托的其他业务""中证中小投资者服务中心有限责任公司，注册号/统一社会信用代码：310109000691186"。

织""公益组织""民间非营利组织"等，而只有我国大陆及台湾地区设立了专门的"官方非营利组织"来保护投资者的股东权益。鉴于我国大陆及台湾地区投资者维权组织的职能定位、运行机制比较相近，故笔者主要比较借鉴台湾的模式经验，并着重从维权组织持股行权的角度展开考察研究。

（一）域外非营利股东维权组织的考察比较

1. 非营利股东维权组织的主要模式介绍

尽管以非营利组织方式存在的中小投资者保护组织形式多样，发挥的作用也不尽相同，但基于各国或地区不同的法制背景、投资者保护制度的路径传统以及股东维权组织的影响状况，域外股东维权组织的主要模式有三种。

（1）美国模式

美国是以机构投资者为主的资本市场。机构投资者主导的"股东积极行动主义"与律师主导的"集团诉讼"的并行不悖构成了美国投资者保护的基本框架。在美国，机构投资者具有较强的行权需求和维权能力，同时建立在发达的律师制度基础之上的集团诉讼制度以及配套的司法机制比较完善，投资者自力救济容易实现，因此，专门为投资者的股东权益提供保护的组织并不特别引人关注。比较著名的是早在 1940 年就成立的全国投资公司协会（National Association of Investors Corporation，NAIC）。该协会是一个自律性质的非营利组织，其宗旨是使投资基金交易公正进行，保护投资者的利益，促进投资基金业的健康发展。其分支机构投资俱乐部因不仅提供信息和专业支持服务，还设有互助的集合理财投资产品反而更具社会知名度。此产品不同于委托理财式的共同基金，它是由参与投资者以投票的方式共同作出投资决策，实现信息共享和风险共担，并降低投资成本。1961 年全国投资公司协会更名为投资公司机构（Investment Company Institute，ICI），但其性质依旧是非营利的公益组织，它的任务主要是倡导投资公司（包括共同基金、封闭式基金以及个人投资信托）的利益和股东利益，并且帮助公众理解投资机构，鼓励投资管理人更高的道德水准。[1] 其具体的职责主要包括：

---

① 参见申团营《基金业发展关键：培养良好的价值投资观》，《上海证券报》2008 年 7 月 21 日。

参与并监督有关投资公司的立法；收集投资基金业的业务数据；负责公开信息和辅导材料的制作和发放，及时向协会会员、证券经纪商和传播媒介报告协会的重要活动和投资基金业发展的重要事项；向公众传播投资基金知识，介绍投资于投资基金的办法，宣传投资基金的好处；通过组织和宣传手段，严格执行法规，以保持和提高投资基金业务的良好发展。[①]

除全国投资公司协会外，有学者提到投服中心的定位与功能，十分类似于美国股东权益代理服务机构"机构股东服务公司"（Institutional Shareholder Services Inc.，ISS）。[②] 的确，从 20 世纪 80 年代开始，英美证券市场自发形成了许多商业化的投资者服务公司，提供公司监测、议案分析、投票代理、求偿索赔等服务，为投资者创造了巨大价值。仅从功能角度出发，美国 ISS 作为世界最知名、最有影响力的一家股东权益代理机构，专门为金融市场参与者提供咨询与公司治理解决方案。ISS 提供的服务及产品系列，与投服中心有很多相似之处，包括目标公司治理研究及建议，代理投票及提供分配解决方案，证券诉讼索赔管理，等等。但二者最核心的差异在于，投服中心属于官办公益性机构，以"持股行权"为主要任务，而 ISS 则属于民办营利性机构，它主要是为机构投资者提供咨询服务和代理服务。

（2）日韩模式

20 世纪 90 年代以来，由于亚洲金融危机、国内公司丑闻、股市衰退和投资需求多样化等因素的影响，日本、韩国对于投资者保护的需求日益增长。非营利性投资者保护组织不断兴起，并在投资者股东权益保护方面发挥了相当积极的作用。

第一，日本的"股东权益巡视员"。日本最有名的股东维权组织当属"股东权益巡视员"（Kabunushi Ombudsman，KO）。该组织于 1996 年 1 月 8 日在大阪成立，其基本宗旨是改革日本企业的经营实践，使之尽量考虑到普通股东和公民的利益。该组织是由律师、会计师、学者、散户投资者和其他公民组成的非营利组织，而且是有史以来第一个对日本的商业企业进

---

① 参见百度百科，https：//baike. baidu. com/item/%E7%BE%8E%E5%9B%BD%E6%8A%95
E8%B5%84%E5%85%AC%E5%8F%B8%E5%8D%8F%E4%BC%9A/12751970？fr=aladdin。

② 参见董登新《证券投资者保护的突破口》，《中国金融》2016 年第 16 期。

行监督的民间组织。① 由于日本国内对设立非营利组织有严格的限制，日本KO组织表面上采取有限责任公司的组织形态，但通过章程的特殊规定，实质上与非营利组织相同。首先，KO组织在章程中明确了自身以提供公共产品为目标，即以行使股东法律权利、促进公司信息披露以及反映股东主张为目标。其次，章程中规定KO组织不向成员分配利润。实践中，该组织的活动实际上由会员和社会的捐款来维持，并主要通过以下活动实现组织目标：①监督企业经营，批评不利于社会的企业行为；②行使普通股东的权利，必要时通过诉讼迫使企业作出相应的信息公开；③就企业经营透明化、民主化、公平化，实现社会正义和环境保护提出股东提案；④赞扬并宣扬那些提高工作环境、从事慈善事业、保护环境、雇佣残疾人、推动性别平等、对公司运作进行充分披露的公司。② 具体从持股行权视角考察，除发动代表诉讼以外，KO组织作为上市公司股东发挥作用的路径主要是，向若干大公司提出股东大会临时提案，要求修改章程细则，就董事的薪酬和退休津贴进行公开说明，等等。这些维权措施都获得了比较良好的社会效果。

　　第二，韩国的"参与民主人民联盟"。"参与民主人民联盟"（People's Solidarity for Participatory Democracy，PSPD）成立于1994年9月10日，是韩国最为著名的非营利性投资者组织。该组织刚成立时困难重重，东南亚金融危机使PSPD的维权活动得到了社会各界的关注，同时也给了PSPD一个摆脱困境的机会。到1998年年中，PSPD的会员由最初的200个突破到1000个，截至2016年1月，PSPD已经有15000名会员。会员缴纳的会费不仅可以完全满足PSPD的维权需要，而且还有节余。PSPD利用这些节余购买了每一家上市公司最低限量的股票，理所当然地成为每一家上市公司的股东。③

　　PSPD实际上是一个拥有多个行动团体的非营利集团组织，它包括司法监督中心、议会活动中心、促进社会透明中心、小权利运动部、参与经济委员会、科学技术民主部、社会福利特别委员会7个部门，还包括5个附属机构。其中的"参与经济委员会"（Participatory Economy Committee，PEC）

---

　　① 参见汤欣《私人诉讼与证券执法》，《清华法学》2007年第3期。

　　② About Kabunushi(Shareholders) Ombudsman: Its Goals and Activities, http://www.zephyr.dti.ne.jp/~kmorioka/about%20KO_e.html.

　　③ 参见吴风云、赵静梅《证券市场投资者保护的韩国经验及启示》，《改革》2005年第7期。

从 1997 年开始即致力于维护少数股东权益的运动，这一运动的目标是通过联合小股东力量对控股股东形成制衡，以保护小股东权利并促进公司经营的透明化。PEC 由高丽大学教授张夏成（Hasung Jang）创立，会员包括律师、会计师和学者。PEC 的设立宗旨如下："通过推动公司实现经营的透明化和负责任的经营方式来改善韩国经济结构。委员会积极开展活动的深层次理念是，如果不对韩国国内以过度多角化经营、高负债率、内幕交易、出于自利的捐赠和企业产权继承为特征的财阀体系进行改革，则韩国经济的转型和未来发展都将成为泡影。"该组织通过以下方式实现其宗旨，并使自己成为韩国股东积极主义（shareholder activism）的先锋：参与股东大会，行使股东权；纠正管理层不当行为，对公司管理层进行持续性监督；追究管理人员责任，挽回投资者损失；参与立法活动；等等。[1] 具体来看，PSPD 以民间非营利组织的名义提起公益诉讼、发起少数股东权益保护运动，并通过咄咄逼人的媒体攻势来监督财阀的经营政策，[2] 迫使公司提高治理水平。PSPD 发起的"公司监督行动"（corporate watchdog activity），引起了韩国社会对一些妨碍建立公平市场现象的重视，如工业资本控制金融资本、扭曲的公司控制结构等。在上述运动中，PSPD 使用了各种手段，主要包括提出股东提案、利用投票权进行对抗、独立提名公司外部董事人选、就公司管理层和大股东的不当行为提起民事及刑事诉讼、就不当捐赠和继承事宜提起控诉、积极参加公司的年度股东大会、对公司的信息披露进行持续跟踪并积极参加立法游说等，获得了社会广泛的认可。

毋庸置疑，在过去的 20 多年中，PSPD 已经成为韩国证券市场的一个重要势力，甚至被人们看成韩国的"第二金融监管局"，有着与政府类似的权威。然而，PSPD 是一家纯粹的民间组织，没有任何特权和强制权力，它自成立以来的上百次行动绝大多数以失败告终，少数成功行动也来得困难、赢得艰辛。由于没有强制权力，PSPD 提起的各项请求能否获得上市公司的配合，全靠上市公司的"责任感和职业精神"。[3] 此外，PSPD 的行动甚至很少得到

---

[1] Jooyoung Kim and Joongi Kim, "A Review of Mow PSPD Has Used Legal Measures to Strengthen Korean Corporate Governance," *Journal of Korean Law*, Vol. 1, No. 1(2001), p. 51.

[2] 参见汤欣《私人诉讼与证券执法》，《清华法学》2007 年第 3 期。

[3] 吴风云、赵静梅：《证券市场投资者保护的韩国经验及启示》，《改革》2005 年第 7 期。

监管部门的支持，诉讼到法院的案件也很少胜诉，甚至还受到学界的质疑。由于 PSPD 宣称以改善公司治理结构、保护投资者权益为宗旨，因此，在韩国金融监管局眼中，PSPD 是对金融监管局权威的一种挑战，PSPD 的胜利意味着金融监管局的监管失职。在这种情况下，PSPD 要与监管部门建立协调的关系是非常困难的。此外，PSPD 的诉讼请求要获得法院的支持，不仅依赖于 PSPD 能够提供充分的证据、详尽的信息，而且需要法官对证券事务有足够的经验、对投资者保护有足够开明的理解和倾向性。事实上，上述条件现实中非常难以达成。因为该组织的行动很少受到监管机构的帮助，在上市公司重大丑闻爆发并受到监管机构的调查以后，PSPD 索取政府调查报告的努力几乎从未成功，这为该组织向法院提起针对丑闻公司的诉讼平添了许多麻烦。PSPD 打官司取得胜利看起来几乎是偶然事件。[①] 据统计，PSPD 的胜诉率不超过 30%。

（3）我国台湾地区模式

我国台湾地区早期对投资者的双重身份采取不同的保护机制，既有用于赔偿机制的证券投资人保护基金，又单设保护投资者其他权益的证券及期货市场发展基金会（Securities and Future Institute，SFI）。SFI 并不是一个完全独立的非营利组织，而是在台湾地区证券监管机构的支持下成立的半官方组织。SFI 的主要目标是：配合台湾地区经济成长，不断筹划推动各项工作，拟定各项研究与服务计划，以证券及期货业者与投资大众为服务对象，期以引导投资活动，推动证券及期货市场之学术与实务研究，加强投资人权益之维护，提供完整之资讯，以促进市场整体的健全发展。SFI 主要通过两方面活动促进投资者保护：一方面，它支持相关研究工作、协助解决证券活动纠纷、提供法律咨询以及从事促进投资者教育的活动；另一方面，由于 SFI 拥有台湾地区每个上市公司 1000 股股份，它也以股东身份维护股东权益，包括参加股东会议、行使归入请求权、作为股东代理人参加诉讼等活动。

20 世纪末，台湾地区经济陷入低谷，公司治理的许多缺陷因此暴露。为了维持投资者信心，促进资本市场发展，台湾地区在总结证券投资人保护基金和 SFI 运作经验的基础上，2002 年公布了"证券投资人及期货交易人保护法"，把中小投资者组织保护推到更高的层次。法案决定设立法定的

---

① 参见汤欣《私人诉讼与证券执法》，《清华法学》2007 年第 3 期。

投资者保护机构——财团法人证券投资人及期货交易人保护中心（Securities and Futures Investors ProtectiOn Center，SFIPC）。2003 年初，SFIPC 正式成立。SFIPC 的主要职能是为投资者提供咨询、接收投诉、进行证券纠纷调解、代表投资者进行团体诉讼、行使归入请求权，并在证券商或期货商因财务困难无法给付款券或保证金时，动用保护基金偿付善意投资人。因此，SFIPC 实际是以"法律"形式将证券投资人保护基金和 SFI 的大部分功能融合起来。此外，SFIPC 进一步细化了配套规定，克服了证券投资者保护基金的资金来源问题，并明确团体诉讼规定，加强投资者诉讼权利保护。

2. 三种模式的比较借鉴分析

第一，从三种模式下股东维权组织的发展及受重视程度看，它们与各国及地区投资者保护法律制度供给，尤其是股东诉讼救济制度的供给成反比。在美国，集团诉讼制度非常发达，投资者自力救济机制比较完善，因此，相应地，非营利维权组织在帮助提供诉讼机制方面就非常弱化；反之，在投资者保护相对落后，尤其投资者维权机制成本较高的国家或地区，非营利股东维权组织的受重视程度较高，发挥的作用也比较积极。可见，股东维权组织的发展模式及其实现程度与各国及地区中小投资者保护的法律制度供给、需求差距正相关关系是有其内在的制度基础与实现逻辑的。

第二，同样在非营利组织架构下，具有政府背景的维权组织的运行机制以及维权效果更具优越性。以上述韩国维权组织为例，民间团体模式的投资者服务机构是很难长期、有效地保护投资者的，尤其没有专门法律规范作为行权支撑的纯粹民间投资者服务机构，其行权范围、效果必将受限，同时由于其缺少政府背景，也会因得不到监管部门的认可而事倍功半。究其因，就在于民间维权组织与监管机构之间存在的角色冲突。就韩国经验来看，随着 1997 年金融危机爆发以后公司丑闻陆续曝光，社会对于金融监管当局的怨言日益增加，而 PSPD 的身份决定它不仅是"揭盖者"和"麻烦制造者"，而且本身就对金融监管当局颇多微词。在韩国监管当局眼中，PSPD 是对监管者权威的挑战，PSPD 的成功即意味着监管当局的失职。在这种情况下，PSPD 要和监管机构建立互助、协调的关系已然十分困难。[①]

---

① 参见吴风云、赵静梅《证券市场投资者保护的韩国经验及启示》，《改革》2005 年第 7 期。

（二）我国台湾地区投保中心组织运营方面的经验借鉴

尽管各国或地区中小投资者保护组织发展的土壤不同，各自规模、形式、发挥的作用也不尽相同，但通过归纳它们的基本架构与运营模式可以发现，中小投资者保护组织运营机制中最核心的问题主要有三：由谁出资、由谁管理、如何使用。

我国台湾地区财团法人证券投资人及期货交易人保护中心（简称"投保中心"）是我国台湾地区从事投资者权益保护与服务的机构，成立至今的 20 余年间建立了较为成熟的投资者保护机制、积累了较为丰富的投资者服务经验。同时，立足现有的考察，其职能与我国大陆成立的投服中心相似，以至于有观点认为，我国大陆投服中心的建立可以说是台湾地区投保中心的一种"大陆版实验"。[①] 鉴于台湾地区所处的社会经济环境以及面临的公司治理问题与大陆有诸多相似点，尤其是台湾地区上市公司的股权结构与大陆相当近似，都是以散户投资人为主，法人机构投资者比重偏低，同时大股东与董事、监事等结合程度很高；此外，台湾地区的法治环境与大陆也颇为相近，两者皆属于大陆法系，强制性规定较多，但提供给个体自力救济的司法措施比较少，同时又保持着较高的司法门槛，不利于个体实现司法救济，因此，笔者以为，基于我国大陆投服中心出台的背景和运营机制与台湾地区投保中心具有相当的共通性，对我国台湾地区投保中心组织运营的经验进行梳理并适当借鉴当属必要。

1. 我国台湾地区投保中心组织运营方面的基本情况

我国台湾地区现行投资者保护机构是融合证券投资人保护基金与保护投资者股东权益的机制于一体的。台湾地区早期的做法是既有用于赔偿机制的证券投资人保护基金，也存在保护投资者股东权益的证券及期货市场发展基金会（Securities and Future Institute，SFI）。但由于证券投资人保护基金和 SFI 之间缺乏确保彼此有效运作的配套措施，因此二者并存的效益不太明显。2002 年我国台湾地区公布"证券投资人及期货交易人保护法"，确立了新的证券期货投资者保护模式。在此新模式下，我国台湾地区于

---

① 参见吕成龙《投保机构在证券民事诉讼中的角色定位》，《北方法学》2017 年第 6 期。

2003 年 1 月设立了法定的投资者保护机构——证券投资人及期货交易人保护中心。该中心的具体职能包括：①以股东身份参与上市公司治理，维护投资人合法权益；②为投资人提起团体诉讼或仲裁；③提供咨询及申诉服务；④证券民事争议调解；⑤管理证券保护基金，在证券商或期货商出现财务困难无法赔偿时，办理赔偿善意投资人的业务。可见，我国台湾地区投保中心是以"法律"形式将证券投资人保护基金和 SFI 的大部分功能融合起来了。

关于我国台湾地区投保中心的资金来源。我国台湾地区投保中心作为由我国台湾地区金融监督管理委员会主管，证券期货交易所、同业公会捐资设立的财团法人，其设立时的保护基金为新台币 10 亿余元，由证券及期货市场相关机构捐助。另除前述捐助财产外，证券商、期货商、证券交易所、期货交易所及柜台买卖中心等机构应每月拨付一定比例的款项给投保中心，作为后续保护基金的来源。① 这样的资金来源无疑保证了投保中心有足够的资金支持从事投资者权益保护。

关于我国台湾地区投保中心的管理问题。按照"证券投资人及期货交易人保护法"，我国台湾地区投保中心受台湾地区"证券及期货管理委员会"监管。"保护机构业务之指导、监督、财务之审核、办理变更登记相关事项，与其董事、监察人、经理人及受雇人之资格条件及其他应遵行事项之管理规则，由主管机关定之。"为保护证券投资人及期货交易人，必要时

---

① "证券投资人及期货交易人保护法"规定，"本法所称保护基金，指依本法捐助、捐赠及提拨，而由保护机构保管运用之资产及其收益"。关于其资金来源，该法第 18 条规定："保护机构为利业务之推动，应设置保护基金；保护基金除第七条第二项之捐助财产外，其来源如下：一、各证券商应于每月十日前按其前月份受托买卖有价证券成交金额之万分之零点零二八五提拨之款项。二、各期货商应于每月十日前按其前月份受托买卖成交契约数各提拨新台币一点八八元之款项。三、证券交易所、期货交易所及柜台买卖中心应于每月十日前按其前月份经手费收入之百分之五提拨之款项。四、保护基金之孳息及运用收益。五、公司机关（构）、团体或个人捐赠之财产。前项第一款至第三款之提拨比率或金额，主管机关得视市场状况或个别证券商或期货商之财务业务状况及风险控管绩效调整之。但增加之比率或金额以百分之五十为上限。保护基金净额超过新台币五十亿元时，主管机关得命令暂时停止提拨已提拨超过十年之证券商、期货商第一项第一款及第二款之款项。保护基金不足以支应第二十条第一项规定之用途时，保护机构得经主管机关核准后，向金融机构借款。未依第一项前三款规定缴纳提拨款者，保护机构得报请主管机关命其限期缴纳；届期仍未缴纳者，主管机关并得依法移送强制执行。"

证券及期货管理委员会可以命令保护机构变更其章程、业务规则、决议，或提出财务或业务之报告资料，或检查其业务、财产、账簿、书类或其他有关对象。

关于我国台湾地区投保中心的资金运营。投保中心的董事会具体对保护基金进行管理和运用。董事会决议事项往往包括有关基金运作章程的修改和订立，保护基金的动用，基金保管运用方式的变更，对外借款，以及基金章程或监管部门决定应由董事会决议的事项。此外，依据"证券投资人及期货交易人保护法"第11条的要求，投保中心的董事按两种方式遴选：一是由台湾地区证券及期货管理委员会从捐助人推选的代表中遴选；二是由台湾地区证券及期货管理委员会从独立于捐助人的学者、专家和公正人士中指派，这部分董事人数不得少于董事总额的2/3。此外，保护机构应设置监察人1~3人。监察人的遴选方式与董事相同。监察人得随时调查保护机构之业务及财务状况，查核簿册文件，并得请求董事会提出报告。监察人各得单独行使监察权，发现董事会执行职务有违反法令、捐助章程或业务规则之行为时，应即通知董事会停止其行为。

关于我国台湾地区投保中心持股行权的基本情况。台湾地区投保中心依"证券投资人及期货交易人保护法"第19条第1项第2款及"证券投资人及期货交易人保护机构管理规则"第9条等规定，持有台湾地区上市（柜）公司之股票，为落实公司治理之理念以维护投资人权益，主动以少数股东身份积极实践股东行动主义，包括：①针对发行公司重大议案，如私募、减资、合并、董监酬金异常、股利政策失衡、重大转投资及转投资亏损、大额背书保证或资金贷与等，因攸关股东权益，均依个案评估，以股东身份函请公司说明或改善，并视个案状况派员出席股东会表达意见，以促使发行公司在进行重大决策时注重股东权益之维护。②至于出席股东会后并持续追踪的处理情形，主要是在发现上市公司有重大违反规定情事时，以股东身份依公司法等相关规定提起撤销股东会决议之诉。

2. 我国台湾地区投保中心组织运营的做法评析

（1）我国台湾地区投保中心的优势

与纯民间非营利股东维权组织相较，台湾地区投保中心的突出优势主要体现在三方面。一是半官方的出资结构，方便了它的设立，使它具有较为充沛的经费来源，可以雇佣人数较多且较有专业水准的人员，并具有持续发展的资金支持和后续保障，不像前述纯民间非营利股东维权组织的资金多来源于捐助，因此收入很不稳定，也容易影响投资者权益保护活动的开展。二是其所发挥的作用与政府的需求具有一致性。投保中心是按照监管部门预设的功能开展业务并接受监管部门的管理，所以其角色扮演与监管部门的监管职能非但不具有冲突性，反而容易得到监管部门及相关机构的支持。三是台湾地区投保中心对其运行机制进行了详细规定，使其组织行为有章可循，也便于社会公众对组织活动进行监督，有利于对其组织活动形成必要激励和约束。

（2）我国台湾地区投保中心面临的问题

台湾地区投保中心的特殊组建模式，也使其面临一定的困境。一是独立性问题。投保中心并不是一个完全独立的非营利组织，而是在台湾地区证券监管机构的支持下成立的半官方组织。此种身份必然使投保中心的独立性受到质疑。实践中，投保中心的工作也时常进退维谷，既需要顾及公权力不得滥用，又要防止不作为问题，还要审慎地平衡资金来源背后的利益分歧。二是激励不足问题。台湾地区投保中心的实质性权力时刻处在政府的直接控制下，机构自我激励面临很大的挑战。事实上，台湾地区投保中心形式上是财团法人性质的非营利组织，但实际上兼有辅助达成行政目的的官方色彩浓厚的组织性质，因而政府失灵不可避免。此外，顾及作为资金来源的市场机构的利益需求，投保中心也缺乏足够的激励发现追究证券违法行为。[1] 三是能力不足问题。截至 2017 年 4 月，台湾地区共有上市公司 1636 家，证券市场市值总额占 GDP 的 146.83%，市场规模已经不小。根据台湾地区投保中心 2016 年的年度报告，该中心除董事长、总经理、副总经理外，专职员工仅有 34 人，其中配置法律服务处 25 人、管理处 9 人，员工中具有硕士学位者 16 人、大学学位者 16 人及其他 2 人。[2] 除了证券民事团体诉讼外，其还负责证券期货市场规则的咨询、申诉、调处纠纷、证

---

[1] 参见吕成龙《投保机构在证券民事诉讼中的角色定位》，《北方法学》2017 年第 6 期。

[2] 台湾地区投保中心设董事会，董事长、总经理、副总经理、监察人各 1 名，下设法律服务处（负责咨询申诉、调解、团体诉讼或团体仲裁、督促公司治理、偿付、归入权诉讼）和管理处（负责人事、文书、财务和保护基金管理及运用）。

券偿付、归入权、代表诉讼及解任诉讼、股东权益保护等。[①] 如此有限的人力资源面对越发庞大的市场，只能是捉襟见肘，难以满足市场的需求。

就我国大陆投服中心而言，其实同样面临上述问题。尽管我国大陆投服中心的五个股东分别为上海证券交易所、上海期货交易所、中国证券登记结算有限责任公司、深圳证券交易所和中国金融期货交易所股份有限公司，就股东性质而言，表面上其与市场的直接联系不如我国台湾地区投保中心那般紧密，却更直接地受到来自政府及相关机构的管理，使得其独立性成为更加关键和深层次的问题。[②] 至于激励不足与能力不足问题，我国大陆投服中心的困境与我国台湾地区投保中心的问题并无二致。

总而言之，与日本、韩国等非营利组织相较，我国台湾地区投保中心的运营组织模式已经表现出了对以往投资者权益保护方式的突破与发展。我国大陆投服中心应当在系统反思、比较借鉴台湾地区经验的基础上，充分发挥制度建设的后发优势，扬长避短，创新发展。

三　我国持股行权实践的效果考察与问题分析

（一）投服中心持股行权实践的基本概况及其效果考察

1. 基本概况

2016 年 1 月 27 日，投服中心《持股行权试点方案》获中国证监会正式批复，同年 2 月 19 日，证监会召开新闻发布会宣布开展持股行权试点，试点工作率先在上海、广东（不含深圳）和湖南正式启动，2017 年 4 月持股行权试点工作扩大至全国。截至 2023 年 2 月底，投服中心共持有 5075 家上市公司股票，共计持股行权 3488 场，累计行使包括建议权、质询权、表决权、查阅权、诉讼权、临时股东大会召集权在内的股东权利 4413 次。[③] 投服中心在持股行权方面，主要采取了以下保护投资者权益的措施，并取得

---

① 台湾地区投保中心 2016 年年报，载中心官网，https：//www.sfipc.org.tw/MainWeb/Article. aspx? L=1&SNO=cETUAHMWj7bwkiS59QXNww==。

② 参见吕成龙《投保机构在证券民事诉讼中的角色定位》，《北方法学》2017 年第 6 期。

③ 参见钟腾《中小投资者保护的中国实践：创新、成效与企盼》，《金融市场研究》2024 年第 4 期，第 5 页。

了积极的效果。

（1）发送股东建议函

对于公司重大经营决策、上市公司收购方案等，投服中心以股东名义发送建议函。相关公司在收到建议函时，大多认真对待并给予回应。以建议完善公司章程为例，投服中心集中向上市公司发送股东函，一是督促其落实《国务院办公厅关于进一步加强资本市场中小投资者合法权益保护工作的意见》，优化投资回报机制、健全中小投资者投票机制；二是建议其取消不当限制股东权利的条款。据不完全统计，截至 2023 年底，投服中心已完成全部 5000 多家公司章程的搜索分析，向上海、湖南、广州、山西、重庆、河北、天津、黑龙江、广西、厦门、江西、浙江、宁夏、贵州、内蒙古等 31 个辖区，发送了 2000 多份股东建议函。九成上市公司表示采纳建议，表态将于下次股东大会修订完善公司章程。

（2）参加股东大会

在上市公司召开股东大会时，投服中心委派工作人员或律师等专业人员，以股东代表的身份参加股东大会，并行使质询权、表决权，促进公司规范治理。例如，2023 年，投服中心首次集中参加了全国 500 家上市公司年度股东大会，取得良好效果。在股东大会现场，投服中心重点针对股东减持、现金分红、公司治理规范性等投资者关注的问题和事项，向上市公司提出建议和质询。绝大部分上市公司表示，将进一步按照有关政策法规，修改完善不足之处，给股东一个满意的答复。

（3）不召开股东大会期间现场行权

在上市公司不召开股东大会期间，投服中心以股东身份到上市公司经营场合进行现场行权，如查阅公司财务资料等，上市公司基本予以配合。通过查阅，针对发现的上市公司董监高缺席股东大会、会议记录不完整、计票监票不合规等情况，投服中心现场提出建议。上市公司基本都主动配合查阅，表示会采纳建议，规范"三会"运作。

（4）参加上市公司说明会

在上市公司举行发行新股、发行公司债、收购合并等说明会时，投服中心派员参加，督促上市公司认真履行信息披露义务。其中，投服中心参加重组媒体说明会，防范问题重组成效显著。在说明会上，投服中心站在中小投资者的立场,从维护"自己"利益的角度出发,对重组不确定性、估值合理性、业绩承诺可实现性、中介机构是否勤勉尽责等方面提出问题,促使上市公司完善重组预案、强化信息披露,切实保护了广大中小投资者的合法权益。

(5) 公开发声

针对市场、媒体和投资者关注的热点、焦点问题,尤其是上市公司忽视甚至侵害中小股东利益而实施不当行为时,投服中心以股东身份并代表中小投资者公开发声,利用媒体阐明立场,充分发挥舆论的影响力和约束力,抑制上市公司忽视甚至侵害中小股东利益的不正当行为。投服中心每次公开发声,中央及主流财经媒体、地方媒体、各大门户网站均作报道,反响积极,取得了较好的效果。例如,投服中心分别针对万宝之争、一汽轿车违反承诺、雅化集团公司章程修订、ST 慧球"1001 议案"、雅百特财务造假行为、山东金泰漠视中小投资者权利、ST 生化要约收购等公开撰文13 次,督促上市公司强化投资者保护。其中,雅化集团取消股东大会不再对违法提案表决、格力电器终止收购、ST 慧球已选任新的董监高、山东金泰在媒体上公开道歉,多家公司修改章程取消了反收购条款。

2. 投服中心持股行权工作的效果分析

持股行权工作开展以来,投服中心始终以维护投资者权益为中心,以促进证券市场有序运行为重点,以配合监管机构工作为策略,其各种持股行权措施均得到有效实施,证券市场和社会反应强烈,达到了预期的目的。一是广大中小投资者热烈拥护,认为其群体中有了投服中心这样的"带头大哥"。二是上市公司普遍欢迎,认为投服中心是理性投资者,有利于上市公司提升治理水平并改善其与投资者的关系。三是社会舆论普遍赞扬,认为这是保护投资者权益的有效途径,是证券市场运行机制的重大制度创新。四是得到了证券监管机构的充分肯定,认为是完善证券市场监管体系的有效措施。

(1) 示范作用

投服中心作为中小投资者利益团体的代表人积极参与到上市公司治理中,促进上市公司规范运作,示范引领广大中小投资者积极行权、理性维权、依法维权。投服中心每次行权活动,证券类主要媒体及主要财经门户网站都进行相关报道，广大中小投资者通过评论、跟帖等方式予以回应，每次活动网站点击量多达十几万次少则数万次，评论数千条。可以说，投服中心持股行权发挥了重大的示范效应，为广大投资者如何成为理性投资者树立了榜样，从而有利于提升投资者水平和促进证券市场成熟。

（2）维权作用

投服中心以投资者身份维护自身权利，是其通过持股行权维护投资者权益的主要方式。一是充分行使证券法、公司法确认的投资者权利；二是在其权利受损害时积极采取救济措施，包括向证券监管机构投诉，向人民法院提起股东直接诉讼或代表诉讼。虽然投服中心持有一个上市公司的股份较少，但其维护行为及其维权结果，可以诱发和引领受损害的投资者积极维权。

（3）警示作用

投服中心现场行权、参加上市公司说明会和公开发声，都是针对市场关注的焦点问题进行提问，具有专业犀利的特征。投服中心通过呼吁广大中小投资者积极维护自己的合法权益，可以引发市场各方参与者的积极讨论和持续关注，形成强大舆论和投服中心身份的双重压力，促使上市公司谨慎经营、认真对待投资者权益。另外，投服中心持股行为时，即使作为证券市场的沉默在场者，亦能形成明显的压力效应。例如，投服中心人员参加上市公司股东大会时，即使没有行使质询权，其在场效应仍能发挥监督和约束作用，促使上市公司忠实行事、勤勉尽责。

（4）提升作用

投服中心致力于通过开展全面的投资者教育来提升投资者的维权能力。为促进投资者积极行权、理性维权，投服中心积极宣传投资者保护措施。2017年，在派出机构、上市公司协会的邀请下，在吉林、山西、天津、河北、大连、宁波共6个辖区开展"上市公司合规治理专题培训"，辖区内上市公司的董事长、董秘、财务总监、证券代表等近千人接受了培训。培训内容主要是上市公司在公司治理和投资者保护中存在的问题，例如公司章程不合法、现金分红不合规、股东大会程序不规范、信息披露不准确等，并对相关问题给出了合理建议。专题培训效果良好，接受培训的上市公司对投服中心的职责定位更为了解，在行权过程中也更为配合。

（二）投服中心持股行权工作存在的问题

1. 投服中心自身法律地位不够清晰

投服中心目前采取由中国证监会主导、其他社会组织力量积极配合的模式依法组建，其市场角色的合法性无可置疑。但是严格说来，投服中心的法律地位仍有不够清晰之处。诸如，投服中心并不是一个完全独立的非营利组织，而是在证券监管机构支持下成立的半官方组织，既有形式上的私法独立性，又有实质上的行政依赖性；投服中心采行公司形式，应当具有营利性外壳，但又定位于不以营利为目的的市场公益组织。投服中心此种身份具有双重性，导致其持股行权工作效果判断上的双重性。一方面，行政主导方便其设立与运行，并使其具有较为充沛的经费来源和市场威信；另一方面，市场与社会上也必然会对投服中心持股行权的独立性、公开性和适当性，产生某种程度的质疑。目前突出的问题是，投服中心通常在每一家上市公司中持有 1 个交易单位的股票，以使其可以作为每一家公司的股东来行使共益权，但股东身份势必使投服中心在调解纠纷时产生利益冲突问题。这一问题不解决，将限制投服中心的发展，并影响其持股行权的效果。

2. 持股行权工作制度保障不充分

尽管投服中心持股行权是在现行法律框架下实施，其所采取的各种投资者权益保护措施并无违法之处，但是，持股行权作为我国资本市场的新生事物，目前仅以证监会批准的《扩大持股行权试点方案》以及《持股行权工作指引》为工作依据，使得投服中心的社会地位及影响力较为有限，持股行权制度保障不充分，对于持股行权的体制机制等，仍需要有明确的法律确认和支持。①从宏观层面看，投服中心持股行权作为一项创新型的投资者权益保护措施，应当明确纳入证券法规定的投资者权益保护体系；投服中心持股行权由中国证监会主导，是以私法方式实现其市场监管的公法目的，涉及行政权限的配置及行使，其权责应当有明确的法源；投服中心作为以公益目的而设立的私法主体，应否如一般私法主体那样接受市场监管；投服中心持股行权工作，应否有目的、手段、方式、程度上的法律限制，等等。②从具体制度层面看，尽管持股行权工作开展以来，投服中心不断完善持股行权业务制度体系，积极制定投服中心内部工作制度，目前已经发布《行权工作规则》《持股管理办法》《持股行权实施细则》《支持行权实施细则》《参加股东大会工作指引》《发送股东函件工作指引》等多项内部工作规则和指引,但相关规则粗糙简略,对于行权范围的设置及决策,行权标准、行权程序等规则的制定还有待进一步完善。上述问题不解决,将不利于打消对持股行权工作的市场疑虑,不利于持股行权工作目的的有效实现。

3. 投服中心能力建设需进一步加强

投服中心面对整个证券市场进行持股行权,其工作任务量极为繁重。但是,就投服中心目前的工作状况来判断,尽管其全体人员的工作目标明确、工作态度积极、工作信心充实,但受制于资源相对匮乏,其持股行权仍然处于选择性运用、典型示范阶段,进一步拓展铺开的动力源不足。比如,持股行权是投服中心的一项重点工作,由行权事务部负责实施,但其行权事务部人手严重短缺,人员数量及结构安排不足以满足业务推进的需求。[①] 再如,在行权对象与措施选择方面,外部专家团队和系统内咨询机制尚未组建完成前,目前主要是依靠投服中心掌握的行权线索信息进行分析和决策,在持股行权措施实施方面缺乏系统控制。在简单行权取得一定的市场示范和惊奇效果后,持股行权业务的逐步拓展和不断深入的机制保障不足。

4. 行权后续配套机制不健全

一是投服中心在法律层面的法律地位和法定职责不够明确,其持股行权缺乏应有的市场威信,部分行权事项在一定时间内难以开展。在具体行使建议权的过程中,绝大多数上市公司表示感谢发函提醒并积极采纳建议,但也有部分公司明确表示,投服中心作为小股东没有权利提出股东建议干预公司治理方面的问题,其不认可、不接受投服中心的建议,甚至明确指出其持股行权是在做无用功。针对目前还未持股的上市公司通过媒体公开质疑,有市场人士认为投服中心公开质询和建议的依据不足,也有涉事上市公司的股东认为投服中心持股行权是"多管闲事"。因此,持股行权工作的法律地位及权威性有待提高。二是在证监会的工作系统内尚无明确配套机制,无法保证投服中心持股行权的实施效果。例如,在投服中心持股行

___

① 此系我们 2017 年初赴投服中心调研时获得的数据。后续情况可能有所变化。

权遇到不当阻碍时，证监会可否以行政手段予以排除；投服中心持股行权中采取相关措施取得的判断结果和行权效果，可否直接作为行政监管执法的依据等。在现有投资者保护体系尚未形成有机、统一、高效配合的情形下，对漠视中小投资者合法权益的上市公司，持股行权缺乏有效的后续制约手段。实践中，与证监会系统内相关单位和部门尚未形成有效合力的主要问题包括：一是证监会系统内相关单位和部门主动、及时向投服中心提供的行权线索较少；二是投服中心行权时掌握的上市公司及相关人员信息不够全面；三是在实际工作中信息共享、线索平移、行权措施保障等合作机制仍较为模糊，尚未形成具体的工作流程及操作细则。这些将对行权的及时性、准确性和权威性产生影响，因此建立、健全投服中心与证监会系统单位和部门的内部合作机制显得十分必要。

四　提升投服中心持股行权工作的建议

鉴于投服中心持股行权试点工作是投资者权益保护机制的重大创新，已产生突出成效并获得市场和社会的积极反响，无论是从持股行权的制度建构价值，还是从持股行权的市场反应和社会效果，充分肯定、持续支持和大力推广投服中心持股行权，应是必然的政策选择与制度安排。

（一）进一步明确投服中心的定位功能

虽然 2019 年《证券法》已经规定了"投资者保护机构"，但市场各方对投资者保护机构的属性职责、功能定位等还未形成统一认识。为进一步推进我国资本市场投资者保护组织体系建设，有必要从部门规章层面对投服中心的法律地位、职能范围等基本问题予以进一步的明确；尤其是对持股行权的措施、方式、效力和保障条件等予以系统规定。这不仅是依法肯定和保障投服中心持股行权这一具体的投资者权益保障措施，也是依法引领和规范证券市场改革创新的重要表现，是运用法律肯定和强化证券监管体制机制顶层设计重大成果的重要表现。

在《证券法》规定投资者保护机构相关条款时，未来部门规章或规范性文件应当具备的主要条款内容包括：①在证券投资者权益保护体系中，应当明确投服中心的建构宗旨和组织形式。②在规定证监会的权限及其行使方式时，应当明确规定其对投服中心持股行权的授权、支持、保障和监管。③在证券投资者权益保护措施中，应当明确规定持股行权的方式及效力。④在规定投资者行使其权利的条件时，应当考虑投服中心持股行权的情形，如行使特定权利的持股数量门槛不宜太高，以免将投服中心排除在外。⑤在规定投资者权益保护的保障条件时，应当明确对投服中心这类组织的资源倾斜配置。

（二）优化投服中心持股行权的系统功能

投服中心作为证券投资者保护组织体系中的一个子系统，在系统内部应发挥不同于其他组织的功能并具备利于其功能发挥的组织结构，这就要求投服中心的运行机制注重与证券市场上其他组织机构的有机衔接，从而保证整体效能的发挥。

一是以投服中心为核心性组织，联系其他类型的投资者权益保护组织，建构辐射全国、涵盖市场的投资者权益保护网络。可以在各省、自治区、直辖市内各设一个地方性的投资者维权组织派出机构，由投服中心统一管理，派出机构之间横向协作，在全国范围内形成投资者维权组织的联动效应。

二是扩大持股行权范围，投服中心持股对象应当尽快扩及全国中小企业股份转让系统（"新三板"）所有的挂牌公司，甚至中国存托凭证（CDR）所涉及上市公司，由此可以扩大持股行权的覆盖面，提高持股行权的机动性和选择性，优化持股行权的监管效益和市场效应。

三是优化持股行权的系统结构，扩大持股行权在投资者权益保护体系中的系统效应。包括：在监管体系上，持股行权与行政监管、社会监管、一般投资者监督的协调配合；在制度体系上，持股行权与行政监管权力、投资者权利、民事责任制度、相关诉讼制度等之间的协调配合；在实施策略上，投服中心维权与一般投资者维权的协调配合。实践中，投服中心尤其要重视与证监会投保局、证券业协会和投资者保护基金公司的互动配合，以形成有机的投资者保护组织体系。此外，与政府、律师协会等建立良好的合作伙伴关系也是维权组织开展活动重要的经验。

（三）强化投服中心持股行权的能力建设

应当对投服中心的组织形式、单位名称、内部管理、经费来源等，予以进一步充实完善，以健全投服中心的内部关系。在持股行权的目标、措施和方式上，尽快形成透明适度、合法有效的工作机制，以提升投服中心持股行权的工作能力。

一是进一步明确机构定位。作为介于市场和政府之间的一种社团法人，投服中心必须具备法定的组织形式和制度规范，以保证其身份角色、市场地位和工作机制的稳定性和持续性。具体运行中，建立类似于现代企业制度的董事会治理结构以及公开、透明的运营管理制度是投服中心加强自律、增强透明度、实现组织公益性的重要保证。但是，投服中心的治理结构还应有别于一般法人，尽管不像营利组织那样进行利益分配，但是其生存与发展也需要像企业那样地"经营"自己的组织、活动、品牌等。

二是进一步强化职能任务。从投服中心职能设定出发，积极回应投资者行权、维权过程中遭遇的普遍性、突出性的问题，着重履行持股行权、提起或支持诉讼、证券纠纷调解等国务院证券监督管理机构规定的职责。既通过股东身份来促进公司治理，同时也要充分运用市场利益维护者身份。通过积极提起股东代表诉讼、参与立法活动等措施，来保护公众投资者的合法权益。要以理性成熟投资者的行为示范，提高证券市场的成熟程度，维护证券市场秩序。

三是进一步完善内部制度。投服中心应当根据其设立宗旨、主要任务等，进一步完备其内部各项规章制度，据此不断完善组织内部治理结构，建立内部制衡制度，规范人事制度和财务制度，不断提升投服中心的内部管理水平。

四是进一步优化决策机制。投服中心持股行权的任务目标是面对整个市场、涵盖所有上市公司，其持股行权任务复杂繁重。在持股行权过程中，既要避免全面出击，也要避免挂一漏万。要以有限资源实现最优行权效果，必须建立科学的持股行权决策机制，优化行权目标和行权措施选择能力，强化持股行权资源的配置能力，提升行权项目的管理执行能力。

（四）加大对投服中心持股行权的保障力度

作为证券市场的新生事物，投服中心持股行权尚处于起步阶段。但就目前情形而言，已经显现出资源配置不足的情形，影响了投服中心持股行权预设目标的实现，因此必须加大对投服中心持股行权的保障力度，在资源配置上给予投服中心更多的倾斜。

一是在职权资源配置上更多地向投服中心倾斜，并赋予其适当的自主性，以提高投服中心持股行权的主动性、选择性和适当性。因为证券市场情势变化巨大，因应措施必须具有针对性和时效性，投服中心持股行权时，只有在拥有较大自主权的前提下，才能应对证券市场瞬息变化的挑战。

二是在人力、物力、财力、资源配置上更多地向投服中心倾斜，并辅之以严格的配套管理措施。投服中心持股行权任务量巨大、工作内容复杂，急需一支与其机构目标和工作内容相适应的专业队伍；而且在持股行权过程中，与此相适应的经费支持是必不可少的。因此，应当根据投服中心当前及今后一个时期的业务发展，制定相应的资源支持规划，使其具备与任务目标和工作内容相适应的人才队伍和资费保障。

三是在投服中心的经费来源和合作机制上，赋予投服中心更多的渠道和更大的权限。投服中心毕竟是以市场主体身份参与证券市场秩序建设，要以市场手段解决市场问题，就必须以市场资源丰富和强化市场手段。在此方面要加快理念更新和改善方案设计，使投服中心持股行权工作在制度创新保障下不断获得发展。

第三章 投服中心公益股东权的
配置及制度建构

——以"持股行权"为研究框架

持股行权是我国资本市场的新生事物。目前实践中，投服中心为保护中小投资者所组织开展的持股行权维权活动在资本市场获得了良好的反响和积极的评价，然而，与实践中的红红火火相反，有关持股行权制度的理论研究与立法回应的滞后却是有目共睹。其中，作为整个持股行权工作起点的投服中心的股东角色定位问题，尤其是投服中心作为公益股东的特殊股东权利配置以及相应的法律制度建构问题亟待破解。

一 投服中心的持股特色及其作为公益股东的基本定位

（一）投服中心的特殊持股样态

投服中心能够以股东身份介入证券市场和上市公司，并通过监督公司活动、实施股东权利、发动股东派生诉讼等多种方式保护中小股东利益，其前提就是要购买上市公司的股票成为其股东，进而通过行使《公司法》《证券法》等赋予股东的一系列权利参与上市公司治理，维护投资者权益。与普通投资者相较，投服中心的持股样态具有以下特点。

1. 持股主体的特殊性

投服中心是经证监会批准设立并直接管理的专门为保护投资者权益而持有股票并行使股东权利的公益机构。其主要职责就是为中小投资者自主维权提供教育、法律、信息、技术等服务。作为介于市场和政府之间的一种社团法人，这个专门的投资者保护机构具有组织性、独立性、非营利性、专业性等特点，不同于资本市场上的任何一个为私益而持股的自然人或法人、非法人组织的普通投资者。

2. 持股数量固定

投服中心普遍性持有上海证券交易所、深圳证券交易所和北京证券交易所上市的每家公司的一手股票。这是因为证券交易所规定投资者最低持股数为100股（一手），且根据《公司法》规定，不管持股数量多少，只需持有公司股票即可成为公司股东，行使《公司法》规定的股东权利。从节约持股成本角度出发，投服中心持有一手股票无疑是最符合经济原则的。当然，根据《公司法》规定，也有部分股东权利的行使需要达到一定的持股数量及持股期限要求，对此，投服中心需联合其他中小投资者，依靠征集投票权或受托代理行使权利等方式以满足特定的股东资格的限制性要求，或直接申请法律的豁免性的特殊待遇。

3. 持股范围的普遍性

投服中心普遍性持有三个证券交易所上市的每家公司的股票，成为三个交易所所有上市公司的股东。投服中心普遍非差异性持股主要是出于对整个资本市场中小投资者进行全面性保护的目的，同时也要防止选择性持股而造成的个别公司股价异动的风险。具体而言，上市公司侵害中小投资者权益的事件具有不可预测性，如果不能普遍性持有所有上市公司股票而是选择性地持股，就很可能顾此失彼，挂一漏万；此外，被选择性持股的公司很有可能被市场视作"问题公司"而导致该公司股价异动风险。

4. 持股期限的永久性

关于持股的期限，投服中心一旦持有某家上市公司的一手股票，原则上不再进行交易。这是因为投服中心持股是为了行使股东权利而非用于交易获利，即持股只是为达到行使股东权利目的而实施的一种手段。此外，持股的稳定性也是考虑到要维护资本市场的稳定，避免因投服中心买卖股票而引发市场股价异动。

（二）投服中心作为公益股东的基本定位

投服中心通过购买并持续持有上市公司100股股票来获得上市公司股东身份。投服中心这个股东的角色定位应该是什么呢？

第一，投服中心是普通股股东，不是优先股股东。普通股与优先股的本质区别在于普通股所代表的是完整的股东权利，而优先股往往是以参与性权利的限制或取消为对价而获得经济性权利的优先或增强。在最新修订的《公司法》自 2024 年 7 月 1 日施行前，我国目前《公司法》架构下的股东权利配置实质上还是属于典型的法定一元化模式，相应的股份类型也仅表现为单一的普通股，① 因此，毋庸置疑，投服中心是普通股股东。在股东权利一元化配置模式下，每一股份所对应的权利是相等的。作为公司的出资者，投服中心虽然仅持有一手股票，但它与控制股东在法律上的地位是一致的，他们都是公司的股东，都享有公司法和公司章程规定的内容相同的股东权，包括自益权和共益权。

第二，投服中心是特殊的普通股股东。投服中心特殊的组织性质与功能定位，表明它不可能等同于上市公司普通的持有 100 股股票的小股东。投服中心是以股东利益代表者和利益维护者的身份成为中小投资者利益组织化的有效载体，其本质特征在于，其既可以通过自身的特殊投资者身份独立行使权利，也可接受个体投资者权利的让渡，并以其专业的知识、组织的力量来实现保障投资者个体权利的宗旨。因此，投服中心的股东权配置应当与其保护股东权益的制度预设目标相契合。从制度目标实现机制以及域外经验考察，公益性投资者维权组织的股东权利应该有别于普通的小股东权利。这种特殊的权利配置不是一种简单的以分红权和剩余财产分配权为代表的经济性权利或以表决权为代表的参与性权利的优先与增强，而是要针对投资者维权组织的功能定位与目标设计，大致围绕两个基本维度展开的：第一个基本维度是赋予维权组织某些特殊的股东权利不受持股数量与时间限制的权能；第二个基本维度是赋予维权组织能够较为便利地代表其他中小股东寻求诉讼救济的股权的处分权能。该问题将在本章第二部分加以详细探讨。

这里值得强调的是，尽管投服中心是在政府主导下组建形成的公益性组织，但其所持股份与域外专门针对政府持股而设计的所谓黄金股份（简

---

① 尽管我国 2018 年《公司法》第 131 条规定"国务院可以对公司发行本法规定以外的其他种类的股份，另行作出规定"，但除证监会的《优先股试点管理办法》外，国务院至今尚未正式制定发布股份公司发行类别股份的具体规则。

称"金股")并不相同。尽管二者都具有权利行使的公益性特征，但金股一般仅限国有资本持有，且大多数国家仅在可能影响国计民生的特殊重要企业中设立金股。金股的特殊性在于赋予政府或者其控制的机构对私有化后的公司享有某种不为一般持股者所享有的特别权利，比如对特定事项享有最终决定权或者否决权，其目的是使得政府能够阻止收购、限制投票权或者否决管理层的决策。[①] 此外，在制度设计上，金股往往通过限制或者消除经营性权利（私法意义上的权利）而保留或者扩张公益性权利（公法意义上的权利），其目的在于既可以避免国有资本对于公司日常经营事务的过度干预，又可以使国有资本在必要的时候能够发挥维护社会公益的作用。至于投服中心的设计理念，是基于对"市场失灵"和"政府失灵"的理性反思与因应对策，在我国证券市场监管转型的市场阶段与法治环境中，将政府的监管方式从过去的"集权管理"转型为现代化的"多元治理"、"硬性管理"转型为"弹性治理"，即通过私法手段实现公法目的的一个尝试，因此，制度设计上应该加强其私法意义上的权利以实现其公法意义上的功能。

鉴于公益性是维权组织本质的展示，公益性不仅是维权组织区别于其他市场营利组织的重要特征，也是投服中心区别于其他普通股股东的核心特征，因此，将投服中心特殊普通股股东的身份定位为"公益股东"并赋予其与其功能定位相适应的特殊权利配置实属情理之中。

二 投服中心公益股东权利配置的基本构造及内在机理

（一）投服中心公益股东权利配置的基本构造

1. 投服中心股东权的实然状态及其内在缺陷

依据我国《公司法》的规定，股东享有的权利可以分为以下三类：一是基本股东权利，如分红权、剩余财产分配权、投票权、处分权等；二是附随性股东权利，如知情权、查阅权等；三是救济性股东权利，如代表诉讼权等。这些权利中，依据是否对股东持股数量及时间有特殊要求为标

---

① 参见汪青松《股份公司股东权利多元化配置的域外借鉴与制度建构》，《比较法研究》2015年第1期。

准，又可以分为两类：一类是具有股东资格即可普遍拥有的权利，如质询权、建议权、表决权、决议撤销诉讼权等；另一类则是具有持股比例及时间的特殊要求的权利，诸如股东代表诉讼权①、临时提案权②、股东会议召集权、主持权③等。此外，如前所述，《证券法》第94条第3款以及第90条第1款分别规定了投服中心作为股东提起股东派生诉讼和征集投票权的权能。

从目前投服中心的持股行权实践来看，投服中心采取的行权方式主要有五种。①发送股东建议函。即对于公司重大经营决策、上市公司收购方案等，投服中心以股东名义发送建议函。相关公司在收到建议函时，一般会认真对待并给予回应。②参加股东大会。在投服中心持有股份的上市公司召开股东大会时，投服中心委派工作人员或律师等专业人员，以股东代表的身份参加股东大会，并行使质询权、表决权。③不召开股东大会期间现场行权。在上市公司不召开股东大会期间，投服中心以股东身份到上市公司经营场合进行现场行权，如查阅公司财务资料等。上市公司基本也会予以配合。④参加上市公司说明会。在上市公司举行发行新股、发行公司债、收购合并等说明会时，投服中心派员参加，督促上市公司认真履行信息披露义务。⑤公开发声。在上市公司忽视甚至侵害中小股东利益而实施不当行为时，投服中心以股东身份公开发声，利用媒体阐明立场，充分发挥舆论的影响力和约束力，抑制上市公司忽视甚至侵害中小股东利益的不正当行为。至于投服中心根据《证券法》第94条规定提起的股东派生诉讼，目前仅有1例，即投服中心代表上海大智慧股份有限公司诉公司董事、

---

① 2018年《公司法》第151条第1款规定："董事、高级管理人员有本法第一百四十九条规定的情形的，有限责任公司的股东、股份有限公司连续一百八十日以上单独或者合计持有公司百分之一以上股份的股东，可以书面请求监事会或者不设监事会的有限责任公司的监事向人民法院提起诉讼；监事有本法第一百四十九条规定的情形的，前述股东可以书面请求董事会或者不设董事会的有限责任公司的执行董事向人民法院提起诉讼。"

② 2018年《公司法》第102条第2款规定："单独或者合计持有公司百分之三以上股份的股东，可以在股东大会召开十日前提出临时提案并书面提交董事会；董事会应当在收到提案后二日内通知其他股东，并将该临时提案提交股东大会审议。临时提案的内容应当属于股东大会职权范围，并有明确议题和具体决议事项。"

③ 2018年《公司法》第101条第2款规定："董事会不能履行或者不履行召集股东大会会议职责的，监事会应当及时召集和主持；监事会不召集和主持的，连续九十日以上单独或者合计持有公司百分之十以上股份的股东可以自行召集和主持。"

监事以及高级管理人员损害公司利益责任纠纷一案，后因被告已全额向上市公司赔偿诉请损失，原告投服中心以全部诉讼请求均已实现为由撤回了起诉。至于征集投票权，2021 年 6 月，为推动中国宝安公司章程修订，投服中心作为征集人，通过公开征集委托投票权的方式，请求中国宝安股东委托中心代为出席股东大会，并代为行使表决权。这是现行《证券法》施行后，投保机构首次启动股东投票权"公开征集"。

总结上述投服中心的持股行权现状，可以发现，投服中心目前的持股行权基本上还是在《公司法》框架下行使普通的小股东权利，诸如质询权、表决权等，至于有持股时间及数量限制的股东权利，则较少开展。简言之，投服中心的持股行权本质上没有突破小股东的范畴。这样的持股行权存在两个突出的问题。①投服中心没有发挥自身的特殊功能与制度优势。作为一个国家专门设立的投资者保护机构，仅仅通过持股而获得并行使普通股小股东的权利是远远不够的，也是与其制度预设初衷相背离的。这样的持股行权现状，与当前投服中心法律地位不够清晰、持股行权机制法律保障不够充分直接相关。②投服中心市场化的维权特色无法体现。由于立法滞后，投服中心的公益性维权活动尚处于起步阶段，市场各方对公益性维权组织的属性职责、功能定位等还未形成统一认识。从目前实践来看，尽管投服中心持股行权效果明显，但在资本市场各界的意识里，一定意义上还是将投服中心视为证监会的派出机构，因此，投服中心的维权行权很大程度上是依靠行政的力量发挥作用，投服中心的市场化角色没有充分树立起来。

2. 公益性维权组织股东权配置的域外经验及其应然构造

世界各国和地区由于资本市场发展水平、监管理念以及法律传统不同，对于投资者作为股东是否应该给予组织保护，以及组织保护程度、方式应当如何存在较大差异。例如，在日本和韩国，股东维权主要通过纯民间组织来实现；而我国台湾地区的投资者维权机制与我国大陆的比较相近，故本章主要借鉴台湾地区的模式经验。台湾证券投资人及期货交易人保护中心（以下简称"台湾投保中心"）是依据台湾地区 2002 年"证券投资人及期货交易人保护法"，由台湾金融监督管理委员会主管，证券期货交易所、同业公会捐资设立的财团法人。台湾投保中心也是通过拥有台湾每个上市

（柜）公司 1000 股股份，从而以股东身份维护股东权益。其持股行权方式与中国大陆投服中心相同的主要是，针对发行公司重大议案，以股东身份函请公司说明或改善，并视个案状况派员出席股东会表达意见，以促使发行公司在进行重大决策时注重股东权益之维护。至于出席股东会后并持续追踪的处理情形，主要是在发现上市公司有重大违反规定情况时，以股东身份依公司法等相关规定提起撤销股东会决议之诉。除上述与大陆投服中心相同的质询上市公司、每年参加股东大会或发函行使投资者普通权利外，台湾投保中心持股行权的特色主要有以下几方面。

（1）提起代表诉讼及解任诉讼不受公司法有关代表诉讼的股东资格限制

依台湾地区"证券投资人及期货交易人保护法"第 10 条之一规定，[①]如上市（柜）公司的董事或监察人执行业务时有重大损害公司的行为，或有违反法令或章程的重大事项时，除公司董事会或监察人得主动对从事不法行为的董事或监察人提起诉讼外，如董事会或监察人经投保中心请求，于一定期间内仍不提起诉讼时，投保中心将可以直接代位公司对从事不法行为的董事或监察人提起诉讼，及诉请法院裁判解任该董事或监察人，不受公司法有关代表诉讼股东持股须达一定比例的限制，且纵使公司嗣后因故终止上市或上柜者，亦同，以借此督促公司管理层善尽忠实义务，最终达到保护证券投资人及期货交易人权益，及促进证券期货市场健全发展之目的。[②]

---

① 台湾地区"证券投资人及期货交易人保护法"第 10 条之一（上市或上柜公司董事或监察人执行业务有损害公司或违法事项之处理）规定："保护机构办理前条第一项业务，发现上市或上柜公司之董事或监察人执行业务，有重大损害公司之行为或违反法令或章程之重大事项，得依下列规定办理：一、请求公司之监察人为公司对董事提起诉讼，或请求公司之董事会为公司对监察人提起诉讼。监察人或董事会自保护机构请求之日起三十日内不提起诉讼时，保护机构得为公司提起诉讼，不受公司法第二百十四条及第二百二十七条准用第二百十四条之限制。保护机构之请求，应以书面为之。二、诉请法院裁判解任公司之董事或监察人，不受公司法第二百条及第二百二十七条准用第二百条之限制。"台湾"公司法"第 214 条（少数股东对董事之诉讼及其期限）规定："继续一年以上，持有已发行股份总数百分之三以上之股东，得以书面请求监察人为公司对董事提起诉讼。监察人自有前项之请求日起，三十日内不提起诉讼时，前项之股东，得为公司提起诉讼；股东提起诉讼时，法院因被告之申请，得命起诉之股东，提供相当之担保；如因败诉，致公司受有损害，起诉之股东，对于公司负赔偿之责。"

② http://www.sfipc.org.tw/MainWeb/Article.aspx?L=1&SNO=O9KKB22eKfWZvq0+GD2pKg==.

（2）提起团体诉讼及仲裁的特殊规定

按台湾地区"证券投资人及期货交易人保护法"第 28 条规定，[①] 保护机构为保护公益，于该法及其捐助章程所定目的范围内，对于造成多数证券投资人或期货交易人受损害之同一原因所引起之证券、期货事件，得由20 人以上证券投资人或期货交易人授与诉讼或仲裁实施权后，以保护机构之名义起诉或提付仲裁，以期达到诉讼经济、减轻讼累之目的。另外，"为有效发挥团体诉讼之功能，投资人保护法亦针对团体诉讼案件明定法院得裁定保护机构免供担保声请假扣押或假处分；如提起诉讼或上诉时，对于诉讼标的金额或价额超过新台币三千万元之部分，得暂免缴裁判费，关于强制执行程序所需逾一定金额以上之执行费亦得暂免缴；且如保护机构释明在判决确定前不为执行，投资人恐受难以抵偿或难以计算之损害时，法院应依其声请宣告准予免供担保之假执行；同时，为提起诉讼或仲裁，保护机构得请求相关单位协助或提出文件、资料，以减轻证据搜集之困难；凡此规定，目的皆在于使投资人获得更周延之保障"。[②]

（3）针对短线交易不上缴公司等行为行使股东派生诉讼权

台湾投保中心成立后依主管机关函释，就台湾证券交易所及柜台买卖中心提供之每半年短线交易汇总数据，以上市（柜）公司股东身份发函要求公司之董事会及监察人为公司行使归入权，若逾期未行使，将视案件具体情形进行一般诉讼或督促程序，要求内部人将短线交易差价利益归还与

---

① 台湾地区"证券投资人及期货交易人保护法"第28条（起诉或提付仲裁）规定："保护机构为保护公益，于本法及其捐助章程所定目的范围内，对于造成多数证券投资人或期货交易人受损害之同一原因所引起之证券、期货事件，得由20人以上证券投资人或期货交易人授与仲裁或诉讼实施权后，以自己之名义，提付仲裁或起诉。证券投资人或期货交易人得于言词辩论终结前或询问终结前，撤回仲裁或诉讼实施权之授与，并通知仲裁庭或法院。保护机构依前项规定提付仲裁或起诉后，得由其他因同一原因所引起之证券或期货事件受损害之证券投资人或期货交易人授与仲裁或诉讼实施权，于第一审言词辩论终结前或询问终结前，扩张应受仲裁或判决事项之声明。前二项仲裁或诉讼实施权之授与，包含因同一原因所引起之证券或期货事件而为强制执行、假扣押、假处分、参与重整或破产程序及其他为实现权利所必要之权限。第一项及第二项仲裁或诉讼实施权之授与，应以书面为之。仲裁法第四条及证券交易法第一百六十七条之规定，于保护机构依第一项或第二项规定起诉或扩张应受判决事项之声明时，不适用之。"

② 参见台湾地区"投保中心"网，http：//www.sfipc.org.tw/MainWeb/Article.aspx？L＝1&SNO＝fD0fF/YR5eNG2r7p+fC8aQ＝＝，最后访问日期：2018年1月26日。

公司。[1] 此外，投保中心也通过行使质询权、建议权等方式，积极推动累积投票制、电子投票等制度的实施。[2]

归纳起来，台湾地区通过规定明确了在拥有普通股东权利之外，针对极易损害中小投资者权利的公司高管背信及未勤勉尽责事件，投保中心在对给公司造成损失的董事、高管行使诉讼权时，可以不受公司法持股比例及时间之限制。同时，对团体诉讼，明确只要 20 人以上证券投资人或期货交易人授与仲裁或诉讼实施权后，投保中心就可以自己名义，提付仲裁或起诉。探究这样规定之缘由，就是真正助力中小投资者维权组织在协助投资者行使权利并给予权利救济两个方面充分实现其维护投资者权益的制度目的。

借他山之石，笔者以为，中国大陆投服中心可以借鉴台湾投保中心的有益经验，在通过股东身份持股行权维护投资者权益时，一是要充分行使《证券法》《公司法》确认的投资者相关权利，尤其是要充分行使针对不尽责公司高管提起的股东代表诉讼权；二是在投资者权利受损害时能有效便捷地代表投资者积极采取救济措施，包括向证券监管机构投诉、向人民法院提起股东直接诉讼或代表诉讼。因此，从这两方面对投服中心股东权予以特殊配置，这也是未来立法构造公益股东权的应然思路。

（二）公益股东特殊权利配置的内在机理

尽管各个国家和地区对股东权利配置的基本理念与制度设计不尽相同，但其中所蕴含的基本法理与内在机制并无二致。除立法强制性规定外，不同类别股东的特定权利构造本质上都是某些权利或利益之间交换取舍的结果。在此基础上，立足于投资者维权组织的功能定位来分析其特殊股东权利配置得以生成的内在机理，笔者以为，公益组织理论以及传统的经济学理论乃至公司法理都能够为公益股东特殊的权利配置提供相应的逻辑基础。

1. 公益性是公益股东获取特殊股东权配置的核心和基础

投服中心公益股东权利应予特殊配置的核心是公益性。公益组织的相

---

① http://www.sfipc.org.tw/MainWeb/Article.aspx?L=1&SNO=14jrjzxJvMr/BsOm5o6dhg==.

② 参照财团法人证券交易人及期货交易人保护中心网，http://www.sfipc.org.tw/。

关理论为投服中心公益股东权利配置层面的拓展创新提供了有力的理论支撑。首先，公益组织与非公益组织是基于不同的内在逻辑运作的。公益组织是以"社会公共利益的最大化"为自己的行动追求，而且这种行动追求，其直接目标就是公共利益的最大化，而不似某些非公益组织，是通过追求私益而客观地令社会公益最大化。其次，公益性组织提供的公益服务是非营利性的，其机构工作人员及志愿者活动经费均来自公益资金筹措，而非服务对象交费。当然，公益组织在服务过程中可能存在收费现象，但此收入只能用于组织发展，而绝不能在成员之间进行利润分配，除用于支付工资和合理福利外，不能用于任何其他形式的个人受惠。① 这是公益组织区别于企业等市场营利组织的重要特征。

投服中心持股行权的目的不是营利，而是保护证券市场上不特定投资者的权益，促使上市公司等忠实审慎勤勉经营，维持证券市场信心和证券市场秩序。投服中心的公益性特征使其具有提供公共服务的天然优势，它们提供的公共服务能够满足公共需求的多样性与异质性，是政府有力的公私合作伙伴。在投服中心的持股行权过程中，其持有上市公司股份的事实与行为，体现了投服中心市场角色的一面，要按照市场主体的行为规范行使权利，更多体现市场配置资源的微观基础和主体选择；其维护证券市场秩序、投资者权益以及非营利的目的，体现了投服中心行使政府职能的一面，要更好地实现政府监管证券市场的行政目标。可以说，投服中心开展持股行权为我国证券执法体系的合理化建构，以及在其中为政府与市场确立有效的功能定位及运行机制，提供了新的制度创新思路和现实可能性。因此，在投服中心公益股东权利配置上，尽量加强其私法意义上的权利以实现其公法意义上的功能，尽量消弭目前我国由政府和市场提供的投资者保护之类的公共产品数量与社会实际需求存在巨大差距之矛盾，这对我国资本市场发展具有强烈的现实意义。

2. 目标正当性是公益股东获取特殊股东权配置的前提条件

在我国资本市场上，目前有超过5000家的上市公司，投资者人数破两亿，但其中可称为"成熟投资者"的比例极低。因投资者知识、经验、精

---

① 参见庞承伟《公益性民间组织理论界定初探》，《青岛日报》2006年8月5日。

力、资金、信息和偏好等诸方面的限制，在证券市场所蕴含、证券法所确认的投资者权益中，那些需要由投资者积极行使的权利很难有效实现。

在以投资者群体为市场主体参照的意义上，投资者权利保护系统可以分为他为机制和自为机制两种。前者如证券监管机构、市场非营利组织保护投资者权益的措施与实施，后者如投资者自己或委托他人行使或维护权利的措施及行为。两者相较，当前投资者权利保护的自为机制显然处于残缺软弱的态势。可以说，这一局面是造成我国投资者维权情势严峻的结构性原因和机制性障碍。[①] 投服中心持股行权的功能设计就是弥补这种缺陷的有效措施：一是在结构上，可以弥补成熟投资者的数量不足，从而强化投资者权益保护自为机制的组织基础；二是在功能上，可以投资者身份行使民事权利，从而启动证券民事权利的实现机制，优化配置证券市场上的民事权利资源。具体而言，投服中心作为公益性的市场维权组织，是以利益代表者和利益维护者的身份成为中小投资者利益组织化的有效载体，其持股行权工作有效融合了角色二重性。其在投资者权利运行机制上的本质特征在于，可以通过自身的特殊投资者身份独立行使权利，也可接受个体投资者权利的让渡，并以其专业的知识、组织的力量来实现保障投资者个体权利的宗旨。

概括而言，投服中心持股行权对我国资本市场的正效益性主要表现在这样几方面：一是提升广大投资者的行权水平和维权能力，由此构成证券市场机制的一个重要构成；二是提升投资者的理性程度，由此构成证券市场成熟程度的一个重要标准；三是提升投资者的维权信心，由此构成证券市场信心的一个重要方面。可以说，这样的目标正当性，才是公益股东获取特殊股东权配置的前提条件。

3. 效益性是公益股东获取特殊股东权配置的客观要求

从公司法理出发，股东权利多元化配置的推陈创新也需要符合效益优先的构造理论。投服中心作为中小投资者利益团体的代表人积极参与到上市公司治理中，促进上市公司规范运作，示范引领广大中小投资者积极行权、理性维权、依法维权，它要以有限资源实现最优行权效果，就必须获

---

① 参见陈甦、陈洁《持股行权：理念创新与制度集成》，《证券日报》2016 年 12 月 31 日。

得相关法律制度的支持，建立科学的持股行权决策机制，优化行权目标和行权措施选择能力，强化持股行权资源的配置能力，提升行权项目的管理执行能力。事实上，投服中心持股行权以来一直追求低成本高效益的特性。一是在财政初期投入后，投服中心持股行权可通过公司治理结构与运行机制展开。二是持股行权的示范作用、警示作用等，可以较低成本获得较高的约束效益。三是通过持股行权提起或参与诉讼仲裁时，其胜诉赔偿可用来支撑持股行权成本。四是投服中心按照公司治理结构设置内部组织结构、配置内部监管，可提高管理效益。总之，考虑到投服中心只是一个金融公益机构，其本身并没有实质的行政权和足够的人力、物力，因此，如何从法律建构上赋予其必要的手段和措施，使其能凭借持有每家上市公司一手股票的特殊身份充分行使持股行权的职责，就显得尤为重要且必不可少。

4. 权利配置和预设目标的匹适度是公益股东获取特殊股东权配置的理性要求

如前所述，投服中心持股行权尚处于起步阶段。但就目前实践而言，资源配置不足的情形已经严重影响了投服中心持股行权预设目标的实现，因此必须在资源配置上给予投服中心更多的倾斜。

就权利配置而言，一方面，除《证券法》的相关规定外，从投服中心的功能定位出发，针对类似提起股东代位诉讼的维权方式，公司法也应当给予必要的股东资格特殊限制的豁免，以满足投服中心的持股行权需求。但另一方面，权利配置和预设目标的匹适度也是公益股东获取特殊股东权配置的理性要求。具体而言，鉴于投服中心的职能设定是积极回应投资者行权、维权过程中遭遇的普遍性突出性的问题，着重履行持股行权、提起或支持诉讼、证券纠纷调解等国务院证券监督管理机构规定的职责，因此，尽管其也是通过股东身份来促进公司治理，但其并不介入公司具体经营活动，而是要充分运用市场利益维护者身份，通过积极提起股东代表诉讼、参与立法活动等措施，来保护公众投资者的合法权益。从这个职能定位出发，对于其他可能影响公司日常经营的股东权利的持股限制，如行使临时提案权、股东大会召集权等，就不建议对投服中心公益股东予以直接豁免。

总之，为将持股行权工作进一步推向全面深入，切实增强我国投资者权益保护的有效性，立法上必须根据投服中心的设立目的，充分考虑投服中心的公益性和职能行使的特殊性，从投服中心持股行权的制度连接点与角色平衡点出发，有效使用制度资源，尽快通过在法律层面对投服中心公益股东权的配置作相应的修改或完善，针对性地豁免投服中心在行使救济类股东权利时相应的持股比例限制，增强投保公益组织在规范证券市场秩序方面的角色功能，提高我国证券市场的自治能力，确保证券法规定的各种措施目标可以实现。

三 投服中心公益股东权利特殊配置的制度保障

强制性规范适用的逻辑基础是其所调整对象涉及第三方利益（包括社会公共利益），而投服中心公益股东权利的配置涉及资本市场多方利益主体，并进而影响社会公共利益，因此，投服中心公益股东权利配置的实现必须依赖于强制性的立法规范。鉴于投服中心公益股东权利特殊配置具体实现的内容相当庞杂，因此，投服中心公益股东权利配置的制度保障有赖于不同层次立法的强制性安排。具体制度建构的重点不仅包括公益股东定位的基本原则，还涉及公益股东的权利构造、权利行使、权利处分和权利保护等相关制度。因此，不仅相关法律层面要为投服中心创制特殊股权配置提供制度支持，相应的配套制度也要出台。本章仅从整体角度提出一些可资借鉴的建构思路。

（一）公司法、证券法以及诉讼法层面的制度建构重点

1. 公司法层面

借鉴域外经验，在公益股东权利特殊配置的制度体系中，公司法的制度设计可以有两种思路。第一种思路就是在对公益股东的概念以及公益股东权利维度、限制性规定的前提下，对公司法中与公益股东权利特殊配置不兼容的条文进行修正。例如要对 2018 年《公司法》第 151 条关于提起股东代表诉讼的限制条件规定例外条款。第二种思路是若投服中心的公益诉讼主体地位能够在诉讼法中得到明确，那么公司法可以规定投服中心在涉及众多投资者利益的诉讼中，有资格以自身的名义向法院提起诉讼，从而更便利投服中心行使权利，保护投资者合法权益。

2. 证券法层面

在证券法层面，应当进一步明确将投服中心持股行权作为一项创新型的投资者权益保护措施，纳入证券法规定的投资者权益保护体系。主要立法设计是对投服中心的法律地位、职能范围等基本问题予以明确；对其持股行权的措施、方式、效力和保障条件等予以系统规定。在《证券法》规定投服中心相关条款时，应当具备的主要条款内容包括：①在证券投资者权益保护体系中，应当明确投服中心的建构宗旨和组织形式；②在规定证监会的权限及其行使方式时，应当明确规定其对投服中心持股行权的授权、支持、保障和监管；③在证券投资者权益保护措施中，应当明确规定持股行权的方式及效力；④在规定投资者行使其权利的条件时，应当考虑投服中心持股行权的具体情形及其与《公司法》相关条款的衔接；⑤在规定投资者权益保护的保障条件时，应当明确对投服中心这类组织的资源倾斜配置。

3. 诉讼法层面

我国《民事诉讼法》第58条第1款规定："对污染环境、侵害众多消费者合法权益等损害社会公共利益的行为，法律规定的机关和有关组织可以向人民法院提起诉讼。"依此规定，投服中心是否属于"法律规定的机关和有关组织"，从而以投资者保护组织名义，代表证券市场中特定的或不特定的受侵害投资者的整体利益提起公益诉讼还有待明确。笔者建议，诉讼法层面应尽快赋予投服中心公益诉讼的主体地位，同时规定投服中心公益诉讼可以享受减免相关诉讼费用等优惠政策。

（二）行政法规或部门规章层面的制度建构重点

作为介于市场和政府之间的一种社团法人，投服中心必须具备法定的组织形式和制度规范，以保证其身份角色、市场地位和工作机制的稳定性和持续性。同时，投服中心作为证券投资者保护组织体系中的一个子系统，在系统内部应发挥不同于其他组织的功能并具备利于其功能发挥的组织结构，这就要求投服中心的运行机制要注重与证券市场上其他组织机构的有机衔接，从而保证整体效能的发挥。具体制度建构上，要按照《公司法》《证券法》的授权，可以考虑采取条例、规定或者办法等形式来充实投服中心持股行权的具体规则及相关配套机制。主要内容包括以下三方面。

1. 投服中心持股行权规则

主要对包括行权决策的流程、行权决议的具体实施、行权效果的实时记录与动态评估、工作人员的任职条件、回避制度、保密制度和资料保存制度等予以科学规范。

2. 投服中心管理规则

应当对投服中心的组织形式、单位名称、内部管理、经费来源等，予以进一步的充实完善，以健全投服中心的内部关系，不断提升投服中心的内部管理水平。

3. 相关配套规则

包括投服中心应与证监会相关部门和单位建立涉嫌侵害中小投资者合法权益的线索共享机制、信息及证据共享机制。实践中，投服中心尤其要重视跟证监会投保局、证券业协会和投资者保护基金公司的互动配合，以形成有机的投资者保护组织体系。此外，与政府、律协等建立良好的合作伙伴关系也是维权组织开展活动重要的经验。

（三）上市交易规则层面的制度建构重点

交易所层面的具体规则建构主要注意两个方面：一是上市交易规则与持股行权规则的特殊需求的协调，二是强化信息披露规则。对投服中心持股行权涉及上市公司的重要情形要进行真实、全面、及时的公开披露。

证券虚假陈述民事赔偿

第四章　证券虚假陈述民事赔偿制度的
新发展理念及其规范实现

2022 年 1 月 21 日，最高人民法院发布《关于审理证券市场虚假陈权民事赔偿案件的若干规定》（法释〔2022〕2 号，以下简称"新司法解释"）。作为一部统领我国资本市场民事赔偿制度的系统性规范性文件，新司法解释不仅是对 2003 年 2 月 1 日实施的《关于审理证券市场因虚假陈述引发的民事赔偿案件的若干规定》（法释〔2003〕2 号，以下简称"2003 年司法解释"）的全面修订和完善，更是对近 20 年来我国证券民事司法审判领域重大理论和实践问题的积极回应和系统总结，也是以完善资本市场制度供给、畅通投资者权利救济渠道为导向，构建具有中国特色的投资者保护机制的重大理论创新成果，是我国资本市场迈向法治化、成熟化进程的重要标志。

对新司法解释的解读评析，无疑应该从两个层面展开：一个是理念层面上的，就是要探究新司法解释如何因应我国资本市场的运行特点以及投资者维权机制的中国特色，科学认识和把握我国证券民事责任制度的功能价值及其所要达致的法律效果；另一个是技术层面上的，就是要探寻新司法解释如何以理念更新为主导，在对 2003 年司法解释的结构体系以及具体规范进行修改、补充和完善的基础上，全面立体地展开我国证券虚假陈述民事赔偿制度结构逻辑与规范内容的再造过程。这两个层面是彼此联系互相影响的，立法理念上的认识与选择决定了立法技术上的选择与运用。[1] 而只有厘清新司法解释的建构理念与其体系框架以及实施机制的内在机理，

---

[1]　参见陈甦、陈洁《证券法的功效分析与重构思路》，《环球法律评论》2012 年第 5 期。

进而对各个具体规范的功能预设、结构安排和规范效果予以理性分析，才能为新司法解释在未来司法审判实践中的灵活运用寻求更好的实施状态和适用效果。

一 证券虚假陈述民事赔偿制度的新发展理念

与 2003 年司法解释相较，新司法解释基于对我国资本市场市场化、法治化发展方向的把握以及对司法审判实践经验的总结，在立法理念上呈现了确立个别性保护机制的基本定位、深化填补损害的基础功能、维护市场各方权责配置中的利益平衡以及寻求体系化思维下相关机制的协调衔接的价值取向。这些新发展理念，总体上反映了我国司法部门对整个资本市场运行机制认识的深刻和对证券民事责任制度理解的深化，以及在投资者民事救济机制层面对行政体制与市场机制之间功效分配与措施配置的理性选择。而这种理性选择，最终决定了新司法解释对我国虚假陈述民事赔偿制度的功能定位、体系构建与具体制度安排的表达与实现。

（一）确立个别性保护机制的基本定位

我国证券市场主要是由行政监管机构主导和推动发展起来的。在这样一个以行政监管为主导的证券市场制度体系中，民事机制受行政机制的抑制而难以发挥其制度功效是无法回避的客观存在。因此，怎样恰如其分地安排行政机制与民事机制的关系，是新司法解释首先要处理的建构理念问题。

民事机制与行政机制的核心区别在于，行政机制是通过对个体的行政处罚起到对其他市场主体的警示和教育作用，从而实现证券市场的整体公正与秩序。其本质是用一般性保护实现或替代个别性保护，用行政权力统治市场，客观上最大限度地减少司法机制的介入和投资者对证券法的主动运用。而民事机制却恰恰相反，它是当证券市场发生侵害投资者权益的违法事件时，由投资者主动提出保护其权益的诉求，再由司法机关按照民事诉讼程序，通过民事裁判支持投资者的合法诉求以保护投资者权益。因此，民事机制的实质是通过个案公正实现法律公正，通过支持个别投资者的合法诉求实现证券市场的整体秩序，通过投资者的主动参与实现证券市场的民主性和法治化。[①]

作为引领我国资本市场投资者实现民事救济的系统性法律文本，如何实现民事责任制度在实现证券法宗旨方面的特殊机制和作用，切实通过支持个别投资者的合法诉求实现证券市场的整体秩序无疑是新司法解释的基本使命和首要任务。为此，新司法解释从前置程序的废除、适用范围的扩大、虚假陈述的认定、因果关系的推定、责任主体的扩大等方面全面重构虚假陈述赔偿诉讼的司法裁判逻辑，力求从证券虚假陈述行为的责任设定到赔偿机制的整个制度体系上体现鼓励投资者、畅通投资者权利救济渠道的基本立场，并借由个别性保护机制的基本定位弥补我国证券民事责任机制的短板，进而为我国民事法律关系的实现机制释放应有的制度空间。

（二）深化填补损害的基础功能

与 2003 年司法解释相较，新司法解释在标题名称中增加了"侵权"二字，表明了新司法解释是以证券虚假陈述侵权责任为规范对象的。

关于侵权责任法的功能定位，尽管学界有单一功能说（补偿功能）、双重功能说（补偿功能与惩罚功能）和多重功能说（补偿功能、惩罚功能和预防功能等）三种主张，但填补损害无疑是侵权责任法的基本功能，也是侵权法与作为惩罚法的刑法以及其他部门法律制度的重要区别。

基于虚假陈述民事赔偿责任主要是侵权责任的性质定位，新司法解释从体系结构到规范设置都是紧紧围绕填补损害功能而展开的。但是，新司法解释针对证券虚假陈述侵权损害赔偿的特殊性，积极深化了填补损害基础功能的价值面向。其一，新司法解释强调以保护受害投资者权益为中心。证券民事责任的根本目的就是要补偿受证券欺诈行为损害的投资者，从而确保证券市场的投资环境是公开透明的。新司法解释借助过错推定、因果关系推定等立法技术，使得虚假陈述侵权案件从侵权责任认定到损害赔偿的落实变得可行通畅，既体现了侵权法以救济为核心的观念，也使填补损害功能与新司法解释作为民事救济法的基本定位达成一致。其二，新司法

---

① 参见陈甦《民事责任制度与证券法宗旨的实现》，中国人民大学书报资料中心复印报刊资料《民商法学》2002 年第 3 期。

解释对填补损害功能的深化，是以受害人自我负担损害为原则，以加害人负担损害为例外考量的，[1] 并集中体现为"填补损害，免责除外"的规范设计。具体而言，新司法解释不仅明确了信息披露义务人承担民事赔偿责任的范围是以原告因虚假陈述而实际发生的损失为限，同时，在过错推定归责原则下，新司法解释在认定责任主体过错时，秉持"将责任承担与过错程度相结合"的原则，夯实市场参与各方归位尽责的制度基础。此外，新司法解释强调损失因果关系的抗辩，被告能够举证证明原告的损失部分或者全部是由市场系统或非系统风险导致的，则可以减轻或免除其赔偿责任。上述种种规则表明，新司法解释并不是一味地站在投资者权益维护立场上，而忽略填补损害原则上应由受害人自我负担的大前提。可以说，新司法解释深化填补损害基础功能的价值追求，是在制度安排公平合理的基础上，既使加害人的责任得以承担，又使受害人的损害得以填补，从而实现投资者利益与相关市场参与主体负担之间的均衡。

（三）维护市场各方权责配置中的利益平衡

在证券法确定的信息披露活动中，涉及多个市场参与主体。就虚假陈述侵权而言，在其内部外部都集中汇聚了复杂而多元的利益关系。一是发行人或上市公司与投资者之间的利益关系；二是发行人与其外聘的中介机构之间的利益关系；三是发行人与其内部的控股股东、董事、监事、高级管理人员等之间的利益关系；四是中介机构以及证券服务机构各自内部之间的利益关系；等等。因此，相关制度设计就必须关注市场各方权责配置中的利益平衡问题。

长期以来，由于我国中小投资者的弱势地位，对投资者权益进行充分的考虑和保护成为证券法制度设计的重要支点。但随着先行赔付、特别代表人诉讼制度等的建立，资本市场已经出现过多考虑投资者群体利益，而对其他交易群体的合理利益兼顾不周的态势。事实上，过分强调对投资者的保护，可能危及市场整体利益，并最终损害投资者权益。为此，新司法

---

[1] 参见曹险峰《填补损害功能的适用与侵权责任法立法——兼评〈侵权责任法草案（三次审议稿）〉的相关规定》，《当代法学》2010 年第 1 期。

解释将交易各方的利益视为一个相互关联的体系，充分关注市场参与主体的利益冲突，确保在顺畅实现投资者民事救济的前提下兼顾市场参与各方的利益均衡，科学合理地进行权责配置，力求将证券市场民事诉讼从过分强调对弱势投资者基本利益的维护，逐渐回归到"卖者尽责，买者自负"的双向平衡状态。① 其一，在虚假陈述行为的构成方面，一方面明确界定了"重大性"、"交易因果关系"和"损失因果关系"的构成要件，另一方面也允许被告在承担举证责任的前提下因虚假陈述不具备重大性，或者原告的交易行为或损失结果与虚假陈述之间不具备因果关系而免于承担赔偿责任。尤其是新司法解释将 2003 年司法解释确立的概括性因果关系推定区分为交易因果关系和损失因果关系，并明确了二者的认定规则与被告的抗辩事由，实质上是在强调保护投资者利益的同时，也避免原告与被告在诉讼中的利益失衡。其二，在市场参与主体的过错认定上，新司法解释针对市场反映强烈的有关独立董事、中介机构、服务机构法律责任边界不清的问题，立足"责任承担与过错程度相结合"的原则，以勤勉尽责为切入点，厘定各类主体的义务与责任，从而夯实市场参与各方归位尽责的制度基础，既规范市场秩序，也有益市场生态平衡。正如最高人民法院在发布新司法解释的答记者问中强调："在区分职责的基础上，分别规定了发行人的董监高、独立董事、履行承销保荐职责的机构、证券服务机构的过错认定及免责抗辩事由，体现各负其责的法律精神，避免'动辄得咎'，稳定市场预期。"② 总体而言，新司法解释注意通过市场各方合理的权责配置，努力寻求以权利义务体现的具体市场主体之间的利益结构合理，最终实现在投资者保护与资本市场健康发展之间找到合适的平衡点。也只有在权益平衡的制度架构中，才能发挥最好的综合制度效应，才能形成制度实施的长效机制。

（四）寻求体系化思维下相关机制的协调衔接

从法律制度的系统性分析可知，单一法律规范的功能效果与实施效率受

---

① 参见汤欣《里程碑式的虚假陈述新司法解释》，载最高人民法院网站，2022 年 1 月 26 日，https://www.court.gov.cn/zixun/xiangqing/34251.html。

② 参见最高人民法院民二庭负责人就《最高人民法院关于审理证券市场虚假陈述侵权民事赔偿案件的若干规定》答记者问。

制于其所属法律体系结构的整体效应，而一个法律体系结构的优劣有赖于立法理念的体系化思维。所谓体系，是一定范围内的事物按照一定的秩序和联系组合而成的整体。体系化思维要求立法者不仅要正确处理整体中的内部及其关联关系，还要针对外部各种缤纷复杂关系寻求有针对性的解决方案。

虚假陈述民事赔偿是个巨大的系统工程，涉及立法、司法、执法、社会监督等多方面的系统构成，因此，新司法解释不仅要注意侵权损害赔偿规范各自内容的合理性和相互之间的协调性，同时还要注意虚假陈述民事赔偿作为一个系统机制与相关部门法以及牵连机制之间的协调、衔接与互动。其一，注意协调与其他部门法的协同适用关系。例如，关于连带责任人之间的互相追偿问题，就需要涉及如何与《民法典》第178条衔接适用。还有，新司法解释强化控股股东和实际控制人的"首恶"责任，就涉及与公司法、证券法相关规定的衔接问题。此外，还有前置条件取消后的起诉条件如何适用民事诉讼法的问题，等等。其二，注意民事诉讼与行政执法的协同问题。前置程序取消后，法院除了需要考虑投资者举证难、人民法院与证券监管部门统一裁量标准等问题，还要考虑实践中可能出现的诸多貌似又或者确实需要行政与司法相协调的似是而非的情形。例如，投资者先提起民事诉讼，法院判定构成虚假陈述，行政机关是否必须开展调查？民事诉讼与行政调查同时进行，法院判决不构成虚假陈述，行政调查应如何处理？民事诉讼与行政调查同时进行，行政机关认定不构成虚假陈述，法院应如何处理？投资者申请法院向行政机关调取正在调查程序中的证据，行政机关应如何处理？法院认为需要以相关行政调查结果为依据，是否可以中止审理等。[①] 为了尽可能保证前置程序取消后的证券民事赔偿制度的顺畅运行，最高人民法院和中国证监会已经同步发布《关于适用〈最高人民法院关于审理证券市场虚假陈述侵权民事赔偿案件的若干规定〉有关问题的通知》（下称简称《通知》）。《通知》未雨绸缪，为民事诉讼与行政执法机制的协同建立了一系列的衔接性安排，尽管其效果还有待实践检验，但立法理念上体现了寻求体系化思维下相关机制协同性与联动性的基本思路。概而言之，

---

① 参见陈洁《证券民事赔偿诉讼取消前置程序的司法应对——以虚假陈述民事赔偿为视角》，《证券市场导报》2021年第5期。

只有在体系配合、相关机制协调的法制环境和市场环境中，各种具体制度才能各显其能，所有制度功能也才能发挥出最大系统效应。

二 新发展理念下核心制度的规范实现

从 2003 年司法解释颁行到新司法解释的出台，其间 20 年，我国资本市场经历了由量变到质变的跨越式发展历程，也积累了相当丰厚的证券法律制度的实施经验。新司法解释秉持前述新发展理念，集思广益，从取消前置程序、扩大适用范围、统一虚假陈述"重大性"标准以及区分因果关系、过错认定等方面对证券虚假陈述民事赔偿案件的法律适用问题予以系统总结，力求实现证券虚假陈述侵权损害赔偿制度的重塑与规范。

（一）前置程序的废除与新司法解释适用范围的扩大

1. 前置程序的废除

2003 年司法解释确立了证券民事诉讼的前置程序，投资者要提起虚假陈述侵权诉讼，除应满足民事诉讼法规定的一般起诉条件外，还需要提交有关机关的行政处罚决定或者人民法院的刑事裁判文书。在我国资本市场发展初期，基于证券案件的专业性以及审判经验的有限性，为减轻投资者的举证责任、防止滥诉等而设置前置程序无疑具有一定的合理性。但是，前置程序一方面是对当事人诉讼权利的不当限制，另一方面，法院要以证券监管机构的行政处罚决定作为依据才能判定违法行为人承担民事责任，实际上是将证券民事责任的追究机制依附于行政责任的追究机制，在整个制度建构上则是混淆了民事责任制度和行政责任制度在实施机制上的区隔。近年来，随着我国资本市场的发展以及证券审判司法实践经验的丰富，从 2015 年 4 月 15 日的《关于人民法院推行立案登记制改革的意见》① 到 2015 年 12 月 24 日的《关于当前商事审判工作中的若干具体问题》② 再到 2019

---

① 2015 年 4 月 15 日最高人民法院发布的《关于人民法院推行立案登记制改革的意见》第 3 条规定，"严格执行立案标准。禁止在法律规定之外设定受理条件……"。

② 2015 年 12 月 24 日，最高人民法院在《关于当前商事审判工作中的若干具体问题》中提出，"因虚假陈述、内幕交易和市场操纵行为引发的民事赔偿案件，立案受理时不再以监管部门的行政处罚和生效的刑事判决认定为前置条件"。

年底的《关于证券纠纷代表人诉讼若干问题的规定》①以及 2020 年 7 月 15 日的《全国法院审理债券纠纷案件座谈会纪要》②（简称《债券纪要》），最高人民法院为放松证券民事诉讼前置程序而不断努力。中办、国办 2021 年《关于依法从严打击证券违法活动的意见》③的发布，最终促成了新司法解释全面废除前置程序。新司法解释第 2 条明确规定"人民法院不得仅以虚假陈述未经监管部门行政处罚或者人民法院生效刑事判决的认定为由裁定不予受理"。前置程序的废除，无疑便利了证券民事诉讼的提起，切实保护了投资者的合法诉权，使证券民事赔偿真正纳入民事责任机制的框架中来，实现了民事责任机制作为维护投资者合法权益的独立性救济机制而与行政机制相隔离。同时，针对前置程序取消后投资者举证难的问题，在新司法解释继续沿用推定过错、因果关系推定规则的前提下，最高人民法院和中国证监会同步发布《通知》作为新司法解释的配套规定。《通知》为解决投资者举证困难以及人民法院与证券监管部门统一裁量标准等问题，建立了一系列的衔接性安排，具体包括案件通报机制、调查取证协调配合机制、民行交叉处理机制、专业咨询机制以及专家陪审员机制等，可望为前置程序取消后的虚假陈述民事救济机制的顺利实施提供制度支持。

2. 新司法解释适用范围的扩大

与 2003 年司法解释相较，新司法解释扩大了适用范围。依据其第 1 条之规定，④新司法解释的适用范围可以从两个层面展开。首先，场所方面，必须是在证券交易场所发行、交易证券过程中实施的虚假陈述案件。所谓证券交易场所，新司法解释附则第 34 条规定是指证券交易所、国务院批准

---

① 2019 年底最高人民法院出台的《关于证券纠纷代表人诉讼若干问题的规定》第 5 条明确规定，适用普通代表人诉讼程序进行审理时，原告可以提交"有关行政处罚决定、刑事裁判文书、被告自认材料、证券交易所和国务院批准的其他全国性证券交易场所等给予的纪律处分或者采取的自律管理措施等证明证券侵权事实的初步证据"。

② 最高人民法院发布的《全国法院审理债券纠纷案件座谈会纪要》提出在债券欺诈发行、虚假陈述案件诉讼中取消前置程序。

③ 中办、国办 2021 年《关于依法从严打击证券违法活动的意见》第 2 条提出取消证券民事诉讼中的前置程序要求。

④ 新司法解释第 1 条规定："信息披露义务人在证券交易场所发行、交易证券过程中实施虚假陈述引发的侵权民事赔偿案件，适用本规定。按照国务院规定设立的区域性股权市场中发生的虚假陈述侵权民事赔偿案件，可以参照适用本规定。"

的其他全国性证券交易场所。其中，证券交易所指沪深证券交易所及北京证券交易所，国务院批准的其他全国性证券交易场所是指新三板。按照国务院规定设立的区域性股权市场中发生的虚假陈述侵权民事赔偿案件，可以参照适用本规定。其次，证券种类方面，鉴于新司法解释并未对证券种类予以特殊限制，故《证券法》第2条规定的股票、公司债券、存托凭证等证券类型都可以适用本司法解释。

　　至于如何理解"在证券交易场所发行、交易证券过程中实施的虚假陈述"，业界意见不一。鉴于2003年司法解释第3条规定"在国家批准设立的证券市场上通过协议转让方式进行的交易"不适用本规定，有观点以为，只有通过证券交易场所集中竞价方式实施的交易才适用新司法解释，类似协议转让等无须通过交易所的交易系统的活动不适用新司法解释。对此，笔者以为，2003年司法解释明确排除协议转让方式的适用，新司法解释取消了2003年司法解释中关于排除协议转让适用的规定，就说明不管协议转让、大宗交易等都属于新司法解释的适用范围。究此原因：首先，从证券交易原理出发，证券市场之所以需要大宗交易、协议转让方式，是为了促成某些特定交易的达成并避免大规模交易对二级市场股票正常价格的影响，故大宗交易、协议转让作为证券市场的特殊交易方式，是集中竞价交易方式的必要补充。和集中竞价交易相比，协议转让、大宗交易只是交易方式和手段的差异，这种差异并没有改变虚假陈述欺诈市场从而给投资者造成损害的基本逻辑以及由此引发的赔偿机制。其次，从证券民事责任的基本原理出发，证券民事责任与一般民事责任的区别在于它是发生在证券市场活动中并适用证券法的民事责任。依据证券法的规定，证券法只规制公开发行的证券。证券发行与交易的公开性会产生市场放大效应和联动效应，因此证券法建立证券民事责任制度的核心在于保护公开的投资市场中不特定投资者的合法权益，使因他人违法违规行为遭受损害的投资者能够获得法律上的救济。基于该原理，以协议转让为例，尽管协议转让本身是"一对一"的交易，但协议转让双方在整个证券市场活动中，仍然属于不特定投资者，他们也可能因信息披露责任人违法违规行为遭受损害，因此协议转让方式并不排除证券虚假陈述侵权责任的适用。所以，对于如何理解新司法解释的适用范围，不是仅从表面上看相关交易是否采用"集中竞价"

交易方式或是属于"一对一"交易的情形等机械地加以识别，而是要看相关标的证券是否属于在证券交易场所公开发行的证券并且围绕该证券的信息披露是否损害了不特定投资者的利益。只要是在证券交易场所公开发行、交易的证券的信息披露义务人虚假陈述引发的对投资者的损害赔偿案件，均可适用新司法解释。也只有这样，才能使新司法解释真正"实现打击证券发行、交易中虚假陈述行为的市场全覆盖"。①

（二）虚假陈述"重大性"标准的统一

"重大性"是证券虚假陈述行为违法性的核心标准，也是要求虚假陈述行为人承担民事责任的基本要素。在前置程序前提下，法院在案件审理中对经由行政处罚或刑事裁判认定的虚假陈述的重大性大多予以直接认定。新司法解释既然取消了前置程序，就必须对虚假陈述的"重大性"标准予以规范。

从域外经验看，成熟市场对虚假陈述信息"重大性"的认定通常有两种标准，即"影响投资者决策"标准与"影响市场价格"标准。前者侧重于虚假信息的披露是否会对投资者的投资决策产生实质性影响；后者则落脚在虚假信息的披露是否会对相关股票价格产生实质性影响。我国现行立法对虚假陈述"重大性"的认定标准并不统一。例如，中国证监会发布的《上市公司信息披露管理办法》同时采取了两个标准；② 现行《证券法》第80、81 条则采用"影响市场价格"标准；2019 年《全国法院民商事审判工作会议纪要》（简称《九民纪要》）第85 条则采用"影响投资者决策"标准。

新司法解释第10 条第1 款规定，如果虚假陈述的内容属于证券法第80、81 条以及相关规章及规范性文件要求披露的重大事件或重大事项，或者虚假陈述行为引发证券交易价格或交易量的明显变化的，就可以认定虚假陈述的内容具有重大性。同时，该条第2 款从反面规定了即便属于相关法律、法规或规范性文件要求应该披露的重大事项，但如果被告能够证明证券交易价格或交易量没有明显变化的，法院应当认定虚假陈述的内容不具有重大性。由此可见，新司法解释采用了"影响市场价格"标准作为判断

---

① 参见最高人民法院民二庭负责人就《最高人民法院关于审理证券市场虚假陈述侵权民事赔偿案件的若干规定》答记者问。

② 参见《上市公司信息披露管理办法》第5、12、22 条。

虚假陈述内容是否构成"重大性"的核心尺度。

客观而言，由于价格敏感性标准相对直观，容易以"事后的、客观化的指标对虚假陈述的效果进行检验"，便于司法实践操作，故新司法解释统一以价格敏感性标准替代了不同的立法标准值得肯定。但值得注意的是，实践中存在虚假陈述内容被揭露时相关证券已经停牌或处于无法交易的特殊状态，可能导致"影响市场价格"标准难以实施，对此，应该允许法官在特殊情形下采用"影响投资者决策"标准进行自由裁量。

此外，新司法解释第 10 条在影响"证券交易价格"基础上，增加了影响证券"交易量"的表述。对此，尽管《最高人民法院关于当前商事审判工作中的若干具体问题》中也曾提出"重大性是指违法行为对投资者决定的可能影响，其主要衡量指标可以通过违法行为对证券交易价格和交易量的影响来判断"，但是，市场实践中，股票成交量放大而股价不变的情况并不鲜见。而更为关键的是，证券虚假陈述损害赔偿问题最终是要落实到价格上。因此，即便有交易量变化，只要证券价格无波动也就不导致投资者损失，投资者的赔偿请求也就无从谈起。因此，笔者以为，交易量的变化与否不应成为虚假陈述内容重大性与否的衡量尺度。

（三）交易因果关系与损失因果关系的区分

由于证券交易的特殊性导致的投资者举证困难，2003 年司法解释借鉴域外市场欺诈理论和信赖推定原则，对由虚假陈述引发的民事赔偿案件中因果关系的认定实行了因果关系推定，即只要上市公司存在虚假陈述，投资人在虚假陈述期间买进或者持有股票，在虚假陈述曝光后卖出受到损失的，就可以认定虚假陈述和投资者损失之间存在因果关系。至于举证责任，原则上并不要求原告举证，而是允许被告进行抗辩。

新司法解释将 2003 年司法解释确立的概括性因果关系推定区分为交易因果关系和损失因果关系，并明确了二者的认定规则。交易因果关系即认定若无行为人的虚假陈述便不会有交易的发生；损失因果关系则是认定投资者的损失系直接由虚假陈述造成的。新司法解释第 11 条明确了推定交易因果关系成立的事实条件：一是有虚假陈述行为，二是交易标的证券的关联性，三是投资者在虚假陈述影响期间（实施日之后、揭露日之前）实施了相应交易行为。同时，新司法解释第 12 条明确了推翻交易因果关系的抗辩事由。主要包括：原告交易时知道或应当知道虚假陈述行为或者虚假陈述已经被市场广泛知悉；原告的交易行为是基于实施日之后的上市公司收购、重大资产重组等与虚假陈述行为无关的其他因素作出的；原告的交易行为构成内幕交易、操纵证券市场等证券违法行为的。至于损失的因果关系，新司法解释第 31 条规定人民法院应当查明虚假陈述与原告损失之间的因果关系，以及导致原告损失的其他原因等案件基本事实，确定赔偿责任范围。被告能够举证证明原告的损失部分或者全部是由他人操纵市场、证券市场的风险、证券市场对特定事件的过度反应、上市公司内外部经营环境等其他因素所导致的，对其关于相应减轻或者免除责任的抗辩应予支持。

有观点认为，交易因果关系和损失因果关系并没有实质区别，区分二者并无实质意义。这种理解是值得商榷的。其一，由于证券交易的特殊性，在证券虚假陈述侵权责任认定中实行的因果关系推定，是在没有确凿事实情况下的一种假定，因而属于"可辩驳的推定"，即被告可以举证对推定加以反驳。其二，交易因果关系与损失因果关系的区分是事实因果关系和法律因果关系在证券民事赔偿中的具体表现。交易的因果关系强调了虚假陈述与投资决定间的因果关系，损失的因果关系着重于虚假陈述与损失间的关系。从证明角度看，依据"谁主张，谁举证"的原则，投资者一是要证明其投资决定是因为信赖虚假陈述而作出的；二是要证明其损失是由这种信赖而导致的。可见，交易因果关系与损失因果关系的判断标准不同，其抗辩的事由也不应相同。其三，笼统地规定因果关系推定规则，不对交易因果关系和损失因果关系加以区分，这从简化案件审理程序的角度来说，无疑简便有效，但从原告与被告的利益平衡上来看，因果关系推定合二为一，实质上是在因果关系不清的情况下由被告承担投资者的投资损失。2003 年司法解释就是仅以投资者买入与虚假陈述直接关联证券的时间作为推定因果关系的唯一依据，并将二者不同的抗辩事由笼统地加以列举，① 这在实

---

① 2003 年司法解释第 19 条列举了被告抗辩的五种理由，其中除第 4 项以外的 4 种理由属于事实因果关系的抗辩，而第 19 条第 4 项规定，被告在证明损失或者部分损失是由证券市场系统风险等其他因素所导致时，法院应当认定虚假陈述与损害后果之间不存在因果关系，实际上属于法律上因果关系的抗辩。

践中往往导致法官不能准确把握虚假陈述侵权行为与损害结果的因果关系。同时，由于给予被告反证的理由列举得不够充分，就大大提高了原告的胜诉率，容易造成原告与被告在诉讼中的利益失衡。其四，新司法解释对交易因果关系与损失因果关系予以区分并分别规定不同的抗辩事由，实质上是在强调保护投资者利益的同时，也避免民事赔偿制度成为为投资者证券市场的损失提供保险的工具。可以说，新司法解释通过因果关系规则的精细化维护了原被告间的利益平衡，也是我国证券民事司法水平显著提升的重要表现。

（四）损失认定规则的完善

损害的存在是构成侵权民事责任的基础要件。证券市场瞬息万变，投资者的损失是市场多种因素综合造成的。如何区分虚假陈述造成的损害和正常市场风险带来的损害是证券损害赔偿的一个主要难点。新司法解释立足资本市场的发展变化，科学合理地认定虚假陈述损害赔偿的责任范围，并进一步完善了损失认定和处理规则。

其一，明确以投资者实际损失作为虚假陈述损害赔偿责任的范围。新司法解释第25条规定，信息披露义务人在证券交易市场承担民事赔偿责任的范围，以原告因虚假陈述而实际发生的损失为限。原告实际损失包括投资差额损失、投资差额损失部分的佣金和印花税。该规定体现了证券虚假陈述侵权责任以填补损害为核心的价值追求。

相较2003年司法解释，其第30条也明确了虚假陈述行为人承担民事赔偿责任的范围以投资人因虚假陈述而实际发生的损失为限，但规定投资人实际损失所涉资金利息，自买入至卖出证券日或者基准日，按银行同期活期存款利率计算。如何理解新司法解释没有明确所涉资金利息问题，解读不一。实践中对股票和债券的实际损失是否应该区别对待也是众说纷纭。从最高人民法院相关指导性文件看，《债券纪要》第22条基于债券还本付息的特征，规定债券虚假陈述纠纷案件中损失的认定应当区分两种情形：在判决前已经卖出债券的，赔偿范围限于实际损失；在判决前仍持有债券的，赔偿范围为本金及利息，即包括实际损失和可得利益损失。就《债券纪要》第22条的规定，实践中也存在不同的理解。一种观点认为，该条规定的第二种情形应仅适用于发行人承担责任的情形，中介机构承担的责任仍应限于实际损失，原因在于发行人对债券持有人负有还本付息的义务，而中介机构则不负有该义务。另一种观点则认为，该条规定的第二种情形并未区分责任主体，应当统一适用该条规定确定损失赔偿范围。在已经作出终审判决的"五洋债"案件中，法院采取了后一种观点，认定债券持有人的损失包括本金、利息、逾期利息，中介机构在此范围内承担赔偿责任（全额连带或部分连带）。①

对此，笔者以为，股票作为风险自负的股权投资工具，其因虚假陈述造成的实际损失就是指投资差额损失，以及因为买卖股票支付的佣金和印花税损失。至于 2003 年司法解释规定的"前款所涉资金利息，自买入至卖出证券日或者基准日，按银行同期活期存款利率计算"本质上是资金占用期间的利息损失，鉴于股票并非债券，所以不应计算资金占用损失。至于债券实际损失的认定，尽管债券是按约还本付息，理论上债券持有人持有多少天债券就应该享有多少天占用资金的利息，但从实际来看，发行人或上市公司是按期支付利息或到期一次性支付利息，换言之，利息是发行人支付给到期日（或规定付息日）仍然持有债券的投资者。因此，在到期日前买卖债券的人是无法获得利息的，这些投资者应得的利息实际上应向最后到期获得所有利息的投资者要求返还。综上，债券实际损失的认定应当区分两种情形：一是到期日前已经卖出债券的，其实际损失是债券本金价格的差额；二是到期日前仍持有债券的，其实际损失为本金差额及利息。因此，笔者以为，新司法解释对于不同种类品种证券的虚假陈述损失赔偿范围原则上统一限于实际损失并无不当。

其二，增加了诱空型虚假陈述的股票损失计算方法。2003 年司法解释没有区分利多虚假陈述和利空虚假陈述两种情形，导致审判实践中损失因果关系判断上的困扰，也使投资者因"利空"虚假信息遭受的损害长期无法得到赔偿。新司法解释积极回应市场需求，将诱空型虚假陈述纳入适用范围，并明确规定了在采用集中竞价的交易市场中，原告因虚假陈述卖出

① 参见雷继平《新虚假陈述司法解释十大修订》，载国家司法文明协同创新中心网站，www.cicjc.com.cn/info/1040/13619.htm，最后访问日期：2024 年 4 月 21 日。

相关股票所造成的投资差额损失的计算方法。此外，为准确界定投资者因虚假陈述造成的损失，新司法解释重构了基准日和基准价的认定规则。

其三，完善了非虚假陈述造成的损失减免规则。如前面损失因果关系抗辩中所述，如果原告的损失部分或者全部是由非虚假陈述因素导致的，则该等损失应予扣除。值得注意的是，2003 年司法解释第 19 条第 4 项规定，"损失或者部分损失是由证券市场系统风险等其他因素所导致"，法院应当视为不存在因果关系。新司法解释第 31 条放弃了"证券市场系统风险"的表述而采用"证券市场的风险"表明，市场风险因素无须达到系统性风险的程度，即使是一般性的市场风险，如果确实造成投资者损失，相应损失也应剔除。此外，新司法解释将"上市公司内外部经营环境"等因素加以列明，因为这些因素确实可能影响股票价格或者发行人的偿付能力，如不扣减该因素产生的损失，显然对被告不公平。可以说，新司法解释进一步扩大了被告可以减轻或免除责任的抗辩事由，规则设计的精细化科学化无疑更加符合侵权责任的基本法理，对诉讼双方也更加公平合理，但实践中的可操作性尚需专业机构的支持。

（五）过错认定及免责抗辩规则的明晰

1. 过错的限缩

我国自 2005 年《证券法》大修开始，在虚假陈述侵权归责问题上就秉持了发行人、上市公司作为信息披露义务人的无过错责任以及除发行人、上市公司之外的责任主体，包括发行人的董事、监事、高级管理人员（以下简称"董监高"），保荐承销机构以及证券服务机构的过错推定责任。在过错推定归责原则下，这些主体如果不能证明其在制作、出具文件过程中没有过错，就应当与发行人、上市公司承担全部连带赔偿责任。[①] 这种制度设计着眼于为虚假陈述受害投资者提供最便捷的救济，同时也兼顾了资本市场诚信机制建构的特殊性，呈现了制度理性之面向。但这种责任模式未能"将责任承担与行为人的注意义务、注意能力和过错程度相结合"，与侵权法"过责相当"的法治原则相违背，有损资本市场的公平公正。尤其是

---

① 现行《证券法》第 85、163 条。

保荐承销机构、证券服务机构之间职责不明、责任边界不清加剧了连带责任的"深口袋"效应，致使过错责任有演变为保证责任的趋势，最终破坏资本市场的生态平衡。[①]

对此，新司法解释第 13 条规定，《证券法》第 85、163 条所称的过错，包括以下两种情形：一是行为人故意制作、出具存在虚假陈述的信息披露文件，或者明知信息披露文件存在虚假陈述而不予指明、予以发布；二是行为人严重违反注意义务，对信息披露文件中虚假陈述的形成或者发布存在过失。侵权法上过错的基本形态可分为故意和过失，其中，故意可分为恶意和一般故意，过失可分为重大过失、一般过失和轻微过失。显然，新司法解释第 13 条对《证券法》第 85、163 条的"过错"作了限缩解释，即将"过错"限缩为故意以及重大过失情形，从而明确了只有在故意与重大过失情形下，发行人之外责任主体才与发行人承担全部连带责任，这种制度设计无疑是对现行证券法下不分主次、不区分过错状态的全部连带责任的重大修正，亦与侵权责任法共同侵权的基本理论相衔接，为未来法院在个案审判中结合"过错"程度调整证券法的绝对连带责任的做法预留了制度空间，势必对维持资本市场的生态平衡产生积极深远的影响。

2. 过错的认定及免责抗辩

如何"将责任承担与过错程度相结合"，夯实市场参与各方归位尽责的规则基础是新司法解释的重要任务。对此，新司法解释在责任主体的过错认定上全面采用了"勤勉尽责"标准：只要责任主体能够证明自己已经勤勉尽责，就可以认定其没有过失从而实现免责。具体而言，新司法解释针对除发行人之外的不同责任主体，具体包括作为发行人内部人的董监高和其他直接责任人员，发行人外聘的保荐承销机构以及担当审计、评估和法律专业核查工作的证券服务机构，分别基于他们在信息披露中各自不同的角色定位和职责范围，从其勤勉尽责的内涵和外延出发，从积极和消极角度就免责抗辩事由进行了系统的梳理和规范。

（1）发行人董监高的过错认定

新司法解释第 14 条明确规定，法院应当根据董监高和其他直接责任人

---

① 参见陈洁《证券虚假陈述中审验机构连带责任的厘清与修正》，《中国法学》2021 年第 6 期。

员的工作岗位和职责、在信息披露资料的形成和发布等活动中所起的作用、取得和了解相关信息的渠道、为核验相关信息所采取的措施等实际情况审查认定发行人董监高等人员是否勤勉尽责。董监高等仅提出不从事日常经营管理、无相关职业背景和专业知识、相信发行人或者管理层提供的资料、相信证券服务机构出具的专业意见等理由，不能证明其没有过错。第 15 条规定，责任人员如果能够根据《证券法》第 82 条第 4 款的规定，在审核证券发行文件和定期报告过程中，以书面方式发表附具体理由的意见并依法披露，且没有在审议、审核信息披露文件时投赞成票的，人民法院可以认定其主观上没有过错。该规定细化了董监高等人员的勤勉尽责标准，对其过错认定更加科学、合理和精细，也具有可操作性。

（2）独立董事的过错认定

为回应"康美药业"案引发的各界对独立董事履职与责任承担的关切，鼓励独立董事发挥其应有的监督作用，同时打消勤勉尽责者的后顾之忧，新司法解释第 16 条对独立董事的免责抗辩事由作了细化规定，主要包括：①在签署相关信息披露文件之前，对不属于自身专业领域的相关具体问题，借助会计、法律等专门职业的帮助仍然未能发现问题；②在揭露日或更正日之前，发现虚假陈述后及时向发行人提出异议并监督整改或者向证券交易场所、监管部门书面报告；③在独立意见中对虚假陈述事项发表保留意见、反对意见或者无法表示意见并说明具体理由，且没有在审议、审核相关文件时投赞成票；④因发行人拒绝、阻碍其履行职责，导致无法对相关信息披露文件是否存在虚假陈述作出判断，并及时向证券交易场所、监管部门书面报告等。同时，独立董事提交证据证明其在履职期间能够按照法律、监管部门制定的规章和规范性文件以及公司章程的要求履行职责的，或者在虚假陈述被揭露后及时督促发行人整改且效果较为明显的，人民法院可以结合案件事实综合判断其过错情况。该规定根据独立董事制度的目的与市场实践现状维护了独立董事的专业性与独立性，有利于独立董事制度功效的发挥，但产生的疑问是，对于属于独立董事自身专业领域的问题，即作为本领域专家的独立董事能否借助外部专家的意见来作决策判断尚需进一步的回应。

（3）保荐承销机构的过错认定

新司法解释第 17 条规定，保荐、承销机构能够举证证明下列情形的，人民法院应当认定其没有过错：①已经按照法律、行政法规、监管部门制定的规章和规范性文件、相关行业执业规范的要求，对信息披露文件中的相关内容进行了审慎尽职调查；②对信息披露文件中没有证券服务机构专业意见支持的重要内容，经过审慎尽职调查和独立判断，有合理理由相信该部分内容与真实情况相符；③对信息披露文件中证券服务机构出具专业意见的重要内容，经过审慎核查和必要的调查、复核，有合理理由排除了职业怀疑并形成合理信赖。依此规定，保荐承销机构勤勉尽责的标准是按照法律、行政法规、监管部门制定的规章和规范性文件以及相关行业执业规范的要求履行了自己的职责。此外，针对信息披露文件是否有证券服务机构专业意见支持的不同情形，对保荐机构的过错认定标准加以区分，对有专业意见支持的，保荐承销机构应"经过审慎核查和必要的调查、复核"，以产生合理信赖；对无专业意见支持的，应当"审慎尽职调查和独立判断"，确保信息文件与真实情况相符。该规定充分考虑了在证券首次公开发行信息披露中，我国现行的保荐人牵头模式的特殊性以及保荐承销机构的职责范围，对保荐承销机构的过错认定以及免责抗辩作出较为清晰明确的规定，切实回应了市场呼声和司法实践需求。

（4）证券服务机构的过错认定

与对保荐承销机构的规定类似，新司法解释第18条规定证券服务机构的勤勉尽责的判定标准是"按照法律、行政法规、监管部门制定的规章和规范性文件，参考行业执业规范规定的工作范围和程序要求"履行职责。此外，明确规定证券服务机构的责任限于其工作范围和专业领域。对其专业意见所依赖的由保荐机构或其他服务机构提供的材料或意见，要尽到"审慎核查和必要的调查、复核"，以形成合理信赖。该规定表明对于证券服务机构的过错认定也应区分特别注意义务和一般注意义务，专家对非专业领域尽到一般注意义务即可。但是，鉴于证券服务机构专业人士并非一般普罗大众，基于其专业背景及业务素质，即便一般注意义务也需要其对非其专业领域意见进行"审慎核查和必要的调查、复核"，以形成合理信赖，从而避免证券服务机构将一般注意义务流于表面的形式审查义务。

至于会计师事务所的过错认定，新司法解释基本沿用了最高人民法院2007年发布的《关于审理涉及会计师事务所在审计业务活动中民事侵权赔偿案件的若干规定》（简称《审计侵权司法解释》）第 7 条之规定："会计师事务所能够证明以下情形之一的，应当认定其没有过错：（一）按照执业准则、规则确定的工作程序和核查手段并保持必要的职业谨慎，仍未发现被审计的会计资料存在错误的；（二）审计业务必须依赖的金融机构、发行人的供应商、客户等相关单位提供不实证明文件，会计师事务所保持了必要的职业谨慎仍未发现的；（三）已对发行人的舞弊迹象提出警告并在审计业务报告中发表了审慎审计意见的。"同时，鉴于新司法解释发布后，《审计侵权司法解释》并不废止，故新司法解释第 35 条明确规定，《审计侵权司法解释》与本规定不一致的，以本规定为准。

（六）责任主体的扩大以及责任主体间的追偿限制

1. 责任主体的扩大

与 2003 年司法解释相较，新司法解释的一个重要亮点是在责任主体方面，增加了"追首恶"、重大资产重组交易对方和帮助造假者的民事赔偿责任，其意在追究"首恶"责任的同时，也打击财务造假行为的各种"帮凶"。

（1）控股股东和实际控制人的"首恶"责任

新司法解释第 20 条规定，发行人的控股股东、实际控制人组织、指使发行人实施虚假陈述，致使原告在证券交易中遭受损失的，原告起诉请求直接判令该控股股东、实际控制人依照本规定赔偿损失的，人民法院应当予以支持。此外，发行人在承担赔偿责任后，可诉请组织、指示其实施虚假陈述行为的控股股东、实际控制人赔偿实际支付的赔偿款、合理的律师费、诉讼费用等损失。简言之，投资者可以起诉请求直接判令发行人控股股东、实际控制人就其组织指使的虚假陈述行为承担责任，而且发行人在承担赔偿责任后，可以向组织、指使的控股股东、实际控制人追偿。该规定的立法意图就是追究虚假陈述违法活动中的主谋和首要分子，让上市公司背后的实质违法者得到惩罚。

（2）重组交易对方的赔偿责任

新司法解释第 21 条规定，公司重大资产重组的交易对方所提供的信息不符合真实、准确、完整的要求，导致公司披露的相关信息存在虚假陈述，原告起诉请求判令该交易对方与发行人等责任主体赔偿由此导致的损失的，人民法院应当予以支持。简言之，投资者可以起诉请求判令重组交易对方承担虚假陈述民事赔偿责任。该规定主要是为了防止上市公司重大资产重组活动的参与者，通过"忽悠式"的并购重组而获利，却又因自己并非证券法所规定的信息披露责任主体的定位而逃避承担责任。

（3）供应商、客户、金融机构等主体的赔偿责任

新司法解释第22条规定，有证据证明发行人的供应商、客户，以及为发行人提供服务的金融机构等明知发行人实施财务造假活动，仍然为其提供相关交易合同、发票、存款证明等予以配合，或者故意隐瞒重要事实致使发行人的信息披露文件存在虚假陈述，原告起诉请求判令其与发行人等责任主体赔偿由此导致的损失的，人民法院应当予以支持。简言之，投资者可以起诉请求配合造假的客户、供应商、金融机构等主体承担赔偿责任。该规定是针对市场实践中，有的金融机构以及上市公司的供应商、销售客户等和上市公司串通，为上市公司财务造假提供各种帮助行为而构建的特殊追责机制，其与"追首恶"规则相呼应，合力震慑财务造假活动。

2. 责任主体间的追偿限制

由于证券市场信息披露需由多个主体协作实施，故虚假陈述民事责任呈现连带责任的特点。但2003年司法解释并未对连带责任主体的追偿问题作出规定，以致引起司法实践的困惑。新司法解释对追偿问题作出了回应，其第23条第1款规定，承担连带责任的当事人之间的责任分担与追偿，按照《民法典》第178条的规定处理。

在该原则性处理意见下，新司法解释对保荐承销机构约定的追偿权作了特殊限制。新司法解释第23条第2款规定，保荐机构、承销机构等责任主体以存在约定为由，请求发行人或者其控股股东、实际控制人补偿其因虚假陈述所承担的赔偿责任的，人民法院不予支持。该规定之立法意图是防止保荐承销机构预先就通过约定向发行人或者其控股股东、实际控制人转嫁其未能勤勉尽责的违法成本。但该规定容易引发困惑之处在于，如果保荐承销机构没有事先补偿约定，那么保荐承销机构能否依据《民法典》第178条的规定，在实际承担责任超过自己责任份额时向其他连带责任人，包括向发行人或者其控股股东、实际控制人追偿？仅从新司法解释第23条第2款规定来看，其实并未否定保荐承销机构的追偿权。此外，对于保荐承

销机构以外的其他证券服务机构能否以事先约定为由，向发行人等主张追偿或补偿，新司法解释对此未置可否。

三　新司法解释留待未来司法实践发展的空间

我国资本市场发展阶段、监管机制以及司法水平等现实背景共同决定了新司法解释的基本理念及其制度体现。从上述新司法解释的制度设计可见，其制度建构总体上包容了三方面的考量：一是尽可能稳定现有的市场机制和制度规范；二是在强化对投资者权益保护的同时，也要注意市场各方参与主体的利益平衡；三是对市场反映强烈的问题给予必要的回应，在尽可能地实现制度措施周密和规范技术完善的同时，也留给法官一定的自由裁量空间。在这样的总体思路下，即便我们不去拘泥于新司法解释规范细节与文本表达上的瑕疵，毋庸讳言，新司法解释仍然存在诸多尚需未来司法实践发展完善的空间。

（一）个别制度设计只能起到宣示性的作用

如前所述，新司法解释基于"追首恶+惩帮凶"理念，将虚假陈述责任主体的范围扩展至公司重大资产重组的交易对方，发行人的供应商、客户以及为发行人提供服务的金融机构等，并规定了发行人控股股东、实际控制人以及重组的交易对方，发行人的供应商、客户等的直接责任。诚然，这些规定一定层面上呼应了监管政策的逻辑与需求，但这些规定在市场实践中究竟能够发挥多大的功效值得商榷。首先，关于发行人的控股股东、实际控制人的赔偿责任。根据《证券法》第85条的规定，控股股东、实际控制人本身就是虚假陈述的连带责任人，并且是过错推定责任，即"能够证明自己没有过错的除外"。换言之，投资者直接依据《证券法》第85条就可以要求发行人及其控股股东、实际控制人承担连带责任，控股股东、实际控制人必须举证自己没有过错才不承担责任。而在新司法解释第20条下，应该由投资者证明控股股东、实际控制人组织、指使发行人实施虚假陈述，这对原告而言无疑是不可能完成的任务，而且新司法解释第20条仅规定控股股东、实际控制人的赔偿责任，而不是连带责任，因此投资者按照新司法解释第20条提起诉讼纯属"吃力不讨好"。客观而言，由于《证券法》已经建构了严格的连带责任体系，在发生需要追究连带赔偿责任的场合，投资者自然会选择最有赔偿能力又最便于追偿责任的责任对象。所以，让投资者自由选择就能达到的结果，法律不必强制规定。其次，关于资产重组交易对方的赔偿责任。新司法解释第 21 条规定投资者可以要求提供虚假信息的公司重大资产重组的交易对方直接承担赔偿责任。从目前上市公司信息披露的方式看，如果重大资产重组的交易对方本身是上市公司，其虚假陈述，投资者依据证券法就可以直接要求其承担赔偿责任；如果重大资产重组的交易对方本身不是上市公司，他没有向投资者披露信息的法定义务，也没有向投资者进行信息披露的渠道，而只能把相关信息提供给重大资产重组的上市公司，由上市公司负责披露相关信息。在这种模式下，尽管上市公司只起到信息披露通道的作用，但由于上市公司披露的信息虚假，投资者可以直接追究上市公司虚假陈述的赔偿责任，上市公司向投资者承担赔偿责任后可以向提供信息不实的交易对方要求赔偿。所以，在违约责任或侵权责任法框架下提供虚假信息的公司重大资产重组的交易对方都是无法逃避其责任承担的。而按照新司法解释第 21 条之规定，势必要求投资者证明交易对方信息虚假，而且这个信息虚假同样需要重大性要求以及证明信息虚假与投资者损失之间的因果关系等，但由于交易对方并非证券法规定的信息披露责任主体，故投资者与交易对方的侵权赔偿责任要件的证明不能使用证券侵权责任的因果关系推定等特殊规则，因此，新司法解释第 21 条在实践中几乎是不可行的，更多只是起到宣示性的作用。至于第 22 条关于发行人的供应商、客户等的直接责任，与上述情形类似。投资者要 "有证据证明发行人的供应商、客户，以及为发行人提供服务的金融机构等明知发行人实施财务造假活动"，才可以要求其承担责任，如何证明 "明知" 等主观故意状态，显然也是难以完成的任务，故上述规定主要是起到宣示性的作用。事实上，从一般侵权法理出发，根据《民法典》第 1168、1169 条的规定，对于那些证券法规定的信息披露责任主体之外的参与信息造假的参与方，只要有证据证明其明知发行人或上市公司造假而提供帮助，其行为构成共同侵权，就应当与侵权行为人承担连带责任。但新司法解释并未规定参与造假者的连带责任，而只是规定承担赔偿责任，所以其威慑力反而弱于《民法典》的规定。

（二）证券法领域特殊性的规则未能考虑周全

证券虚假陈述侵权损害赔偿作为侵权责任，自然需要运用一般的侵权责任制度和相关理论，但是，它毕竟是一种特殊的民事责任，有许多不同于一般民事责任的特点包括较高的技术性等，需要从证券市场的运行特点以及证券法的特殊要求出发予以通盘考虑。尽管新司法解释力求规则设计严密完善，但仍有值得改进之处。例如，新司法解释第13条将《证券法》第85、163条所称的"过错"界定为故意和严重过失，其目的是对证券法不分主次的全部连带责任予以限制，但此后的第14～19条都在规定发行人之外的责任主体的过错问题，那么，第14～19条的过错是仅包括故意和严重过失，还是也包括一般过失？如果仅从新司法解释体系性解读出发，第14～19条的过错应该只包括故意和严重过失，但从《证券法》的法理以及规定出发，《证券法》重点要规制的是保荐承销机构以及证券服务机构等的过失与上市公司的故意造假结合导致投资者受损的客观关联共同侵权行为。再从新司法解释第14～19条的有关责任主体勤勉尽责的具体规定看，其所认定的责任主体的过错状态应该包括一般过失。因此，新司法解释对过错进行限缩，从一定意义上也区分了故意与过失，却没有对故意和过失的具体形态以及责任形式进行相应的区分。可谓意图解决一个问题，但同时留下了更多的问题。再如，诉讼时效的起算问题。新司法解释第32条规定，当事人主张以揭露日或更正日起算诉讼时效的，人民法院应当予以支持。揭露日与更正日不一致的，以在先的为准。在之前的司法案例中，法院均以中国证监会行政处罚决定书作出之日为诉讼时效起算日。由于证监会从立案调查到下达行政处罚决定书的时间较长，通常要2年左右，因此，若执行该条款，目前证监会在审理的案件很多还没起诉，但以揭露日为起算点都已经超过诉讼时效。鉴于市场实践对上述诉讼时效问题的及时反馈，在新司法解释刚刚发布一周之际，最高人民法院于2022年1月29日立即发布《关于证券市场虚假陈述侵权民事赔偿案件诉讼时效衔接适用相关问题的通知》（法〔2022〕36号），规定在新司法解释施行前国务院证券监督管理机构、国务院授权的部门及有关主管部门已经作出行政处罚决定的证券市场虚假陈述侵权民事赔偿案件，诉讼时效仍按照2003年司法解释第5条的规定计算。在新司法解释施行前国务院证券监督管理机构、国务院授权的部门及有关主管部门已经对虚假陈述进行立案调查，但尚未作出处罚决定的证券市场虚假陈述侵权民事赔偿案件，自立案调查日至新司法解释施行之日已经超过 3 年，或者按照揭露日或更正日起算至新司法解释施行之日诉讼时效期间已经届满或不足 6 个月的，从新司法解释施行之日起诉讼时效继续计算 6 个月。新司法解释的及时打"补丁"确实有效避免了因新旧司法解释在诉讼时效方面的规定变化而可能导致的投资者因未及时主张权利而无法得到救济的情况发生，但是，目前上海金融法院、杭州市中级人民法院均出台了证券虚假陈述案件的示范判例制度，即法院先审理数起典型性案件，后续案件根据示范判例进行调解，这样既节约了司法资源，又减少了投资人的诉讼成本。若依据新司法解释的诉讼时效条款以及"补丁"中关于从新司法解释施行之日起诉讼时效仅仅继续计算 6 个月的规定，现行的示范判例制度恐怕还是难以为继。因此，诉讼时效的起算问题还是应当结合司法实践作更细致科学化的思考。另外，新司法解释没有明确不同层次连带责任人内部的责任划分，只是对扩大的责任主体简单课以"应当承担赔偿责任"的一般性规定以及适用《民法典》的一体性规定，最终导致内部责任的划分完全委于司法实践的自由裁量，亦值忧虑。

（三）行政机制与民事机制的衔接配套未能得到一并处理

前置程序取消后的司法应对，不仅包括诉讼时效的起算、揭露日的认定、重大性的认定等规则的设计问题，其实原告举证能力的补强、防范滥诉、民事诉讼与行政执法的协同等问题在实践中更显棘手。尽管最高人民法院与中国证券监督管理委员会同步发布《通知》，意图解决民事诉讼与行政执法的协同问题，但寥寥 7 个条文显然无法解决实践中的诸多问题。而且，虚假陈述侵权损害赔偿如何与先行赔付、民事赔偿优先原则、示范判决衔接等问题还留待时间和实践的摸索。

结　语

任何具体制度都是在其特有的市场机制、法律体系和文化环境中发挥作用的。我国证券市场运行的体制机制特点以及市场发展阶段，决定了新司法解释的立法理念与制度设计。就现阶段而言，新司法解释的制度设计是对我国证券市场历经实践检验符合法理逻辑的创新安排加以制度化规范化的结果，也是我国证券市场法治化进程中的一个合乎实践发展逻辑的结果，但这个结果并不意味着我们对如何建构更为科学合理的证券虚假陈述民事责任机制探索的中止抑或终止。从某种意义上说，新司法解释的实施，也许恰恰是一个新的开始。

第五章　证券虚假陈述侵权损害赔偿中因果关系的认定机制

　　虚假陈述是证券市场最为典型的违法行为，虚假陈述的损害赔偿也是《证券法》实施过程中适用最多的民事责任制度。我国《证券法》1998 年颁布伊始就明确了虚假陈述致投资者损害的民事责任，[①] 但长久以来，我国证券市场虚假陈述民事赔偿制度从文本到实践主要依赖最高人民法院发布的 2003 年司法解释。2022 年 1 月 21 日最高人民法院发布新司法解释，对历经 19 年风雨的 2003 年司法解释作了实质性的重大修订，因果关系认定规则的完善就是其中的重要内容。作为联系违法行为与损害后果之间的逻辑纽带，因果关系的认定是证券虚假陈述侵权损害赔偿制度的核心问题，也是理论界与实务界纷争已久的难题。新司法解释的颁行，不仅系统展示了我国立法层面对 20 余年来证券虚假陈述民事赔偿司法实践的经验总结，积极回应了理论界与实务界对虚假陈述民事赔偿制度发展规律包括因果关系认定机制的本土化思考，同时也将成为引领我国证券虚假陈述民事赔偿制度未来走向并对我国证券市场长远健康发展产生重大影响的法制变量。鉴于因果关系所涉法律关系及市场要素的相对复杂，对其认定机制进行系统深入的研究，无疑有助于我国证券市场虚假陈述民事责任制度的适用效果以及整体效能的提升。

---

　　① 《中华人民共和国证券法》（1998 年）第 63 条规定："发行人、承销的证券公司公告招股说明书、公司债券募集办法、财务会计报告、上市报告文件、年度报告、中期报告、临时报告，存在虚假记载、误导性陈述或者有重大遗漏，致使投资者在证券交易中遭受损失的，发行人、承销的证券公司应当承担赔偿责任，发行人、承销的证券公司的负有责任的董事、监事、经理应当承担连带赔偿责任。"

一　新旧司法解释关于因果关系认定思路的演变脉络

从证券虚假陈述致投资者损害侵权责任因果关系的内在结构来看，实际上可以分为两个层次：一是交易因果关系，即如果没有行为人的虚假陈述就不会有投资者的证券交易发生，或者说投资人是基于对行为人虚假陈述的信赖实施了证券交易；二是损失因果关系，即投资者因为交易而遭受损失，投资者的交易损失系直接由行为人的虚假陈述所导致的。

由于证券市场及证券交易的特殊性，投资者要举证信息披露主体虚假陈述致其损害困难重重。为此，现代各国和地区纷纷效仿美国，采用"市场欺诈理论"（Fraud-On-The-Market Theory）来解决虚假陈述民事赔偿中的因果关系认定问题。该理论的核心观点在于，在一个开放而且发展良好的证券市场上，证券价格反映了关于证券发行人的所有公开信息，包括错误虚假的信息。既然所有不真实的和具有欺诈性的信息都反映在证券的市场价格上，那么，所有接受了该证券的市场价格从事交易的投资者都可以被看作信赖了所有的信息，包括虚假陈述信息而进行的交易。[1] 该理论解决了证券交易中的"信赖推定"从而成为虚假陈述民事赔偿中实行因果关系推定的理论基础。我国新旧司法解释都是借鉴市场欺诈理论和信赖推定原则，对因虚假陈述引发的民事赔偿实行了"因果关系推定"，但从文本比较，新司法解释对 2003 年司法解释从因果关系的区分、特定交易者的获赔资格以及被告的抗辩事由等方面作了全面细致的修订和完善。

（一）2003 年司法解释关于因果关系的认定规则及其存在的问题

2003 年司法解释用两个条文规定了证券虚假陈述侵权损害赔偿因果关系的认定规则。其中，第 18 条规定："投资人具有以下情形的，法院应当认定虚假陈述与损害结果之间存在因果关系：（一）投资人所投资的是与虚假陈述直接关联的证券；（二）投资人在虚假陈述实施日及以后，至揭露日或者更正日之前买入该证券；（三）投资人在虚假陈述揭露日或者更正日及

---

[1] 参见盛焕炜、朱川《虚假陈述证券民事赔偿因果关系探析》，《人民法院报》2003 年 6 月 1 日，第 4 版。

以后，因卖出该证券发生亏损，或者因持续持有该证券而产生亏损。"第 19
条规定："被告举证证明原告具有以下情形的，法院应当认定虚假陈述与损害
结果之间不存在因果关系：（一）在虚假陈述揭露日或者更正日之前已经卖出
证券；（二）在虚假陈述揭露日或者更正日及以后进行的投资；（三）明知虚
假陈述存在而进行的投资；（四）损失或者部分损失是由证券市场系统风险等
其他因素所导致；（五）属于恶意投资、操纵证券价格的。"归结起来，在投
资者提起虚假陈述民事赔偿诉讼需要满足前置程序解决虚假陈述存在的前
提下，① 2003 年司法解释对因果关系实行了简单粗略的推定：当投资者在虚
假陈述实施日及以后至虚假陈述揭露日之前买入相关证券，并在揭露日之
后卖出或继续持有而产生损失，则直接认定虚假陈述与该损失结果之间存
在因果关系。当然，2003 年司法解释也规定了被告可以举证某些情形以推
翻对因果关系的推定。

2003 年司法解释对因果关系认定的简单化处理引发了诸多批评。② 主要
观点如下。

其一，概括规定因果关系使原被告诉讼利益失衡。2003 年司法解释不
区分交易因果关系和损失因果关系，笼统地规定了因果关系推定规则，这
从简化案件审理程序的角度来说，无疑简便有效，但从原告与被告的利益
平衡来看，因果关系推定合二为一，实质上是在因果关系不清的情况下由
被告承担投资者的投资损失。事实上，2003 年司法解释就是仅以投资者买
入与虚假陈述直接关联证券的时间作为推定因果关系的唯一依据，并将二
者不同的抗辩事由概括地加以列举。这在实践中往往导致法官不能准确把
握虚假陈述侵权行为与损害结果的因果关系。同时，由于给予被告反证的
理由列举得不够充分，就大大提高了原告的胜诉率，容易造成原告与被告
在诉讼中的利益失衡。

---

① 2003 年司法解释第 6 条规定："投资人以自己受到虚假陈述侵害为由，依据有关机关的行
政处罚决定或者人民法院的刑事裁判文书，对虚假陈述行为人提起的民事赔偿诉讼，符合
民事诉讼法第一百零八条规定的，人民法院应当受理。"即因虚假陈述引发的民事赔偿案
件，法院立案受理时要以监管部门的行政处罚和生效的刑事判决认定为前置条件。
② 参见樊健《我国证券市场虚假陈述民事责任理论与实践的新发展》，法律出版社，2021，
第 99~101 页。

其二，没有区分诱多型虚假陈述和诱空型虚假陈述导致与市场现实相脱节。所谓"诱多型虚假陈述行为"是指信息披露义务人隐瞒利空消息、虚构利多事实的行为以诱导投资者买入关联证券；而"诱空型"虚假陈述行为则是信息披露义务人隐瞒利多消息，虚构利空事实的行为以诱导投资者卖出关联证券。由于我国曾经长期是单边股票市场（只能做多不能做空），人们往往只考虑那些对股票价格上升起推波助澜作用的所谓"利好"的虚假信息，而忽视那些相对罕见的对股票价格下跌起作用的所谓"利空"的虚假信息，体现在 2003 年司法解释上就是仅以诱多型虚假陈述作为基础模型而展开。2003 年司法解释的片面规定反映在司法实践中可能直接导致不法行为人无须为其作出的"诱空型"虚假陈述行为承担赔偿责任。例如，在彩虹精化虚假陈述案中，彩虹精化公司因未及时披露重大利好消息，证监会对其立案调查并最终下达行政处罚。彩虹精化公司未及时披露重大利好消息的行为乃典型的"诱空型"虚假陈述行为，直接导致在实施日至揭露日期间卖出股票的投资者产生损失。但在 2003 年司法解释下，这些投资者却可能无法获得赔偿。

其三，将揭露日之前抛售股票的投资者排除在救济之外是明显不合理的。在我国市场实践中，证监会开始调查到被告虚假陈述被正式揭露之间往往会持续一段时间，不少原告在这段时间可能事先听到市场传言而在虚假陈述被正式揭露之前抛出股票。在这种情况下，虽然原告于揭露日之前抛售股票，但他作出交易的决定本身和虚假陈述是有因果关系的。因此，把这部分投资者排除在救济之外是欠妥的。从某种意义上说，投资者何时买卖股票在法律上并不重要，重要的是投资者是否因为虚假陈述行为而遭受损失。

（二）新司法解释关于因果关系认定规则的思路变化

新司法解释将 2003 年司法解释概括性的因果关系规则拆分为交易因果关系和损失因果关系两部分，其第三节"重大性及交易因果关系"中用 2 个条文规定交易因果关系问题，第六节"损失认定"中用 1 个条文规定损失因果关系问题。

关于交易因果关系，新司法解释第 11 条规定："原告能够证明下列情形的，人民法院应当认定原告的投资决定与虚假陈述之间的交易因果关系成立：（一）信息披露义务人实施了虚假陈述；（二）原告交易的是与虚假陈述直接关联的证券；（三）原告在虚假陈述实施日之后、揭露日或更正日之前实施了相应的交易行为，即在诱多型虚假陈述中买入了相关证券，或者在诱空型虚假陈述中卖出了相关证券。"第 12 条规定："被告能够证明下列情形之一的，人民法院应当认定交易因果关系不成立：（一）原告的交易行为发生在虚假陈述实施前，或者是在揭露或更正之后；（二）原告在交易时知道或者应当知道存在虚假陈述，或者虚假陈述已经被证券市场广泛知悉；（三）原告的交易行为是受到虚假陈述实施后发生的上市公司的收购、重大资产重组等其他重大事件的影响；（四）原告的交易行为构成内幕交易、操纵证券市场等证券违法行为的；（五）原告的交易行为与虚假陈述不具有交易因果关系的其他情形。"

关于损失因果关系，新司法解释第 31 条规定："人民法院应当查明虚假陈述与原告损失之间的因果关系，以及导致原告损失的其他原因等案件基本事实，确定赔偿责任范围。被告能够举证证明原告的损失部分或者全部是由他人操纵市场、证券市场的风险、证券市场对特定事件的过度反应、上市公司内外部经营环境等其他因素所导致的，对其关于相应减轻或者免除责任的抗辩，人民法院应当予以支持。"

与 2003 年司法解释相较，新司法解释在因果关系方面的实质改进主要体现在如下三方面。

其一，新司法解释在废除前置程序的前提下，将 2003 年司法解释确立的概括性因果关系推定区分为交易因果关系推定和损失因果关系推定，并明确了二者的认定规则，尤其是细化了被告的抗辩事由。可以说，新司法解释通过因果关系规则的精细化维护了原被告间的利益平衡，实质上是在强调保护投资者利益的同时，也避免民事赔偿制度异化为替投资者证券市场的损失提供保险的工具。[①]

---

① 参见林文学、付金联、周伦军《〈关于审理证券市场虚假陈述侵权民事赔偿案件的若干规定〉的理解与适用》，《人民司法》2022 年第 7 期。

其二，增加了诱空型虚假陈述的赔偿责任，取消了对揭露日之前反向交易的投资者排除损失认定的相关规定等，从而使虚假陈述民事赔偿制度更科学合理。

其三，完善了非虚假陈述造成的损失减免规则。新司法解释进一步扩大了被告可以减轻或免除责任的抗辩事由。如果原告的损失部分或者全部是由非虚假陈述因素导致的，则该等损失应予扣除。这样规定无疑更加符合侵权责任的基本法理，对诉讼双方也更加公平合理。

二　新司法解释关于交易因果关系的认定机制

如前所述，新司法解释在借鉴美国司法实践中的欺诈市场理论及推定信赖原则的思路下，对交易因果关系的成立与抗辩从程序到实体作了全面细致的规范。

（一）交易因果关系的推定成立

新司法解释第 11 条明确了推定交易因果关系成立的事实条件：一是虚假陈述行为的存在；二是交易标的证券的关联性；三是投资者在特定期间（虚假陈述实施日之后、揭露日之前）① 实施了相应的交易行为，即在诱多型虚假陈述中买入了相关证券，或者在诱空型虚假陈述中卖出了相关证券。

新司法解释第 11 条表面上规定了交易因果关系成立的基本条件，事实上，由于证券虚假陈述民事赔偿案件中，法院需要预先确定揭露日才能初步确定哪些投资者可以提起诉讼，因此，第 11 条实际上是明确了投资者可以作为原告提起诉讼的必要条件，或者说是法院确定权利人范围的基本标准。第 11 条规定涉及投资者能否成为原告的起诉资格，因而具有程序法上的意义。至于这些提起诉讼的原告最终是否可以获得赔偿，需要经过实体庭审中被告抗辩的检验，被告抗辩成功的投资者便不能获得全部或部分赔偿。因此，第 11 条规定可以看成交易因果关系推定初步成立进而确定原告范围的依据。

---

① 为表述简便，本章的"揭露日"是被动的揭露日或主动的更正日的合称。

1. 虚假陈述行为的存在

虚假陈述的存在是虚假陈述民事救济的事实基础，也是交易因果关系的基本前提。关于信息披露义务人实施了虚假陈述行为的证明问题，由于2003年司法解释确立了证券民事诉讼的前置程序，投资者要提起虚假陈述侵权诉讼，除应满足民事诉讼法规定的一般起诉条件外，还需要提交有关机关的行政处罚决定或者人民法院的刑事裁判文书，即法院要以证券监管机构的行政处罚决定或法院的刑事裁判文书为依据才能判定违法行为人承担民事责任。这样，在2003年司法解释背景下，虚假陈述行为的存在已经由证券监管机构的行政处罚决定或法院的刑事裁判文书予以证明。

新司法解释第2条明确废除了前置程序，[①] 因此就必须由投资者证明信息披露义务人实施了虚假陈述。由于虚假陈述是指信息披露义务人对重要信息或重大事实的虚假记载、误导性陈述或重大遗漏，故投资者要证明虚假陈述的关键是证明信息披露义务人虚假陈述的信息或事实具有重大性。而要证明虚假陈述信息或事实的重大性，依据新司法解释第10条之规定，则需要证明信息披露义务人虚假陈述导致相关证券交易价格或者交易量明显变化。[②] 由于证券市场证券价格变动的复杂性，虚假陈述重大性的证明责任对普通投资者而言，显然是难以完成的任务。为此，最高人民法院和中国证监会同步发布《通知》作为新司法解释的配套规定，并为解决投资者举证困难以及人民法院与证券监管部门统一裁量标准等问题，建立了一系列的衔接性安排，诸如案件通报机制、调查取证协调配合机制、民行交叉处理机制、专业咨询机制以及专家陪审员机制等，但《通知》并没有明确废除前置程序后投资者究竟要如何实现关于虚假陈述存在的举证问题。[③] 结

---

① 新司法解释第2条第2款规定："人民法院不得仅以虚假陈述未经监管部门行政处罚或者人民法院生效刑事判决的认定为由裁定不予受理。"

② 关于虚假陈述重大性的认定标准，新司法解释第10条在影响"证券交易价格"基础上，增加了影响证券"交易量"的表述。但是，市场实践中，股票成交量放大而股价不变的情况并不鲜见。而更为关键的是，证券虚假陈述损害赔偿问题最终是要落实到价格上。因此，即便有交易量变化，只要证券价格无波动就不会导致投资者损失，投资者的赔偿请求也就无从谈起。因此，笔者以为，交易量的变化可以是一个参考因素，但不应成为虚假陈述内容重大性与否的衡量尺度。

③ 参见陈洁《虚假陈述民事赔偿制度的新发展理念及其规范实现》，《法律适用》2022年第3期。

合新司法解释第 8 条之规定"除当事人有相反证据足以反驳外，下列日期应当认定为揭露日：（一）监管部门以涉嫌信息披露违法为由对信息披露义务人立案调查的信息公开之日；（二）证券交易场所等自律管理组织因虚假陈述对信息披露义务人等责任主体采取自律管理措施的信息公布之日"，笔者以为，尽管新司法解释废除了前置程序，但由于法院必须依据揭露日才能确定可以提起诉讼的权利人的范围，而通常情形下，揭露日又得依靠监管部门或证券交易场所等自律管理组织的调查来确定。由此，从未来情形看，信息披露义务人实施了虚假陈述的证明，很大程度上还得依赖证券监管机构的行政调查或行政处罚以及证券交易所包括国务院批准的其他全国性证券交易场所等给予的纪律处分或者采取的自律管理措施来作为证明虚假陈述事实的初步证据。[①] 在没有监管部门或自律管理组织提供相关证据的前提下，仅仅依靠投资者自行举证虚假陈述的事实恐怕很难获得法院的支持。

从域外经验看，对于虚假陈述存在的问题，普通法系国家的法院通常采用两步走的诉讼程序来解决。第一步是初步审理阶段，即原告只要提供有相当可能存在虚假陈述的初步证据，法院则会以最有利于原告的标准，来判断案件的表面证据是否足以推动进入下一步。第二步是证据开示阶段，在原被告抗辩式的证据互换、互驳之后，由法院决定究竟哪一方的证据占有优势。[②] 具体到美国的证券集团诉讼中，原告在起诉时通常仅需提交虚假陈述引发证券价格"变化"的证据，法院受理之后，再委托专业机构分析虚假陈述与证券价格变化之间的因果关系。而我国司法实践中，法院是通过确定虚假陈述的实施日和揭露日来确定权利人即原告的范围，即只有在虚假陈述实施日之后、揭露日或更正日之前实施了相应的交易行为才可能作为原告提起诉讼。鉴于揭露日的确定直接关系到原告资格、胜诉权、赔偿范围和损失计算等，是虚假陈述民事赔偿案件中的核心问题，也是司法

[①] 2019 年底最高人民法院出台的《关于证券纠纷代表人诉讼若干问题的规定》第 5 条也明确规定，适用普通代表人诉讼程序进行审理时，原告可以提交"有关行政处罚决定、刑事裁判文书、被告自认材料、证券交易所和国务院批准的其他全国性证券交易场所等给予的纪律处分或者采取的自律管理措施等证明证券侵权事实的初步证据"。
[②] 参见张巍《证券虚假陈述民事赔偿司法解释：我的理解与疑问》，参见"比较公司治理"公众号，2022 年 1 月 23 日 16：41。

实践中非常复杂的关键问题，[①] 法院未经开庭审理就确定揭露日的做法实际上构成了对案件的先行审理。不同意法院事先确定的揭露日的投资者已然被排除在诉讼的原告范围之外。以康美药业案为例，广州中院对揭露日的认定就饱受争议，因为法院公告认定本案虚假陈述的揭露日为网络曝光康美药业造假行为的 2018 年 10 月 16 日，而非证监会立案调查日 2018 年 12 月 28 日，这就使得符合原告资格的投资者人数大为减少。[②] 对此，笔者以为，在取消前置程序的大背景下，法院应该依据《民事诉讼法》对民事诉讼原告的规定条件来确定证券虚假陈述诉讼的原告范围。《民事诉讼法》规定成为原告的实质要件，即与所诉案件有直接利害关系。在证券民事赔偿案件中，鉴于原告对虚假陈述信赖的举证，最终是转化为对虚假陈述造成证券实际价格影响的举证，故只要投资者提供揭露日后证券价格重大变化的初步证据以及投资者在虚假陈述实施日之后买入证券的证据（如果诱空的情形则相反），则投资者就是可能的受害者，法院就应该把其登记为原告。[③] 至于是否所有的原告都能够获得赔偿，需要在开庭实体审理时，通过被告对推定交易因果关系的抗辩以及最终揭露日的确定来判断投资者的损失与虚假陈述行为之间是否存在因果关系。

2. 交易标的证券的关联性

投资者交易的是与信息披露义务人虚假陈述直接关联的证券是证明投资者与虚假陈述之间具有交易因果关系的最直接最重要的事实。实践中，交易标的证券的关联性需要考虑两方面问题：一是证券种类问题；二是市

---

① 参见宋一欣《虚假陈述民事赔偿诉讼制度若干问题的思考》，《法律适用》2003 年第 4 期。

② 康美药业 2016 年至 2018 年年报持续造假，2016 年年报的披露时间为 2017 年 4 月 20 日，2018 年年报的披露时间为 2019 年 4 月 30 日。在（2020）粤 01 民初 2171 号特别代表人诉讼判决书中，广州中院认为，虚假陈述的揭露是指虚假陈述被市场知悉、了解，不要求达到全面、完整、准确的程度，只要交易市场对揭露文章存在明显反应，即可认定市场知悉虚假陈述行为，最终法院认为应以自媒体质疑康美药业财务造假的 2018 年 10 月 16 日为案涉虚假陈述行为的揭露日。该揭露日甚至早于康美药业 2018 年年报披露日期。从法理上说，在媒体揭露日、立案调查日、自我更正日等中确定较晚时间作为揭露日，才可以容纳最多的投资者人数。只有尽量从宽确定原告，在开庭审理中再逐步排除没有因虚假陈述而受损的投资者，才能够尽可能全面地保护受害投资者，也才真正符合证券民事赔偿诉讼的基本精神。

③ 参见陈洁《中国首起证券纠纷特别代表人诉讼案评述》，载《中国法治发展报告（2022）》，社会科学文献出版社，2022，第 86 页。

场特性问题。

关于证券种类，一个上市公司可能发行了股票、债券、存托凭证等多种形式的证券品种。鉴于新司法解释并未对投资者交易的证券品种予以特殊限制，故《证券法》第 2 条规定的股票、公司债券、存托凭证等证券类型都可以适用本司法解释。换言之，只要上市公司实施了虚假陈述，则投资者不管购买其发行的是股票、债券还是存托凭证等，都应该属于与上市公司虚假陈述直接关联的证券范畴。

关于市场特性问题。由于欺诈市场理论是建立在市场有效性基础上，即有效市场是欺诈市场理论成立的前提，那么，投资者交易了发行在非有效市场的证券品种，是否也可以基于信赖推定从而适用交易因果关系的推定？对此，新司法解释第 1 条（关于适用范围）规定："信息披露义务人在证券交易场所发行、交易证券过程中实施虚假陈述引发的侵权民事赔偿案件，适用本规定。按照国务院规定设立的区域性股权市场中发生的虚假陈述侵权民事赔偿案件，可以参照适用本规定。"由此可见，新司法解释关于推定交易因果关系的规定并没有限定必须发生在通常被认为是有效或半有效市场的交易所市场以及全国性证券交易场所，即便是投资了区域性股权市场的证券品种也可以参照适用交易因果关系推定。对此，有学者指出，市场本身是否有效其实并不重要，重要的是虚假陈述是否会影响到证券交易价格或者交易量。即使是非公开交易的市场，或者流动性没有那么强的市场，只要能够证明虚假陈述影响了证券交易价格或者交易量，也就可以推定信赖。[1] 从这个角度出发，新司法解释将适用范围扩展到证券交易场所（包括了全国中小企业股份转让系统，即新三板市场），并规定合法的区域性股权市场中发生的虚假陈述民事赔偿案件也可以参照适用本规定，具有一定的合理性。[2]

此外，对于采用协议定价等方式交易在证券交易场所发行的证券能否适用新司法解释问题，依据新司法解释第 1 条之规定，笔者以为，只要是在证券交易场所公开发行、交易的证券的信息披露义务人虚假陈述引发的对投资者的损害赔偿案件，均可能适用新司法解释。因此，不必拘泥于投资

---

[1]　参见耿利航《欺诈市场理论反思》，《法学研究》2020 年第 6 期。

[2]　参见彭冰《证券虚假陈述民事赔偿中的因果关系——司法解释的新发展评析》，《法律适用》2022 年第 5 期。

者的交易是采用"集中竞价"交易方式或是"一对一"的协议转让方式，而是要看相关标的证券是否属于在证券交易场所公开发行的证券并且该证券的信息披露是否损害了不特定投资者的利益。[1] 尽管新司法解释第 27 条和第 28 条只明确了"采用集中竞价的交易市场中"虚假陈述的股票损失计算方法，[2] 但新司法解释本身并没有禁止采用其他交易方式的投资者寻求获得虚假陈述的民事赔偿。因此，采用协议定价方式交易的投资者在推定交易因果关系成立的前提下，可以自行证明其投资差额损失与虚假陈述之间的损失因果关系。

3. 实施交易的时间与交易方向的要求

投资者只有在虚假陈述影响期间（实施日之后、揭露日之前）实施了相应的交易行为才可能被推定交易因果关系的成立。

其一，关于时间要求。理论上，虚假陈述的实施是影响市场价格的开始，虚假陈述的揭露则是影响市场价格的结束。因此，如果没有在虚假陈述实施日之后实施交易行为，就表明投资者没有受到虚假陈述影响也不可能遭受损害。由于揭露日之后虚假陈述已经公开，揭露日之后实施交易的投资者对虚假陈述不再有合理信赖，因此其交易行为和虚假陈述之间不存在因果关系，故无获赔资格。这里的问题是，以诱多型虚假陈述为例，实施日之后已经买入，但在揭露日之前又卖出证券的受损投资者是否应该获赔？2003 年司法解释规定，在虚假陈述揭露日之前已经卖出证券的，法院

---

[1] 参见陈洁《虚假陈述民事赔偿制度的新发展理念及其规范实现》，《法律适用》2022 年第 3 期。

[2] 新司法解释第 27 条（诱多型虚假陈述的股票损失计算）规定："在采用集中竞价的交易市场中，原告因虚假陈述买入相关股票所造成的投资差额损失，按照下列方法计算：（一）原告在实施日之后、揭露日或者更正日之前买入，在揭露日或者更正日之后、基准日之前卖出的股票，按买入股票的平均价格与卖出股票的平均价格之间的差额，乘以已卖出的股票数量；（二）原告在实施日之后、揭露日或更正日之前买入，基准日之前未卖出的股票，按买入股票的平均价格与基准价格之间的差额，乘以未卖出的股票数量。"第 28 条（诱空型虚假陈述的股票损失计算）规定："在采用集中竞价的交易市场中，原告因虚假陈述卖出相关股票所造成的投资差额损失，按照下列方法计算：（一）原告在实施日之后、揭露日或更正日之前卖出，在揭露日或者更正日之后、基准日之前买回的股票，按买回股票的平均价格与卖出股票的平均价格之间的差额，乘以买回的股票数量；（二）原告在实施日之后、揭露日或更正日之前卖出，基准日之前未买回的股票，按基准价格与卖出股票的平均价格之间的差额，乘以未买回的股票数量。"

应当认定虚假陈述与损害结果之间不存在因果关系，故这些投资者无法获得赔偿。这样规定的理由在于揭露日前卖出证券者，法律推定其未曾受到虚假陈述揭露带来的对证券价格的不利影响，故无获赔资格。当然，这样的规定也包含了诸如鼓励投资者关注市场信息披露、降低法律实施成本等公共政策方面的考量。与 2003 年司法解释的规定不同，新司法解释规定"在虚假陈述实施日之后、揭露日或更正日之前实施了相应的交易行为"就可以推定交易因果关系成立，即在诱多型虚假陈述中，只规定买入时间，而没有规定卖出时间；在诱空型虚假陈述中，只规定卖出时间，而没有规定买入时间。对此，可以认为，新司法解释对诱多型虚假陈述中在虚假陈述揭露日之前已经卖出证券的投资者也是予以保护的。相反，诱空型虚假陈述中，只要投资者在（实施日之后、揭露日之前）卖出证券，即便在虚假陈述揭露日之前又买入证券，也是可以受到保护的。推究这样规定的缘由在于，由于市场实践中揭露日的时间往往比较滞后，揭露日之前虚假陈述可能逐渐为市场知晓，虚假陈述的影响可能已经在市场价格中逐步消除，投资者此时以较低的价格卖出股票，其损失仍然是基于先前对虚假陈述的合理信赖，因此其交易行为和虚假陈述之间存在因果关系，其受损应该得到赔偿。此外，当投资者对存在虚假陈述有所怀疑时，理智的投资者就应该及时卖出股票，这也有利于引导投资者谨慎投资。那些即使有所怀疑，却不采取任何行动，拖到揭露日之后，却能获得赔偿的规则设置显然有悖常理。

其二，关于交易方向。交易方向只有与虚假信息的类型相匹配才能推定投资者对虚假陈述的信赖从而获得赔偿。具体而言，在诱多型虚假陈述下，信息披露义务人通过编造虚假的利好消息或者隐瞒重大的利空消息，来诱使投资者以虚高的价格买入股票；在诱空型虚假陈述下，信息披露义务人则是编造虚假的利空消息或者隐瞒重大利好消息，来诱使投资者以虚低的价格卖出股票。因此，在诱多型虚假陈述下，原告的交易方向只能是买入，如果投资者卖出证券，显然无法推定其信赖了该虚假陈述，也就不能推定其交易与虚假陈述之间存在因果关系。[1] 诱空型虚假陈述情形则相

---

[1]　参见彭冰《证券虚假陈述民事赔偿中的因果关系——司法解释的新发展评析》，《法律适用》2022 年第 5 期。

反。可以说，新司法解释第 11 条基于诱多型虚假陈述和诱空型虚假陈述的分类对交易方向所作的要求显然是科学合理的，但也引发了如何识别诱多型和诱空型虚假陈述的问题。依据第 11 条，法院在推定交易因果关系之前，必须对虚假陈述的类型作出判断，才能借此确定合理的交易方向，从而推定交易因果关系的成立。诚然法官可以根据虚假陈述的内容并借助交易价格的变动方向、交易量的变化等来对虚假陈述的类型作出判断，而且通常情形下，在实施日价格上升的，或者在揭露日价格下降的，多半为诱多型虚假陈述；在实施日价格下跌，或者在揭露日价格上涨的，多半为诱空型虚假陈述。但市场实践中，由于对利好利空消息的判断是见仁见智的，而且还可能存在难以判断利好利空的中性信息，诸如与公司治理相关的信息，包括董事、高级管理人员任免之类的信息，因此如何识别诱多型和诱空型虚假陈述就成为难题。此外，实践中还可能存在的特殊情形是，原应该属于利好信息的，但信息发布前市场可能有预期，市场价格在信息发布前已经涨上去了，真正到了发布信息时，反而股价下跌，属于"见光死"的情形。这些情形显然都会对诱多型和诱空型虚假陈述的识别造成极大困扰，从而给法院判断投资者的交易方向是否匹配造成困难。

（二）交易因果关系的抗辩

交易因果关系的抗辩，是法院开庭审理中被告针对原告是否信赖虚假陈述而实施交易行为提出的抗辩，具有实体法上的意义。如果法院接受了被告的抗辩，则交易因果关系不成立，遑论后续的损失因果关系了。除可以针对前述投资者的交易时间与交易方向的要求提出抗辩外，依据新司法解释第 12 条，被告的抗辩事由主要包括如下几点。

1. 投资者明知虚假陈述的存在

新司法解释在 2003 年司法解释第 19 条规定的原告"明知"存在虚假陈述的抗辩情形基础上，增加了"应当知道"或者虚假陈述已被证券市场广泛知悉的情形，无疑更为全面细致。具体来看，被告通常可以从原告的身份、掌握信息渠道等方面举证说明原告基于其特定职务或与信息披露义务人的特殊关系完全可以知晓相关虚假陈述的存在情况，从而否定投资者进行交易时信赖了虚假陈述。司法实践中，投资者交易时就知道存在虚假陈述的可能情形，主要是指当投资者作为上市公司董事、监事及高级管理人员或大股东等属于上市公司或发行人内幕信息的知情人范畴，则被告可以此抗辩原告知悉虚假陈述的存在。至于交易时"应当知道"的情形，主要是指专业机构投资者实施交易时已经作了必要的尽职调查，从而能够发现虚假陈述的情形或发现虚假陈述之端倪。此外，也包括证券服务机构的工作人员在参与上市公司信息披露服务中已经发现虚假陈述的情形。至于虚假陈述已经被证券市场广泛知悉的情形，主要是指虚假陈述虽然未被监管机构正式揭露，但其实已经被市场逐渐知晓，又或者信息披露义务人是连续地实施众多的虚假陈述行为，前面的虚假陈述行为不断被市场揭露的情形下，投资者如果在前述虚假陈述行为揭露后持续跟进买入，可能就很难推定其合理信赖后续的虚假陈述。例如，在刘某诉康美药业证券虚假陈述案件中，尽管康美药业在 2019 年 4 月才公告其存在虚假记载和重大遗漏的 2018 年年度报告，但早在 2018 年 10 月，多家媒体就发布了大量质疑康美药业财务信息真实性的文章，并且 2018 年 12 月 29 日，康美药业公告其因涉嫌信息披露违法违规被中国证监会立案调查。2019 年 5 月，康美药业又公告上海证券交易所对其进行了监管问询。由于上述情形，康美药业股价连续暴跌，累计跌幅达 40.94%。可就在这种背景下，刘某仍然买入康美药业股票。对此，广州中院认为，刘某属于明知康美药业 2018 年年度报告披露信息不实而"自甘风险"的投资行为，故其受到的经济损失与本案虚假陈述行为之间不存在因果关系。[①]

　　值得一提的是，由于我国现行《证券法》第 89 条对普通投资者和专业投资者作了区分，由此引发的问题是专业投资者能否适用交易因果关系的推定？对此，司法实践中做法不一。例如浙江高院审理的"祥源文化案"、济南中院审理的"济南高新案"、青岛中院审理的"东方电子案"等表明，如果专业投资者未能举证证明其已尽到审慎注意义务，或其投资行为明显不具有合理性，法院可能认定交易因果关系不成立，但也有相当多法院呈现对专业投资者的注意义务不作特别考察的裁判倾向。[②] 对此，参考新司法

[①] （2021）粤 01 民初 726 号民事判决书。

[②] 参见张保生、朱媛媛、张媛媛《虚假陈述经典案例评析：适用新虚假陈述司法解释阻断交易因果关系，上市公司成功实现免责抗辩》，"中伦视界"公众号，2022 年 5 月 26 日 19：01。

解释第 30 条之规定，"证券公司、基金管理公司、保险公司、信托公司、商业银行等市场参与主体依法设立的证券投资产品，在确定因虚假陈述导致的损失时，每个产品应当单独计算"，笔者以为，新司法解释并未否认证券公司、基金管理公司等专业投资者可能因虚假陈述导致损失。因此，只要不存在明知、应知等抗辩情形，专业投资者也同样可以适用推定因果关系。这一做法其实也是符合欺诈市场理论的基本逻辑的。

2. 受其他重大事件影响

与 2003 年司法解释相较，新司法解释专门增加了原告投资行为是受到实施日后上市公司收购、重大资产重组等其他重大事件影响的抗辩情形。该情形的规定，无疑实质扩大了被告对交易因果关系推定的抗辩范围，不过，以虚假陈述实施后原告投资行为是受到其他重大事件的影响作为推定交易因果关系的抗辩，其认定比较复杂，需要针对投资者实施交易的具体情形作具体的分析。以诱多型虚假陈述为例，一种情形是，虚假陈述实施后，投资者相信虚假陈述买入证券，而后才发生上市公司收购、重大资产重组等情形；另一种情形是，虚假陈述实施后，同时发生或随后发生上市公司收购、重大资产重组等情形，投资者是在发生虚假陈述以及发生上市公司收购、重大资产重组等情形之后才买入证券。在第一种情形下，由于投资者的买入交易在上市公司发生收购、重大资产重组等重大事件之前，所以不影响推定交易因果关系的成立。至于第二种情形，确实可能直接影响投资者的交易决策，因此，需要仔细甄别投资者是受到这些重大事件影响而交易，还是基于虚假陈述而交易，又或者虚假陈述与上市公司收购、重大资产重组两种或多种原因兼具才促使投资者进行交易。对此，从法理上而言，可以通过优势证据原则来判断投资者究竟是信赖虚假陈述还是信赖重大事件而交易，实在无法分清时，也可以认定是"混合信赖"。不过，基于欺诈市场理论，其并不要求投资者真正信赖虚假陈述。"即便未曾接触或信赖虚假陈述的投资者，只要其在揭示日前，依据已然受到虚假陈述影响的市场价格买卖证券时，其就已然受到欺诈。"[1] 因此，只要投资者在虚

---

[1] 最高人民法院民事审判第二庭编著《最高人民法院关于审理证券市场虚假陈述案件司法解释的理解与适用》，人民法院出版社，2015，第 249 页。

假陈述后按照市场价格交易证券，无论投资者是否知晓或者信赖虚假陈述，其交易本身就已经受到虚假陈述的影响，就可以推定交易因果关系成立了。在这一逻辑下，在虚假陈述被揭露之前，即使有收购等重大事件真正影响了投资者的交易决策，在理论上，投资者购买的股票价格中仍然可能包含了此前虚假陈述的因素，因此交易因果关系成立。因此，在推定交易因果关系阶段，新司法解释将收购、重大资产重组等重大事件影响列出，作为排除交易因果关系的抗辩，在逻辑上并不自洽。更为合理的做法是在损失因果关系认定中，将收购、重大资产重组等重大事件作为影响价格的因素，认定这些因素的介入确实影响了市场价格，则可以减轻或免除被告的赔偿责任。市场实践中，在实施日至揭露日期间，上市公司有很多经营活动，包括上市公司收购、重大资产重组等行为，基于"多因一果"的原则，重大事件的影响可以作为被告减免赔偿责任的重要条款，但不是排除交易因果关系的条款。事实上，这种思路与新司法解释第31条关于损失因果关系抗辩中规定的"上市公司内外部经营环境等其他因素所导致的损失"的抗辩情形是具有内在逻辑关系的。

3. 投资者的违法行为与兜底情形

由于内幕交易、操纵市场等证券违法行为属于《证券法》明确规定的禁止性行为，如果投资者为了实施内幕交易、操纵市场等证券违法行为而交易与虚假陈述直接关联的证券，其行为的违法性会导致其无法受到法律保护，即便其因虚假陈述受损也要排除其索赔权利。为此，在2003年司法解释第19条规定的"恶意投资、操纵证券价格"的抗辩情形基础上，新司法解释将其进一步拓宽为原告的交易行为构成内幕交易、操纵证券市场等证券违法行为的情形，这种立法表达无疑更为全面科学。

此外，新司法解释还笼统规定了原告的交易行为与虚假陈述不具有交易因果关系的其他情形，这个条款属于兜底性条款，其具体外延需要在实践中总结并进一步形成共识。从既往的司法实践来看，有的法院会因为"诱空信息"不会导致"积极的投资决定"来否定交易因果关系的存在。[①] 例如在

---

① 参见周卫青等《解读新〈虚假陈述若干规定〉之七：因果关系与损失》，"天同诉讼圈"公众号，2022年1月28日18：00。

"京博控股案"①、"中基健康案"②、"勤上光电案"③ 中，法院均持该裁判思路。此外，有的法院基于投资者在揭露日后仍然存在"买进又卖出"的行为，认为其投资决策并非基于发行人的信息披露而进行的，进而否定交易因果关系的存在，如"哈工智能案"。④ 此外，还可能存在无论有无虚假陈述，投资者均会实施交易的情形等，均可以纳入兜底情形予以考量。

三 新司法解释关于损失因果关系的认定机制

损失因果关系的认定是在确定交易因果关系成立的前提下，解决被告需要对原告的投资损失承担责任的范围问题。损失因果关系的抗辩，与交易因果关系的抗辩一样，是法院开庭审理中被告针对原告是否因虚假陈述受损以及受损程度提出的抗辩，因此具有实体法上的意义。如果法院接受了被告的抗辩，被告可以相应减轻或者免除赔偿责任。

针对损失的因果关系，2003 年司法解释中只有市场系统风险的抗辩事由，但新司法解释第 31 条将此扩展到了原告的损失部分或者全部是由他人操纵市场、证券市场的风险、证券市场对特定事件的过度反应、上市公司内外部经营环境等其他因素所导致的情形。对此，以下几个问题尚需要进一步的讨论和厘清。

（一）新司法解释是否确立了损失因果关系的推定？

新司法解释第 31 条规定："人民法院应当查明虚假陈述与原告损失之间的因果关系，以及导致原告损失的其他原因等案件基本事实，确定赔偿责任范围。"

为此，相当多观点认为，新司法解释并没有直接规定损失因果关系的推定。对此，笔者以为，第 31 条尽管语义比较模糊，但还是应该理解为在交易因果关系成立的前提下，可以直接推定损失因果关系成立，但允许被告进行抗辩。如果被告能够举证证明原告的部分或全部损失并非因虚假陈

---

① 参见（2015）鲁商终字第 327 号民事判决书。
② 参见（2017）兵民终 29 号民事判决书。
③ 参见（2019）粤民终 1038 号民事判决书。
④ 参见（2018）苏民申 400 号民事裁定书、（2016）苏 01 民初 84 号民事判决书。

述造成的，则可以减免或免除赔偿责任。

首先，因果关系中的原因和结果是互相转化的。所谓因果关系，实质上是原因转化为结果的过程。针对侵权损害赔偿，学界大致形成了"归因+归责"两阶层的判断路径。归因判断，通常称为"事实因果关系"判断，归责判断则为"法律因果关系"判断。具体到虚假陈述损害赔偿中，"归因+归责"的两阶层论中，第一阶层关于交易因果关系的判断和第二阶层关于损失因果关系的判断，很大程度上是重叠的。事实上，推定交易因果关系的成立不仅仅是一种纯粹的客观事实判断，其中必然也包含本应在第二阶层即法律因果关系判断阶段的价值规范内容。[①]　具体而言，投资者因信赖虚假陈述而购买关联证券，在交易因果关系成立的前提下，如果投资者其实并没有因虚假陈述遭受损害，则投资者就无须提起诉讼。换言之，新司法解释第 11 条关于交易因果关系推定的条件中虽然并没有明确提及投资者损失问题，但实质上隐含了投资者必须因虚假陈述遭受了损失，否则无损失即无救济。之所以立法技术上将因果关系精细地区分为两个层面，还是为了更清晰地厘清侵权原因与损害后果之间的实质联系，尤其是要划清被告虚假陈述在投资者损害中的作用力。所以，两个阶层的判断结合起来，才能真正解决证券虚假陈述民事赔偿中"虚假陈述原因"和"损害结果"之间的"转化"关系。

其次，损失因果关系的认定是在推定交易因果关系成立的前提下，对投资者受害范围的确定。在这个阶段，人民法院需要查明的不是虚假陈述是否导致投资者损害，而是投资者的损害是否存在多因一果的情形，从而才能对被告的抗辩予以认定。事实上，一因多果和一果多因现象在现实生活中大量存在，与损害结果之间存在必然联系的原因并不都是唯一的。由于在虚假陈述实施日和揭露日之间可能有很长的时间间隔，在此期间，可能有太多的因素加入从而影响了证券价格，因此，法院需要厘清的是虚假陈述以及其他因素对证券价格损失造成的各自区分的影响作用。

最后，从司法实践看，不管交易因果关系的判断还是损失因果关系的判断，原告提供的证明材料其实是一致的。如前所述，表面上看，交易因

---

① 参见黎宏《刑法因果关系论考察》，《清华法学》2022 年第 3 期。

果关系的判断不要求投资者证明自己的损失，但如果投资者没有损失，就无法得到赔偿，也就不会来参加诉讼。因此，交易因果关系和损失因果关系某种意义上是人为分成两个步骤来更好地确定投资者损失的真实原因。客观而言，从推定原告交易因果关系成立的条件看，只要原告交易了与虚假陈述直接关联的证券，其实施交易本身就隐含了其会因虚假陈述遭受损失。所以，交易因果关系和损失因果关系是一脉相承的，客观上不可能在推定了交易因果关系之后，而不推定损失因果关系的存在。事实上，正是因为有了投资者损失的推定，才有被告的抗辩去减免赔偿责任。正如过错推定归责原则一样，因为推定了被告有过错，才允许其反证。允许被告反证抗辩，其实就意味着推定的存在。

（二）损失因果关系介入因素的排除

损失因果关系认定的目的在于，判断现实发生的损害结果是否可以认定为行为之贡献而归属于行为人，从而将偶然责任排除在行为人的担责范围之外。针对现实中常见的实施行为后由特殊情况的介入而导致结果发生的情形，[①] "结果是虚假陈述行为所引起的，还是后来的介入行为所导致的"成为虚假陈述损失认定中最核心的问题。由于虚假陈述实施日至揭露日之间的时间比较长，其间会有多种因素影响证券价格，买卖差价不一定就能准确反映投资者因虚假陈述遭受的损失，[②] 为此，新司法解释第 31 条将被告可以抗辩的情形扩展到了原告的损失部分或者全部是由他人操纵市场、证券市场的风险、证券市场对特定事件的过度反应、上市公司内外部经营环境等其他因素所导致的情形。这些抗辩情形的规定既涉及对信息事实的认知，也涉及政策层面的价值考量。

1. 市场风险因素

2003 年司法解释第 19 条第 4 项规定，"损失或者部分损失是由证券市场系统风险等其他因素所导致"，法院应当视为不存在因果关系。新司法解释第 31 条放弃了 2003 年司法解释中"证券市场系统风险"的表述而采用

---

① 参见黎宏《刑法因果关系论考察》，《清华法学》2022 年第 3 期。
② 参见樊健《我国证券市场虚假陈述交易上因果关系的新问题》，《中外法学》2016 年第 6 期。

"证券市场的风险"的提法表明，市场风险因素无须达到系统性风险的程度，即使是一般性的市场风险，如果确实造成投资者损失，该相应损失也应从推定损失中予以剔除。可以说，新司法解释明确了只要是虚假陈述以外的因素导致的损失都应该予以扣除的思路，无疑是对长期以来司法实践中仅仅将"证券市场系统风险"作为抗辩事由的纠正，进而为引导证券虚假陈述损失因果关系认定的精细化科学化提供了有力的制度支持。这里，值得讨论的是究竟如何界定市场风险因素。以广州市中级人民法院审理的风华高科证券虚假陈述案件为例。风华高科称其公司股价的下跌系由证券市场和行业板块异常下跌等因素所致，该因素属于 2003 年司法解释第 19 条第 4 项规定中的"其他因素"，但法院认为，2003 年司法解释第 19 条第 4 项并未明确"其他因素"的具体指向，同时无论是系统风险还是其他因素，均应达到系统风险程度。所谓系统风险是指，"因共同因素所引发，对证券市场所有的股票价格均产生影响，不能为个别企业或行业所控制，且投资人亦无法通过分散投资加以消除的风险。投资者因系统风险发生的该部分损失不应由虚假陈述行为人承担"。以上述法院对系统风险的界定为参照，笔者以为：①从影响规模来看，市场风险因素为不需要达到对证券市场所有的股票价格均产生影响的规模，而只要影响标的公司的股价即可；②从引发主体来看，市场风险因素可以是为个别企业或行业因素所控制的；③从影响股价程度来看，市场风险因素也无须对标的证券产生重大影响，只要造成损失就应该予以扣除。当然，市场风险因素造成的股价损失究竟多大，实践中可能还需要专家或专业机构的介入以便作专业性的评估。总体而言，证券市场的风险是个比较宽泛的概念，它是否已经涵盖了证券市场对特定事件的过度反应以及上市公司内外部经营环境等其他因素也是值得进一步讨论的。不过，就新司法解释第 31 条的文本表述来看，证券市场的风险作为抗辩事由与证券市场对特定事件的过度反应以及上市公司内外部经营环境等事由应该是并列关系，而不是包含的关系。

2. 证券市场对特定事件的过度反应

关于证券市场对特定事件的过度反应是新司法解释第 31 条新增的被告的抗辩情形。以诱多型虚假陈述为例。信息披露义务人编造虚假利好消息，或者隐瞒重大的利空消息，因此股价表现为虚高。当虚假陈述被揭露时，股票价格无疑要下跌，但下跌到什么程度实际上是无法预测的。即便没有其他因素影响，股票价格也不一定跌到没有发生虚假陈述的真实价格就停止了。所以，理论上，跌破真实价格的下跌幅度就是过度反应。在现实中，由于市场不理性以及其他各种因素叠加，过度反应是常见现象，因此司法实践中需要依靠专业机构对过度反应所体现的价格损失作专业化的评估测算。这里的问题是，按照新司法解释第27、28条之规定，在揭露日之后、基准日之前卖掉股票的原告，可以按买入股票的平均价格与卖出股票的平均价格之间的差额来计算损失，而在基准日之前没有卖掉股票的投资者，却只能按照基准价格来计算投资差额损失。[①] 这种对不同卖出时间的投资者损失赔偿的差别对待恰恰表明立法者没有考虑到市场对虚假陈述被揭露或更正之后的过度反应问题。为此，有学者指出，在诱多型虚假陈述中，基准价格其实不仅仅用来计算在基准日之后没有卖出股票的投资者损失，还应该计算在揭露日之后基准日之前卖出股票的投资者损失。这样做可以部分减少前述的市场过度反应。[②] 即对不同时间卖出股票的投资者的损失赔偿都应该考虑过度反应问题，故笔者赞同对不同时间卖出股票的投资者的损失赔偿采取一体化的无差别的计算方式。当然，任何计算方法都应允许被告抗辩，从中扣减其他因素的影响。

至于诱空型虚假陈述，与诱多型虚假陈述被揭露后的影响不同，诱空型虚假陈述被揭露后，其市场的反应经常是不足的。因此，在诱空型虚假陈述被揭露或更正时，市场的过度反应往往是股价不会上升到真实价格水平。因此，与诱多型虚假陈述一样，笔者也建议扩大基准价格的用途，对基准日之前或之后买入证券的投资者的损失计算采取同一性标准。

[①] 新司法解释第26条（基准日及基准价格）规定："投资差额损失计算的基准日，是指在虚假陈述揭露或者更正后，为将原告应获赔偿限定在虚假陈述所造成的损失范围内，确定损失计算的合理期间而规定的截止日期。在采用集中竞价的交易市场中，自揭露日或者更正日起，被虚假陈述影响的证券集中交易累计成交量达到可流通部分100%之日为基准日。自揭露日或者更正日起，集中交易累计换手率在10个交易日内达到可流通部分100%的，以第10个交易日为基准日；在30个交易日内未达到可流通部分100%的，以第30个交易日为基准日。虚假陈述揭露或者更正日起至基准日期间每个交易日收盘价的平均价格，为损失计算的基准价格。"

[②] 参见彭冰《证券虚假陈述民事赔偿中的因果关系——司法解释的新发展评析》，《法律适用》2022年第5期。

3. 上市公司内外部经营环境

新司法解释将"上市公司内外部经营环境"因素纳入损失因果关系的抗辩事由，因为这些因素确实可能影响股票价格或者发行人的偿付能力，如不扣减该因素产生的损失，显然对被告不公平。但是，究竟如何界定"上市公司内外部经营环境"也很难有清晰的答案。从司法实践来看，争议较多的是公司自身经营能力的变化是否属于"上市公司内外部经营环境"因素。在广东超华科技股份有限公司（以下简称"超华公司"）证券虚假陈述责任纠纷再审案件中，针对被告提出的"案涉虚假陈述行为实施日至被揭露期间超华公司发布的一系列业绩下滑、合作失败、收购终止、控股股东减持公告等证据，用以证明超华公司自身经营不良因素影响了股价下跌，黄嘉俊等人损失与案涉虚假陈述违法行为没有因果关系"，最高人民法院认为，影响证券投资者投资以及股价的因素非常复杂，超华公司、梁健锋提交的证据不能否定案涉虚假陈述违法行为与黄嘉俊等人损失之间的因果关系，亦未能证明其所主张的非系统风险因素对超华公司股价下跌产生的有效影响以及导致的具体损失数额等，该申请理由缺乏事实和法律依据，本院不予采纳。从上述最高人民法院的观点来看，其实并未否定"公司自身经营不良"可以作为抗辩事由，本案中被告未能举证自身经营不良因素对超华公司股价下跌产生的有效影响以及导致的具体损失数额才是法院未能接受其抗辩的根本缘由。对此，尽管有观点认为应将"上市公司内外部经营环境"理解为公司外部客观环境的原因，公司自身经营能力属于内部原因故不应作为抗辩事由，但笔者以为，新司法解释关于"上市公司内外部经营环境"从文义解释层面显然可以包含两方面，一方面是公司外部客观环境，另一方面是包括公司自身经营能力在内的内部环境。当然，抗辩取得成功的关键是被告要能够证明公司外部客观环境或公司内部自身经营能力等对证券价格造成了独立的影响，并且这个影响是可以用具体损失数额确认的。

四　结语

新司法解释在遵循《证券法》保护投资者合法权益的基本原则下，在 2003 年司法解释的基础上，积极吸收域外可行经验，从保持原被告双方利益平衡的角度对虚假陈述因果关系的认定思路作了立足我国国情的调整和规范，殊值肯定。尽管新司法解释确立的虚假陈述因果关系的认定机制仍然存在一些急需改进与完善的问题，但这些问题的解决不仅涉及法律技术层面的调适，其实还有赖于法院在司法实践中发挥更大的主观能动性。总之，证券市场虚假陈述民事赔偿因果关系的认定是一种综合性的动态运行机制，科学掌握其结构特点和功能机制并在审判实践中予以恰如其分的运用，无疑是提升我国证券市场民事责任制度效能的关键。

第六章 证券虚假陈述中审验机构连带责任的厘清与修正

在资本市场领域，为证券的发行、上市或其他证券交易活动出具审计报告、资产评估报告、法律意见书等文件的会计师事务所、律师事务所、资信评级机构等专业机构承担着核验证券信息，确保其委托人（指证券发行人或上市公司，以下统称"上市公司"）信息披露真实准确完整之重任，被誉为保护投资者利益的"市场看门人"。[①] 尽管这类组织在市场实践中习惯性地被称为"中介机构"，但从法律关系探察，只有从事经纪业务和承销业务的证券公司才是资本市场真正意义上的中介机构。其中，证券经纪商是投资者与投资者之间的中介，证券承销商则是发行人与投资者之间的中介。至于出具各种证明文件的律师事务所、会计师事务所等，其基本功能在于对资本市场活动中所需要的重要信息予以审验，而不是提供居间联系服务，故这类组织应定性为"审验机构"，而不是"中介机构"，由此亦与其"市场看门人"的核心意涵相贯通。[②]

[①] 《证券法》第160条将会计师事务所、律师事务所以及从事证券投资咨询、资产评估、资信评级、财务顾问、信息技术系统服务的专业机构统称为证券服务机构。证券市场实践中，通常将保荐人、承销商与证券服务机构统称为"证券中介机构"。鉴于我国《证券法》分别规定保荐人、承销商与证券服务机构在虚假陈述损害赔偿中的连带责任，故本章的"证券审验机构"特指《证券法》中的"证券服务机构"，不包括保荐人与承销商。此外，为表述简便，本章的"审验机构"指代审验机构及其执业人员。

[②] 参见陈甦、陈洁《证券市场诚信机制的运行逻辑与制度建构》，载《证券法苑》（第7卷），法律出版社，2012，第7页。

在证券虚假陈述场景中，因过错出具不实报告的审验机构应与其委托人共同向投资者承担连带责任，这是我国证券市场实现"看门人"功效的重要制度安排。但是，由于《证券法》有关审验机构承担连带责任的规定过于粗略，且与其他部门相关法律规范构成体系违反或立法冲突，以致给司法实践造成了巨大困扰。现已审结的关涉审验机构承担连带责任案件的五花八门的裁决结果，[①] 在将司法审判的纠结与困窘暴露于众的同时，也引发了业界对审验机构是否应该承担连带责任以及如何承担赔偿责任的热议与追问。归结起来，争议的焦点集中在三个方面：一是审验机构在证券虚假陈述损害赔偿中应该承担连带责任还是按份责任？二是是否应当基于过错以及原因力大小来确定审验机构承担连带责任或按份责任的范围？三是如何判断审验机构的过错程度以及原因力大小？这三个问题背后，涉及对证券虚假陈述共同侵权行为基本原理的解读、证券审验机构的职责界定与执业标准的明晰、证券虚假陈述损害赔偿分配逻辑的厘清以及对现行审验机构连带责任承担规则的评析与修正。本章立足审验机构作为"市场看门人"的功能定位与职责规范，尝试对审验机构介入虚假陈述从行为模式到责任规范作初步体系化的梳理，在此基础上对审验机构承担连带责任的基本法理与制度构成作系统的分析阐释，最后针对现有立法的体系性冲突，寻求解决冲突与完善规则的理性方案。

一　审验机构承担连带责任的基本规范体系

证券市场是信息的市场。证券市场法律规制的主线就是确保信息资源分配的均衡性与公平性。在市场信息从产生到抵达投资者的过程中，审验机构的介入表面上是为上市公司的信息披露提供专业支持，实质上是审验机构以自己的"声誉资本"为证券市场投资者保证发行交易的证券的品质，

---

① 例如，在中安科股份有限公司（股票简称"ST 中安"）虚假陈述案中，一审上海金融法院判决证券公司、会计师事务所与上市公司连带承担全部责任，但二审上海市高级人民法院改判，作为财务顾问的证券公司和提供审计服务的会计师事务所分别在上市公司赔偿义务的 25% 以及 15% 范围内承担连带责任。而在华泽钴镍材料股份有限公司虚假陈述案中，一审成都中级人民法院判决担任保荐人的证券公司和担任审计机构的会计师事务所在上市公司赔偿义务的 60% 和 40% 范围内承担连带责任，但二审四川省高级人民法院改判两家中介机构承担全部连带责任。参见四川省高级人民法院（2020）川民终 293 号民事判决书。

从而提高投资者对证券市场的信心并降低证券市场的运行风险。这种信息披露机制反映到民事责任结构中，就形成了证券市场的信息生产者责任和参与者责任这两套并行的责任体系。其中，信息生产者主要包括发行人、上市公司及特殊情形下的投资者；信息披露参与者主要包括保荐人、承销商及证券服务机构。这些参与者没有尽到各自的职责致使投资者因信息披露瑕疵受损时，就要与信息生产者承担连带责任。

关于证券审验机构的连带责任，我国现行立法已经构建了由《民法典》、《证券法》、《公司法》、《律师法》、《注册会计师法》以及若干司法解释组成的规制审验机构出具不实报告的民事责任制度体系，为我国法院受理、认定证券虚假陈述中审验机构的赔偿责任奠定了法律基础，对完善我国证券市场基础性法律制度起到了重要作用，但这些不同层次的立法，因各自调整的对象不同、适用的标准差异、逻辑建构不统一、术语表达不规范等造成难以调和的立法冲突，给市场实践和司法活动造成了相当的困扰。

（一）《证券法》关于审验机构承担连带责任的立法脉络

《证券法》根据审验机构在信息披露活动中的功能定位，统一以过错推定为审验机构侵权责任的归责原则，并在"证券服务机构"部分以及"法律责任"部分分别规定审验机构应该承担的责任。综观《证券法》的文本表述，除1998年《证券法》因首次立法对审验机构的连带责任规定不一、表述不清外，此后历次《证券法》的修改均未实质触及审验机构与委托人承担连带责任的规制范式。

1998年《证券法》第161条规定，审验机构对其所出具证明文件内容的真实准确完整承担核查和验证义务，并"就其负有责任的部分承担连带责任"。但与此同时，第202条又规定，审验机构"就其所应负责的内容弄虚作假……承担连带赔偿责任"。在同一部法律中，既规定"就其负有责任的部分承担连带责任"，又规定"承担连带赔偿责任"，显然属于立法的不周延。再参考其第63条对承销商的民事责任之规定，该条并未规定作为中介机构的承销商虚假陈述的应与发行人承担连带责任，而是规定承销商的负有责任的高级管理人员要与承销商承担连带责任。从上述三个条文可见，1998年《证券法》关于信息披露民事责任的立法相当粗糙，条文表述前后矛盾，用语随意，体现了证券市场建立初期立法者对信息披露民事责任制度逻辑的认识不够清晰，因此上述规定对当下审验机构承担连带责任的适用参考价值也就颇为有限。

2005 年《证券法》对 1998 年《证券法》有关审验机构连带责任的规定作了实质性的修改完善，并一直沿用至今。2005 年《证券法》第 173 条规定，审验机构出具不实文件致投资者损害的，除非能够证明自己没有过错的，就应当与发行人（上市公司）承担连带赔偿责任。该规定确立了审验机构侵权责任适用过错推定的归责原则，同时明确了审验机构出具不实文件应与发行人（上市公司）承担全部连带赔偿责任。基于长期以来我国资本市场实践中上市公司与审验机构间的"委托—代理"模式，现行《证券法》第 163 条将 2005 年《证券法》第 173 条中的"与发行人、上市公司承担连带赔偿责任"的文字表述调整为"与委托人承担连带赔偿责任"。

梳理《证券法》对审验机构连带责任的立法脉络可见，尽管我国资本市场历经 30 年发展，从市场规模到内在结构均已今非昔比，但《证券法》对审验机构与上市公司连带承担全部赔偿责任的思路并无改变。追究这种立法思路，主要源于我国资本市场投资者不成熟，市场诚信观念缺失，市场主体违法违规行为猖獗，让审验机构作为连带责任人与上市公司共同对受害投资者承担整体责任，既可以督促审验机构勤勉尽责履行其作为"市场看门人"的职责，同时亦便利受害投资者提起诉讼并获得充分受偿，最终有利于实现资本市场保护投资者利益的基本立法宗旨。

（二）《民法典》关于共同侵权承担连带责任之结构规范

我国《证券法》明确规定，信息披露需由信息披露义务人及中介机构协作实施共同完成，因此，证券市场虚假陈述是典型的数人共同侵权行为，信息披露义务人及中介机构共同承担虚假陈述的侵权责任并呈现连带责任的特点。[1]《民法典》在"总则编"的第 177 条和第 178 条针对数人侵权的不同情形分别确立了连带责任与按份责任的基本责任分担规则；在"侵权

---

① 参见陈洁《科创板注册制的实施机制与风险防范》，《法学》2019 年第 1 期，第 67 页。

责任编"的第1168条以及第1169条分别规定了共同实施侵权行为人的连带责任以及教唆者、帮助者的连带责任；第1171条和第1172条则规定了分别实施充足原因侵权行为的连带责任以及分别实施非充足原因侵权行为的按份责任。归结而言，《民法典》明确了只有共同实施侵权行为以及分别实施充足原因侵权行为才承担连带责任的适用规范，至于分别实施非充足原因的数人侵权行为，不属于连带责任适用范畴，应适用按份责任。鉴于《证券法》与《民法典》之间特别法与一般法的关系，对《证券法》中关于审验机构连带责任规定不明确的，可以适用《民法典》的相关规定。

（三）《公司法》《注册会计师法》《律师法》关于审验机构赔偿责任之概略规定

与《证券法》相较，《公司法》《注册会计师法》《律师法》仅规定审验机构因违法执业或出具不实文件应该承担的赔偿责任，并无连带责任之规定。例如，《公司法》第207条第3款规定，审验机构出具证明文件不实给利害关系人造成损失的，"除能够证明自己没有过错的外，在其评估或者证明不实的金额范围内承担赔偿责任"。《注册会计师法》第42条也规定，会计师事务所违反法律规定给利害关系人造成损失的，应当承担赔偿责任。《律师法》第54条则规定，律师执业过错给当事人造成损害的，先由其所在的律师事务所承担赔偿责任，律师事务所赔偿后，"可以向有故意或者重大过失行为的律师追偿"。根据上述规定，审验机构在出具不实文件的情形下，应当承担赔偿责任，但审验机构及其执业人员的主观过错、具体受害对象的确定、赔偿责任的性质、赔偿责任的范围等无论从法理到法条尚需进一步的厘清与规范。

（四）司法解释关于审验机构承担连带责任之细化规定

最高人民法院司法解释中具体规范审验机构连带责任的法律文件主要有两个。

1.《虚假陈述若干规定》

最高人民法院2003年发布、施行的《关于审理证券市场因虚假陈述引发民事赔偿案件的若干规定》（法释〔2003〕2号，下称《虚假陈述若干规定》)对审验机构的侵权责任是以其主观过错为标准,分两种情形分别加以规定的。第一种是针对审验机构与委托人共同侵权的情形。《虚假陈述若干规定》第 27 条规定,审验机构"知道或者应当知道"上市公司虚假陈述,而不予纠正或者不出具保留意见的,构成共同侵权,对投资人的损失承担连带责任。第二种则是针对审验机构过失状态下的侵权责任。《虚假陈述若干规定》第 24 条规定,审验机构及其直接责任人违反《证券法》的相关规定虚假陈述,给投资人造成损失的,"就其负有责任的部分承担赔偿责任"。可见,《虚假陈述若干规定》确定了故意与过失"两分法"的思路,审验机构在"知道或者应当知道"状态下出具不实文件要对投资者承担全部连带责任,过失状态下则仅承担补充赔偿责任。倘若审验机构可以证明自己没有过错,则不承担责任。

2.《审计侵权若干规定》

最高人民法院 2017 年发布、施行的《关于审理涉及会计师事务所在审计业务活动中民事侵权赔偿案件的若干规定(法释〔2007〕12 号,下称《审计侵权若干规定》)延续了《虚假陈述若干规定》的思路,其第 5 条及第 6 条分别对会计师事务所故意和过失情形出具不实文件规定了不同的责任方式。其中第 5 条明确了会计师事务所主观故意出具不实报告的具体表现形式,并规定该主观过错状态下会计师事务所与被审计单位承担连带赔偿责任;第 6 条则明确了会计师事务所过失出具不实报告的具体表现形式,并规定会计师事务所过失状态下出具不实报告致人损害的,"人民法院应当根据其过失大小确定其赔偿责任"。可见,《审计侵权若干规定》在秉持故意与过失"两分法"的思路下,明确了会计师事务所过失情形下的致人损害,由其过失程度决定其承担补充赔偿责任的范围。

(五)最高人民法院相关司法政策文件的指导思路

2020 年最高人民法院发布的《全国法院审理债券纠纷案件座谈会纪要》(法〔2020〕185 号,下称《债券纪要》)针对司法审判实践之困境,对审验机构的过错认定及责任承担作了较为细致科学的规范。《债券纪要》在强调对于债券欺诈发行、虚假陈述案件的审理,"应当按照证券法及相关司法解释的规定"的前提下,提出了通过考察审验机构是否勤勉尽责,从而对其主观过错情况加以区分，进而分别确定其承担责任的性质及范围的指导性意见。① 具体包括三个层面。其一，明确了审验机构承担责任的原则。即要将责任承担与审验机构的注意义务、注意能力及过错程度相结合。其二，明确了如何判定过错的标准。即按照法律法规、行业自律性规范等要求履行勤勉尽责义务，"对各自专业相关的业务事项履行特别注意义务，对其他业务事项履行普通注意义务"。其三，明确了承担责任的形式与范围。即区分故意、过失等不同情况，分别确定其应当承担的法律责任。

总结上述立法规范、司法解释及指导性意见，对审验机构出具不实报告侵权责任的承担大体包括三种意见。一是《证券法》规定的不区分过错状态的全部连带责任；二是《民法典》、司法解释及司法政策文件主张的区分审验机构故意、过失等不同情况，分别确定其应当承担的法律责任，故意情形下承担连带责任，过失情形下就其负有责任的部分承担赔偿责任；三是《公司法》《注册会计师法》《律师法》等提出的审验机构过错情形下应当承担赔偿责任。针对上述规定的立法冲突，最高人民法院曾指出，《证券法》和《公司法》中分别就审验机构的某一相同事项规定了不同的法律责任类型，应当认定为法律漏洞，"需要借助于通行法理和司法解释进行漏洞补充"。② 笔者以为，在现有法律规范体系下，要科学妥善处理《证券法》与《民法典》、《公司法》、《注册会计师法》、《律师法》以及相关司法解释的适用关系，不仅要综合考虑新的规定优于旧的规定、特别规定优于一般规定等基础性的法律冲突适用规则，更重要的是要厘清审验机构介入虚假陈述的不同侵权行为类型，进而寻求与其过错、原因力相适应的责任分担。

二　作为连带责任基础的虚假陈述共同侵权行为的类型化区分

在民法法理上，"共同侵权以数人导致同一损害之发生为事实基础，以连带责任为效果特征"。③ 共同侵权行为的不同形态及呈现其中的过错要素与原因力，决定了承担责任的性质与范围的差异。因而，对证券审验机构

---

① 参见《全国法院审理债券纠纷案件座谈会纪要》（法〔2020〕185号）第31条。

② 最高人民法院民事审判第二庭编著《最高人民法院关于会计师事务所审计侵权赔偿责任司法解释理解与适用》，人民法院出版社，2007，第168页。

③ 叶金强：《解释论视野下的共同侵权》，《交大法学》2014年第1期，第140页。

介入虚假陈述侵权形态予以类型化区分是科学界定审验机构连带责任的基本前提。

(一) 证券审验机构介入虚假陈述行为的基本样态

伴随着民法上的共同侵权行为理论从"主观说"向"关联共同说"的逐步发展，主观关联共同侵权行为和客观关联共同侵权行为作为共同侵权行为的基本分类逐渐得以确立。主观关联共同侵权行为强调了各行为人之间具有共同的意思联络或相互间对行为的共同目的有所认识，且各行为人的共同行为造成同一损害。① 反之，客观关联共同侵权行为强调了各行为人之间无共同通谋和共同认识，但在客观上共同造成被害人的损害。结合我国《民法典》"侵权责任编"之规定，主观关联共同侵权行为相当于有意思联络的共同侵权行为，具体包括共同实施侵权行为以及教唆、帮助行为；客观关联共同侵权行为则是无意思联络的共同侵权行为，具体指分别实施充足原因侵权行为与分别实施非充足原因侵权行为。依据《民法典》之规定，分别实施非充足原因的侵权行为人承担的是按份责任，而非连带责任。

1. 审验机构与委托人的主观关联共同侵权行为

其一，与委托人共同实施侵权行为。

民法传统上认为，共同实施侵权行为是指数个行为人之间有意思联络的侵权行为，但如何界定"共同实施"的外延，学界争论不休。相当多意见认为，"共同实施"包括共同故意、共同过失以及故意和过失的结合。② 不过，正如程啸教授所言，如果将共同过失纳入共同实施的侵权行为之范畴，就可能抹杀共同加害行为与共同危险行为的区别。③ 事实上，客观实践中人们很难想象共同过失的数个侵权行为人之间还存在意思联络。

在资本市场活动中，尽管审验机构的制度预设目标是以保护投资者利益为价值皈依，助力投资者核验上市公司信息，然而，实践中有些审验机

---

① 参见王竹《论客观关联共同侵权行为理论在中国侵权法上的确立》，载《南京大学法律评论》（2010 年春季卷总第 33 期），法律出版社，2010，第 79 页。

② 参见缪因知《证券虚假陈述赔偿中审计人责任构成要件与责任限缩》，《财经法学》2021 年第 2 期，第 99 页。

③ 参见程啸《论〈侵权责任法〉第八条中"共同实施"的涵义》，《清华法学》2010 年第 2 期，第 45~55 页。

构为了谋求更大的利益，背离其"看门人"的角色本位，与委托人同流合污共同欺骗投资者。具体的表现形式，如审验机构与委托人存在共谋，故意出具虚假验证报告或者协助委托人制作虚假、误导性信息，又或者明知委托人提供的信息存在虚假或遗漏仍然故意隐瞒，等等。在共同实施侵权行为类型下，审验机构的主观状态应该是故意，从而与委托人构成共同故意。其典型特征是审验机构显著或实质性地参与了重大瑕疵信息文件的制作以供委托人披露，审验机构是信息披露瑕疵的共同制造者，所以审验机构应当认定为与委托人共同实施侵权行为，对投资者的损失承担全部连带责任。

其二，帮助、教唆委托人实施虚假陈述行为。

通常而言，帮助行为是指通过提供方法或工具等措施使他人便于实施侵权行为，教唆行为则是指通过语言诱导、刺激、说服等方式使他人意图从事侵权行为。这两种行为多是以积极作为的方式作出的，但是，如果某个行为人负有法定或约定的作为义务实际上却不作为，那该不作为状态也可能构成实质意义上的帮助。

在资本市场信息披露活动中，审验机构对委托人进行指导、说服，或通过刺激等方法使其从事虚假陈述，就是教唆行为。至于审验机构在制作文件过程中知道委托人所提供的信息文件存在重大虚假陈述，其本来有义务去纠正这些实质性虚假信息，但审验机构未予以纠正仍然签字担保，或者审验机构直接或间接地指点委托人提供虚假材料等，审验机构就是实施了帮助行为，要与委托人承担全部连带责任。实践中，审验机构、委托人共同实施侵权行为与审验机构帮助、教唆型共同侵权行为并非泾渭分明。例如，审验机构故意伪造验证结果、出具虚假证明的行为，既可能是共同实施侵权行为，也可以说是帮助行为的特殊类型。但共同实施侵权行为的主观状态必须是故意；至于帮助、教唆侵权行为，教唆行为中审验机构的主观状态也应是故意，但在帮助行为中，审验机构除了故意，也可能是严重违反执业规范的重大过失。这里的重大过失，具体指审验机构严重违反法律法规规定的执业规范和自律管理规则中关于勤勉尽责要求的行为。此外，教唆行为的一个突出特点是审验机构本身不亲自实施侵权行为，而是通过言语的诱导作用等使委托人产生侵权意图进而实施侵权行为，帮助行为则是通过具体行为对委托人实施侵权行为起推动促进作用。值得说明的是，在民法侵权责任的构成要件中，如果委托人实施的虚假陈述行为与审验机构的教唆、帮助行为不具有任何联系，那么，委托人的虚假陈述行为所造成的投资者损害不应要求审验机构承担连带责任。这一点与刑法中的定罪原则是存在明显区别的。[①]

2. 审验机构与委托人的客观关联共同侵权行为

客观关连共同侵权行为是数个行为人没有通谋或共同认识的前提下分别实施的侵权行为。在证券信息披露活动中，审验机构与委托人之间不存在任何的共同的行为安排，各自独立作出虚假陈述行为，但各自分别实施的虚假陈述行为直接或间接结合造成投资者受损的同一损害后果，就是客观关联共同侵权行为。在这种侵权行为类型中，审验机构与委托人之间既没有共同故意也没有共同过失，通常而言，审验机构的主观状态应该是一般过失，而非重大过失。所谓一般过失，是指行为人缺乏中等水平智识经验的人正常处理事务所应有的注意程度而造成损害，它是一种中等程度的过失。[②] 除审验机构未能极其谨慎而细致地履行职责造成的轻微过失情形外，审验机构普通违反法律法规规定的执业规范和自律管理规则中关于勤勉尽责要求的行为皆属于一般过失行为。根据《民法典》"侵权责任编"第1171、1172条之规定，只有分别实施充足原因的侵权行为，数个行为人才要承担连带责任，如果分别实施的是非充足原因侵权行为，则行为人仅承担按份责任。这里关键的问题是，如何理解"充足原因"？通说认为，"充足原因"是指足以造成全部损害程度的原因。值得说明的是，"足以造成"并不是指每个侵权行为都实际造成了全部损害，而是指即便没有其他侵权行为的共同作用，独立的单个侵权行为也有可能造成全部损害。[③] 因此，"足以造成全部损害"系指从因果关系角度来观察，各行为与全部损害之间

① 刑法中，即便被教唆人没有按照教唆人的意图来实施犯罪行为，教唆人仍然可能构成教唆未遂的犯罪。

② 参见杨立新、梁清《客观与主观的变奏：原因力与过错——原因力主观化与过错客观化的演变及采纳综合比较说的必然性》，《河南省政法管理干部学院学报》2009年第2期，第8页。

③ 参见全国人大常委会法制工作委员会民法室编《〈中华人民共和国侵权责任法〉条文说明、立法理由及相关规定》，北京大学出版社，2010，第44页。

均可能存在因果关系，最终数个行为共同导致了全部损害的发生，但各个分别侵权行为作用于"同一损害"的具体份额必须是不明确的，正因为份额不明也才成为连带责任正当化基础之所在。如果份额清晰，就应该是按份责任了。

（二）《证券法》规制的是客观关联共同侵权行为

上述审验机构介入虚假陈述共同侵权行为的基本样态在资本市场实践中都是客观存在的，但审验机构与委托人共同故意实施侵权行为以及审验机构教唆、帮助等行为显然不是《证券法》所要规制的审验机构介入虚假陈述侵权行为的典型形态。基于证券市场信息披露制度的设计理念与制度安排，《证券法》真正要规制的是审验机构的过失与上市公司的故意造假结合导致投资者受损的客观关联共同侵权行为，其本意在于规范审验机构勤勉尽责以实现"看门人"的制度功能，当然更遑论审验机构与委托人串通欺诈投资者的情形。

1. "看门人"制度内核就在于审验机构的声誉约束

作为"看门人"机制理论基础的"认证中介理论"认为，[1] 信息不对称是资本市场永恒的问题，审验机构因其具备的专业性、公正性、客观性和独立性，成为鉴别资本市场信息真实与否进而消除信息不对称的重要外部力量。实践中，上市公司通过聘请审验机构向广大投资者表明其披露信息的真实准确完整。审验机构的声誉越高，其核查验证的信息越能得到市场的认可。基于这种声誉机制的约束，审验机构原则上会严格履行职责，[2] 并期望通过不断累积的良好声誉资本从而获得更多委托人和更广泛投资者的信赖。这种依靠审验机构的声誉来保证信息披露质量的逻辑体现在证券市场主体制度建构中，就是《证券法》强制信息披露义务人在信息披露活动中聘用审验机构，审验机构按照法律法规规定的执业规范或自律准则从事相关审验业务并对审验的结果承担法律责任。这种"看门人"制度设计，

---

[1] Bernard S. Black, "The Legal and Institutional Preconditions for Strong Securities Markets," *UCLA Law Review*, 2001, Vol. 48, pp. 781-855.

[2] 参见刘志云、史欣媛《论证券市场中介机构"看门人"角色的理性归位》，《现代法学》2017 年第 4 期，第 95 页。

本质上是基于证券市场自身的运行特点与保护投资者利益的根本需求。证券市场的海量信息以及广大投资者的非专业性，决定了投资者需要借助审验机构提供的专业帮助以识别信息披露义务人的诚信状况以及相关证券的投资价值，从而增强投资者对资本市场的信心并演化为在资本市场的投资行为。因此，审验机构作为市场"看门人"成为资本市场诚信运行机制的重要构成，这不仅是市场选择的结果，也是制度选择的结果。[1]

2. 审验机构在资本市场承担的是专家责任

专家责任是指具有专门智识技能的专业人士因其过失导致提供服务缺陷致人损害而应承担的民事赔偿责任。审验机构及其从业人员是具备专业能力并获得相应资格认证的专业组织。审验机构在证券市场是依靠其专业能力从事证券信息的审验义务，因此其在证券市场扮演着信息审验专家的角色，发挥着为投资者专业把关的功能。尽管审验机构违反注意义务的主观状态包括故意或过失等多种情形，但是，专家责任的核心内涵是专家因疏忽或过失违反基于其专业技能而产生的高度注意义务所产生的责任，专家故意致人损害应承担的民事责任，与专家职业的高度注意义务并无关联，故不需要依照专家责任的判断基准对专家和受害人的利益进行衡量。[2] 因此，专家故意情形下的侵权责任，本质上不属于专家责任，依照一般的违约或侵权责任的法理即可追究其相应责任。[3] 在资本市场上，在审验机构介入信息披露活动所形成的民事法律关系中，审验机构的民事责任有两种：一是基于与委托人之间的合同关系所承担的民事责任，如因审验机构违约所应承担的违约责任；二是基于审验行为而向投资者承担的民事责任，如因委托人信息公开不实所承担的保证责任。审验机构作为资本市场的专家定位，《证券法》关注的法律关系的基础是专家和投资者之间的关系，这种关系是专家与投资者之间因为专家的高度的专业声誉而存在的特殊信赖关系。审验机构有失当行为损害了投资者的信赖利益而要承担的赔偿责任，

① 参见陈甦、陈洁《证券市场诚信机制的运行逻辑与制度建构》，载《证券法苑》（第7卷），法律出版社，2012，第9页。
② 参见邹海林《专家责任的构造机理与适用》，载中国法学网，http://iolaw.cssn.cn/zxzp/200610/t20061015-4598874.shtml。
③ 参见陈洁《评级机构侵权责任之构造——以公众投资者因评级错误导致投资受损为视角》，《法律适用》2012年第3期，第25页。

本质上就是审验机构的保证责任。这种责任是实现"看门人"制度功能的重要机制，也是《证券法》规制市场主体行为的制度措施。

综上，审验机构在资本市场上承担的专家责任仅以其过失状态为限。尽管现实中存在审验机构与委托人共谋等情况，但它不属于典型意义上的审验机构的专家责任。审验机构存在共谋、教唆、帮助等行为，其因主观上的故意更需要讨论的是刑法意义上的责任。事实上，有研究表明，我国资本市场证券发行虚假陈述案件中审验机构受到处罚的原因，几乎都是审验机构未能勤勉尽责，即"过失"而非"故意"问题。① 从制度建构意义上，督促审验机构勤勉尽责才是《证券法》规制的核心要义，而这种规制本身就是以审验机构与委托人的独立性为前提的。正如美国经典判例"U.S. v. ArthurYoung & Co. et al. 案"中，联邦最高法院首席大法官 Willian Burger 所指出的，"会计师作为社会公众的'看门人'，应对投资者的信赖负有绝对的义务。其在任何时候都要保持与发行人之间的完全独立"。② 因此，作为"看门人"的审验机构在制度设计上就是要保持与作为委托人的发行人或上市公司之间的独立性，以避免利益冲突，更遑论其与委托人的共谋之类。

3. 《证券法》规制的客观关联共同侵权行为具有自身的特殊性

基于审验机构的"看门人"角色定位，证券虚假陈述客观关联共同侵权行为呈现如下特点。①审验机构与委托人之间没有共同的意思联络，审验机构与委托人有彼此独立的主观状态，是分别实施侵权行为的。②审验机构的主观过错是过失。这种过失是一般过失，是指审验机构凭借其专业智识技能应当预见到其行为会造成投资者的损害，但审验机构没有预见到或轻信其可以避免的过失。③审验机构的过失与委托人的故意结合而造成投资者的损害。在证券信息披露活动中，审验机构是为委托人要公开披露的信息提供审验保证，当投资者受到上市公司信息披露行为的损害时，审验机构要为此承担保证责任。④这种损害的原因力需要根据不同主体的过错大小及职责范围具体加以区分。对于原因力，根据单个原因是否可能导

---

① 参见湘财证券课题组、周卫青《IPO 注册制下发行人与中介机构虚假陈述民事责任研究》，《证券市场导报》2021 年第 4 期，第 48 页。

② John C. Coffee Jr., *Gatekeepers: The Professions and Corporate Governance*, Oxford: Oxford University Press, 2006, pp. 90–142.

致损害的发生，分为"非充足原因"和"充足原因"。我国《民法典》"侵权责任编"第1171条规定了"分别实施充足原因的连带责任"，第1172条规定了"分别实施非充足原因的按份责任"。① 分别实施充足原因的侵权行为人之所以要承担连带责任，是因为各行为与损害之间确定地存在因果关系，只是各行为的因果关系贡献度不明，但每一个行为均足以导致全部损害的发生。② 至于分别实施非充足原因的侵权行为，如何理解"非充足原因"，学界观点不一。有的学者认为，"非充足原因"是指"各个原因都不足以造成损害或者不足以造成全部损害，必须各个原因结合才造成全部损害"，也有教授认为，"非充足原因""也可包括各行为均足以造成全部损害的情形"。在审验机构与委托人的客观关联共同侵权行为中，委托人的虚假陈述足以导致全部损害的发生，但审验机构的审验行为却未必足以导致全部损害的发生。例如，律师事务所对某些事项的合规性审验就难以导致全部损害的发生。因此，审验机构与委托人的客观关联共同侵权行为能否适用第1172条值得进一步讨论。

三 《证券法》下审验机构连带责任的界定及其适当性评析

传统民法的共同侵权行为理论向"关联共同说"的逐步发展，反映在责任的区隔上，共同侵权行为与客观关联共同侵权行为分别承担连带责任与不真正连带责任。史尚宽先生指出，"有无目的之共同，为连带债务与不真正连带债务根本区别之所在"。③ 与连带责任相较，不真正连带责任是指多数行为人违反法定义务，或者不同的行为人基于不同的行为造成同一内容的损害，各行为人对受害人负全部赔偿责任，并因行为人之一的履行而使全体责任人的责任归于消灭的侵权责任形态。④ 如前所述，《证券法》规制的是审验机构与委托人之间的客观关联共同侵权行为，由此审验机构承担的连带责任性质上属于不真正连带责任。

---

① 王竹：《〈侵权责任法〉侵权责任分担立法体例与规则评析》，《法学杂志》2010年第3期，第17~20页。
② 参见叶金强《解释论视野下的共同侵权》，《交大法学》2014年第1期，第138页。
③ 史尚宽：《债法总论》，中国政法大学出版社，2000，第673页。
④ 参见杨立新《侵权法论》（第三版），人民法院出版社，2005，第638页。

（一）审验机构承担的不真正连带责任的特性

依据《证券法》第 163 条之规定，审验机构出具的证明文件存在瑕疵造成投资者损害的，应当与委托人承担连带责任。由于审验机构与委托人之间的连带责任是根据法律的规定直接设定的，因而可以称为法定型不真正连带责任。这种法定型不真正连带责任具有如下特点。

1. 责任构成的法定性

尽管证券市场实践中，审验机构是因受聘于委托人而参与到信息披露工作中的，但审验机构与委托人之间的委托协议只是引发审验机构对委托人委托事项的承担，并不直接引发审验机构对投资者的保证责任。审验机构承担保证责任的制度依据，还在于《证券法》第 163 条规定的审验机构应当勤勉尽责，应就其出具的证明文件的真实准确完整向投资者作出保证，该规定将审验机构与投资者之间的责任关系直接化。[1] 因此，审验机构所承担的不真正连带责任，并非基于审验机构与投资者之间的约定，而是《证券法》直接施加于审验机构的责任，因而具有责任构成的法定性。这种连带保证责任与《担保法》上规定的保证人与债权人之间基于意思自治所作的协议性的连带保证表面上相类似，但具有本质的不同。[2] 本质的不同就在于审验机构就委托人信息质量向投资者作出的保证是法定的，是不允许放弃或变更的。

2. 责任主体范围的限定性

适用不真正连带责任的主体之间往往具有一定的合作关系，并且是某一特殊损害风险的共同制造者或预防者，由此，法律上对各个侵权行为人施加不真正连带责任的目的就是要分担市场风险并更好地保护受害人。从证券市场信息披露制度的结构设计来看，审验机构与其委托人之间就是信息披露的合作关系，同时又是虚假陈述风险的预防者或制造者。但是，值得注意的是，审验机构并非信息披露义务人。根据《证券法》的规定，发行人或上市公司才是证券法上的信息披露义务主体，负有以自己的名义披

---

[1] 参见陈甦《信息公开担保的法律性质》，《法学研究》1998 年第 1 期，第 5 页。
[2] 参见陈洁《论保荐机构的担保责任》，《环球法律评论》2010 年第 6 期，第 57 页。

露相关证券信息之义务。因此，审验机构本身对出具文件的内容并无公开披露的义务，甚至反而负有依据委托协议为委托人保守秘密的义务。但是，为了强化审验机构的"看门人"义务，防止其与委托人之间串通起来欺骗投资者，《证券法》第163条直接规定审验机构与委托人承担连带责任，从而使审验机构成为证券市场信息披露的直接责任主体。这种由法律直接规定的不真正连带责任主体的范围无疑也是具有法定性和限定性的。

3. 最终责任人的法定性

最终责任人是指对不真正连带责任的发生应最终负责的人。根据《证券法》的规定，发行人或上市公司作为相关信息的最初拥有者，是信息披露义务人，有义务以自己的名义公开与其自身相关的证券发行或交易的信息，并对此承担责任。除了信息披露义务人，其他任何人无权公开应公开的信息。从这个意义上说，发行人或上市公司对其发布信息的质量负有直接责任，因而就是信息披露的最终责任人。至于审验机构，只是发行人信息披露的辅助验证者。因此，尽管法律规定不真正连带责任的各个责任人对于受害人的损害均负全部承担的义务，且受害人对于各个责任人都享有请求权，但在审验机构承担保证责任的连带责任关系中，审验机构只对与自己过错有因果关系的投资者的损失承担责任，不真正连带责任的最终责任应由实际造成信息披露虚假的发行人或上市公司承担。因此，即便审验机构对于受害投资者的请求权有义务承担全部的赔偿责任，但这种责任只是中间责任，不是最终责任。[1] 不论法律或者司法解释是否明确规定了追偿权，审验机构在承担了损害赔偿责任之后应有权向最终责任人即发行人或上市公司行使全额的追偿权。

4. 责任追偿的单向性

连带责任由于责任主体的多元性在责任结构上涉及对外和对内效力两个方面。对外效力是指对某一责任人发生的事项其效力是否及于其他行为人；对内效力则是指承担了全部侵权责任的人能否以及如何向最终责任人实施追偿。[2] 不真正连带责任作为连带责任的一种方式，其与真正连带责任

---

① 参见杨立新《论不真正连带责任类型体系及规则》，《当代法学》2012年第3期，第5页。
② 参见杨立新《论侵权责任的补充责任》，《法律适用》2003年第6期，第16页。

在对外效力上并无二致，即各个责任人对外都要承担全部的损害责任，任一责任人承担了全部责任之后，其他责任人的责任即归于消灭。但在内部关系的分担上，不真正连带责任与真正连带责任产生了分野。在因共同侵权行为导致的真正连带责任中，各侵权行为人之间存在内部求偿权，任一个或部分侵权行为人承担全部责任后，有权就不属于其自身承担范围内的责任要求其他未承担责任的共同侵权行为人给予赔偿。但在审验机构与委托人承担的不真正连带责任中，由于委托人是最终责任人，其向投资者承担赔偿责任后，不能以审验机构有过错为由再向审验机构追偿，而审验机构的过错如果是因委托人故意隐瞒或欺骗造成的，审验机构可以向委托人进行追偿。可见，这种追偿是单向性的。

（二）审验机构承担不真正连带责任的适当性分析

1. 审验机构承担不真正连带责任的制度理性

《证券法》对于审验机构承担不真正连带责任的制度设计，秉持了不真正连带责任注重受害人保护、着眼于为受害人提供最便捷救济的实用主义倾向，同时也兼顾了证券市场诚信机制建构的特殊性，呈现了制度理性之面向。

其一，有助于提升投资者对证券市场信息安全合理期待之信赖。

在侵权法理论上，不真正连带责任的适用就是针对同一危险而设计的安全预防机制，这种安全预防机制需要不同责任主体之间的相互配合、互相制约。基于证券市场不确定性和风险性较高之特性，《证券法》通过在上市公司的无过错责任与审验机构的过错推定责任中适用不真正连带责任，一方面确保"看门人"机制功效的实现，另一方面合理分配受偿不能之风险，以切实保护受害投资者。此外，由于审验机构是通过与委托人的合同关系才与证券市场上的投资者建立起法律上的联系，审验机构与投资者之间在法律关系的形成上具有间接性，但在义务承担上具有单向性，即只有审验机构负有向投资者保证披露文件真实完整的义务。这样，不真正连带责任的适用使投资者信赖形成与审验机构责任承担具有了直接性，审验机构应当为投资者的信赖直接向投资者承担责任。这样的制度设计无疑是增强投资者市场信心的重要保障，而投资者对证券市场的信心越高，证券市场就越能吸引投资者,① 由此形成证券市场的诚信机制、证券市场的发展和投资者的信心相辅相成、循环促进的良性发展。

其二,确保投资者受偿权的便捷实现。不真正连带责任的程序利益对于权利人的便捷受偿具有重要意义。证券虚假陈述不真正连带责任下,受损害的投资者只需要证明其受损是由虚假陈述造成的,而无须去查找乃至证明虚假信息的制造者。这与真正连带责任制度下至少需要证明数个侵权行为人共同造成损害的证明负担相比,程序负担更轻。② 事实上,在证券虚假陈述案件中,受害投资者无须证明谁是最终责任人,就可以根据《证券法》提起赔偿诉讼并追究不真正连带责任,从而确保投资者受偿权的便捷实现。

其三,保护非最终责任人的利益考量。从上述不真正连带责任内部追偿的单向性可以看出,确定终局责任人是实现不真正连带责任内部追偿权的核心。在因证券虚假陈述承担不真正连带责任中,《证券法》明确规定了发行人或上市公司作为信息披露义务人是最终责任人,因此,审验机构在向投资者承担赔偿责任后可以在其责任承担范围内向发行人或上市公司追偿,但发行人或上市公司却不能向仅仅作为中间责任人的审验机构追偿。这种制度设计无疑有利于维护非最终责任人的利益。此外,鉴于不真正连带责任中的中间责任人往往是机构责任人,一定程度上其也可以借助商业保险制度尽可能实现其承担的损害赔偿的社会化。

2. 审验机构承担不真正连带责任的制度非理性

现代侵权法上,客观关联共同侵权行为理论的发展,在使连带责任的适用范围不断扩张的同时,其正当性基础也相伴发生变化并导致其自身正当性的逐步降低。③ 证券虚假陈述中审验机构连带责任的承担即是例证。

其一,与"过则相当"的法治原则相背离。

正如国外学者指出,"不真正连带责任制度饱受抨击之处主要在于轻微

---

① 参见陈甦、陈洁《证券市场诚信机制的运行逻辑与制度建构》,载《证券法苑》(第7卷),法律出版社,2012,第8页。

② 参见王竹《论法定型不真正连带责任及其在严格责任领域的扩展适用》,载《人大法律评论》(2009年卷·总第7辑),法律出版社,2009,第58页。

③ 参见王竹《论法定型不真正连带责任及其在严格责任领域的扩展适用》,载《人大法律评论》(2009年卷·总第7辑),法律出版社,2009,第75页。

过错的连带责任人要为那些他根本无法控制的最终责任人承担与其过错不成比例的巨大的全部赔偿责任，这显然是不公平的"①。在证券市场信息披露活动中，审验机构本身并非风险来源，它是作为控制由其他行为人引起的风险的一种制度安排。审验机构承担的"看门人"角色，决定了其承担的责任具有附属性，即审验机构的保证责任必须以委托人的虚假陈述责任的成立为前提。但《证券法》漠视了审验机构责任附属性的特点，在审验机构不能证明自己没有过错的情形下，不管审验机构的过失如何轻微，都要与委托人对外承担全部的连带赔偿责任。这种责任配置对审验机构过于苛刻，与侵权法"过则相当"的法治原则相违背。另外，《证券法》既然规制的重点是客观关联共同侵权行为，其第 163 条在条文表达上就应该按照"不真正连带责任"的结构模式进行规范表达。笼统以抽象的提供投资者保护的需要以及应对证券市场特有的风险为理由，并不能为《证券法》第 163条连带责任的制度安排提供充分的正当性。

其二，与成熟资本市场合理分配责任的潮流相违和。

在审验机构责任承担方面，我国《证券法》借鉴了美国 1933 年《证券法》第 11 条②之规定，对介入虚假陈述的审验机构科以法定的连带责任并实行过错推定的归责原则。然而从美国司法实践及立法演进来看，其第 11条因承担连带责任的主体过于宽泛、对审验机构的责罚过于严苛而难以落到实处。是故，美国 1995 年《证券私人诉讼改革法案》开始对审验机构的连带责任施加严格限制，转向支持按照审验机构的责任大小承担按份责任。具体而言，"每一被告将按照其在所有被告过错（不管如何界定或计算）中的份额，对所有被告行为造成的全部损失的一定份额负法律责任"。③ 司法实践中，在 1994 年丹佛中央银行上诉案后，美国最高法院开始对审验机构为发行人的虚假陈述承担连带责任持否定态度。④ 归结而言，美国法院多要

---

① Entman, "The Nonparty Tortfeasor,"23 *Mem. St. U. L. Rev.*, 1992, pp. 105－106.

② 美国 1933 年《证券法》第 11 条规定，发行人、发行人董事和注册说明书的签署人、承销商、会计师和其他专业人士应对注册说明书中的虚假陈述承担法定的连带赔偿责任。

③ 〔美〕莱瑞·D. 索德奎斯特：《美国证券法解读》，胡轩之、张云辉译，法律出版社，2004，第 314 页。

④ 参见郑彧《中美证券法中中介机构信息披露法律责任的比较研究》，载顾功耕主编《公司法律评论》2001 年卷，上海人民出版社，2001，第 90 页。

求审验机构在知情且"实质性参与"虚假陈述时才承担赔偿责任，以免造成各责任主体之间过错与责任的不匹配。从其他成熟市场的立法与司法实践考察，对审验机构为发行人或上市公司的虚假陈述承担连带责任的适用规则作必要的限制亦是趋势。就我国而言，涉及审验机构责任承担的司法解释及相关指导性文件不断强调"将责任承担与行为人的注意义务、注意能力和过错程度相结合"。① 就是为了防止不分主次的严格责任损害资本市场的公平公正，最终破坏资本市场的生态平衡。

其三，助长了过错责任演变为保证责任的趋势。

面对我国证券市场欺诈频发、市场主体诚信缺失的状况，强化证券法律责任机制是必要的法治手段。然而，在立法及监管层面，强化证券法律责任体系已经渐渐演化为对证券法律责任的加重以及责任主体范围的扩大。在证券信息披露活动中，各服务机构之间职责不明、责任边界不清更是加剧了连带责任的"深口袋"效应。《证券法》第163条要求所有审验机构对其所依据的文件资料内容的真实准确完整进行验证核查，至于证监会发布的一系列关于发行上市公司信息披露的编报规则等更是将各审验机构的职责不断扩大，让不同的审验机构对其他机构的审验内容承担重复核查与验证职责，最后再由保荐人或承销商承担兜底责任。这种职责不明过于谨慎的防御性策略，非但不能产生预设的"双保险"或"三保险"的效果，反而会产生合作困境，增加审验成本，不利于"看门人"制度的健康发展。司法实践中，法院在司法裁判中严格依照《证券法》的规定要求审验机构对非虚假陈述的轻微过失也承担部分连带责任的裁决结果，致使过错责任有演变为保证责任的趋势。②

（三）小结

根据上文的分析，《证券法》对审验机构责任的严苛性主要体现在两个方面：第一，未区分审验机构的故意、过失等主观过错程度科学设计审验机构应当承担的责任形态；第二，审验机构一般过失出具不实报告应当适

---

① 最高人民法院2020年7月《债券纪要》。
② 参见周淳《证券发行虚假陈述：中介机构过错责任认定与反思》，《证券市场导报》2021年第7期，第32页。

用补充责任但被强化成了不真正连带责任。

从法理上说，过责相当是科学配置责任的基本要求。如果没有足够充分的事由，审验机构出于过失提供不实报告，鉴于其责任之附属性，原则上不应将其应承担的补充责任强化为不真正连带责任，更不能将连带责任的主观要求从"故意"扩展到"重大过失"乃至"一般过失"甚至"轻微过失"。因此，目前《证券法》第163条未区分主观过错状态笼统以"连带责任"涵盖"不真正连带责任"的表述方式，显然属于立法技术瑕疵。

不过，审验机构一般过失情形下究竟应承担补充责任还是就其应负责的部分承担连带赔偿责任，笔者以为，如果基于公共利益的考虑，尤其充分考虑审验机构的职业诚信与执业水准不仅关涉其自身声誉，更重要的是，关涉投资者对资本市场的信心进而关系到整个资本市场的长远健康发展；此外，就我国证券发行信息披露机制而言，为确保资本市场信息的可接受性，《证券法》及相关法律规范强制信息披露义务人聘用审验机构参与到信息披露活动中，这在一定意义上，可以说是法律赋予了审验机构可靠的业务资源，相应地，审验机构理应要为此承担更大的责任。[1] 因此，在当前我国资本市场诚信缺失严重、诚信机制建设亟待加强的现实背景下，有限度地容忍并推行对审验机构的加重责任制度也具有一定的合理性。与此同时，也建议我国《证券法》及相关法律规范尽快构建更为科学更加精细的民事责任形态制度，在证券虚假陈述民事赔偿领域探索"以按份责任为原则，连带责任为补充"，根据各责任主体的过错程度以及原因力大小承担相应责任的完善路径，并对审验机构承担连带责任设定可操作性的最低比例要求，即只有超过一定责任比例的审验机构才对发行人或上市公司的虚假陈述承担全部连带赔偿责任，[2] 也许是一种更为务实的考量而非纯理论的结论。

四　审验机构连带责任的修正路径：过错与原因力的综合考量

对审验机构连带责任的修正，需要沿着两条思路展开。一是如何在审

---

[1]　参见陈甦、陈洁《证券市场诚信机制的运行逻辑与制度建构》，载《证券法苑》（第7卷），法律出版社，2012，第8页。

[2]　参见湘财证券课题组、周卫青《IPO注册制下发行人与中介机构虚假陈述民事责任研究》，《证券市场导报》2021年第4期，第48页。

验机构与委托人及其他侵权行为人之间确定最终的责任份额，这涉及侵权损害赔偿责任的分担规则。二是如何确定审验机构自身作为专家对投资者承担的侵权损害赔偿责任。

关于第一个思路。伴随着原因力主观化与过错客观化的交织发展，针对复杂的侵权行为形态，过错与原因力综合比较说已经成为确定数个侵权人之间责任分担标准的通说。该说认为，分别实施的数个行为结合而发生同一损害后果的，应当根据侵权人过错大小以及原因力比例各自承担相应的赔偿责任。① 鉴于侵权行为法主要借助过错责任原则来实现其目的和功能，在具体实施方法上，在过错、原因力的地位与次序方面，应以过错比较为主，原因力比较为辅；在考察的步骤上则根据由客观到主观的逻辑次序，应先比较原因力的大小，再比较过错的程度。即先考察该当性范畴的原因力，再考察有责性范畴的过错。② 在证券虚假陈述中，如何确定审验机构与委托人、审验机构内部之间的责任承担同样适用过错与原因力综合比较说。该说不仅为如何将虚假陈述造成的损害在发行人、证券服务机构以及投资者之间进行公平分配提供了基本架构，同时也是将《公司法》《注册会计师法》《律师法》等规定的"补充责任"和《证券法》规定的"连带责任"的立法冲突可以在侵权责任法框架下得以修正的根本路径。

关于第二个思路。如前所述，审验机构的专家责任就是因其过失提供专业服务给投资者造成损害而应当承担的赔偿责任，因此应当按照一般侵权行为责任的基本法理及构成要件规则加以判断。尽管我国的《证券法》、《公司法》、《注册会计师法》、《律师法》以及司法解释等法律渊源对专家责任也有不同程度的涉及，但这些规定并不具有构建专家责任制度的特殊意义。审验机构对投资者承担的损害赔偿责任，还是应当依照《民法典》所规定的侵权责任的构成要件，结合证券法律法规及行业自律规范等对审验机构的执业规范标准加以认定判断。

---

① 参见杨立新《人身损害赔偿问题研究》（下），《河南省政法管理干部学院学报》2002 年第2 期，第 8 页。
② 参见杨立新、梁清《客观与主观的变奏：原因力与过错——原因力主观化与过错客观化的演变及采纳比较说的必然性》，《河南省政法管理干部学院学报》2009 年第 2 期，第 9 页。

（一）将过错状态作为区分审验机构连带责任类型的基本标准

侵权法上，过错的基本形态可分为故意和过失，其中，故意可分为恶意和一般故意，过失可分为重大过失、一般过失和轻微过失。《证券法》在规定审验机构的赔偿责任时，明确其适用过错推定的归责原则，因此，审验机构的主观过错是其承担民事责任的前提基础。从现有关于审验机构民事责任的立法渊源来看，除《证券法》外，从《民法典》"侵权责任编"到《公司法》再到司法解释等，都明确区分审验机构的主观过错而分别规定不同的责任形态。如前所述，《证券法》隐含的是重点规制审验机构过失状态的侵权责任，而不涉及其故意状态，因此，根据审验机构的主观过错状态区分其承担连带责任的范围是在侵权法架构下协调不同立法冲突的理性选择。

1. 审验机构故意出具虚假验证文件与委托人承担全部连带责任

尽管《证券法》没有明文规定审验机构故意出具虚假验证报告造成投资者损害的应该承担全部连带责任，但按照侵权责任法的基本法理以及相关立法规定，审验机构故意出具虚假验证报告，造成投资者损失的，其与委托人构成共同实施侵权行为，故与委托人共同承担全部连带责任。审验机构故意出具虚假验证报告的情形可以适用"侵权责任编"第 1168、1169条规定的共同实施侵权行为的情形，这两条规定是审验机构作为共同实施侵权行为人承担连带责任的基础，也可以说是对《证券法》第 163 条的规定进行目的性限缩，从而使第 163 条仅适用于审验机构故意状态下的连带责任承担。

这里的关键是如何界定审验机构的故意情形？通说以为，故意包括"明知"和"应知"。所谓"明知"，是指审验机构确切知道自己的行为必然或可能发生损害结果，但是希望或放任损害结果发生的心理状态；所谓"应知"，是指审验机构重大过失情形，具体表现为审验机构极端疏忽或极端懈怠的心理状态，欠缺一般专业机构起码的应当具备的注意程度。在大陆法系和英美法系，重大过失通常等同于一般故意或推定故意，故也应当适用故意状态下的共同侵权行为责任规则，由审验机构与委托人共同承担全部连带责任。

2. 审验机构过失出具虚假验证文件应就其负有责任部分承担连带责任

一般过失是最为常见的一种过失形态，通常指行为人缺乏一般智识经验的人正常处理事务应有的中等程度注意的主观过错状态。审验机构因未保持应有的执业谨慎、过失出具不实报告的，与发行人构成客观关联共同侵权行为，此种情况下按照《证券法》的规定以及不真正连带责任之法理，在对外效力上，审验机构应当与委托人承担全部连带责任，但实践中法院纠结于审验机构应当承担部分连带责任还是全部连带责任。对此，笔者以为，尽管《证券法》第163条明确了审验机构与委托人的全部连带责任，但这一连带责任在具体落实中必须考虑因果关系的制约因素。从信息披露运行机制考察，投资者的投资损失归根结底是由发行人、上市公司的虚假陈述造成的，审验机构的核验义务过失不是引起投资者损失的主要因素，甚至可能是微乎其微的作用因素。而且，基于各审验机构客观上参与信息披露的程度及所发挥作用的不同，从因果关系的视角出发，各个审验机构"就其负有责任的部分承担连带责任"是符合侵权法理，也是有利于证券市场的生态平衡的。

这里更值得探讨的是，依照《民法典》"侵权责任编"第1171条之规定，审验机构与委托人分别实施的侵权行为，只有各自的侵权行为都足以造成全部损害的，审验机构才承担连带责任。理论上，"足以造成全部损害"并不是指每个侵权行为都实际造成了全部损害，而是指即便没有其他侵权行为的共同作用，独立的单个侵权行为也有可能造成全部损害。证券虚假陈述中，根据会计师事务所、律师事务所、评级机构等各自不同的职责，不同审验机构的不同的虚假验证行为对投资者损害造成的原因力是有差异的。通常情形下，单个审验机构的过失行为实际上很难造成投资者的全部损害，对此，应结合具体的审验机构的职责及其侵权行为的具体危害，全面考察其危害行为的原因力。如果审验机构实施的是非充足原因的侵权行为，且能够确定责任大小的，也可以承担按份责任。不过，从维护资本市场诚信以及保护投资者利益考量，在应负责任范围内的连带责任能对审验机构形成更大威慑，更能促使审验机构谨慎核验发行人提供的信息、约束发行人的机会主义行为，进而提升证券市场的公平与效率。

（二）审验机构赔偿责任承担范围的考量

在以过错状态确定审验机构对投资者承担的连带责任形态后，就是如何具体确定审验机构责任承担的范围，包括审验机构与委托人的责任分担以及审验机构内部的责任分担问题。不管是审验机构与委托人的责任分担还是审验机构内部的责任分担问题，都是要在因果关系的前提下准确适用过错与原因力的综合比较。正如王利明教授所提出的，如果把责任的确定过程分为几个步骤，那么，因果关系的认定是第一步，而过错的认定是第二步。[①]

1. 因果关系的考量

因果关系是侵权损害赔偿责任的核心构成要件。在证券虚假陈述中，审验机构的不实报告与投资者的损失之间是否具有因果关系是确定审验机构责任范围的基本要件。与一般侵权责任的因果关系相较，证券虚假陈述侵权责任的因果关系包括交易的因果关系和损失的因果关系两个层次。交易的因果关系是指投资者参与证券交易是基于信赖行为人的虚假陈述而作出的，即强调了投资者的投资决定与行为人的虚假陈述之间的内在关联，相当于侵权法中责任成立的因果关系；损失的因果关系则是指投资者实施证券交易产生的损失系侵权人虚假陈述行为的直接后果，强调了投资者的损失与行为人虚假陈述之间的实质关联，相当于侵权法中责任范围的因果关系。鉴于资本市场之特性所导致的证券虚假陈述中投资者因果关系证明之困境，我国司法解释借鉴域外欺诈市场理论实行了交易因果关系的推定规则。至于损失的因果关系，尽管类似美国《证券私人诉讼改革法案》也明确要求投资者有义务证明损失的因果关系，但各国司法实践中，损失因果关系的证明规则一定程度上为交易因果关系的证明规则所吸收。

在"因果关系推定"的前提下，如何确定证券虚假陈述中不同主体的侵权行为与投资者损失之间的因果关系？笔者以为，首先要从不同主体在信息披露活动中的功能定位予以总体把握。例如，依据证券法有关信息披露制度之规定，资本市场上需要披露的信息主要是发行人、上市公司的经营状况，而发行人、上市公司经营状况的信息是其自己掌握的信息，因此，

---

① 参见王利明《侵权行为法研究》（上卷），中国人民大学出版社，2004，第393页。

发行人、上市公司是披露信息的制造者和决定者，从而也是信息披露瑕疵的最终责任人。从这个意义上说，发行人、上市公司在信息披露中的角色功能表明其在投资者损失的因果关系链条中起到了决定性的作用。事实上，如果发行人、上市公司提供的信息没有瑕疵，投资者的损失就不会造成。至于审验机构，由于其负责对发行人、上市公司提供的文件进行核查验证，并在此基础上作出合法、合规性的结论意见，投资者一定程度上相信了审验机构的鉴证意见才作出投资决定，因此，审验机构对投资者的投资决定发挥了辅助功能。这种功能通过因果关系链条反映到责任承担上，审验机构应该承担次要责任。至于不同审验机构的功能与投资者的损失之间存在的因果关系的强弱是有差异的，因而其承担责任的范围也是不同的。除此之外，具体实践中，还要针对不同审验机构出具证明文件不同的瑕疵情形，主要从信赖利益是否存在、信赖是否合理、不实报告对投资者的决策影响的大小以及投资者损失的具体情形加以仔细甄别，从而更符合市场的公平理性的价值追求。

2. 过失的判断标准

审验机构作为资本市场的专业人士，其提供专业服务未尽特殊注意义务构成过失，需要承担专家侵权责任。审验机构的"特殊注意义务"实际上是其所在行业普遍认同的中等程度的专业注意义务，而不是以普通人的注意义务作为判断基准的"特殊注意义务"。审验机构注意义务的判断基准最终就是落实到其是否遵从了法律法规以及行业规范等所规定的执业准则上。执业准则的规定构成了审验机构执业标准的最低要求。审验机构只要有充分证据证明其在执业过程中已经完整履行了执业准则的要求，就是已经勤勉尽责，即便仍然未能发现信息披露文件存在瑕疵，也应当认定其没有过错，从而不承担责任。

在过失的具体认定上，美国法上的关于专业人士与非专业人士、专家陈述与非专家陈述的二分法，[①] 与大陆法系发展出的专家对专业事项的"特别注意义务"和对非专业事项的"一般注意义务"，其原理是相通的。核心

---

① 美国 1933 年《证券法》第 11 条区分了注册说明书中的专家陈述和非专家陈述，将服务机构的勤勉尽责又分为"积极行动"与"消极信赖"两类标准。

要义都是对属于专家自己专业的范畴，需要履行作为专家的注意义务，否则要承担责任。这种注意义务与一般人相较，属于"特别注意义务"或"高度注意义务"，但在专家领域，是以一般中等水平专家的水准为衡量标准的。对于非专业的领域，专家也只需尽到一般人的注意义务。在我国司法实践中，突出的问题是专家在各自非专业领域是否只要尽到一般人的注意义务即可免责？事实上，不管是律师、会计师，他们即便对非专业领域的事项不是特别内行，但其能力也是超过一般的普通大众的。此外，专家对其他专家已经出具的验证内容需要尽到怎样的注意义务？

对此，笔者认为，参考最高人民法院《债券纪要》及相关司法解释之意见，审验机构提供专业服务的注意义务和应负责任的范围，应限于其各自的工作范围和专业领域。通常而言，专家对非专业领域尽到一般注意义务即可。但是，在证券虚假陈述中，不同的服务机构由于其职责的不同，对其要求的注意义务程度可能有所差别。例如，对律师而言，其对证明文件的财务核查事项只要尽一般注意义务，但对保荐人或承销商而言，鉴于其在证券发行承销业务中的"牵头人"地位以及其所必备的专业素质，其对财务核查等业务就不是一般的注意义务，而是专业注意义务，只是这种专业注意义务和会计师的专业注意义务的侧重点有所不同。总体而言，特别注意义务应该是以不同职业专业人士的职责要求为判断基准，一般注意义务则是以该领域一般执业人士（非特定专业执业人士）的知识经验能力为判断的基准。需要进一步说明的是，即便非特定专业执业人士，例如律师，尽管其对财务事项只需尽一般注意义务，但如果其发现披露文件中的财务内容可能存在疑点，也应该就疑点进行必要的核查，而不是将一般注意义务流于表面的形式审查义务。

3. 原因力大小的衡量

原因力是指在构成侵权损害结果的若干原因行为中，每一个原因行为对损害结果的发生或扩大所发生的作用力。[1] 在一般情形下，原因力大小取决于构成共同原因的每个原因的性质、原因事实与损害结果的距离以及原因事实的强度等。在证券虚假陈述中，由于各原因行为的原因力的确定来

---

[1]　参见杨立新《侵权法论》（第二版），人民法院出版社，2004，第525页。

自盖然性的推断，因而原因力的大小转而取决于可能性的大小。不同审验机构对损害结果的可能性的大小判断需要从审验机构的履职范围及其在信息披露中的功能定位并借助一些特别的规则来判断，核心是现有法律法规对各审验机构的职责要求与期待。

在确定各行为人过错程度的前提下，仅从审验机构各自的职责来看，在信息披露中，审验机构各有分工、各司其职。例如，在证券首次公开发行信息披露中，我国现行的保荐人牵头模式下，保荐机构承担了全面辅导、督导和审核的职责，同时负责协调会计师事务所、律师事务所等履行其不同职能；律师只对发行主体的适格性以及发行事项的合规性作专业判断；会计师则主要对发行人财务报告记载的财务信息发表独立判断意见。在这样的职责分工中，显然保荐机构违反义务对投资者损害结果的作用力要远大于律师和会计师违反义务的作用力；而在律师和会计师所产生的原因力权衡中，就财务信息而言，会计师的原因力又显著大于律师的原因力。因此，总体而言，还是需要具体考察审验机构义务违反与虚假陈述结果的"远近""大小"关系，必要时可以参考各审验机构的市场份额来辅助确定其行为原因力的大小。如果各个原因的原因力大小实在无法确定，也可以推定原因力均等。

结　语

证券虚假陈述中审验机构的责任承担问题处于侵权责任法、证券法、公司法等的交织地带，它既涉及证券法的特别责任规范与侵权法一般责任规范的冲突问题，更涉及如何科学运用侵权责任法的一般责任规范对证券法的特别规范加以必要的修正与补充。要在制度设计上合理界定审验机构的侵权责任并在个案中准确认定审验机构的责任承担，必须辨析并认清审验机构所在法律关系的性质以及审验机构应有的职责规范与注意义务等内容。而在更为宏观的层面，如何准确把握审验机构核验义务的法律属性、合理解决现有立法冲突的现象，以最大限度地保护投资者的信赖利益与证券服务机构的利益平衡，在证券法与侵权法的双重语境下，这些问题都还值得进一步研究。

第七章　证券虚假陈述中中介机构责任
边界的阶层构造

　　全面注册制是我国资本市场为发挥市场在资源配置中的决定性作用而推行的从监管理念到监管体制的深刻变革。与核准制相较，注册制的本质是通过信息披露制度将证券的品质交由市场去判断，其具体实施路径则是将核准制下由行政主导的市场准入把关职责下放给交易所和中介机构，尤其是将对发行人信息披露真实性的把关转变为中介机构承担的核查审验义务。由此，包括证券公司、会计师事务所、律师事务所、资产评估机构、信用评级机构等在内的各类中介机构能否各司其职各负其责，做好资本市场信息披露的"质检员"，就成为关系注册制改革成败的重要环节。[①] 而合理配置中介机构的法律责任、科学厘清中介机构的责任边界无疑是确保中介机构归位尽责、充分发挥"看门人"功效的制度基础。然而，目前实践中，由于立法设计的粗疏抽象导致的"深口袋"效应严重妨碍了中介机构在"看门人机制"中的效能发挥；而在理论层面，尽管现有关于中介机构责任追究的研究成果数量众多，但这些成果多未能从理论框架、内在机制与具体规则的有机统一中对中介机构的责任边界作清晰的阐释。鉴于此，笔者从立法和司法实践相结合的角度出发，以资本市场中介机构的角色定

[①]　尽管在严格意义上，证券市场的中介机构只应包括从事证券承销的证券公司和从事经纪业务的证券经纪公司，至于证券服务机构，其功能并不在于中介而在于审验证券市场活动中所需要的重要信息，故这类组织不应界定为"中介机构"，而应定性为"审验机构"，但鉴于业界习惯上将保荐承销机构和证券服务机构统称为"中介机构"，同时也为了表述简便，故本章的中介机构既包括保荐人承销商，也包括证券服务机构。参见陈洁《证券虚假陈述中审验机构连带责任的厘清与修正》，《中国法学》2021 年第 6 期。

位为基础,以中介机构专业职责分工为核心,以中介机构违反注意义务的过失程度为标准,对划分中介机构责任边界的层次性以及各层次之间的逻辑关系进行系统的解构梳理,以期在厘清中介机构责任边界的同时,也裨益我国中介机构民事责任结构体系与基础规则的完善。

笔者认为,中介机构责任边界的划分,具体包含三个层次:第一层次是中介机构与发行人的责任边界,这是由中介机构与发行人在市场中的角色定位所决定的中介机构的外部责任边界;第二层次是各中介机构彼此之间的责任边界,这是根据中介机构的基本职责和专业分工形成的中介机构之间的内部责任边界;第三层次是各中介机构自身的责任厘定,这是基于中介机构自身的过错程度与导致投资者损害之间的因果关系而确定的微观责任边界。这三个层次是由外及里、纵深递进的关系,各层次的结构逻辑以及不同层次之间的勾连,本质上是基于各中介机构在信息披露制度中的功能定位与其应当秉持的勤勉尽责标准相结合而形成的责任划分体系。事实上,也只有从资本市场信息披露机制的整体运行视角出发,用体系论的方法、解构性的路径分析,方能为中介机构合理的责任分配提供清晰的指引。

鉴于中介机构虚假陈述民事责任的性质是证券侵权责任,从侵权法规制的视角出发,中介机构的虚假陈述行为大体可以分为两种,一种是中介机构积极协助发行人进行虚假陈述的主观关联共同侵权行为,另一种则是中介机构未勤勉尽责的过失与发行人的故意虚假陈述结合导致投资者受损的客观关联共同侵权行为。前者并非中介机构虚假陈述侵权行为的典型形态,而且《证券法》真正要规制的、全面注册制改革下最急需解决的就是如何敦促中介机构勤勉尽责,以实现"看门人机制"效应的问题。故此,本章的讨论范围仅限于中介机构的过失责任形态,核心是结合中介机构的专业职责与过失程度,厘清中介机构虚假陈述的责任边界,力求对中介机构的责任追究做到过责相当,精准追责。

一 以角色定位划分外部责任边界:中介机构与发行人的责任界分

资本市场信息披露是由信息披露义务人和信息披露责任主体共同参与

的民事活动。其中，信息披露义务人主要是发行人（上市公司）及其相关方，[①] 信息披露责任主体则不仅包括发行人及其相关方，诸如发行人的董事、监事、高级管理人员和其他直接责任人员，还包括作为"看门人"的中介机构群体。根据各责任主体在信息披露活动中的地位与作用，《证券法》分别规定了不同的归责原则及相应的法律责任。要划分中介机构的外部责任边界，首先必须以信息披露制度的运行逻辑为出发点，明晰发行人与中介机构在资本市场中的角色定位以及由此承担不同责任的内在机理，从而厘清中介机构与发行人的应然责任边界。

（一）发行人与中介机构的基本角色定位

证券发行人是信息披露活动中主要的信息披露义务人。所谓信息披露义务人，是指根据《证券法》的规定，有义务以自己的名义公开有关证券发行和交易的信息，并对此承担法律责任的法人或自然人。[②] 证监会《上市公司信息披露管理办法》第62条第1款第2项规定："信息披露义务人是指上市公司及其董事、监事、高级管理人员、股东、实际控制人，收购人，重大资产重组、再融资、重大交易有关各方等自然人、单位及其相关人员，破产管理人及其成员，以及法律、行政法规和中国证监会规定的其他承担信息披露义务的主体。"发行人之所以成为信息披露义务人的基本逻辑就在于，发行人应披露的信息主要为其经营状况，具体包括基本情况、发行概况、主营业务经营情况、主要财务数据和财务指标及盈利预测信息、公司治理特殊安排、重大影响事项等。这些信息都是由发行人自己掌握的信息，发行人是这些信息的最初拥有者，并且要以自己的名义披露这些信息。此外，发行人还是具体信息披露行为的决定者，上述信息何时公开、如何公开、内容如何，都是由发行人自己决定的。正因如此，发行人必须对所披露信息的真实性、准确性、完整性以及信息披露行为的及时性、适当性、合法性承担直接责任。基于发行人信息披露义务人的角色定位，《证券法》明确规定，如果其信息披露行为违反《证券法》的规定，就应当依法承担

---

① 为表述简便，笔者将发行人与上市公司统称为"发行人"。
② 参见陈甦主编《证券法专题研究》，高等教育出版社，2006，第113页。

无过错责任。即只要信息披露有瑕疵，不管发行人是否有过错，都需要为此承担责任。

与发行人作为信息披露义务人的角色不同，中介机构不是信息披露义务人，却是信息披露的责任主体。依据《证券法》第10、19条之规定，保荐人要对发行人的申请文件和信息披露资料进行审慎核查，督导发行人规范运作；至于证券服务机构，必须严格履行法定职责，保证所出具文件的真实性、准确性和完整性。基于各自的职能定位，中介机构要向投资者承担因其保荐或保证而产生的法律责任。这种法律责任产生的法理基础主要有三点。一是中介机构因具备法定的资格条件和专业条件从而具有较高的可信赖性。二是中介机构出具的各种法律意见书是证券发行、上市的必备文件，是投资者进行投资判断的重要依据。[①] 三是《证券法》及相关行政法规、规范性文件直接赋予了中介机构较高的诚信与勤勉义务。概言之，中介机构履行保荐或保证责任本质上是以自身声誉为担保向投资者保证发行证券的品质，并通过法律的直接规定使中介机构与投资者之间产生直接的信赖关系。中介机构虽然不是信息披露义务人，但与投资者比较，其又处于信息优势地位，故《证券法》规定这类主体承担责任的归责原则为过错推定原则。即当发行人的虚假陈述给投资者造成损害时，中介机构只有证明自己没有过错，才可以免责。

（二）发行人与中介机构责任边界的划分

发行人与中介机构的责任划分是厘清中介机构责任边界的第一层次问题。从中介机构作为"看门人"的职责出发，资本市场虚假陈述主要有两种情形：一种是发行人提供的基础信息存在虚假，中介机构未勤勉尽责，未能核查出虚假信息，致使信息披露文件出现虚假陈述；另一种是发行人提供的基础信息存在虚假，中介机构已经勤勉尽责，但仍未核查出不实信息，致使信息披露文件存在虚假陈述。依据过错责任原则，第二种情形下中介机构是无须为发行人的信息披露虚假承担责任的，但其需要证明自己没有过错。至于第一种情况，中介机构虽然存在过错，但根据《证券法》

---

① 参见陈洁《论保荐机构的担保责任》，《环球法律评论》2010年第6期。

之规定，发行人作为信息披露义务人，其本身就负有提供真实、准确、完整的基础信息之责任，如果因为发行人提供了虚假信息，那么中介机构究竟要为自己的核验过错承担多大的责任，这是划分发行人与中介机构责任边界的核心问题。实践中，在行政处罚层面，只要存在虚假陈述，证监会通常会对发行人、中介机构同时作出处罚；而在民事诉讼层面，存在多个虚假陈述责任主体的情形下，法院裁决发行人要承担全部责任外，其他有过错的责任主体要与发行人承担全部连带责任或比例连带责任。鉴于《证券法》第85、163条关于中介机构承担连带责任的规定过于粗疏，就目前的司法实践来看，即便在采用比例连带责任的基本框架下，裁判文书对发行人、中介机构之间究竟如何分担责任以及如何追偿等问题的阐释往往语焉不详，更令人担忧的是，上下级法院之间对中介机构承担责任的裁判思路不一，同案不同判的裁决结果反映出目前从理论到实践层面对发行人与中介机构责任边界认识的分歧与纠结。

1. 发行人采无过错责任归责原则下的责任承担范围

鉴于《证券法》第85条并未规定发行人虚假陈述民事责任的免责事由，[①] 故可知发行人承担虚假陈述民事责任的归责原则是无过错责任。申言之，只要招股说明书等发行文件有虚假陈述，无论中介机构是否有过错、是否承担民事责任，发行人都要直接向投资者承担民事责任。这是基于发行人作为信息披露义务人的特性而由法律施加的责任。此外，因中介机构与发行人之间的客观关联共同侵权行为导致的二者之间的连带责任，在性质上属于不真正连带责任。在不真正连带责任的构造下，尽管在外部关系上，受害人对于承担不真正连带责任的各责任人都享有请求权，各责任人对于受害人的损害均负全部承担的义务，但在内部关系上，不真正连带责任人要区分最终责任人和中间责任人。最终责任人是指应对不真正连带责任的发生最终负责的人，且不真正连带责任的内部追偿具有单向性，即只能由中间责任人向最终责任人追偿，而不能由最终责任人向中间责任

---

① 无过错责任之免责条件，一般是责任人举证损害结果是受害人的过错造成的。在信息披露制度中，如果发行人能够证明特定投资者在信息公开时已经知道信息的真实情况，则可以免除对这些投资者的民事责任。

人追偿。①

具体到虚假陈述侵权责任中，作为信息披露义务人的发行人是虚假陈述的最终责任人；至于中介机构，只是发行人信息披露的辅助验证者，是中间责任人。在中介机构对虚假陈述具有过错的情形下，中介机构只对与自己过错有因果关系的投资者损失承担责任。如果中介机构出具虚假陈述文件的过错是因发行人提供虚假信息所致，则中介机构可以向其委托人（发行人）追偿。由于发行人是最终责任人，其向投资者承担赔偿责任后，不能以中介机构有过错为由再向中介机构追偿。因此，在发行人提供虚假信息的情形下，发行人作为最终责任人的赔偿责任应当是百分之百的责任。细究其因：其一，由于发行人是信息披露义务人，中介机构只是发行人聘请的帮助其完成信息披露工作的辅助核验机构，即中介机构只是起核查纠正信息披露错误的作用，如果发行人没有提供虚假信息，则即便不核查，也不可能出现虚假陈述；其二，如果发行人没有提供虚假信息，但因中介机构核验错漏导致信息错误，则发行人作为信息披露义务人，在信息发布时也有义务发现中介机构出具的信息与自身的真实信息不一致；其三，即便中介机构因虚假陈述对外先向投资者承担赔偿责任，但由于其虚假陈述是因发行人提供虚假信息导致的，因此中介机构在承担责任后可以向发行人进行追偿。综上，基于发行人的无过错责任以及发行人与中介机构之间的不真正连带责任关系，在发行人提供虚假信息的情形下，发行人最终需要承担百分之百的赔偿责任。

2. 中介机构采过错推定归责原则下的责任承担范围

根据《证券法》第85、163条的规定，虚假陈述情形下，中介机构承担民事责任的归责原则是过错推定责任。至于责任形式，《证券法》仅笼统规定中介机构有过错的应与发行人承担"连带赔偿责任"。尽管在"中安科"案判决中，法官认为连带赔偿责任并非仅限于全额连带赔偿，部分连带赔偿责任也是法律所认可的一种责任形式，② 但从解释论的视角，《证券法》第85、163条没有指明责任形式是部分连带责任，则就应是指全部连带

---

① 参见陈洁《证券虚假陈述中审验机构连带责任的厘清与修正》，《中国法学》2021年第6期。

② 参见（2020）沪民终666号民事判决书。

责任。然而，由中介机构承担全部连带责任显然会导致责任主体之间的过错和责任不匹配，最终导致"过错可能 1%，但责任却 100%"的失衡情形。①

为此，在司法实践不断向比例连带责任发展的背景下，新司法解释第23 条规定，承担连带责任的当事人之间的责任分担与追偿，按照《民法典》第 178 条的规定处理。鉴于《民法典》第 178 条规定，"连带责任人的责任份额根据各自责任大小确定"，故可以揣测新司法解释是希望通过《民法典》第 178 条之规定对《证券法》第 85、163 条的"全部连带责任"作必要的限制。《民法典》第 178 条第 1 款规定"连带责任人的责任份额根据各自责任大小确定"，其第 2 款却又规定"连带责任，由法律规定或者当事人约定"。鉴于《证券法》与《民法典》是特别法与一般法的关系，所以在法律适用上，虚假陈述侵权责任下的连带责任还是应该适用《证券法》第 85、163 条之规定。不过，综合考量新司法解释出台时间在后的情形以及民事责任的过责相当原则，让中介机构在各自负有责任的范围内与发行人承担连带责任，相较《证券法》第 85、163 条之"全部连带责任"的规定，显然更符合法理，符合民事责任之基本精神，也有利于资本市场中介机构执业生态的健康发展。

3. 发行人与中介机构的责任分担及追偿问题

就目前证监会关于虚假陈述案件的行政处罚结果来看，证监会往往以中介机构出具的文书为界限追究各自的责任，并参考中介机构的收入情况处以罚金。但在民事诉讼中，发行人与中介机构以及中介机构之间的责任究竟如何分担，存在巨大争议。例如，"华泽钴镍"案中，一审法院判处中介机构 F 会计师事务所承担 60%、E 证券公司承担 40% 连带责任，但二审法院撤销一审判决，改判 F 会计师事务所和 E 证券公司承担 100% 连带责任。"中安科"案中，一审法院判处 G 证券公司、H 会计师事务所承担100% 连带责任，但在二审判决中，二审法院改判 G 证券公司承担 25% 连带责任、H 会计师事务所承担 15% 连带责任。对此，笔者认为，如前所述，

---

① 参见刘燕《会计师民事责任研究：公众与职业利益的平衡》，北京大学出版社，2004，第248 页。

只要信息披露文件存在虚假陈述，则发行人基于其信息披露义务人的角色定位就要承担全部的赔偿责任。如果发行人可以自行承担全部赔偿责任，根据民事赔偿填补损害之原则，其实并不需要中介机构再向投资者承担民事赔偿责任。但在行政责任层面，鉴于中介机构未能勤勉尽责而对发行人虚假陈述负有失察责任，则证券监管部门可以追究其行政责任，具体包括责令改正、没收业务收入、罚款、暂停或禁止从事证券服务业务等。[1] 如果发行人无力承担对受害投资者的全部赔偿责任，则中介机构就对其负有责任的部分与发行人承担连带责任。鉴于中介机构与发行人之间系不真正连带责任关系，因此，中介机构对受害投资者承担的赔偿责任只是中间责任而非最终责任。如果中介机构出具的文件错误系发行人提供虚假信息所致，则中介机构在承担赔偿责任后有权向发行人行使全额的追偿权。发行人作为最终责任人，其向投资者承担赔偿责任后，却不能以中介机构有过错为由再向中介机构追偿。这样的责任分配方式，既充分保护了投资者的利益，便利投资者求偿；同时可以督促发行人提供真实的信息，从而在第一道防线就遏制虚假陈述的发生；此外，也可以督促中介机构勤勉尽责。如果中介机构不勤勉尽责，除受行政处罚以外，其同样需要向投资者承担赔偿责任。

值得强调的是，依据《证券法》的规定，各中介机构在有过错的情形下均与发行人承担连带责任，中介机构之间并没有连带责任，因此中介机构彼此间不存在追偿权问题。即便中介机构引用其他专业机构的错误意见导致自己出具的文件产生虚假陈述，在合理信赖的情形下该中介机构可以免责，否则也应为自身审查不当、引用错误等过错承担责任。[2] 总之，在发行人是最终责任人的前提下，在各中介机构与发行人承担连带责任的框架下，不应再支持中介机构之间的互相追偿，否则既浪费大量的司法资源，也会使中介机构疲于应对各种诉讼。

---

[1] 参见《证券法》第182、213条规定。

[2] 《关于注册制下督促证券公司从事投行业务归位尽责的指导意见》指出："招股说明书、重组报告书、债券募集说明书等引用会计师事务所、律师事务所、评估机构等其他中介机构专业意见或内容的，出具意见或文件的中介机构依法承担责任。"

二　以专业职责分工划定内部责任边界：中介机构之间的责任界分

在基于发行人与中介机构在信息披露活动中的角色定位对中介机构的外部责任边界作了第一层次区分后，接着就须确认中介机构之间的责任边界，这是第二层次的问题。根据《证券法》关于中介机构必须严格履行法定职责的规定，以及新司法解释第 18 条关于"证券服务机构的责任限于其工作范围和专业领域"的规定，参考证监会《关于注册制下督促证券公司从事投行业务归位尽责的指导意见》（以下简称《归位尽责指导意见》）关于"厘清中介机构责任"的指导意见可以看出，目前监管执法和司法层面对中介机构与中介机构之间的责任边界问题已经达成以下共识：一是各中介机构对各自出具的专项文件负责；二是中介机构对与本专业相关的业务事项负有特别注意义务，对其他业务事项负有普通注意义务；[①] 三是中介机构可以合理信赖其他专业机构的专业意见。这三个共识的核心基础就是将专业职责分工作为中介机构之间责任边界的划分标志。这三个共识落实到具体实践中，需要探讨的问题主要有三个：一是在共同或交叉事项上如何区分中介机构的职责；二是如何界定特别注意义务与一般注意义务；三是如何实现中介机构彼此之间的合理信赖。

（一）　在共同或交叉事项上中介机构的职责划分

中介机构通常需要具备法定的资格条件和专业背景，法律规范正是基于中介机构各自的专业特长设置不同的职责范围。鉴于法律、法规及规范性文件对不同的中介机构分别设定了不同的职责，因此各中介机构之间的责任界限大体比较清晰。但是，由于中介机构在信息披露核查业务中存在诸多交叉事项，我国现有的法律规范对交叉事项的规定又不够明确，导致

---

① 《全国法院审理债券纠纷案件座谈会纪要》第 6 条规定："证券中介机构必须在其专业领域内的业务事项上履行专业人士的特殊注意义务，而在其他业务事项上只需履行非专业人士的一般注意义务。"《归位尽责指导意见》也明确指出，中介机构对与本专业相关的业务事项履行特别注意义务，对其他业务事项履行普通注意义务。中介机构提供专业服务的注意义务和应负责任的范围，应限于其各自的工作范围和专业领域。

实践中存在不同程度的中介机构职责范围泛化、边界不清、劳动重复等问题。[①]

1. 交叉事项中保荐机构与证券服务机构的职责区分

基于保荐制度的预设目的，保荐人作为发行人 IPO 项目的总负责人，负有牵头带领证券服务机构对发行人的信息披露资料进行审慎核查、督导发行人规范运作并向市场"保举推荐"发行人的职责。由此，保荐人出具的保荐书涵盖面广，保荐意见内容与多个证券服务机构的专业意见相重叠。因此，首要问题是解决交叉事项中保荐人与证券服务机构的职责区分问题。

从专业分工视角出发，尽管保荐人是证券发行上市的总负责人和策划人，[②] 且保荐机构一般也有自己的财务人员、法律人员等，但其并不具备专业服务机构在各自专业领域内的专业知识和技能，不可能对发行人的所有信息独立作出全部判断，而必须依托于证券服务机构针对发行人不同领域信息披露资料所出具的专业意见。因此，针对交叉事项，"看门人机制"的预设目标是基于不同中介机构法定职责定位的差异，要求中介机构从不同角度进行查验，从而发挥不同中介机构之间的制衡作用。[③] 根据证监会《保荐人尽职调查工作准则》（以下简称《准则》）[④] 第 83 条之规定，保荐人的角色不在于重复甚至是代替会计、法律、评估等方面的专业工作，而应着重考察这些中介机构的资质和诚信状况，将其成果与自身掌握的资料比对验证，查找矛盾或有悖常理之处。[⑤] 以保荐人的"财务会计调查"职责为例，《准则》第 31 条规定，保荐人要对经注册会计师审计或发表专业意见的财务报告及相关财务资料的内容进行审慎核查，具体核查内容主要是关

①　参见邢会强《证券律师注意义务之边界》，《商业经济与管理》2021 年第 9 期。

②　参见丁宇翔《证券发行中介机构虚假陈述的责任分析——以因果关系和过错为视角》，《环球法律评论》2021 年第 6 期。

③　参见中国证监会《〈关于注册制下提高招股说明书信息披露质量的指导意见〉的起草说明》，http://www.csrc.gov.cn/csrc/c101954/c1805213/content.shtml，最后访问时间：2022 年 1 月 8 日。

④　中国证券监督管理委员会公告（〔2022〕36 号）。

⑤　参见郭雳、李逸斯《IPO 中各中介机构的职责分配探析——从欣泰电气案议起》，载《证券法苑》（第 23 卷），法律出版社，2017，第 8 页。

注财务信息各构成要素之间以及财务信息与相关非财务信息之间是否相匹配，特别是应将财务分析与发行人实际业务情况，包括发行人的业务发展、业务管理状况等相结合，从而对发行人财务状况作出总体评价。可见，保荐人的"财务会计调查"职责与会计师事务所出具审计报告的审计职责，在关注重点、核查方式等方面都具有实质的不同。事实上，保荐意见内容尽管与证券服务机构的专业意见有所重叠，但保荐人与服务机构的职责并不相同，保荐人的职责主要是对注册申请文件和信息披露资料进行全面核查验证，包括对证券服务机构专业意见的复核把关，从而总揽全局，体现出保荐人"保举推荐"的主业定位。[1] 至于证券服务机构的职责，则是运用自身专业知识和能力，对发行文件中不同的事项进行核查。因此，即便在交叉事项中，保荐人与证券服务机构之间仍然是以专业职责分工为基础，对各自出具的专项文件内容负责。

值得说明的是，《证券法》第85条基于实践中保荐人可能兼任承销商的现实，将保荐人、承销商与发行人的连带责任一并加以规定，但保荐人和承销商的职责定位显然有很大的差异，需要加以区分进而厘清各自的责任边界。从《证券法》第29条对证券承销商的职责规定来看，《证券法》并没有对承销商设定"保荐"之职责。事实上，《证券法》及证监会相关规定对于保荐业务的规制重点在于保荐人是否勤勉尽责地进行尽职调查，以及基于尽职调查结果形成的《保荐书》。而对于承销业务则围绕证券推介销售行为展开，主要关注承销未核准公开发行的证券、虚假宣传推介、不正当竞争招揽业务等与销售相关的行为。因此，承销商在承销市场的勤勉尽责与保荐人"保荐职责"的勤勉尽责从内容到标准都有所区别。实践中，保荐人兼主承销商与联合主承销商、证券主承销商与承销团内的其他承销商在具体职责上也有区别，尤其是证券发行过程中还存在有的承销商只协助销售而不承担尽职调查职责、不协助撰写发行文件等情形，所以在界定各中介机构责任边界时，应具体情形具体分析，不宜笼统以概念名称来确定其职责边界。

---

[1] 参见范健、王建文《证券法》（第三版），法律出版社，2020，第110页。

2. 交叉事项中证券服务机构的职责区分

除了保荐人因在发行人 IPO 活动中的统领性角色而与证券服务机构的职责有诸多重合之外，证券服务机构之间工作交叉现象也较为普遍。对此，尽管证券服务机构的业务有重合之处，但各个机构基于自身专业职责，对发行文件中的交叉事项采取不同的审核角度，关注的侧重点也并不相同。以资产评估师与注册会计师的业务交集为例，资产评估与审计的对象都是反映企业资产、负债等信息的财务报告，但二者在专业原则、实务操作方法以及影响因素等方面存在实质性差异。就二者的职责分工来看，审计的对象（客体）是被审计单位的财务收支及其有关的经营管理活动，以及作为这些经济活动信息载体的会计资料和其他有关资料。评估的对象（客体）则是被评估的资产，包括有形资产与无形资产、单项资产与整体资产。① 就资产的审核来看，各种资产应由审计机构查验核实数量或原始成本（账面价值），但资产实际价值的确定则由评估机构负责。因此，资产评估机构和审计机构在确保资产信息真实性方面负担着不同的职责，也起着各不相同的作用。推而广之，证券服务机构交叉工作的意义即在于通过不同的查验角度增加结果的可靠性。实践中，要判断某一项目是否属于中介机构核查验证的对象时，应当将不同中介机构间的职责分配、专业能力所受的客观条件制约等综合纳入考量范围，以避免特定主体为其他市场主体的违法行为买单，也有利于督促中介机构各司其职、各负其责。

（二）特别注意义务与一般注意义务的区分

区分特殊注意义务和一般注意义务是在确定中介机构各自职责的前提下，厘清中介机构责任边界的关键问题。所谓特别注意义务，是针对中介机构各自专业领域的特殊职责展开的，因此可以认为是专业人士在自身专业范围内的特别注意义务。这种特别注意义务比非专业人士负有的注意义务要求更高，但在本专业专家范畴内来看，则是以专业人士的一般水平为标准而设定。简言之，特别注意义务的程度是指达到该行业中等专业人士

---

① 参见胡晓明《资产评估与审计关系的综述及思考》，《中国资产评估》2011 年第 1 期。

在相同或类似情形下所采取的行为标准，体现出该行业领域中的一般水平。① 证券中介机构在专业领域负有特别注意义务的法理基础在于以下两点。其一，民法范畴内的专家责任。证券中介机构提供的服务本质上是一种专家服务，其为证券发行、上市和交易提供的专业意见或出具的专业报告，本质上属于专家意见。投资者对中介机构所出具的专业报告能够客观、公正地评价发行人的实际情况具有合理期待，可以信赖并利用该专业意见作出相应的投资决策。因此，证券中介机构应当基于职业特性承担以此种信赖责任为基础的特别注意义务。其二，《证券法》及相关规范性文件明确赋予的法定义务。证券中介机构的保荐及保证责任均基于证券法律法规的直接规定而设定，其基于法定职责而承担的特别注意义务也是法律直接施加的法定义务。

至于一般注意义务，通常是指从普通人视角出发，以非专业人士在同等情形下对核查事项保持的合理怀疑。亦即，对于某领域的专家对于非其专业领域的事项，也只需尽到一般人的注意义务。但在证券市场实践中突出的问题是，无论是律师还是会计师，他们即便对非专业领域的事项不是特别内行，其能力也超过普通大众。因此，证券业务中的一般注意义务应理解为专业人士对非其专业领域核查事项应保持的合理怀疑，而不是以普通大众的知识能力水平来度量。

落实到具体信息披露核查业务中，由于注意义务的核心就是在产生合理怀疑之后作必要的查证核实以消除怀疑，因此可以不同层次的履行尽职调查义务为切入点，对一般注意义务和特别注意义务作进一步区分。例如，就核验范围而言，一般注意义务的核验范围应当限制在文件本身的内容，包括其获取的不同类别文件间的相互印证和关联分析，但不应强求对其他中介机构出具的文件及底稿资料的全面查验。至于特别注意义务，其核验范围应当包括对其他中介机构出具的文件及底稿资料进行全面、主动的调查。就尽职调查的方法手段来看，对于一般注意义务，按照法律法规、监管规定、自律规则等要求，进行必要的调查和复核即可，方法上主要是以"获取、查阅、询问、分析、印证"等基础调查方式为主；至于特别注意义

---

① 参见邢会强《证券市场虚假陈述中的勤勉尽责标准与抗辩》，《清华法学》2021 年第 5 期。

务，除上述方法外，可能还需要采取"实地走访、穿行测试、补充函证"等高标准的核查手段。

（三）中介机构之间的合理信赖问题

信息披露核查工作中，中介机构在重要事项上的交叉核验实属常态。为避免重复工作，相互引用专业意见就不可避免。为此，如何妥善解决中介机构是否可因合理信赖其他专业机构意见而免责的问题，就成为划清中介机构责任边界的又一关键。就我国而言，最高人民法院、证监会、证券业协会的规则均已在不同层面确立了合理信赖制度。但由于相关规则对合理信赖的标准要求很高，且规定较为原则，导致合理信赖制度在我国市场实践中更多体现出宣示性效果。

考察最高人民法院的司法解释及证监会、行业协会的相关规则，关于合理信赖的实施标准主要有三种模式。一是将合理信赖作为一般原则，不对合理信赖的适用前提作明确要求，只要是专业机构意见就可以合理信赖。例如，证监会《证券发行上市保荐业务管理办法》第 22 条规定，"对发行人申请文件、证券发行募集文件中有证券服务机构及其签字人员出具专业意见的内容，保荐机构可以合理信赖"。二是在负有一般注意义务的前提下，可以形成合理信赖。例如，全国律师协会《律师从事证券法律业务尽职调查操作指引》第 5 条规定，"基于专业分工及归位尽责的原则，律师对尽职调查过程中的法律事项应尽到证券法律专业人士的特别注意义务；就财务、会计、税务、评估、行业有关事项仅负有一般注意义务，可出于合理信赖直接援引其他证券服务专业机构的工作成果，除非明知涉及争议或纠纷，律师可不再对该等事项重复核查验证"。三是必须采用必要的调查复核，排除了执业怀疑后才能够形成合理信赖。例如，新司法解释第 17 条规定，"对信息披露文件中证券服务机构出具专业意见的重要内容，经过审慎核查和必要的调查、复核，有合理理由排除了职业怀疑并形成合理信赖"。

基于上述分歧，笔者以为，从信息披露制度的预设目标以及促使中介机构真正归位尽责的实践逻辑出发，合理信赖制度的基本要义在于：中介机构对其他专家意见运用自身职业判断进行分析，无重大异常的即可合理信赖；在出现重大异常的例外情形下，中介机构经过必要的调查、复核，排除合理怀疑的，仍可合理信赖。[①] 申言之，合理信赖的实施标准应该分为两层，即一般情形下必要的合理调查以及例外情形下的审慎核查后无重大异常即可合理信赖，这两种调查方式在适用逻辑上应是递进关系而非并列关系。[②]

首先，一般原则情形下的合理信赖。基于尊重专业分工、提高工作效率的考量，应当将合理信赖视为一般原则。但为了避免盲目信赖导致信息披露重大事项缺乏必要的核验，作为一般原则的合理信赖也要以合理调查为前提，且在合理调查的基础上，中介机构必须保持必要的职业谨慎和合理怀疑。中介机构应基于专业经验，基于对信息披露基础材料的掌握，判断其他服务机构出具的意见及所载资料是否与其所知悉的信息存在不一致或者存在不合理或者未予关注和核查的事项，进而判断能否对其他专业机构的意见形成合理信赖。但是，该等合理调查及职业谨慎的标准，应属于一般注意义务的范畴，而不能是特别注意义务。但一般注意义务并不意味着就是简单阅读专业意见后即可以主张合理信赖，而是需要保持职业怀疑，运用职业判断去进行分析。[③] 在没有发现存在明显问题的情况下，中介机构可以直接引用其他机构的专业意见。总而言之，中介机构在履行了一般注意义务后，如果没有发现重大异常等情形，可以形成合理信赖。

其次，特殊情形下的合理信赖。如果中介机构发现其他机构专业意见内容存在重大异常、前后重大矛盾时，应进一步对有关事项进行调查、复核，并可聘请其他证券服务机构提供专业服务。中介机构如果明知其他机构专业意见存在重大异常、前后重大矛盾，或者与自己获得的信息存在重大差异，却没有采取足够的措施，则不能主张其属于合理信赖。特殊情形下的合理信赖的形成主要涉及两个问题，一是如何认定重大异常，二是发现重大异常后该采取哪些措施才能主张合理信赖抗辩。

[①] 参见周伟、朱媛媛、林嘉乐《中介机构合理信赖规则的适用疑难和制度反思》，中国法学会证券法学研究会 2023 年年会论文集。

[②] 参见汤欣、张鑫渝《证券发行保荐人的合理信赖及免责抗辩》，《证券市场导报》2023 年第 4 期。

[③] 参见《证券发行上市保荐业务管理办法》第 22 条。

关于重大异常的情形，《证券公司保荐业务规则》对如何综合判断证券服务机构出具的专业意见内容存在重大异常，列举了较为详细的情形，具体包括：中介机构的专业意见与发行人的业务实质相背离或与发行人的实际情况相背离；专业意见内容含有重大无先例事项；专业意见所采用的基础数据及底层资料不具备可查、可复核的特性；专业意见与同行业同类事项或与行业惯例存在差异；中介机构针对同一事项前后出具的专业意见存在差异；就同一事项，不同证券服务机构出具的意见不一致或存在矛盾；以及证券服务机构专业意见的内容不符合法律法规、监管规定、自律规则等要求。实践中，中介机构只要履行了一般的注意义务，通常就可以发现上述重大异常情形。

至于发现重大异常后应采取哪些措施，《准则》第83条对此作了较为细致的规定。总体而言，要对重大异常、前后重大矛盾、重大差异等特殊情形进行调查、复核。从调查复核的内容来看，需要评估其出具专业意见的前提及假设是否公平、合理、完整，是否符合证券服务机构所在行业的工作惯例；评估其核查范围是否与其所需出具的专业意见相符、有无限制；评估其为出具专业意见获取的核查资料是否充分、可靠；评估其已履行的核查程序及取得的关键性证据是否充分、恰当，能否有效支持其出具的专业意见等。从调查复核的方法来看，通常要采取询问、查阅、走访、函证、抽盘等手段反向印证。需要注意的是，究竟采取何种方式还要取决于具体情形。例如，对于"一般疑义或异常事项"，若其他证券服务机构作出的解释具有合理性，不违背该中介机构了解的信息和行业惯例，则应允许其在不开展比"询问"或"查阅"更高标准的调查、复核手段的情况下，即可适用合理信赖。① 概言之，在专家意见存在重大异常、前后重大矛盾，或者与自身获得的信息存在重大差异的，中介机构调查、复核的注意义务就应当采特别注意义务标准。

---

① 参见周伟、朱媛媛、林嘉乐《中介机构合理信赖规则的适用疑难和制度反思》，中国法学会证券法学研究会 2023 年年会论文集。

三　以过失程度判断个体责任边界：中介机构自身责任范围的厘定

过失是侵权责任构成中的重要因素。行为人应当预见到自己的行为会造成损害而没有预见到或者行为人预见到自己的行为会造成损害但轻信可以避免的，构成过失。过失既是一种心理状态，也是一种行为活动，而行为活动本质上是心理活动的外在表现形式，如果心理活动没有外化为行为活动，也就无法成为过失。因此，在过失的识别标准问题上通常采取客观标准说或者行为的义务检验法。[①] 就中介机构的过失判断而言，基于中介机构的勤勉尽责义务始终是作为一种过程性义务以及积极的注意义务而存在的，[②] 因此，对中介机构勤勉尽责的判断与过失认定实际上就具有逻辑上的一致性。[③] 换言之，要判断中介机构在证券虚假陈述侵权中的过失，主要看中介机构是否违反了法律规范明确规定的中介机构应履行的注意义务，即勤勉尽责义务。事实上，在证券虚假陈述行政处罚和民事诉讼中，证券中介机构只有在违反勤勉尽责义务的前提下才承担相应责任，即勤勉尽责与否是其承担行政责任或民事责任的分水岭。[④]

鉴于《证券法》第85、163条规定的"全部连带责任"给中介机构行业生存造成的严重影响，在《证券法》目前难以重启修改的情形下，为了缓和这一影响，新司法解释一方面通过限制过错形态的方式缩小《证券法》第85、163条规定的"全部连带责任"的适用范围，即将《证券法》第85、163条的适用范围限定于中介机构的"故意与重大过失"；另一方面，新司法解释补充规定了中介机构的免责事由。就中介机构自身责任边界的厘定来看，关键是要明确中介机构合理抗辩的证成及其过失程度的具体化。

---

① 参见孙华璞《关于表见代理构成要件问题的思考（下）——第三人过错表现为未尽到合理信赖的注意义务》，《人民司法》2019年第25期。
② 参见施天涛《公司法论》（第三版），法律出版社，2014，第413页。
③ 参见缪因知《证券虚假陈述赔偿中审计人责任构成要件与责任限缩》，《财经法学》2021年第2期。
④ 参见邢会强《证券市场虚假陈述中的勤勉尽责标准与抗辩》，《清华法学》2021年第5期。

（一）没有过失的认定：遵守执业规范作为合理抗辩的证成

《证券法》对中介机构的过错认定以及免责事由并未作具体规定。新司法解释第17、18、19条分别规定了保荐人、承销商、证券服务机构没有过错的免责情形，主要是三种：一是中介机构已经遵守了法律法规及行业执业规范要求；二是对其他服务机构或相关单位出具的证明文件可以形成合理信赖；三是对没有专业意见支持的部分已经保持了必要的职业谨慎。归结起来，核心就是中介机构已经勤勉尽责，且就自身已勤勉尽责负有举证责任，可以通过提交尽职调查工作底稿等证据证明其没有过错。从逻辑层面展开，后两种免责情形可以被第一种情形涵盖。此外，鉴于本章第二部分已经讨论了合理信赖问题，故在此主要讨论如何认定中介机构已遵守执业规范进而构成免责事由。

判断中介机构是否勤勉尽责，关键在于其是否遵守了法律法规及执业规范的要求。法律法规、监管规则和行业自律规则的要求本质上是市场所期望的中介机构执业水准在制度层面的规范表达。正是在这个意义上，若中介机构依照法律规定或执业规范的要求提供专业服务，则不违反注意义务，也就不构成过失。在中介机构没有过失的前提下，即使其提供的服务存在瑕疵，包括其出具的报告结果与实际不符，也不应承担责任。反之，若中介机构违反法律规定或执业规范的要求，则当然违反注意义务从而构成过失。

实践中，涉及中介机构执业规范的法律法规以及各种规范性文件数量众多，且相关执业规范的要求比较抽象，大多缺乏明确的操作步骤或流程，那么，究竟如何判定中介机构已经遵守了执业规范从而可以免责？笔者以为需要着重考虑两个方面。

第一，在法律法规以及行业规范规定不一致甚至冲突的情形下，鉴于法律法规的规定相对比较抽象，应当允许中介机构根据本行业协会制定的行业规范执行专业事务。中介机构只要举证已经按照行业规范履职，就应认定为没有过失。在行业规范也不够明确的情形下，可以根据"中介机构同业认为客观适当的方式来厘定"。[①] 事实上，只有采用相对客观的行业标

---

① 郭雳、李逸斯：《IPO中各中介机构的职责分配探析——从欣泰电气案议起》，载《证券法苑》（第23卷），法律出版社，2017，第8页。

准，尤其是规范的执业程序，才能为中介机构规范执业提供可参照执行的标准，从而有利于其独立、规范地开展证券服务活动，也可以避免监管的随意性。目前监管实践中，尽管监管机构也是以行业规范准则为执法依据，但实证研究表明，监管机构在认定中介机构未勤勉尽责问题上存在结果倒推的处罚逻辑，即将"结论有问题等同于程序有问题"，从而苛重中介机构应当承担的责任。[①] 此种"由果及因"倒推追究责任的归责逻辑，根本上否定了中介机构遵守执业规范作为免责事由的正当性，降低了中介机构对自身执业活动法律后果的可预测性，最终使中介机构在执业规则面前无所适从。

第二，尊重中介机构的专业判断问题。新司法解释第17条规定，对于没有证券服务机构等专业意见支持的内容，必须经过审慎尽职调查和独立判断，有合理理由相信该部分内容与真实情况相符，人民法院才能认定中介机构没有过错。这里就涉及中介机构的职业谨慎与合理判断问题。鉴于中介机构的专业判断具有很大的主观性，实践中需要把握以下三个问题。

首先，中介机构执业过程中的专业判断，本质上属于中介机构自由裁量权的内容。由于中介机构出具各种报告意见是一项技术活动，存在一定的不确定性，需要中介机构保持应有的职业谨慎，作出合理的职业判断。[②] 这种合理判断是中介机构基于自身的专业知识和经验，并基于诸多限定条件所形成的专业意见。现实条件的差异性以及执业规范的原则性，就需要中介机构充分发挥主观能动性，既要遵循法律规定，又要在不同的规范要求与现实环境之间妥善平衡。为此，只要中介机构作出的专业判断符合其专业领域相同业务事项上中等专业人士的特别注意义务，可以认为中介机构基于其应有的专业能力而作出的判断是谨慎合理的。由此，司法执法实践在中介机构专业判断是否合理的判定方式与监管逻辑上应当尊重市场规律，给予中介机构必要的专业判断空间。

其次，鉴于中介机构专业判断的主观性，在具体判断标准上仍须回归其执业规范的基本操作要求。如果中介机构按照执业规范要求，在整个业

---

① 参见程金华、叶乔《中国证券律师行政处罚研究——以"勤勉尽责"为核心》，载《证券法苑》（第23卷），法律出版社，2017，第45页。

② 参见郭雳、李逸斯《IPO中各中介机构的职责分配探析——从欣泰电气案议起》，载《证券法苑》（第23卷），法律出版社，2017，第8页。

务执行过程中能够根据项目的预设目的，经过必要的调查研究，履行必要的程序，选择适当的方法得出客观结论，整个操作过程不具有重大疏漏和错误，即便结论有偏差，也应认定中介机构在相关事项上保持了合理怀疑并作出合理判断。在中介机构已经遵守执业规范的前提下，监管机构应当对中介机构的专业判断予以肯定。

最后，对判断标准的选择需要具体情况具体分析。市场实践表明，中介机构专业判断标准是因人而异、因事而异的，并没有整齐划一的标准。实践中应当根据中介机构具体从事的行业、业务类型等确定其专业判断的合理性。此外，也要考虑中介机构在不同的场合可能承担不同的角色。司法执法部门只有基于中介机构不同的角色定位以及各自的合同约定要求等，针对不同情况，结合客观条件的限制，才能对中介机构的专业判断选择与其执业实际相匹配的判断标准。

（二）过失程度的具体化：重大过失的判断

关于新司法解释第 13 条对《证券法》第 85、163 条中"过错"的限定，主流观点认为，除故意情形外，新司法解释将中介机构的过失仅限定为严重过失，即只有故意、严重过失才承担《证券法》第 85、163 条规定的连带责任，至于一般过失、轻微过失则不承担责任。对此，细究新司法解释第 13 条第 2 款关于"行为人严重违反注意义务，对信息披露文件中虚假陈述的形成或者发布存在过失"之规定，笔者以为，该规定的逻辑并不周延，语义也存在含糊之处，但总体要表达两层意思：一是行为人应属严重违反注意义务，这是从行为的违法性层面来界定；二是行为人严重违反注意义务的行为必须对信息披露文件虚假陈述的形成"存在过失"，这里"存在过失"的表达并不准确，并明显与"过错"概念的界定构成循环论证。笔者以为，其更贴切的含义应是指行为人严重违反注意义务的行为必须对信息披露文件虚假陈述的形成具有原因力，或者说具有因果关系。从侵权责任的构成要件分析，中介机构因在提供服务过程中存在过失而造成投资者损害，相应侵权责任构成要件的核心就是"过错"和"因果关系"两个方面。中介机构即便有过错，但其过错行为如果对信息披露文件的虚假陈述不具有原因力，则中介机构的过错与投资者因虚假陈述受损害之间可能不存在因果关系，中介机构也就不应该承担责任。所以，新司法解释第 13 条第 2 款的表达包含两层意思，即行为人违反注意义务的严重性，且必须对虚假陈述具有原因力。这两层意思共同构成了对《证券法》第 85、163 条所称的过失的界定。

首先，中介机构违反执业规范或合同约定。如前所述，执业准则是具体判断中介机构是否有过失的主要依据。法理上，法律法规对中介机构执业事项有规定的，其规定构成中介机构执业的最低要求，故中介机构执业中违反法律法规中有关执业规范的，可以认定为构成重大过失。如果只是违反行业规范，可以认定构成过失，但是否构成重大过失，还需要结合行业规范的内容与后果的严重性加以判断。

除法律规定及行业规范外，中介机构和委托人之间的合同约定，也构成其承担注意义务的基础。中介机构和委托人之间的合同可以说是中介机构与委托人达成的对中介机构提供的服务范围以及注意义务程度的特别约定。为此，除遵守法律规定及行业规范外，中介机构提供服务的范围或事项还必须遵守合同约定。若委托人在合同中约定了比法律规定更严格的要求，则中介机构应当依照约定承担更重的义务，若未能遵守合同约定，应当认为其违反注意义务而有过失。至于是否构成重大过失，同样需要结合约定内容与后果的严重性加以判断。

其次，后果的严重性。中介机构违反执业规范以及合同约定，无疑构成中介机构的过失。但这种过失必须对信息披露虚假陈述的形成具有原因力。究竟何种原因力可以成立因果关系，在学理上意见并不一致。通说认为，行为人过错在先，他人损害在后，这种时间的先后性是行为人过错致他人受损因果关系成立的基础逻辑关系，至于行为人的过失是引起他人损害的直接原因还是间接原因、主要原因还是次要原因，并不影响因果关系的成立。[1]

就中介机构的过失而言，其造成投资者损害的因果关系其实包含两个方面：一是关联性，二是后果的严重性。鉴于证券虚假陈述侵权责任采用

---

[1] 参见邹海林《专家责任的构造机理与适用》，载中国法学网，http://iolaw. cssn. cn/zxzp/200610/t20061015-4598874. shtml。

因果关系推定理论，中介机构出具的意见只要构成信息披露文件，且该信息具有重大性，则与投资者损失之间的关联性并无太大争议，但信息的重大性就要求中介机构的过失必须达到一定程度。换言之，中介机构的过失要以影响其最终结论客观性和准确性的程度而判断。如果中介机构违反执业规范的行为仅存在轻微瑕疵或轻微过失，并不影响最终结论的客观性和准确性，就可以认为其过失不具有重大性。事实上，只要中介机构出具的报告结论不具有实质性的重大疏漏和错误，通常情形下就不至于实质影响投资者的投资判断并造成其投资损失。这种对中介机构重大过失的认定思路与信息披露制度将重大性作为应公开信息的基本要求，是一脉相承、逻辑自洽的。

值得一提的是，最高人民法院《全国法院民商事审判工作会议纪要》（法〔2019〕254号）第85条对重大性要件的认定进行了规定，"重大性是指可能对投资者进行投资决策具有重要影响的信息，虚假陈述已经被监管部门行政处罚的，应当认为是具有重大性的违法行为。在案件审理过程中，对于一方提出的监管部门作出处罚决定的行为不具有重大性的抗辩，人民法院不予支持"。这种将行政处罚与民事责任"重大性"判断等量齐观的观点混淆了民事责任与行政责任的判断标准，本质上忽视了民事责任和行政责任制度功能与义务要素的实质差异，最终可能压缩中介机构的抗辩空间，使其承担超过其过失程度的不合理的民事责任。对此，笔者认为司法实践中要牢固树立民事责任与行政责任彼此独立的司法理念，充分认识到行政责任与民事责任制度中对重大性要件的认定不是必然的联动关系或可替代关系。具体到抗辩层面，人民法院可以将行政机关经过调查确认并依法作出的行政处罚决定视为证明被告具有虚假陈述并具有"重大性"的直接证据，但应该允许被告在有相反证据时推翻其具有违法行为的认定或"重大性"要件的存在。①

---

① 参见陈洁《证券民事赔偿诉讼取消前置程序的司法应对——以虚假陈述民事赔偿为视角》，《证券市场导报》2021年第5期。

下编

"民行协同"实现机制

第八章　证券纠纷代表人诉讼制度的立法理念与制度创新

——《关于证券纠纷代表人诉讼若干问题的规定》评析

颇具中国特色的证券纠纷集体诉讼制度是我国 2019 年修订的《证券法》的一大亮点。在《证券法》实施未及半年之际，最高人民法院出台《关于证券纠纷代表人诉讼若干问题的规定》（以下简称《规定》），系统确立了我国证券纠纷集体诉讼制度的具体运行规范，使中国版的证券集体诉讼制度终于可以从文本走入实践。该《规定》的推出，标志着我国以特别代表人诉讼制度为特色的证券民事赔偿诉讼新时代的到来，彰显了我国司法层面对证券投资者保护的决心、对构建中国特色投资者保护制度的积极探索，不仅有利于促进我国资本市场基础性法律制度的完善，同时也为全球证券集体诉讼理论与实践的发展贡献了中国经验和中国智慧。

一　我国证券纠纷代表人诉讼制度的基本立法理念

立法理念是指导立法活动的理论基础，它集中反映了立法者对立法活动的整体认识和价值追求。通过对《规定》立法过程和具体规则的分析，可以看出，我国证券纠纷代表人诉讼制度是以保护投资者合法权益、降低投资者维权成本为核心，努力实现证券纠纷解决机制的专业化、便捷化（高效化）和多元化。这些理念的确立和贯彻本质上是我国司法制度、资本市场运行特点以及证券民事诉讼实践等诸多因素共同合力的结果。

（一）专业化

证券民事纠纷因其主体的群体性、内容的专业性、影响的广泛性而表现出超乎普通民事纠纷的特殊性。长期以来，我国证券民事赔偿诉讼存在案件审理耗时久、投资者诉讼成本高、获赔难等问题，究其因，投资者维权能力差、法院审理证券纠纷专业性欠缺是重要因素。为此，《规定》以专业化为抓手，一方面通过集中管辖来实现审判机关的专业化，另一方面引入投保机构担任证券纠纷集体诉讼代表人来增强投资者维权的专业能力，以确保证券纠纷解决机制的专业高效。

首先，在法院层面。《规定》第2条根据证券纠纷的审判特点确立了集中管辖原则，即证券纠纷代表人诉讼案件，由省、自治区、直辖市人民政府所在的市、计划单列市和经济特区中级人民法院或者专门人民法院管辖。对多个被告提起的诉讼，由发行人住所地有管辖权的中级人民法院或者专门人民法院管辖；对发行人以外的主体提起的诉讼，由被告住所地有管辖权的中级人民法院或者专门人民法院管辖。特别代表人诉讼案件，由涉诉证券集中交易的证券交易所、国务院批准的其他全国性证券交易场所所在地的中级人民法院或者专门人民法院管辖。《规定》对专业性较强的证券纠纷案件实行由特定法院集中管辖的好处，就是可以充分发挥专业化审判优势，提高审判质量；同时可以减少地方保护，促进司法公正，统一裁判标准，从而全面提升我国证券纠纷法律适用的专业性与统一性。

其次，在投资者层面。《规定》在《证券法》第95条第3款的基础上，对投资者保护机构（以下简称"投保机构"）作为代表人参与诉讼，如何履行代表人职责作了细致规范。投保机构是《证券法》为加强对中小投资者的保护，首次确立的专门的投资者保护组织。其主要职责就是为中小投资者自主维权提供教育、法律、信息、技术等服务。① 依据新《证券法》，投保机构在证券纠纷处理中承担以下五种法定职责：一是可受托代表发行人及中介机构方与受损投资者就先行赔付达成协议；二是可依发行人及证

---

① 参见陈洁《〈证券法〉应明确公益性中小投资者维权组织的功能定位》，《中国证券报》2016年12月13日。

券公司、投资者的申请，调解其纠纷；三是可支持受损投资者向人民法院提起诉讼；四是可受 50 名以上投资者委托作为代表人参加诉讼；五是持股行权，如行使股东提案权、质询权、表决权等。①《规定》明确具有公益性质的投保机构作为代表人参与到证券纠纷诉讼当中，其目的就是期望特别代表人功能的发挥能弥补投资者维权能力之不足。相较于公众投资者而言，投保机构作为证监会批准设立并直接管理的证券金融类公益机构，具有专业性和组织性，可以将投资者分散的利益诉求在组织内部进行筛选加工，以形成集中和简化的利益表达，随时为协助中小投资者行权维权提供及时有效的帮助。从我国资本市场投资者维权实践来看，鉴于中小投资者分散的多元利益和天然的弱势地位，寻求公益性维权组织作为中小投资者的利益代言人无疑是迅速提升中小投资者维权能力的现实路径。

（二）便捷化

考察我国证券投资者寻求民事救济的历程，司法实践中曾经出现的证券民事赔偿案件起诉不收案、收案不立案、立案不审理、审理不判决、判决难执行、对共同诉讼设置种种障碍等情况，严重影响了投资者提起诉讼的积极性。对此，《规定》开宗明义，就是要进一步完善证券集体诉讼制度，便利投资者提起和参加诉讼，降低投资者维权成本，因而便捷高效成为我国证券纠纷代表人诉讼制度的重要理念。体现在规则设计上，主要是三方面。

第一，运用科技手段便利投资者参与诉讼。《规定》第 4 条规定："人民法院审理证券纠纷代表人诉讼案件，应当依托信息化技术手段开展立案登记、诉讼文书送达、公告和通知、权利登记、执行款项发放等工作，便利当事人行使诉讼权利、履行诉讼义务，提高审判执行的公正性、高效性和透明度。"《规定》第 8 条也规定，"权利登记可以依托电子信息平台进行"。可见，积极利用科技创新，借助信息化技术手段，包括电子信息平台来满足当事人权利登记和材料提交等诉讼事项，是减少投资者诉讼成本，促使证券诉讼高效便利的一个重要方面。

---

① 黄江东、施蕾：《中国版证券集团诉讼制度研究——以新〈证券法〉第 95 条第 3 款为分析对象》，《财经法学》2020 年第 3 期。

第二，充分利用专业机构的功能辅助实现案件处理的高效化。除了前述投保机构作为代表人参与诉讼对投资者专业能力进行补强外，《规定》第35条规定，"投资者保护机构依据公告确定的权利人范围向证券登记结算机构调取的权利人名单，人民法院应当予以登记，列入代表人诉讼原告名单，并通知全体原告"。依此规定，在特别代表人诉讼中，投保机构通过向证券登记结算机构调取权利人名单，然后代表这些投资者向法院要求登记，这样利用证券登记结算机构的信息以及前述信息平台，就可以高效解决传统上的权利人确定及登记的难题。事实上，证券登记结算机构提供的投资者数据信息非常重要，其一方面可以明确权利人范围，另一方面可以调取投资者交易数据进而确定投资者损失。因此，《规定》第30条规定，履行或者执行生效法律文书所得财产，人民法院在进行分配时，可以通知证券登记结算机构等协助执行义务人依法协助执行。此外，《规定》第24条还规定，人民法院可以依当事人的申请，委托双方认可或者随机抽取的专业机构对投资损失数额、证券侵权行为以外其他风险因素导致的损失扣除比例等进行核定。当事人虽未申请但案件审理确有需要的，人民法院可以通过随机抽取的方式委托专业机构对有关事项进行核定。对专业机构的核定意见，人民法院应当组织双方当事人质证。综上，充分利用不同专业机构的力量一方面可以使投资者足不出户便能参加诉讼，节约了他们的时间与金钱成本；另一方面解决了法院对一些专业性问题的判断困难以及执行工作的难点，从而全面提升证券纠纷诉讼的便捷化。

第三，大幅降低投资者的诉讼成本。此次《规定》对如何降低投资者的诉讼成本可谓尽心竭力。除了《规定》第25条明确代表人请求败诉的被告赔偿合理的公告费、通知费、律师费等费用的，人民法院应当予以支持外，针对特别代表人诉讼，《规定》第39条强调特别代表人诉讼案件不预交案件受理费。败诉或者部分败诉的原告申请减交或者免交诉讼费的，人民法院应当依照《诉讼费用交纳办法》的规定，视原告的经济状况和案件的审理情况决定是否准许。同时，《规定》第40条还规定，投资者保护机构作为代表人在诉讼中申请财产保全的，人民法院可以不要求提供担保。这些措施极大地降低了投资者的诉讼成本，体现了积极保护投资者的立法宗旨，也是促进证券诉讼便利化的一个重要方面。

（三）多元化

基于不同的案件情形以及投资者差异化的需求，多元化也就成为我国证券纠纷诉讼立法的指导思想和司法的理性选择。体现在规则设计上，主要是两方面。

首先，倡导多元纠纷解决机制。针对证券纠纷的特性，为及时妥善化解证券纠纷、切实保护证券投资者合法权益、促进证券市场健康有序发展，我国人民法院、监管部门、行业组织以及社会各方面力量，一直在积极探索建立证券纠纷诉讼、仲裁与调解对接机制，丰富多元化纠纷解决机制。多年的积累摸索为《规定》证券纠纷多元解决机制的构建提供了政策及制度基础。结合现行法律框架下的程序机制，《规定》明确了为证券纠纷解决提供实现诉讼与调解协调配合的对接解决机制。以调解为例，调解是多元化纠纷解决机制的重要组成部分之一。为避免诉讼机制的高成本，《规定》第 3 条规定，人民法院应当充分发挥多元解纷机制的功能，按照自愿、合法原则，引导和鼓励当事人通过行政调解、行业调解、专业调解等非诉讼方式解决证券纠纷。当事人选择通过诉讼方式解决纠纷的，人民法院应当及时立案。案件审理过程中应当着重调解。

其次，多种诉讼方式的并存。《证券法》第 95 条以及《规定》的设计为证券纠纷多种诉讼方式提供了并行的路径，从而给证券投资者民事救济以不同的选择。总体而言，证券投资者民事诉讼可以分为一般诉讼（非代表人诉讼）和代表人诉讼两种模式。证券代表人诉讼包括普通代表人诉讼和特别代表人诉讼两套程序。《规定》第 1 条指明，本规定所指证券纠纷代表人诉讼包括因证券市场虚假陈述、内幕交易、操纵市场等行为引发的普通代表人诉讼和特别代表人诉讼。普通代表人诉讼是依据《民事诉讼法》第 53、54 条，《证券法》第 95 条第 1 款、第 2 款规定提起的诉讼；特别代表人诉讼是依据《证券法》第 95 条第 3 款规定提起的诉讼。《规定》第 5 条规定适用普通代表人诉讼程序的条件有三个，"（一）原告一方人数十人以上，起诉符合民事诉讼法第一百一十九条规定和共同诉讼条件；（二）起诉书中确定二至五名拟任代表人且符合本规定第十二条规定的代表人条件；（三）原告提交有关行政处罚决定、刑事裁判文书、被告自认材料、证券交易所和国务院批准的其他全国性证券交易场所等给予的纪律处分或者采取的自律管理措施等证明证券侵权事实的初步证据"。不符合上述规定条件的，人民法院应当适用非代表人诉讼程序进行审理。在普通代表人诉讼之下，还可以分人数确定的代表人诉讼和人数不确定的代表人诉讼。此前法院一直坚持原告只能采用人数确定的共同诉讼，不允许采用人数不确定的代表人诉讼方式，但此次《规定》第 6 条规定，对起诉时当事人人数尚未确定的代表人诉讼，在发出权利登记公告前，人民法院可以通过阅卷、调查、询问和听证等方式对被诉证券侵权行为的性质、侵权事实等进行审查，并在受理后 30 日内以裁定的方式确定具有相同诉讼请求的权利人范围。可见《规定》不再任意地把人数不确定的代表人诉讼排斥在外，体现了立法机关大力推进证券民事诉讼、积极应对各种复杂情形的态度与立场。

二　我国证券纠纷代表人诉讼制度的主要制度创新

创新发展具有中国特色的证券集体诉讼制度是我国推进资本市场改革、完善资本市场基础性制度的重要一环。《规定》作为证券纠纷集体诉讼的基本法，不仅在实施机制方面有所创新，而且解决了一些困扰证券民事赔偿诉讼进程的棘手问题，真正体现了与时俱进，创新与规范协同发展的目标追求。《规定》的主要制度创新包括：前置程序的放松、特殊规则的设置、投保机构的参与、公益价值的引领以及相关部门的配合等。

（一）前置程序的放松

最高人民法院 2002 年 1 月 15 日发布的《关于受理证券市场因虚假陈述引发的民事侵权纠纷案件有关问题的通知》和 2003 年 1 月 9 日发布的《关于审理证券市场因虚假陈述引发的民事赔偿案件的若干规定》规定，投资者以自己受到虚假陈述侵害为由提起民事诉讼时，应以行政处罚决定或刑事裁判文书为前置条件。该前置程序的设置因实质上是对当事人诉讼权利的一种限制而饱受质疑，取消前置程序的呼声也越来越高。2015 年 12 月 24 日，最高人民法院在《关于当前商事审判工作中的若干具体问题》中提出："依法受理和审理虚假陈述、内幕交易和市场操纵行为引发的民事赔偿案件，维护证券交易市场上投资者的合法权益。根据立案登记司法解释规定，因虚假陈述、内幕交易和市场操纵行为引发的民事赔偿案件，立案受理时不再以监管部门的行政处罚和生效的刑事判决认定为前置条件。"尽管该意见观点鲜明，但从实践来看，各地法院对是否取消前置程序的做法并不一致，相当多法院对没有提交行政处罚决定或刑事裁判文书的证券投资者的求偿起诉仍不予受理。此次《规定》第5条明确，适用普通代表人诉讼程序进行审理时，原告可以提交有关行政处罚决定、刑事裁判文书、被告自认材料、证券交易所和国务院批准的其他全国性证券交易场所等给予的纪律处分或者采取的自律管理措施等证明证券侵权事实的初步证据。该《规定》无疑是对饱受诟病的前置程序的实质松绑，不过，《规定》只是将前置程序的范围从行政处罚决定、刑事裁判文书扩展到被告自认材料、证券交易所和国务院批准的其他全国性证券交易场所等给予的纪律处分或者采取的自律管理措施，给证券纠纷设置前置程序作为证券民事诉讼的起诉条件要求的总体思路尚未彻底改变。从资本市场运行实践来看，被告自认材料比较少见，至于沪深证券交易所和新三板的纪律处分或者自律管理措施则较为常见，其数量上远远大于证监会的行政处罚和法院的刑事裁判文书。因而这里值得一提的是，上述纪律处分或者自律管理措施所针对的案件不当行为如果情节比较轻微，对相应股票的股价不会产生什么影响，则未必要诉诸民事诉讼。

（二）"默示加入、明示退出"的特殊规则

《证券法》第95条第3款规定投资者保护机构可以作为诉讼代表人，按照"明示退出""默示加入"的诉讼原则，依法为受害投资者提起民事损害赔偿诉讼。该规定被誉为"中国版的证券集体诉讼"。在该诉讼机制下，只要投资者不明确表示不愿意加入代表人诉讼，则意味着加入了特别代表人诉讼，该诉讼产生的所有权利义务关系均对"默示加入"的投资者具有约束力。一旦胜诉，法院作出的判决裁定对"默示加入"的投资者均发生效力，这无疑将有效节约司法资源，极大降低个体投资者的维权成本。《规定》在《证券法》第95条第3款的框架下，对"明示退出""默示加入"的特别代表人诉讼从启动、受理、集体成员的确认、费用的减免、代表人权利的设置等关键的实体与程序问题作出细致规定，使"中国版的证券集

体诉讼"可以有条不紊具体实施。结合《规定》，特别代表人诉讼的基本程序是：10 名以上原告提起诉讼，法院受理并在确认权利人范围后 5 日内发布权利登记公告，公告期间为 30 日。到此为止尚属于普通代表人诉讼的程序。在公告期间，投保机构受 50 名以上权利人的特别授权，可以作为代表人参加诉讼。这样，30 日公告期届满，普通代表人诉讼转为特别代表人诉讼。投资者明确表示不愿意参加特别代表人诉讼的，应当在公告期间届满后 15 日内向人民法院声明退出。未声明退出的，视为同意参加该代表人诉讼。最终法院作出的判决、裁定将对所有"默示加入"的投资者发生效力。《规定》上述"明示退出""默示加入"规则的运行，可以有效地克服单个投资者主动以司法手段维权动力不足的问题，让"默示加入"的中小投资者无须采取任何行动便可以"坐享"集体诉讼的成果。这样即便单个投资者获赔数额较小，但由于"默示加入"投资者数量众多，被告所要承担的总体数额也将非常巨大，从而足以起到威慑被告的作用。这也正是证券集团诉讼的巨大威力之所在。此外，与域外证券集团诉讼相较，我国的证券纠纷集体诉讼制度以投保机构为抓手，通过公益性维权组织来发动对于证券违法行为的诉讼，这同域外由律师主导的集团诉讼相比较，具有突出的优势。一方面，投保机构公益性足以有效避免集团诉讼普遍存在的滥诉问题，另一方面，投保机构可以更好地协调其与其他执法资源之间的关系，尤其有利于和政府监管、市场约束等执法机制的协同发展，既弥补现有的执法机制之不足，也避免执法资源的浪费，[1] 从而更好地推进我国积极保护投资者权益的市场态势，确保《证券法》宗旨的有效实现。

（三）投保机构作为代表人的引入及其权利配置

尽管《证券法》第 95 条第 3 款的核心是确立投资者"默示加入、明示退出"的诉讼参与方式，但投保机构在证券集体诉讼的提起和运行过程中无疑起到了至关重要的作用。《规定》以投保机构的加入为标志，对普通代表人诉讼与特别代表人诉讼进行区分规制，并在具体操作上直接落实了投保机构基于当事人委托而成为代表人的法律地位，积极让投保机构作为特

---

① 参见陈洁《新证券法投资者保护制度的三大中国特色》，《中国证券报》2020 年 3 月 14 日。

别代表人的公益价值得以最大化，充分发挥投保组织在规范证券市场秩序方面的角色功能，最终实现证券市场机制的系统效益。基于此，投保机构作为代表人的引入对构建中国特色的证券集体诉讼制度具有基础性的开创性的意义。

关于投保机构的界定，如前所述《证券法》第六章所确立的"投资者保护机构"是特指投服中心。但考虑到中国版证券集体诉讼刚刚开始，仅仅一家投服中心作为特别代表人恐难适应资本市场实践需求，因此，《规定》第37条规定，针对同一代表人诉讼，原则上应当由一个投资者保护机构作为代表人参加诉讼。两个以上的投资者保护机构分别受50名以上投资者委托，且均决定作为代表人参加诉讼的，应当协商处理；协商不成的，由人民法院指定其中一个作为代表人参加诉讼。依据中国证监会配套出台的《关于做好投资者保护机构参加证券纠纷特别代表人诉讼相关工作的通知》，投资者保护机构是指投服中心以及投保基金。至于二者的分工安排，投服中心自成立以来即立足于投资者维权支持诉讼、持股行权、纠纷调解等方面开展工作，在示范引领中小投资者维权领域具有坚实的基础，因此，现阶段主要肩负具体参加代表人诉讼的投保机构是投服中心。与此同时，投保基金公司将主要着力于数据分析、损失计算、协助分配等工作，与投服中心形成互补，共同配合做好落实参与特别代表人诉讼的工作。①

鉴于投保机构作为代表人在特别代表人诉讼中的特殊定位与重要功能，一方面为充分发挥投保机构的功能以提高司法效率，另一方面也为规范投保机构的职能行使，《规定》在明确特别代表人诉讼案件不预交案件受理费、财产保全不要求提供担保等特殊优惠情形下，《规定》第38条强调投资者保护机构应当采取必要措施，保障被代表的投资者持续了解案件审理的进展情况，回应投资者的诉求。对投资者提出的意见和建议不予采纳的，应当对投资者做好解释工作。不过，遗憾的是，《规定》在一般代表人权利义务的基础上，并未针对投保机构作为公益代表人之情形以及证券集体诉讼之特点配置更能发挥其功能优势的特殊权利，尤其是诉讼代表人的处分权。如果在集体诉讼以及投资者"默示加入"背景下，依旧严格按照《民

---

① 参见吕红兵、朱奕奕《特析特别代表人诉讼制度》，《中国证券报》2020年8月2日。

事诉讼法》第 53 条之规定，要求代表人变更、放弃诉讼请求或者承认对方当事人的诉讼请求进行和解，必须经被代表的当事人同意，那么势必严重影响诉讼效率，同时也是对投保机构特殊定位以及功能属性的忽略甚至漠视。

三 我国证券纠纷代表人诉讼制度需要进一步思考的问题

《规定》立足我国证券民事赔偿诉讼的现状，充分发挥中国特色投资者保护制度和司法机制互动协调的优势，系统规定了证券纠纷集体诉讼制度的一般规定与特殊规则，既有理论上的新突破又有实践上的新要求，为全面推进中国特色的证券集体诉讼制度提供了法律依据，可谓意义重大。它对我国未来的证券民事赔偿诉讼乃至整个证券市场生态都将产生重大影响，但《规定》中有些制度设计尚值得进一步的斟酌思考。

（一）普通代表人诉讼与特别代表人诉讼的关系问题

特别代表人诉讼究竟应该怎么发动、由谁来发动是我国证券纠纷代表人诉讼制度的关键问题。从《规定》来看，只有进入普通代表人诉讼程序后才有可能进入特别代表人诉讼程序。换言之，特别代表人诉讼是普通代表人诉讼的一种特殊形式。投资者只有先提起普通代表人诉讼程序，经法院同意后，投保机构才能选择加入，从而进一步将该普通代表人诉讼程序转化为特殊代表人诉讼程序。这种采取先走普通代表人诉讼程序而后迂回转入特别代表人诉讼的方式，无疑极大地损害了诉讼效率，同时考虑到特别代表人诉讼后续由投保机构全面接手，前面提起普通代表人诉讼阶段的律师就不能加入特别代表人诉讼，那么这些前期介入的律师该怎么安排、费用由谁负担等将是个棘手的问题，这些问题最终可能导致实践中可能没有原告也没有律师愿意去法院率先启动普通代表人诉讼程序，以至于最终特别代表人诉讼程序也就没有机会展开。此外，鉴于特别代表人诉讼制度的诸多优越性，包括诉讼费用、担保费用的减免等，相比之下，就没有投资者愿意参加普通代表人诉讼。在这种情形下，特别代表人诉讼制度无疑会成为我国证券纠纷集体诉讼制度的主流，同时也是中国版集体诉讼制度之特色所在。这样，理性权衡两者的关系，特别代表人诉讼与普通代表人诉讼即便不是主次关系，至少应该是并列关系，而不是如现在的《规定》所设置的，特别代表人诉讼是在普通代表人诉讼框架下为了满足"默示加入、明示退出"这样一个规则而作出的非常复杂化的安排。因此，以笔者之见，借鉴我国台湾地区的经验，直接规定由投保中心在获得 20 名投资人授权之后以自己的名义提起诉讼，无疑更为便捷科学。另外，如前所述，对于特别代表人诉讼，《规定》给予了很多特殊优惠条件，为什么在普通代表人诉讼当中不能有这样特殊的利益保障？这种差异化的制度安排无疑也值得进一步的理论追问。

（二）特别代表人诉讼中权利人范围的界定问题

在证券纠纷特别代表人诉讼当中，权利人的范围究竟要怎么确定、要由谁来确定，也是中国版证券集体诉讼的一个核心问题，但《证券法》以及《规定》的制度安排不甚清晰，容易造成困扰。《规定》第 32 条规定，人民法院已经根据《民事诉讼法》第 54 条第 1 款、《证券法》第 95 条第 2 款的规定发布权利登记公告的，投资者保护机构在公告期间受 50 名以上权利人的特别授权，可以作为代表人参加诉讼。《规定》第 35 条规定，投资者保护机构依据公告确定的权利人范围向证券登记结算机构调取的权利人名单，人民法院应当予以登记，列入代表人诉讼原告名单，并通知全体原告。从上述规定来看，权利人的范围是由公告确定的，公告是由法院发布的，因此，权利人范围应当是由法院确定的。但是法院又是怎么确定的呢？根据《证券法》第 95 条规定，投资者提起虚假陈述等证券民事赔偿诉讼时，诉讼标的是同一种类，且当事人一方人数众多的，可以依法推选代表人进行诉讼。对按照前款规定提起的诉讼，可能存在有相同诉讼请求的其他众多投资者的，人民法院可以发出公告，说明该诉讼请求的案件情况，通知投资者在一定期间向人民法院登记。人民法院作出的判决、裁定，对参加登记的投资者发生效力。依此规定，法院的确定实际上是应该由当事人自己来登记的。如果由投资者自己来登记的话，难免就涉及申请加入的问题，这种自己来法院登记的方式与证券集团诉讼最关键的"默示加入"的原则是否冲突？结合中国证监会的《关于做好投资者保护机构参加证券纠纷特别代表人诉讼相关工作的通知》第 10 条之规定，中国结算是《证券法》规定的确认权利人的证券登记结算机构。中国结算应当按照人民法院出具的载有确定的权利登记范围的法律文书，根据证券登记结算系统里的登记记载，确认相关权利人持有证券的事实。据此，合理的做法应该是投保机构从证券登记结算机构处获得权利人范围。投保机构取得相应适格投资者数据后，向法院提起特别代表人诉讼，并申请将适格投资者登记为原告。

（三）投保机构在特别代表人诉讼中的地位与职责问题

投保机构在特别代表人诉讼当中的定位应当是什么？依据《规定》第32条之规定，人民法院已经根据《民事诉讼法》第54条第1款、《证券法》第95条第2款的规定发布权利登记公告的，投资者保护机构在公告期间受50名以上权利人的特别授权，可以作为代表人参加诉讼。简言之，投保机构不是一个原告的身份，而是一个代表人的身份。然而，事实上，投服中心是普遍性地持有在上海证券交易所和深圳证券交易所上市的以及未来将在这两个交易所上市的所有上市公司的股票。截至2022年，投服中心共持有4000余家上市公司股票，成为沪深交易所所有已上市公司的股东。因此，投服中心在特别代表人诉讼中是带有双重的身份，即既是原告又是诉讼代表人。但《规定》的制度安排恰恰是对投服中心的现状以及民事诉讼学理上关于"代表人必须同时是案件当事人"的传统认识的置若罔闻。《规定》忽略投保机构作为投资者的身份目的之用意何在？是因为投保机构的当事人身份与其作为具有特殊职能的公益性机构这两种身份之间有冲突，并可能妨碍其公益机构职能的正当行使？与此相关的种种问题无疑还需要理论上的进一步厘清和实践中的检验探讨。

结　语

《证券法》以及《规定》对投资者权利保护系统以及中国版证券集体诉讼的全新打造和科学构建，不仅是因应我国资本市场发展和司法实践需求的重大举措，同时是我国证券民事诉讼迈向新阶段的重要标志。当然，中国版证券集体诉讼的成熟完善绝非旦夕可成，未来还需要诸多民事诉讼配套制度的改革，乃至更深层次的司法机制的改革。而在我国更为广泛的市场运行环境与司法体制互动推进的过程表明，审判机关、监管部门以及行业组织等各方力量之间需要更为科学合理、彼此配合、协同有效的制度安排，才能把中国版证券集体诉讼的制度优势更好地转化为我国资本市场的治理效能。

第九章 证券民事赔偿诉讼取消前置程序的司法应对

最高人民法院《关于审理证券市场因虚假陈述引发的民事赔偿案件的若干规定》（法释〔2003〕2号，下称《若干规定》）确立了证券民事赔偿诉讼的前置程序，即投资者要对虚假陈述行为人提起民事赔偿诉讼，除应满足《民事诉讼法》规定的起诉条件外，还要以有关机关的行政处罚决定或者人民法院的刑事裁判文书为依据。① 该前置程序作为我国司法实践因应资本市场发展的权宜制度安排，历行近20年，为避免滥诉、解决投资者举证难等问题发挥了有目共睹的功效，② 但因其限制了投资者的诉权也饱受诟病。为此，2015年12月24日，最高人民法院在《关于当前商事审判工作中的若干具体问题》中曾提出，"因虚假陈述、内幕交易和市场操纵行为引发的民事赔偿案件，立案受理时不再以监管部门的行政处罚和生效的刑事判决认定为前置条件"。2019年底最高人民法院出台的《关于证券纠纷代表人诉讼若干问题的规定》对前置程序也进一步放松，其第5条规定，适用普通代表人诉讼程序进行审理时，原告可以提交有关行政处罚决定、刑事裁判文书、被告自认材料、证券交易所和国务院批准的其他全国性证券交易场所等给予的纪律处分或者采取的自律管理措施等证明证券侵权事实的

---

① 《若干规定》第6条。
② 我国设置前置程序的缘由主要在于：（1）我国证券市场处于转轨时期，需要稳定与发展，若不加限制地受理虚假陈述案件，不利于证券市场的发展；（2）若不规定前置程序，案件数量可能过多，致法院无法处理；（3）可解决原告在起诉阶段难以取得证据的困难；（4）中国证监会及其派出机构专业性强，人民法院不可比拟。参见李国光主编《最高人民法院关于审理证券市场虚假陈述案件司法解释的理解与适用》，人民法院出版社，2003，第128~131页。

初步证据。此后，2020 年 7 月 15 日，最高人民法院发布的《全国法院审理债券纠纷案件座谈会纪要》（以下简称《债券纪要》），其中第 9 条关于"欺诈发行、虚假陈述案件的受理"规定，"债券持有人、债券投资者以自己受到欺诈发行、虚假陈述侵害为由，对欺诈发行、虚假陈述行为人提起的民事赔偿诉讼，符合民事诉讼法第一百一十九条规定的，人民法院应当予以受理。欺诈发行、虚假陈述行为人以债券持有人、债券投资者主张的欺诈发行、虚假陈述行为未经有关机关行政处罚或者生效刑事裁判文书认定为由请求不予受理或者驳回起诉的，人民法院不予支持"，从而实现了在债券欺诈发行、虚假陈述案件诉讼中前置程序的直接废除。2022 年 1 月 21 日，最高人民法院发布《关于审理证券市场虚假陈述侵权民事赔偿案件的若干规定》（法释〔2022〕2 号，以下简称"新司法解释"），其第 2 条明确规定"人民法院不得仅以虚假陈述未经监管部门行政处罚或者人民法院生效刑事判决的认定为由裁定不予受理"，最终实现了在证券虚假陈述案件诉讼中前置程序的彻底废除。前置程序的取消，势必对现有司法审判活动的诸多环节造成重大影响。从审判实践出发，前置程序取消后的司法应对，包括诉讼时效的起算、揭露日的认定、重大性的认定、原告举证能力的补强、防范滥诉、民事诉讼与行政执法的协同等已是迫在眉睫的课题，攸关我国资本市场行政监管与司法审判的有效应对及协同配合，内应我国资本市场的长远健康发展与良性系统生态。是故有必要从理论维度和实践视角对前置程序取消的证券民事赔偿制度的整体运行以及重要环节加以审视反思，修正既有的应急性的立法理念与制度设计，积极建构适应本土国情、具有中国特色的科学高效的证券民事赔偿责任制度。

一　揭露日的确定

虚假陈述民事赔偿案件中的揭露日认定，直接关系到原告资格、胜诉权、赔偿范围和损失计算等，是司法实践中非常复杂的关键问题。[①] 在前置程序背景下，投资者对虚假陈述行为人提起民事赔偿，是以有关机关公布对虚假陈述行为人作出行政处罚决定之日以及人民法院刑事判决生效之日

---

① 参见宋一欣《虚假陈述民事赔偿诉讼制度若干问题的思考》，《法律适用》2003 年第 4 期。

为诉讼时效起算之日。前置程序取消后，诉讼时效的起算无法再以前述行政处罚决定之日或刑事判决生效之日为节点，只能依据民法中关于诉讼时效期间应从权利人知道或者应当知道权利被侵害时起计算。而通常情况下，投资者知道或者应当知道其权利被侵害要等到揭露日。① 因此，在取消前置程序前提下，揭露日的认定对民事赔偿案件具有不同寻常的多重价值意义，它不仅是判断投资者范围及损失以及与虚假陈述因果关系的关键因素，也是整个民事赔偿诉讼时效的起算点，因而司法活动中对揭露日的认定既要符合法理又要呼应实践。

（一）揭露日的实质认定标准

关于揭露日的认定问题，《若干规定》第20条规定：虚假陈述揭露日，是指虚假陈述在全国范围发行或者播放的报刊、电台、电视台等媒体上，首次被公开揭露之日。虚假陈述更正日，是指虚假陈述行为人在中国证券监督管理委员会指定披露证券市场信息的媒体上，自行公告更正虚假陈述并按规定履行停牌手续之日。可见，《若干规定》仅规定了媒体揭露日以及虚假陈述行为人自我更正日两种情形。然而，司法实践中，法院对于揭露日的认定主要包括六种情形，即立案调查公告日、处罚事先告知书公告日、处罚决定公告日、媒体揭露报道发布日、上市公司自行揭露日及行政监管措施决定公告日，最常见的情形则是将行政机关立案调查日、行政处罚事先告知日认定为虚假陈述揭露日。为此，新司法解释立足实践，对虚假陈述揭露日的认定进行了完善。其第8条规定："虚假陈述揭露日，是指虚假陈述在具有全国性影响的报刊、电台、电视台或监管部门网站、交易场所网站、主要门户网站、行业知名的自媒体等媒体上，首次被公开揭露并为

---

① 特殊情况下，投资者也可能在揭露日之前通过个人途径知道了上市公司造假，即便这时候投资者去起诉，就该个人投资者而言，其诉讼时效的确定法理上应以其知道上市公司造假致其利益受损起算，但鉴于证券民事赔偿纠纷是群体性案件，一个案件起诉后往往会引起巨大的连锁反应，很快会有一系列的案子起诉到法院，而这也是证券民事赔偿案件与普通民事案件的重要区别。正是基于这个群体纠纷的特性以及为便于群体纠纷后续的代表人诉讼、示范判决等措施的推进，即便不同的投资者，可能各自知道权利被侵害的时间并不相同，但就整个证券民事赔偿案件而言，还是要确定一个揭露日，并将揭露日作为该案件所有原告（投资者）共同的诉讼时效起算日，即以大多数投资者知道或应当知道权利被侵害为诉讼时效的起算点。这样，揭露日也就成为虚假陈述民事赔偿案件诉讼时效的起算点。

证券市场知悉之日。人民法院应当根据公开交易市场对相关信息的反应等证据，判断投资者是否知悉了虚假陈述。除当事人有相反证据足以反驳外，下列日期应当认定为揭露日：（一）监管部门以涉嫌信息披露违法为由对信息披露义务人立案调查的信息公开之日；（二）证券交易场所等自律管理组织因虚假陈述对信息披露义务人等责任主体采取自律管理措施的信息公布之日。"

尽管新司法解释相较《若干规定》，对揭露日的规定有了实质改进，然而，要在形式多样的表达方式中科学确定揭露日，还是需要从法理上厘清揭露日的本质特征进而明确揭露日的认定标准才能满足司法实践的需求。

根据《若干规定》及新司法解释之规定，结合司法实践，目前人民法院认定虚假陈述揭露日主要考虑揭露内容的相关性、揭露主体的权威性和揭露时间的首次性。对此，笔者以为，鉴于揭露日的核心要义在于，揭露日所揭露的事项是对虚假陈述行为的首次公开揭露，且足以对证券市场发出具有充分警示作用的信号，以提醒投资者重新判断标的证券的价值，因此，"首次+实质性揭露+市场反应"三足鼎立才能揭示揭露日的本质特性，也只有这三者的有机结合才能实现揭露日的准确认定。

1. 关于首次

首次是揭露日的时间要求，它是指针对上市公司虚假陈述，先后出现多份揭露程度不同、来源各异的媒体报道或行政机关的公告信息时，要以最先同时满足实质披露内容与市场反应要求的揭露时点认定为揭露日。

实践中，由于市场对虚假陈述行为的揭露从发现到实质摸清往往需要一个或长或短的过程，其间可能先后出现揭露程度不同、来源各异的媒体报道或各类公告消息。一般而言，虚假信息首次被揭示公开后对证券市场以及标的证券价格的刺激最为强烈，而在此后标的证券利好或风险逐步释放的过程中，市场反应势必渐趋平静。所以，将"首次"作为揭露日的时间要求，才能最大限度地把因虚假陈述行为被揭露导致股价波动而产生的损失计入可索赔范围，从而最大限度地起到保护投资者的作用。[1] 但是，值

---

[1] 参见孙超《证券虚假陈述中三个时间基点的意义与认定》，《人民司法（案例）》2018年第17期。

得注意的是，这个"首次"是相对意义上的而不是绝对的，如果相关媒体信息或公告信息缺乏实质性揭露内容，即便首次涉及虚假陈述的事实也无法构成揭露日。例如，在紫鑫药业案中，尽管与此案相关的新闻报道很多，但长春市中级人民法院经认真审查后将一个由记者实地调查写出的内容详尽且经新华网转载后被大量传播的报道公开日认定为揭露日。[①] 其认定机理就在于只有达到实质性揭露要求的"首次"才符合揭露日的立法本意。

2. 关于实质性揭露

实质性揭露是揭露日的内容要求。所谓实质性揭露，主要包括真实、准确、完整、及时的揭露要素。由于《若干规定》及新司法解释对于揭露的确定性和完整性等未作规定，造成实践操作中弹性过大，难以把握。笔者以为，由于揭露的根本目的就在于向证券市场释放警示信号，而只有这种揭露信号的警示强度足以提醒投资者重新判断标的证券的价值才是确定揭露日的应有逻辑。因此，在确定揭露日时，应当考察揭露行为是否与虚假陈述行为相一致以及能否直接、清晰、充分地揭示标的证券的投资风险。不过，正如《九民纪要》[②] 第 84 条所言，虚假陈述的揭露和更正，是指虚假陈述为市场所知悉、了解，其精确程度并不以"镜像规则"为必要，不要求达到全面、完整、准确的程度。换言之，认定揭露日既要求实质性揭露虚假陈述行为，但又不要求全面完整事无巨细地精准披露。

3. 市场有明显反应

市场反应是揭露日的结果要求。不过，《若干规定》并未将"导致市场价格异常波动"或者"对市场价格产生影响"作为认定虚假陈述揭露日的条件。新司法解释也只是含糊地规定，"人民法院应当根据公开交易市场对相关信息的反应等证据，判断投资者是否知悉了虚假陈述"。对此，理论上有关市场反应应否成为认定揭露日的必要要素，主要有两种观点。"肯定说"观点认为，只要存在虚假陈述揭露，必有市场的陡峭反应和剧烈波动，

---

① 参见孙小新诉吉林紫鑫药业股份有限公司等证券虚假陈述责任纠纷案，（2014）长民四初字第 77 号民事判决书。

② 指最高人民法院 2019 年 11 月 14 日发布的《全国法院民商事审判工作会议纪要》。

市场反应是确立揭露日的首要判断标准。[①] "否定说"观点认为，证券市场应当反映市场流动信息，但因证券市场发达程度、市场各种因素存在状况的不同，揭露信息并不必然导致证券市场剧烈波动。证券市场波动原因众多，揭露信息存在只是可能性之一。因此，市场的剧烈反应并不是判定虚假陈述揭露日的必要条件。[②] 笔者以为，从逻辑上而言，不完全排除在虚假陈述被揭露时因整个证券市场行情良好或标的企业本身同时可能具备诸多利多消息的情形，因此，此时的虚假陈述揭露可能未必产生市场的陡峭反应或者剧烈波动。但是，通常情形下，由于揭露行为实质披露了与投资者认知并不相符的上市公司经营的真相，势必引起标的证券价格的异常波动。而且，虚假陈述被揭露的本质意义就在于对证券市场发出警示信号，提醒投资者重新判断标的证券的价值，进而对标的证券价格产生影响。如果揭露行为发生后证券价格并无异常波动，就难以说明证券市场对该揭露行为有所反应，也就难以证明该揭露行为对投资者起到了足够的风险警示作用。此外，标的证券价格无波动也就不导致投资者损失，后续民事赔偿之举也就无从谈起。所以，实质揭露与市场反应是相辅相成、互为表里的，实质披露是内在原因，市场反应是外在表现。也正因此，司法实践中，相当多法院将揭露行为是否对标的证券价格产生影响作为判断揭露日的标准之一。申言之，在具体实务中，只有市场价格急剧波动，才可以认为市场得到了足够的警示信号，从而考虑将该价格剧烈波动日认定为揭露日。

（二）实践中应注意把握的两个问题

由于实践中对上市公司虚假陈述揭露的形式多种多样，个案情形不一，结合不同的揭露形式，值得关注以下两个问题。

1. 媒体揭露方面要弱化揭露主体的权威性，而强化揭露信息的广泛传播性

《若干规定》将虚假陈述公开途径限定在"全国范围发行或者播放的报

---

① 参见陶雨生、武峰、刘磊《投资者索赔的分水岭——关于"虚假陈述揭露日"的确定》，《中国律师》2009年第7期。

② 参见张勇健《论虚假陈述侵权行为的几个时间点》，《法律适用》2003年第4期。

刊、电台、电视台等媒体上",这是因为通常情形下全国性的媒体具有受众广、传播快、可信度高等特点,能够最大限度地起到警示作用。新司法解释在仍然强调媒体的"全国性影响"的前提下,将媒体的范围从"报刊、电台、电视台"扩大到了"监管部门网站、交易场所网站、主要门户网站、行业知名的自媒体等媒体上"。实践中,由于上市公司必须在证券监管机构指定的信息披露网站或报刊(如《中国证券报》、沪深交易所网站、巨潮资讯网等)上披露公告,因此,对监管部门网站等通常不存在"揭露主体权威性"的争议。但是,随着当今社会网络自媒体的高度发达,将新闻媒体报道日作为揭露日的情况下,对传统"全国性的媒体"的限定不能作绝对化的理解。事实上,一些地方传媒拥有比全国性媒体更为庞大的受众,尤其是一些网络"大 V"的影响传播力远甚于一般的新闻媒体。因此,从揭露日的实质目的出发,要弱化揭露主体的权威性,而强化揭露信息的广泛传播性。例如,如果某家非全国性媒体对某虚假陈述行为进行了揭露,而该揭露信息迅速被广泛转载,并导致了标的证券价格的异常波动,就足以表明该媒体揭露信息具备了全国性的影响,则该非权威性媒体的报道也可作为确定揭露日的依据,[1] 而不能机械地以该媒体不符合"全国范围发行媒体"的要求而否认其揭露日的实质特性。因此,最高人民法院曾专门指出:"媒体揭露行为是否可以作为虚假陈述揭示日,可与相关股票是否停牌挂钩,其引起价格急剧波动导致停牌的,则可以认定其揭露行为的时日为虚假陈述揭露日。"[2] 不过,鉴于不同媒体的调查报道基于不同的缘由往往带有较强的主观色彩,司法实践中要将媒体的采访报道认定为虚假陈述揭露日应当保持足够的谨慎辨析。

2. 弱化执法机关的影响力,强调公告内容的实质性披露

司法实践中,相较于新闻媒体揭露、上市公司自行更正等揭露形式,行政机关的立案调查公告、行政处罚事先告知书公告以及行政处罚决定公告无疑是更为权威也更为常见的揭露日形式,但在处罚决定事先告知书公告日与立案调查通知书公告日何者应认定为揭露日的考量中,尽管常规的

---

① 参见张保生、朱媛媛《证券虚假陈述揭露日的认定及判例分析》,金杜律师事务所网站。
② 李国光主编《最高人民法院关于审理证券市场虚假陈述案件司法解释的理解与适用》,人民法院出版社,2003,第264页。

立案调查通知书并无实质揭露事实真相，但一些法院仍然以其时间优先以及市场反应较大就认定为揭露日。对此，笔者以为，揭露日的认定必须坚持实质性披露标准，否则不能对市场起到足够的准确的警示作用。即便某些立案调查通知书明确了上市公司因涉嫌存在虚假信息披露行为已被立案调查的事实，甚至明确写明"敬请投资者注意投资风险"之类言辞，而且也引起相关股票价格的异常波动，但该揭露是因为行政机关的权威性而导致股票价格波动进而影响投资人的投资决策，并非投资者知道了虚假陈述事实真相从而重新判断股票价值。这种由于行政机关的威慑力而导致的股价波动是非理性的，也不符合揭露日的立法逻辑。事实上，只有实质性披露后，投资者清楚完整地了解了虚假事实之后才有可能真实地影响其投资决策。但实践中更为棘手的问题是，尽管立案调查通知书中通常并没有准确完整地揭露证券虚假陈述事实，但证监会立案调查通知书一发布，相关证券价格大跌，而等到处罚决定书等实质披露时，相关证券价格还要再次大跌，从而造成投资者的二次损害。与此相类似，证券监管机构对上市公司出具警示函等监管措施时，也可能引发相关证券价格波动，从而造成投资者以及上市公司不应有的损失。对此，笔者以为，针对并没有实质披露引发的类似监管措施导致的股价波动，一方面，监管机构在出具警示函等监管措施时应当更为慎重；另一方面，也可以在计算民事赔偿损失时对相关变量作必要的修正。

二　重大性的认定

"重大性"概念是信息披露制度的重要构成，也是认定虚假陈述并承担民事责任的基本要素。在前置程序前提下，虚假陈述所涉信息的重大性已经在行政处罚或刑事裁判中得到解决，因此法院在案件审理中对虚假陈述的重大性大多予以直接认定。前置程序取消后，法院需要对相关虚假信息是否具备重大性作出判断，这就需要进一步明确重大性的认定标准和实践操作流程。

（一）厘清重大性的实质认定标准

在信息披露制度中，对一个具体信息是否具有重大性，是事先抽象界定的，而不是事后实证分析确定的。新司法解释第 10 条规定："有下列情形之一的，人民法院应当认定虚假陈述的内容具有重大性：（一）虚假陈述的内容属于证券法第八十条第二款、第八十一条第二款规定的重大事件；（二）虚假陈述的内容属于监管部门制定的规章和规范性文件中要求披露的重大事件或者重要事项；（三）虚假陈述的实施、揭露或者更正导致相关证券的交易价格或者交易量产生明显的变化。前款第一项、第二项所列情形，被告提交证据足以证明虚假陈述并未导致相关证券交易价格或者交易量明显变化的，人民法院应当认定虚假陈述的内容不具有重大性。"而按照《证券法》第 80、81 条中关于信息披露的要求，我国确立的"重大性"标准主要是看该信息与股价的关系。[①] 但在中国证监会发布的《上市公司信息披露管理办法》中，其第 11 条针对"招股说明书"以及第 19 条针对上市公司"定期报告"规定了"凡是对投资者作出投资决策有重大影响的信息，均应当披露"；但其第 30 条第 1 款针对"临时报告"则规定"发生可能对上市公司证券及其衍生品种交易价格产生较大影响的重大事件，投资者尚未得知时，上市公司应当立即披露，说明事件的起因、目前的状态和可能产生的影响"。[②] 可见，我国现行立法对虚假陈述"重大性"的认定判断标准并不统一，对不同报告情形有时采"价格敏感标准"，有时采"投资决策敏感标准"。从比较法角度观察，成熟市场通常两个标准兼具。对"投资决策敏感标准"而言，其侧重于该信息的披露是否会对投资者的投资决策产生实质性影响；对"价格敏感标准"而言，其落脚在该信息披露是否会对相关股票价格产生实质性影响。笔者以为，这两个标准在具体适用中各具特点。"价格敏感标准"相对客观，容易以"事后的、客观化的指标对虚假陈述的效果进行检验"，并通过虚假陈述行为对证券交易价格和交易数量的影响效

[①] 《证券法》第 80 条规定："发生可能对上市公司、股票在国务院批准的其他全国性证券交易场所交易的公司的股票交易价格产生较大影响的重大事件，投资者尚未得知时……"。第 81 条规定："发生可能对上市交易公司债券的交易价格产生较大影响的重大事件，投资者尚未得知时……"。

[②] 《上市公司信息披露管理办法》，中国证券监督委员会第 40 号令，2007 年 1 月 30 日公布实施。

果加以佐证;[1] "投资决策敏感标准" 主观性较强,可以满足法官对 "自由裁量权" 的客观需要。但鉴于这两个标准内涵与逻辑上的关联性,两种标准在不同情形下可以选择适用也可以结合适用。

(二) 规范司法实践的操作标准

《九民纪要》第 85 条关于 "重大性要件的认定" 指出:审判实践中,部分人民法院对重大性要件和信赖要件存在混淆认识,以行政处罚认定的信息披露违法行为对投资者的交易决定没有影响为由否定违法行为的重大性,应当引起注意。重大性是指可能对投资者进行投资决策具有重要影响的信息,虚假陈述已经被监管部门行政处罚的,应当认为是具有重大性的违法行为。在案件审理过程中,对于一方提出的监管部门作出处罚决定的行为不具有重大性的抗辩,人民法院不予支持,同时应当向其释明,该抗辩并非民商事案件的审理范围,应当通过行政复议、行政诉讼加以解决。结合该规定,笔者以为,司法实践中,应将行政处罚决定或司法机关裁决作为认定构成 "重大性" 的直接依据,但在缺乏行政处罚决定或司法机关裁决的前提下,要采用 "价格敏感标准" 同时兼顾 "投资决策敏感标准" 要求,具体情形具体把握重大性认定。

首先,以行政处罚决定或司法机关裁决为认定构成 "重大性" 的直接证据。

上述《九民纪要》第 85 条明确指出, "虚假陈述已经被监管部门行政处罚的,应当认为是具有重大性的违法行为"。这种以行政处罚推定 "重大性" 是具有相当的合理性和操作意义的。[2] 有观点指出,中国证监会、财政部以及其他行政机关作出的行政处罚预决定、责令限改通知、处理意见、检查公告,证券交易所的公开谴责、公开通报,证券业协会作出的处分意

---

[1] 参见吕贤《上市公司 "虚假陈述" 纠纷之 "重大性" 判断》,载搜狐网,https://www.sohu.com/a/418740415_654618,最后访问日期:2020 年 9 月 17 日。

[2] 最高人民法院原副院长李国光曾在 2003 年相关司法解释发布时阐明,虚假陈述所涉及的重大性问题应当在前置程序中得到解决,民事案件审理中可不涉及而当然认定。参见汤欣、张然然《虚假陈述民事诉讼中宜对信息披露 "重大性" 作细分审查》,载《证券法苑》第 28 卷,法律出版社,2020。

见、证券欺诈自我更名的工作文件等应作为一项核心证据来适用，而不是一种行政预裁方式。[①] 事实上，依据我国《民事诉讼法》第 72 条之规定，"经过法定程序公证证明的法律行为、法律事实和文书，人民法院应当作为认定事实的根据。但有相反证据足以推翻公证证明的除外"。笔者以为，在证券民事赔偿案件中，行政机关对违法行为人的行政处罚决定或公告在性质上可以视为经过法定程序的公证证明文书，在诉讼中具有不同于一般证据的证明力。人民法院可以将行政机关经过调查确认并依法作出的行政处罚决定视为证明被告具有虚假陈述并具有"重大性"的直接证据，但应该允许被告在有相反证据时推翻其具有违法行为或"重大性"要件的存在。

其次，两种标准可以相互结合，但客观标准优先适用。

如前所述，因"价格敏感标准"将股票价格变化幅度作为虚假陈述行为影响的判断标准，因其量化标准更加客观，实务中更具可操作性，因此，在缺乏"有关机关出具行政处罚或者生效刑事裁判文书"的情形下，人民法院应该优先通过"可能对股市交易价格产生较大影响"对重大性加以判定，同时也可以结合"投资决策敏感标准"加以考量。但值得强调的是，如果适用影响投资者决策标准的，应以一般理性投资者为基本标准来加以判断，而不能按专业投资人士的标准来判断，即应该看该虚假陈述是否影响一般理性投资者的投资决策，笼统以虚假陈述对特定投资者的交易决定没有影响为由否定行为本身的重大性是不可取的。

三 举证责任的综合配置

在前置程序下，人民法院将行政处罚决定以及刑事裁判文书等直接作为证据使用，因而很大程度上免除了原告投资者的举证责任。前置程序一旦取消，投资者只能通过自身的力量和违法行为人在诉讼中互相博弈，而无法借助行政或刑事的公权力量。同公权力机关相比，投资者个体举证能力差，证据采集手段落后，因而有必要对前置程序中借助行政或刑事的公权力承担的举证责任在前置程序取消后作必要的分担安排，以尽量弥补投

---

① 参见刘雯亮《盘点证券市场投资者权益保护 10 年：我们一起走过的维权路》，《证券时报》2012 年 3 月 19 日。

资者客观的举证能力欠缺的短板。对此，笔者以为，在尽量增强证券律师调查取证效能的基础上，针对证券民事赔偿案件的特性，实行举证责任的综合配置是较为现实可行的司法应对举措。

从传统法理出发，举证责任的分配标准是依据法律规则来明确分配的，但毋庸置疑，在具体案件中，举证责任又必须由法官根据对法律规范的理解来"分配"。[①] 针对证券民事赔偿案件，在前置程序前提下，由于行政处罚决定以及刑事裁判文书等直接证明了违法行为以及重大性的存在，而《若干规定》对因果关系的成立又采取了信赖推定的规则，所以，原告只需证明其在虚假陈述日之后买入证券、揭露日（更正日）之后卖出或继续持有证券的事实，法院就应该推定被告虚假陈述行为与原告投资损失之间存在因果关系，从而将证明因果关系不成立的责任转移到被告身上，同时赋予了被告通过证明抗辩事由的存在而免责的机会。[②] 在前置程序取消后，投资者必须自行证明虚假陈述违法行为以及重大性的存在。鉴于证券违法行为的技术性、隐蔽性、复杂性等特点，完全由投资者对违法行为以及重大性的存在承担举证责任是不现实的。由于现行《民事诉讼法》并未明确规定证券民事诉讼案件的特殊举证责任分配，因此，在具体案件中，法官可以根据对法律规范的理解，在要件事实、初步举证责任、反驳证据的证明程度、消极事实的举证责任等方面来合理"分配"举证责任。这种举证责任的"分配"是否妥当与案件结果密切相关，而正确的"分配"举证责任无疑能促进个案公平，推动社会正义。

（一）证券民事赔偿案件举证责任配置的基本考量

如果生搬硬套地按照实体法中权利要件的规定并辅以《民事诉讼法》举证责任之一般规则来确定某些特殊类型案件中当事人的举证责任分配，很可能因举证责任分配失衡导致不公平的结果。最高人民法院 2008 年修订的《关于民事诉讼证据的若干规定》第 7 条曾规定，"【法院对举证责任分

---

① 参见丁义平《民事举证责任分配不当：原因剖析与解决路径——以最高人民法院 209 个民事案例为样本》，载《司法改革论评》2018 年第 2 辑，厦门大学出版社，2019。

② 参见汤欣《〈证券法〉第 69 条有关虚假陈述民事责任制度之研究》，载《中国资本市场法治评论》（第二卷），法律出版社，2009，第 220~221 页。

担的裁量】在法律没有具体规定，依本规定及其他司法解释无法确定举证责任承担时，人民法院可以根据公平原则和诚实信用原则，综合当事人举证能力等因素确定举证责任的承担。"具体运用到证券民事赔偿案件中，法官在如何综合配置当事人之间的举证责任时，应主要基于以下两点加以考量。其一，举证责任的难易分配要符合经济原则。就信息获取能力和专业技能来说，上市公司及其高管无疑处于优势地位。而更为重要的是，根据证券法有关信息披露制度的规定，应披露的信息主要是证券发行人、上市公司的经营状况。有关发行人、上市公司经营状况的信息是其自己掌握的信息，因此，发行人、上市公司应当对其已公开信息的真实性、充分性和准确性负法律责任。基于此，让发行人、上市公司提供其已公开信息的真实性、充分性和准确性的证据并不会增加这些信息披露义务人额外的负担；而对普通投资者而言，限于其知识、经验、精力、资金和信息等诸方面的不足，其在举证方面无疑处于劣势。因此，在虚假陈述违法行为及重大性举证责任的配置中，用过错推定和举证责任倒置就比较合理。这种举证责任配置既不会对信息披露义务人造成额外的负担，反而能够促进其更加规范地履行信息披露义务。其二，举证责任分配要与证券立法宗旨相吻合。证券法以保护投资者权益为宗旨，这是由证券市场的运行特点和投资者在证券市场中的地位所决定的。公众投资者在市场信息的判断能力和风险的承受能力等方面，处于相对弱者的地位。我国资本市场实践中，公众投资者与上市公司、中介机构、大投资者、公司高管的实力明显失衡，以至于公众投资者已经成为上市公司治理水平落后和市场违法行为猖獗的主要受害者。[1] 鉴于中小投资者分散的多元利益和天然的弱势地位，能否在一定程度上保护投资者应当是证券市场相关制度安排的初衷。根据相关法理，在发行人、上市公司过错认定方面采取过错推定的归责原则或必要的举证责任分担规则，是为了对投资者进行倾斜性的保护，无疑是必要的也是合理的。总而言之，上述举证责任在配置时倾向于投资者的设置归根结底还是基于公平原则和诚实信用原则的考量。

---

[1]　参见陈洁《证券法应明确投服中心的功能定位》，《中国证券报》2016 年 12 月 13 日。

（二）具体情形下举证责任的综合配置

司法实践中有观点指出，法院可通过举证责任交替转换、推定、初步举证责任适当降低、依职权调查取证及向最高人民法院请示批复等方式，对举证责任分配进行调整。[①] 借鉴该观点的合理性，具体到证券民事赔偿案件中，笔者以为，主要做好以下三方面的举证责任的综合配置。

首先，适当降低投资者的初步举证责任。依据诉讼法理，主张法律关系存在、变更、消灭或者权利受到妨害的当事人，应当对该法律关系存在、变更、消灭或者权利受到妨害的基本事实承担初步举证责任。但在证券民事诉讼中，应当注意两种情形。一是虚假陈述隐蔽性强，当事人尽其所能，诸如查了上市公司年报、审计报告之类，依然不足以认定上市公司虚假陈述时，法院可以综合案件实际情况让对方举证其没有虚假陈述。二是投资者的初步举证责任并非要达到公权力机关行政处罚时达到的高度盖然性或排除合理怀疑的标准。依据经验法则和逻辑推理、初步证据，法官在不排除其他可能性的情形下，可以综合推论有该基本事实的存在。实践中，在上市公司没有提供足以使该初步证据所证明的事实陷入真伪不明时，该初步证据所证明的事实可以认为达到了民事诉讼法举证责任的证明标准。此外，原则上只要有监管部门的立案调查、权威媒体刊载的揭露文章并且存在市场股票价格的明显反应，对上市公司否认虚假陈述的抗辩，人民法院就不应轻易予以支持。

其次，通过举证责任分担证明重大性的存在。要证明重大性的存在就是要证明虚假信息影响了投资者的决策或影响了股票价格。如何影响投资者的决策可以由投资者承担举证责任，但证券价格的波动受多种因素影响，即使专业人士也难以确定各种不同因素对证券价格的影响程度，更遑论一般投资者。[②] 因此，在股票价格巨幅波动的原因力证明方面可以由上市公司承担举证责任，进而区分因欺诈行为造成的损害和正常市场风险带来的损害。

---

① 参见丁义平《民事举证责任分配不当：原因剖析与解决路径——以最高人民法院 209 个民事案例为样本》，载《司法改革论评》2018 年第 2 辑，厦门大学出版社，2019。

② 陈洁：《论证券民事赔偿中因果关系的推定——以虚假陈述引发的侵权损害赔偿为中心》载《法治与和谐社会建设》，社会科学文献出版社，2006。

最后，确定消极事实的举证倒置责任。因消极事实通常无法直接予以证明，因此，在准确界定案件基本事实并查明实体法相关举证规则后，对于案件中出现的消极事实，在原告方穷尽举证能力仍未查明事实的，应将消极事实的举证责任分配给被告。例如，当投资者无法举证证明自己不知道信息虚假时，那么，就应该由被告举证证明原告的投资决策不是依赖虚假的信息而作出的，或者原告明知该陈述为虚假而仍旧进行了投资交易。如果被告可以证明原告在交易中不存在信赖，因不存在交易的因果关系，原告就无法获得赔偿。①

四　民事诉讼与行政执法的协同

前置程序将行政处罚决定与民事诉讼的启动直接对应起来，客观上实现了行政处罚与民事诉讼的协同性与联动性。前置程序取消后，民事诉讼的启动不再以行政处罚为前提，这样实践中就可能出现诸多貌似或者确实需要行政与司法相协调的诸多似是而非的情形，例如，投资者先提起民事诉讼，法院判定构成虚假陈述，行政机关是否必须开展调查？民事诉讼与行政调查同时进行，法院判决不构成虚假陈述，行政调查应如何处理？民事诉讼与行政调查同时进行，行政机关认定不构成虚假陈述，法院应如何处理？投资者申请法院向行政机关调取正在调查程序中的证据，行政机关应如何处理？法院认为需要以相关行政调查结果为依据，是否可以中止审理等。要正确处理上述种种问题，主要应把握以下两个基本思路。

（一）要牢固树立民事责任与行政责任彼此独立的司法理念

责任，不论是民事责任、行政责任、刑事责任，还是违宪责任，都是行为人在违反法定义务时所应承担的法律后果；责任有预防、复原、惩戒之功能。形式不同，功能亦有差别，如刑事责任以惩戒为功能主导，而民事责任则以复原为功能典型。② 至于民事责任和行政责任，二者在法的强制性与公民合法权益保护的目的性方面有着诸多的类似与趋同，但它们在强

---

① 陈洁：《论证券民事赔偿中因果关系的推定——以虚假陈述引发的侵权损害赔偿为中心》载《法治与和谐社会建设》，社会科学文献出版社，2006。

② 参见曾世雄《损害赔偿法原理》，台湾三民书局，1996，第6页。

制程度、责任性质、承担方式及免除情形上的特征相异，从而构成二者于理论及实践领域相遇、竞合并适用特定处理规则的根本缘由。[①]

　　具体来说，民事责任是民事违法行为人所应承担的法律后果，其目的和作用主要是让侵权行为人以金钱进行损害赔偿，从而恢复因侵权行为而改变了的私人之间的权利义务关系。因此，民事责任主要体现为一种弥补损失关系，以弥补受害人的损失为目标，遵循"无损害就无赔偿"的原则。[②] 在资本市场上，证券民事责任就是从投资者损害出发，通过民事责任制度填补投资者损害。至于行政责任，是行政机关基于一般统治权而对违反行政法上的义务的个人或者法人所科处的制裁或者惩罚。它不局限于恢复权利义务关系的原状，可以超出原来的权利义务关系去追求惩罚或者预防违法行为的目的，以此实现公共利益所期待的行政秩序。在资本市场上，行政责任制度主要是抑制各种不当行为以维护市场秩序，并对违法行为者施以威慑、惩罚等制裁手段来促进资本市场的健康发展。归结起来，民事责任与行政处罚最重要的区别，主要有三。其一，具体目标上，行政处罚不是从当事人的权利出发，而是考虑是否违反相关监管规定。其二，归责原则上，民事责任中的损害赔偿是直接为保护被害人的利益服务的，为最大限度地实现这种目的，在民事责任的追究中，部分地采用了结果责任或者无过失责任的原则，即在特定情况下，不管行为人主观上是否具有过错，只要对他人造成了损害，就要承担侵权责任。而行政责任属于公法责任，作为行政违法行为的主观要件，行为人必须具有过错即故意或者过失才承担责任。其三，在举证责任以及证明程度方面，在民事责任的追究上一般是"谁主张谁举证"，在证明标准上采用"优势证据原则"，而行政责任通常由行政机关举证，且必须达到接近"排除合理怀疑"的证明程度。

　　正是由于民事责任和行政责任二者的价值取向与目标设定是不同的，导致其责任机制不同，因而二者之间是彼此独立的，不是必然的联动关系

[①]　参见胡肖华、徐靖《行政主体行政责任与民事责任竞合的数理分析》，《行政法学研究》2007年第2期。

[②]　参见黎宏《民事责任、行政责任与刑事责任适用之司法困惑与解决》，《人民检察》2016年第2期。

或可替代关系。在证券民事赔偿案件中,即便二者基于同一事实,但完全可以两个程序同时展开进行。即便在先提起民事诉讼的场合,法院对民事纠纷进行判断并作出判决,不必等待行政处罚的结果。同样地,在先提起行政调查的场合,即便当事人没有提起民事诉讼,也不必等到行政调查终结之后再考虑民事诉讼。在取消前置程序后,证券民事赔偿就可以不受"先刑后民"或者"先行后民"规则的限制,"行民并用",即对证券虚假陈述案件,可以分案审理,同时追究违法行为人的行政责任和民事责任。

（二）实践中应当把握的协调问题

如前所述,行政处罚是基于行为人违反行业规范或市场规范,追究其行为不当性,而不是从投资者损失出发,围绕有没有侵犯当事人的权利而展开,因此,尽管民事诉讼证据部分可能和行政处罚的有重合,但基于二者本质的差异,法院在民事审判中认定违法行为人的虚假陈述,不能取代行政机关的调查。但是,鉴于民事诉讼证据部分可能和行政处罚的有重合,为了避免行政机关和人民法院在认定行为人虚假陈述的结论上有矛盾,从而给证券市场造成不应有的困惑和负面影响,因此,在取消前置程序后,在法院民事审判在前、行政处罚在后的情形下,在法院和行政机关之间也需要必要的协同机制。主要体现在以下两方面。

1. 正确认识民事判决与行政处罚以及行政措施之间的关系

民事证明标准要低于行政证明标准,因此,通常情形下,承担民事责任的行为人未必会受到行政处罚。但是,在证券民事赔偿领域,由于行为人虚假陈述只有构成重大性才能承担民事责任,换言之,承担证券民事责任的虚假陈述行为一定是具有严重性的,因此,民事判决认定构成虚假陈述的,虚假陈述行为人一般要承担行政责任,即便可能不构成行政处罚,但必定要有行政措施。但是,由于行政措施针对的行政违法行为范围很广,实践中诸多被采取行政措施的信息披露违法行为,违反的是合规性的要求,并不当然涉及证券欺诈,未必造成投资者损害,所以,未必要承担民事责任。从这个意义上说,行政措施不一定有民事责任,但有民事责任必定有行政处罚或行政措施。从法理逻辑上看,这也是由于行政处罚与民事赔偿制度保护的法益不尽相同，在判断重大性问题上的出发点有差异导致的。[①]

2. 建立法院与行政机关之间必要的沟通协调机制

正是因为上述二者彼此独立又有证据关联的关系，民事审判过程中，在行政调查尚未启动或调查结果尚未公布的时候，人民法院如果确定行为人有重大虚假陈述，在民事判决后，审理法院可以提供司法建议书，告知行政机关相关案件线索及审判结果。当然，鉴于行政调查与民事诉讼不同的目标定位以及运行机制，行政机关是否启动调查以及如何采取行政措施由行政机关自行决定。简单地说，二者定案的结论可以参考，但如何立案调查则彼此独立自行决定。尤其是判决之前，人民法院与行政机关一般不需要相互沟通协调，以保持独立性。但针对特殊重大案件，必要时行政机关也可以前期介入，二者就个案建立必要的沟通协调机制。

---

① 参见汤欣、张然然《虚假陈述民事诉讼中宜对信息披露 "重大性" 作细分审查》，载《证券法苑》第 28 卷，法律出版社，2020。

第十章　证券市场先行赔付制度的引入及适用

　　证券市场的存在与发展有赖于投资者的市场信心，而投资者信心的维持有赖于公平的证券市场环境。投资者在因证券欺诈行为而蒙受损失时，能否得到公平而及时的补偿，则是证券市场公平与否及其程度的一个重要判断标准。旨在为因欺诈受损的投资者提供法律救济的证券民事赔偿制度，就是保护投资者权益、维护市场公平的重要法律机制。然而，现行证券民事责任制度存在功能性的障碍和结构性的缺失，致使我国中小股民能够通过民事诉讼维权获得赔偿的案例实属寥寥。在全面实行证券发行注册制的制度背景下，烦琐滞后的证券法律责任制度的"短板"效应将更加明显。为弥补当前证券民事责任制度实施机制之不足，2019 年最新修订的《证券法》第 93 条果断引入"先行赔付"制度，但如何在其具体适用上设置科学合理的规范措施与实施方案，是建构我国资本市场民事赔偿的新模式，消除迈向注册制时产生的投资者市场疑虑的重要措施。

一　先行赔付制度的功能及其引入的必要

　　所谓"先行赔付"，是指在证券市场中发生虚假陈述案件时，在对发行人、上市公司等市场主体据以承担赔偿责任的行政处罚、司法裁判作出之前，由虚假陈述民事赔偿责任的可能的连带责任人之一先行垫资向投资者承担赔偿责任，然后再由先行赔付者向未参与先行赔付的发行人、上市公司以及其他责任人进行追偿的一种措施。

　　根据先行赔付制度的内涵及其适用情形，可以看出先行赔付制度具有这样一些特征。①先行赔付制度适用于证券市场发生虚假陈述事件，并且该事件肯定最终导致对投资者进行赔偿的场合。因此，先行赔付的责任主体是对虚假陈述负有法律责任的主体，该主体具有复数的特点，一是同时有多个市场主体要承担相应赔偿责任，二是这种赔偿责任是连带责任；先行赔付的对象则是因虚假陈述而受损害的投资者，而且往往是不特定的公众投资者。②先行赔付的责任主体是虚假陈述事件的可能的连带责任人之一。如果只有一个责任主体，或者责任主体之间不存在连带责任，则不是先行赔付制度适用的场合。③证券市场中发生虚假陈述事件后，如果需要通过法院判决确定赔偿责任主体并最终得以执行判决，不仅司法过程本身就耗时费力，而且往往以证监会作出相应的行政处罚决定为诉讼程序启动的前置条件。因此，先行赔付中的"先行"，就是指先于法院判决之期，先于证监会作出行政处罚之期。④作出先行赔付的主体可以对没有参与先行赔付的责任主体进行追偿，在通常情形下，适用连带责任制度中的追偿规则。但需注意的是，履行先行赔付责任的主体只是表面上的连带责任人，最终未必一定会承担连带责任上的赔偿份额，也可能是经法院判决后不必承担赔偿责任的市场主体。这是因为，在发生虚假陈述事件时，法定连带责任人范围内的不同类型主体承担赔偿责任的构成要件并不相同。例如，发行人或上市公司，承担的是无过错责任；发行人或上市公司的控股股东、实际控制人、董事、监事、高级管理人员和其他直接责任人员以及承销的证券公司或者保荐人等，承担的是过错推定责任。因此，发行人或上市公司之外的作出先行赔付的主体，可能经法院审理后被确认为对虚假陈述事件没有过错，因而最终得以完全免责。至于先行赔付制度的功能，主要如下。

首先，快速实现证券市场安定，是先行赔付制度的主要功能。证券市场是高度信息化的风险急速传递的特殊市场。当证券市场上一个虚假陈述事件发生并经确定后，往往会引起证券市场的震动，甚至因信息传递效应而对证券市场秩序产生水波放大般的破坏性结果，并导致较多的证券投资者受到损害。对于这种事件，必须予以及时处理，从而控制损害、风险及失序的传播范围与烈度，否则不仅会影响证券市场秩序，在一定情况下，还会引起较大范围的社会秩序混乱。由于证监会对虚假陈述的调查、确认与处罚需要一定期限，法院对虚假陈述责任的审理、判决、执行也需要较长期限，再者，由于某种原因，如发行人、上市公司资金调度不灵而不能及时清偿，或者发行人、上市公司资不抵债，或者发行人、上市公司经营瘫痪而不能及时作出赔偿决策。因此，依照现行《证券法》和相关诉讼规则提供的制度措施，对于虚假陈述行为的民事赔偿责任的确定与执行，是欠缺及时性和早期稳定性的。这样一来，每当发生虚假陈述事件时，受损的投资者会因赔偿的不确定性而惶恐不安，涉及事件的证券业者之间会因各自责任的不确定性而影响营业规划，这样证券市场就会陷入较长时间的混乱当中。而先行赔付制度得以适用时，就会有一个或多个连带责任人出面先行承担责任。当某一责任人先行赔付后，其后的责任追究将发生在连带责任人之间，这样就会在对证券市场秩序影响较小的范围内，从容而妥善地解决最终的责任归属问题。这样一来，就会及时安定投资者的情绪，消除同业经营者的市场疑虑，制止不良市场信息蔓延，使得因虚假陈述事件而动荡的证券市场及早安定下来。

其次，先行赔付制度有利于及时维护证券投资者权益。先行赔付制度可以及时赔偿投资者的损失，有利于维护投资者的权益，避免因责任人之间的相互推诿和求偿程序复杂而导致投资者求偿无门。而且先行赔付易于获得投资者的谅解，避免因受害者群情汹汹而过于影响证券市场秩序甚至社会秩序。先行赔付的优越性其实是通过与诉讼解决纠纷方式相较而体现出来的。先行赔付作为一种诉讼外的和解方式，它通过当事人自愿协商，就赔付投资者损失达成协议并加以履行。这种和解方式，一方面兼顾了受损害的投资者与造成损害的赔偿主体的利益，另一方面又能够及时、充分地补偿投资人的损害，极大地克服了投资者通过民事诉讼寻求救济的耗时、举证责任的烦琐及维权成本的高昂。

最后，先行赔付制度可以提高证券业界的经营能力和信誉水平。在虚假陈述事件发生后，进行先行赔付的主体往往是证券业机构，如为证券发行承销的证券公司、证券发行的保荐人等。如果先行赔付是在虚假陈述事件发生后的一种应对安排，作出先行赔付的主体会积极和投资者达成赔偿和解，同时积极运用专业手段与其他责任人进行最终责任的谈判，从而提高证券业处理虚假陈述赔偿案件的水准与能力。如果是在虚假陈述事件发生前作为一种预防措施，则会促使作出先行赔付承诺的证券业者更为尽心尽力地履行职责，会采取更严密的措施防止出现导致先行赔付的虚假陈述事件的发生。可见，因先行赔付制度的实施对证券市场主体有约束效应，有利于约束证券业机构的经营行为和从业人员的专业行为，促使其审慎经营、依法依规经营，从而有利于提升证券业经营水平并维持证券行业形象。

然而，证券市场上的任何制度在功能上都是有利有弊的。先行赔付制度在发挥上述积极作用的同时，也可能潜在地对证券市场的有效性产生不良影响。其一，成本转嫁问题。在先行赔付制度下，要求因虚假陈述而承担民事赔偿责任的连带责任人，通常是保荐机构，先行垫资向投资者承担赔偿责任。这样的制度设计无疑会促使保荐机构在签订保荐协议时，通过约定收取更高额的保荐费或通过其他合约安排等方式，转移自己未来可能承担的责任。这种成本转嫁表面上直接但是分散地落到发行人或上市公司身上，最终会反映为发行人的股价构成因素，而实质上还是落在投资者身上。其二，道德风险问题。先行赔付制度相当于为投资活动提供了相对明确的赔付保障。这种确定性的保障，可能促使投资者放松对上市公司应有的风险识别和审慎投资，进而形成不当依赖证券违法行为民事责任制度的道德风险。

二　我国证券市场先行赔付的制度实践评析

在我国的证券市场运行与管理实践中，已经出现了先行赔付的做法。[1]即在发行人、上市公司因虚假陈述造成投资者损失时，保荐人、承销的证券公司、发行人或上市公司的控股股东、实际控制人等，可以单独或者部分多个责任人合作提供资金，对受损害的投资者予以先行赔付，然后再向未参与先行赔付的发行人、上市公司以及其他连带责任人进行追偿。例如，2012 年 9 月 14 日，证监会对万福生科（湖南）农业开发股份公司涉嫌财务造假等违法违规行为立案稽查。万福生科发行上市过程中，保荐机构平安证券、审计机构中磊会计师事务所及湖南博鳌律师事务所三家中介机构及相关责任人员涉嫌未勤勉尽责，出具的相关材料存在虚假记载，后续分别

---

[1]　先行赔付作为我国证券市场的制度创新，在"万福生科案""海联讯案""欣泰电气案"的实践探索中均取得了积极效果。

被立案调查。该案为首例创业板公司涉嫌欺诈发行股票的案件。万福生科于 2013 年 3 月发布自查公告,承认于 2008 年至 2011 年间累计虚增收入 7.4 亿元左右,虚增营业利润 1.8 亿元左右,虚增净利润 1.6 亿元左右。① 5 月 10 日,证监会公布了对万福生科案的处罚结果,宣布对万福生科罚款 30 万元;作为推荐万福生科上市的保荐人平安证券公司,也因在保荐过程中未尽到勤勉义务被处以 7665 万元罚款、暂停保荐资格 3 个月。② 在证监会对万福生科案的查处过程中,平安证券公司作为万福生科首次公开发行并上市的保荐机构及主承销商,推出了对受损投资者的先行补偿方案,并以自有资金 3 亿元设立"万福生科虚假陈述事件投资者利益补偿专项基金",委托中国证券投资者保护基金有限责任公司担任基金管理人。专项补偿基金采取"先偿后追"模式,即平安证券公司先以基金财产偿付符合条件的投资者,然后通过法律途径向万福生科虚假陈述的主要责任方及连带责任方追偿。万福生科的保荐机构平安证券公司主动履行对受损投资者的先行补偿义务,积极采取措施纠正万福生科的违法违规行为,减轻了对市场的负面影响。

在这一虚假陈述事件的处理中,平安证券公司主动承担先行赔付责任的做法,是国内证券市场发展过程中的第一次。这次以先行赔付解决矛盾并优先保障投资者权益的做法,以市场化的手段走出了一条投资者零成本获取补偿的和解之路,开创了我国资本市场投资者损失先行补偿的先河,也开启了我国资本市场虚假陈述民事赔偿的新模式,更为未来进一步探索如何更好地保护投资者、建立更为规范的市场规则提供了新思路。

平安证券公司采取先行赔付的处置措施,虽然是出于维护其市场信誉和专业机会的考虑,但因其及时稳定证券市场和尽快满足投资者赔偿要求的效果,受到了证券市场监管机构的肯定和鼓励,证券市场监管机构在行政处罚上对平安证券公司予以较轻处理。从社会各界对万福生科案中平安证券公司先行赔付的盛赞,以及证监会对平安证券处罚的"从轻发落",直

① 参见万福生科《关于重大事项披露及股票复牌的公告》,载和讯网,http://download. hexun. com/Txtdata/stock_detail_txt_62172643. shtml.

② 参见沈安贝《平安证券遭史上最严处罚,3 亿补偿投资者获肯定》,载第一财经网,http://www. yicai. com/news/2013/05/2694102. html,最后访问日期:2014 年 3 月 28 日。

至随后的监管规则以及《证券法》对先行赔付做法的吸收借鉴，都表明了先行赔付在实现对投资者补偿方面的重大价值。不过，在"万福生科案"以及"海联讯案"和"欣泰电气案"的先行赔付方案及其实施过程中，实际上还引发了许多问题值得分析探讨。

其一，先行赔付协议的效力问题。

先行赔付协议是证券民事纠纷的当事人双方自行达成的纠纷解决协议。这样的和解协议，属于诉讼外的和解协议，由于没有公权力的介入，和解协议也被认为是私法行为的结果。对于先行赔付的和解协议而言，由于一方是连带责任人之一或部分，另一方是多数的不特定公众投资者，对于先行赔付的和解协议能否拥有强制执行力，法律应当设置相应的认可规则与处理程序。如果证券民事纠纷的赔偿主体不执行先行赔付协议，最终还是要进入审判程序予以解决。如果先行赔付的和解协议没有强制执行的法律效力，那么，不仅为先行赔付所作的前期努力徒劳无功，而且还会继续支出高额的诉讼成本，徒然增加负担。所以，如何解决先行赔付协议效力的执行力问题，至关重要。

在现行《证券法》修订之前，中国证监会《关于改革完善并严格实施上市公司退市制度的若干意见》以及交易所的相关规则都表示了对先行赔付措施的支持，[①] 但是这些制度化规定的规范层次较低，而且尽管恢复上市规则可能成为迫使违法行为人"主动"履行先行赔付的强大外在压力，但这些行业规则的性质本身使其无法从根本上解决协议的效力问题。至于现行《证券法》，尽管第93条明确规定"可以委托投资者保护机构，就赔偿

---

① 例如，2014年10月15日，中国证监会发布了《关于改革完善并严格实施上市公司退市制度的若干意见》，其中在"（八）重大违法暂停上市公司终止上市的例外情形"中明确规定，"对于上述因信息披露违法被暂停上市的公司，在证券交易所作出终止公司股票上市交易决定前，全面纠正违法行为、及时撤换有关责任人员、对民事赔偿责任承担作出妥善安排的，公司可以向证券交易所申请恢复上市。证券交易所应当在规定期限内作出同意其股票恢复上市的决定"。再如，《上海证券交易所退市公司重新上市实施办法（2015年修订）》规定，因重大违法退市公司提出重新上市申请时，要符合的条件之一就是"已对相关民事赔偿承担作出妥善安排并符合下列要求"，包括："1. 相关赔偿事项已由人民法院作出判决的，该判决已执行完毕；2. 相关赔偿事项未由人民法院作出判决，但已达成和解的，该和解协议已执行完毕；3. 相关赔偿事项未由人民法院作出判决，且也未达成和解的，公司及相关责任主体已按预计最高索赔金额计提赔偿基金，并将足额资金划入专项账户，且公司的控股股东和实际控制人已承诺：若赔偿基金不足赔付，其将予以补足。"

事宜与受到损失的投资者达成协议，予以先行赔付"，但并未对包括先行赔付协议效力在内的具体适用作可操作性规定。此外，虽然我国最高人民法院也早已认识到，只有实现非诉和诉讼的有效衔接，才能充分发挥非诉讼纠纷解决方式的作用，并于 2009 年制定了《关于建立健全诉讼与非诉讼相衔接的矛盾纠纷解决机制的若干意见》（法发〔2009〕45 号），但该意见主要是聚焦于人民调解协议的效力如何与诉讼机制对接，而对于类似先行赔付的和解协议效力如何与诉讼对接的规定，则仍处于规范空白状态。

其二，受损害的投资者的选择权问题。

要使诉讼外和解成为解决证券民事纠纷的有效手段，需要以保障投资人提起诉讼和诉讼外和解的选择权为前提。尽管先行赔付的制度目标就是为了尽快补偿投资者，但由于投资人出于不同的利益权衡，投资者对先行赔付协议也会有自己的理解。因此，必须尊重投资者的主体地位，保障投资者的选择权。只有赋予当事人充分的选择权，才能够为当事人提供实现其利益最大化的机会。投资人选择证券赔偿主体的和解方案，其根本前提在于投资人对赔偿主体所提出的和解方案的认可。如果投资者不愿意接受和解方案，也不意味着丧失权利，仍可以到人民法院提起诉讼。[1]

万福生科案中平安证券公司设立专项赔偿基金的《和解协议函》中，就有关于接受和解就需要放弃诉讼权利的条款，但其中也同时规定，如果投资人不同意此和解方案，可以采取诉讼等方式来进行救济。平安证券公司在《〈平安证券有限责任公司关于设立万福生科虚假陈述事件投资者利益补偿专项基金的公告〉问答》和其起草的《和解承诺函》中，明确说明了两点：一是如果投资者选择用该专项基金进行赔付，就必须和平安证券签订《和解承诺函》，同时放弃对万福生科起诉和追偿的权利；二是如果投资者确对补偿方案持有异议，或不愿接受补偿方案，可通过司法途径解决损失补偿问题。现在可能面临的一个问题是，如果投资者采取双向通吃的维权策略，法律制度对此将采取何种态度？所谓"双向通吃"是指，投资者

---

[1] 参见徐科《尽快修改囊括虚假陈述等的综合性司法解释——专访中国人民大学民商研究所所长刘俊海》，《证券日报》2013 年 5 月 15 日。

一方面接受先行赔付，以求落袋为安；另一方面又参加对赔偿责任人的诉讼，以求更多利益。对于投资者试图"双向通吃"的请求，承担先行赔付的主体以及其他连带责任人，当然可以已有"先行赔付和解协议"在先而进行抗辩。但是，对于未参加先行赔付的连带责任人，其抗辩的效力究竟如何，应当以法律明确规定，以免徒增争议。笔者认为，应当授予承担先行赔付责任的主体法定代理权，其与接受先行赔付的投资者之间签订和解协议时，其效力及于其他未参与先行赔付的连带责任人。也就是说，投资者只要接受了有关先行赔付的和解协议，不仅不能再向参与先行赔付的责任人提出新的赔偿要求，也不能再向其他未参与先行赔付的连带责任人提出赔偿要求。否则，不仅先行赔付制度的积极效果会大打折扣，而且会助长证券市场中的不正当投机行为。

其三，赔付方案制定的程序问题。

赔付方案制定的程序正义是实现保护投资者权益的关键。投资者个人才是其自身利益的最好代言人，但由于证券民事赔偿中，受损投资者人数众多，先行赔付方无法跟每个受损投资者一一协商签订赔付协议，所以只能以类似集体合同的方式制定赔付方案。在这种情形下，对于涉投资者权益保护的重大事项，宜经过听证调查程序。但在万福生科专项补偿基金分配方案的制定过程中，包括后续的"海联讯案"和"欣泰电气案"中，并未看到向受损投资人广泛征询基金分配方案意见或召开专题听证会的环节，因而受损投资人似未获得对于基金方案的制度性发言权，同时没有其他独立的第三方机构参与监督，对分配方案设计的科学性、合理性进行谨慎思考和判断。[①] 因此，虽然在"万福生科案"中专项补偿基金赔偿方案形成时，也经历了多位财务、法律专家的反复打磨，而在"欣泰电气案"等案中，投保基金公司通过公告引导投资者接受先行赔付方案并与基金出资人就损害赔偿达成和解协议，但现有的案例均缺乏不同利益群体投资者的实质性参与，缺少第三方权威机构的客观审视，因此，专项保护基金分配方案的公平性未能通过制定程序的公正性而充分显现出来，这不能不说是这

---

① 参见汤欣、谢日曦《专项补偿基金能否擎起赔偿模式大旗?》，《证券时报》2014 年 11 月15 日。

一先行赔付实践的最大缺陷。只是万福生科案等虚假陈述行为的受损投资者们普遍接受了赔偿方案，使得这一先行赔付措施的程序性缺陷未能产生实际的影响。试想，如果万福生科专项补偿基金分配方案的制定与实施中发生较多的争议与质疑，其制定程序上的缺陷必定成为主要标靶并影响其方案目标的顺利实现。可以说，在先行赔付制度的设计与实施中，程序安排与实质权益分配同等重要。

其四，补偿方案赔偿幅度能否超出投资者的真实损失。

民事损害赔偿的意义就在于，让权益受损的投资人，恢复到原来未受损害的状态，即损害赔偿的数额应当与所受损失的数额相当。为了防止投资者形成不当依赖证券违法行为民事责任制度的道德风险，学理上通常认为，不应该让投资人因为损害赔偿而获得损失之外的其他利益，而民事责任制度中的"因果关系"规则也清晰地界定了"该不该赔"的合理界限。在万福生科投资者利益补偿专项基金的具体补偿计算方案中，贯彻了"充分补偿"原则，对同时符合多种不同情形的投资者，予以分别计算其损失结果，并按有利于投资者的原则确定最终补偿金额，切实维护了投资者特别是中小投资者的合法权益。但是就实际情形而言，万福生科赔付方案中对投资人的赔偿幅度，都有超过其真实损失的可能。不过，既然是和解，并且是第一例先行赔付的实践尝试，以较为优惠的条件获得受损投资者的接受和证券市场的认可，是可以想象得到的合理策略。何况施行先行赔付的责任人愿意花钱修复商誉，并将此作为获得投资者谅解和监管机构"轻判"的交换条件，法律自无禁止或限制之必要。先行赔付的赔偿幅度究竟多少合适，应当尊重相关参与者的自主把握，并在执行时以协议内容为准。

但是，如果"先行赔付和解协议"对投资者的赔付过于超过投资者的实际损失，先行赔付责任人再向其他连带责任人追偿时，其他连带责任人应当可以就明显超过的赔偿部分提出抗辩。笔者认为，未参与先行赔付的其他连带责任人的"超额赔偿抗辩"成立，取决于三个要件：①先行赔付者确有向投资者超额赔付的情形；②其赔付额度显著超过投资者的实际损失；③先行赔付者对于超额赔付结果的形成，具有故意或者重大过失。

三　先行赔付制度的构建思路与规则设计

推究先行赔付制度的建构原理，在于民事责任的最终依法承担与民事责任的实际承担过程之间的功效平衡。虚假陈述行为的民事责任是一种连带责任，假定法律能够认真而有效地实施，在发生证券侵权行为时，即使没有先行赔付制度介入其中，通过连带民事责任制度的确定与执行，最终也能够恰如其分地分配民事责任并充分赔偿受害投资者。但是在实际操作时，对这一连带责任的追究蕴含一个约定俗成的顺序，即往往是发行人、上市公司赔偿在先，在其不能赔偿时，才由其他连带责任人承担赔偿责任；而且发行人、上市公司的赔偿往往是在行政处罚或司法裁判作出时，才予以实际承担。这样一来，因虚假陈述案件处理情形的实际效果就是，投资者的权益往往不能得到及时赔偿，因虚假陈述导致的市场混乱往往不能及时安定下来。对于此种法律制度实施上的缺陷，先行赔付制度介入其中的必要性就大大显现出来。可以说，先行赔付制度的应有功能正好可以弥补现行制度的功能缺陷，是证券民事责任制度的必要而有益的补充。

先行赔付方先行垫资设立赔偿基金的本意，就是能够在相关行政处置或司法诉讼提起之前，与权益受损害的投资人就赔偿、后续诉讼等事项达成合意。因此，先行赔付本质上系当事人通过非正式诉讼的自决模式化解纠纷，是纠纷双方当事人根据民法上的自愿原则，通过自行协商而达成和解协议的行为。这种和解协议实质为诉讼外和解协议。诉讼外和解是诉讼双方当事人解决民事纠纷的一种方式。我国《民事诉讼法》规定"双方当事人可以自行和解"。因此，先行赔付在我国现行法律架构下具有可行性，并不妨碍处理虚假陈述事件时公权力的行使。

在实务中还存在行政和解的做法，如证监会在执法中遇有某些特殊情形，诸如涉嫌违法行为事实难以查清或者调查成本巨大的，涉嫌违法行为查处依据不明确的，涉嫌违法行为事实清楚、查处依据充分但情节较轻的，涉嫌违法行为人积极配合监管机构调查或者主动赔偿投资人损失等，这时证监会可以与提议和解的涉案当事人进行谈判，达成行政和解；作为证监会同意和解的对价，可提议和解的当事人支付高额的赔偿金或者处罚金。行政和解和先行赔付在解决证券纠纷方面，均有着诉讼裁判制度所无法取代的价值，但二者的性质、效力及适用范畴并不相同。①

关于先行赔付制度的规范设置与内容表述，在《证券法》原则规定之下还需要规范性文件作进一步的细致明确。总体而言，其规范内容及其结构应当包括以下三方面。①先行赔付措施的要件，如规定，"发行人、上市公司因虚假陈述造成投资者损失的，保荐人、承销的证券公司、发行人或上市公司的控股股东、实际控制人可以提供资金，对受损害的投资者予以先行赔付，然后向发行人、上市公司以及其他连带责任人进行追偿"。②先行赔付协议的效力，如规定，"进行先行赔付的连带责任人可以与投资者就理赔、诉讼、和解等达成协议，经证监会审批，该项协议对发行人、上市公司有法律效力"。③先行赔付后所形成债权的优先效力，如规定，"发行人、上市公司重整或破产的，连带责任人因先行赔付所形成的破产债权，可以在有担保债权、劳动债权之后获得优先清偿"。关于先行赔付制度的法律安排，应当在制度的制定与适用上，把握好相关要点，以确保先行赔付制度设计的预设效果。

其一，先行赔付责任的承担主体。

依据现行《证券法》第85条的规定，在发行人、上市公司发生虚假陈述行为致使投资者在证券交易中遭受损失时，其责任主体包括：①发行人、上市公司应当承担赔偿责任；②发行人、上市公司的控股股东、实际控制人、董事、监事、高级管理人员和其他直接责任人员以及保荐人、承销的证券公司及其直接责任人员，应当与发行人、上市公司承担连带赔偿责任，但是能够证明自己没有过错的除外。依此规定，应当与发行人、上市公司承担连带赔偿责任的主体都可以是承担先行赔付责任的主体，具体包括：①发行人、上市公司的董事、监事、高级管理人员和其他直接责任人员；②保荐人、承销的证券公司及其直接责任人员；③发行人、上市公司的控股股东、实际控制人。但实践中，考虑到发行人、上市公司的董事、监事、高级管理人员和其他直接责任人员作为个体的财力有限，由保荐人、承销的证券公司、发行人或上市公司的控股股东、实际控制人提供资金，对受

---

① 在"紫晶存储欺诈发行案"中，在已经适用先行赔付的前提下，监管部门继续采用证券行政执法当事人承诺方式对投资者的经济损失予以赔偿。

损害的投资者予以先行赔付，则是较为可行的选择。

关于可否向保荐机构施加法定的先行赔付义务，以强制要求保荐机构在发生虚假陈述事件时单独履行先行赔付责任，笔者认为，对此不必作强制性规定。其理由有四。①先行赔付本身就是一种和解的制度安排，而和解制度的有效执行，最好以相关当事人自愿为妥。如果将先行赔付视为一项强制性的法定义务，则先行赔付就不是一项真正意义上的和解。②根据现行法律的规定，保荐人本身就是连带责任人，并且是过错推定责任，即"能够证明自己没有过错的除外"。但是，如果强制保荐机构单独履行先行赔付义务，一来实际等于在法律规定的连带责任体系中，将保荐机构设为第一次序责任人，这会彻底解构现行的证券民事责任体系；二来过于加重了保荐机构的负担；三来可能使其他可能的连带责任人甚至发行人、上市公司产生责任松懈，因为在他们与投资者之间，设置了保荐机构之盾。③由于法律已经建构了严格的连带责任体系，在发生需要追究连带赔偿责任的场合，投资者自然会选择最有赔偿能力又最便于追偿责任的责任对象。通常而言，保荐机构往往是投资者追究赔偿的第一选择。所以，对投资者自由选择就能达到的结果，法律不必强制规定。④实行证券发行注册制，在于通过市场选择配置资源。在证券发行注册申报时，保荐机构是否表明承担先行赔付义务，肯定会影响证券发行人的价格策略，也肯定会影响投资者的投资判断。如果保荐机构承担先行赔付义务的证券更易于发行，更得到投资者认可，那么保荐机构自然因市场竞争而选择承担"先行赔付"义务。所以，对于保荐机构是否承担先行赔付义务，完全不必强制规定。

其二，先行赔付基金的管理主体。

《证券法》第93条规定："发行人因欺诈发行、虚假陈述或者其他重大违法行为给投资者造成损失的，发行人的控股股东、实际控制人、相关的证券公司可以委托投资者保护机构，就赔偿事宜与受到损失的投资者达成协议，予以先行赔付。先行赔付后，可以依法向发行人以及其他连带责任人追偿。"尽管笔者认为《证券法》中的"投资者保护机构"应该是指投服中心，但从先行赔付实践来看，将中国证券投资者保护基金公司作为受托管理专项补偿基金的管理人，是较好的选择。一方面，保护基金公司拥有多年风险处置的经验，并且拥有专业优势，能够依据公益性、中立性的原则，独立开展专项补偿基金日常管理及运作，并聘请由法律、会计专家等组成的顾问团，对补偿方案及补偿工作中涉及的重要问题，进行充分研究论证；另一方面，保护基金公司作为国务院批准设立的以保护投资者为宗旨的非营利性机构，接受证券公司委托担任补偿基金管理人，尽管这不是行使行政管理职能，而是民事主体之间的委托与受托的法律关系，但保护基金作为管理人，对外提供的是一种管理专项补偿基金的服务，也是其职责所在。[①] 至于投服中心在先行赔付中的作用，依其职能设定，可以代表受损失的投资者就赔偿事宜与相关的先行赔付人进行协商进而达成协议。

其三，先行赔付协议的效力。

如何在法律上安排先行赔付协议作为诉讼外和解协议的效力，包括效力的性质与确认依据，是先行赔付制度的一个重要内容。通常各国通过一定的诉讼机制使诉讼外和解转化为裁判上的和解，赋予和解协议强大的公法效力。在我国现行状况下，当然可以经当事人申请，在法院的主持下，经过法院的实体、程序审查，双方当事人达成和解协议并签字确认，和解协议最终以诉讼的形式获得与判决同样的既判力、确定力和执行力。此时，无论是要求赔偿的投资人，还是作为赔偿主体的发行人、证券公司、保荐机构，如果对此协议反悔，对方都可以要求法院予以强制执行。但这样的确认方式无疑又陷入诉讼耗时费力的逻辑，有违先行赔付制度的设计初衷。而经由证监会审批，赋予先行赔付协议行政和解的效力，无疑更具有现实可行性。经证监会批准，进行先行赔付的连带责任人可以与投资者就理赔、诉讼、和解等达成协议，该项协议不仅对发行人、上市公司有法律效力，而且具有确定力和执行力。

其四，先行赔付者的代理权问题。

先期赔偿并不是由先行赔付承担者简单垫资赔偿即可，其间必然涉及损失的计算、因果关系的认定以及赔偿认可等事项的处理，并且这些事项处理结果的效力应当及于所有的连带责任人。如果先行赔付的承担者与投资者达成协议的效力只是限于双方之间，那么在投资者获得先行赔付后，

---

① 参见杨光《万福生科案先行赔付探索投资者保护新模式》，《中国证券报》2013年7月3日。

仍然可以向发行人、上市公司或者其他连带责任人再行索赔，先行赔付的功能价值就不能充分实现，《证券法》引入先行赔付制度的意义就不大。如果赋予先行赔付责任人与投资者之间的效力及于发行人、上市公司及其他连带责任人，先行赔付才能做到一次性解决外部性问题。也就是说，经先行赔付协议的签订与执行，将民事赔偿责任的确认与履行问题，由连带责任人与投资者之间的外部事项，转化为连带责任人之间的内部事项。而先行赔付责任承担者作为协议的一方当事人，是在其承担先行赔付责任之后再向其他连带责任人追偿，因此其先行赔付责任承担的程度与方式，也就是所有连带责任人整体上承担赔偿责任的程度与方式。所以，《证券法》赋予先行赔付责任的承担者法定代理权，即在其与投资者订立先行赔付协议时，是代理包括自己在内的全体连带责任人作出意思表示，这是先行赔付协议的效力及于其他连带责任人的法律措施与机制。

先行赔付责任的承担者拥有全体连带责任人的法定代理权，可以代理发行人、上市公司与投资者就损失赔偿达成协议，包括赔偿比例与数额、诉讼管辖与形式、和解协议等。赋予先行赔付人当然的代理权，可以在虚假陈述事项上代理发行人、上市公司行使相关权利，可以更为有效地利用先行赔付措施。虽然代理权的授予属于发行人、上市公司的私权力，但是，证券市场的稳定和公众投资者权益的维护具有公益性，在特殊情况下，赋予一定当事人法定代理权，也是可行的法律安排。

当然，由于这一代理权涉及发行人、上市公司的重大利益，对于先行赔付责任人能否拥有法定代理权，可以在程序上设定相关措施予以规范，如须经证监会审批。例如，当先行赔付的依据较为充分，先行赔付的资金较为充足，先行赔付的方案较为可行时，证监会就可以批准先行赔付责任人得代理行使发行人、上市公司在虚假陈述赔偿事项上的民事权利。实践中也存在这样一种可能，就是先行赔付责任人赔付的标准过高而损害发行人、上市公司的利益。如果出现此类情形，则可以运用代理人勤勉注意义务制度来处理。

其五，先行赔付所形成债权的优先受偿问题。

先行赔付责任的承担者向投资者进行赔偿之后，可以再向发行人、上市公司或其他连带责任人予以追偿。但在其追偿目的实现之前，如果发行人、上市公司或其他连带责任人破产，因先行赔付而形成的债权就转化为破产债权。如果该项债权与普通破产债权一个顺序清偿，将会对先行赔付责任人产生严重不公的结果。这种预期结果构成先行赔付责任承担的巨大风险，如果不采取法律上的相应措施以化解这一风险，在证券市场发生虚假陈述事件时，可能的连带责任人就不会积极采取先行赔付措施，而是把主要精力放在法院诉讼中的免责或减责抗辩上。

为降低先行赔付的法律风险，鼓励可能的连带责任人采取先行赔付措施，有必要确认先行赔付形成的债权在破产清偿中的优先次序。综合考虑各种因素，可以将先行赔付形成的破产债权的清偿次序，放在有担保债权和劳动债权的次序之后，而在其他普通破产债权之前。即赋予先行赔付所形成的对发行人、上市公司的债权的优先权，可以在发行人、上市公司重整或破产时，享有次于有担保债权、劳动债权但优于其他普通破产债权的清偿权利。

第十一章　证券民事赔偿责任优先原则的
实现机制

　　我国《证券法》1998 年甫一出台，就确立了证券民事赔偿责任优先的原则。[1] 然而历经 20 余年的蹉跎，直至 2022 年 7 月，中国证监会和财政部才出台《关于证券违法行为人财产优先用于承担民事赔偿责任有关事项的规定》（以下简称《优先规定》），明确了当违法行为人缴纳罚没款后剩余财产不足以承担民事赔偿责任的，投资者可以申请将已缴纳的行政罚没款作退库处理，证券民事赔偿责任优先原则才终于得以落地。本章立足证券市场的整体运行机制以及证券民事责任制度的特殊建构需求，认真反思我国证券民事赔偿责任优先原则的法理基础与实现机制，务实寻求证券民事赔偿责任优先原则从制度文本到具体实践的突破路径，以期对我国资本市场的长远健康发展有所裨益。

一　证券民事赔偿责任优先的法理基础与立法依据

　　现代社会的法律责任体系由三个方面组成，即民事责任、行政责任与刑事责任。三种责任产生的前提不同，相对应的功能目标与实现机制也有显著差异。一般而言，三种责任的承担因分属不同的法域而区隔明显、并行不悖，但是，当行为人实施的某一违法行为符合两个或两个以上的责任构成要件，并且数个责任之间相互冲突，不能同时并存时，就产生了法律

---

[1]　1998 年《证券法》第 207 条（现行《证券法》第 232 条）规定："违反本法规定，应当承担民事赔偿责任和缴纳罚款、罚金，其财产不足以同时支付时，先承担民事赔偿责任。"

理论中的责任竞合现象。① 具体到司法实践中，当行为人因同一个违法行为既要承担刑罚上的罚金、没收财产责任，或者行政处罚中的罚款、没收违法所得的财产责任，又要承担损害赔偿的民事责任时，就会发生财产性的行政责任、刑事责任与民事责任之竞合情形。由于受责任人财产能力的限制，三种不同性质的财产责任在具体实现时可能发生冲突。这就需要法律确定多种性质的财产责任并存且责任人不能全部承担时的责任承担顺序规则。②

（一）证券民事赔偿责任优先的法理基础

所谓民事赔偿责任优先，就是指在同时存在几种不同性质、相互冲突的以财产为标的的法律责任时，民事赔偿责任优先于其他法律责任得以实现。民事赔偿责任的优先主要是相对于公法财产性责任而言的。从根本上说，民事赔偿责任优先的法理基础就在于私权优先的立法价值取向以及"国不与民争利"的民本思想。由于民事权利是基本人权之一，在民事救济与刑事财产刑以及行政财产罚并存且难以全部实现时，实行私权优先，无疑是保护人权、以人为本的法治理念的要求和体现。③ 结合证券领域的特殊性，证券民事赔偿责任优先的法理基础主要体现在以下四个方面。

1. 证券民事赔偿责任优先是私权优先在证券市场的具体体现

民事责任是对私权实现和救济的保障，行政罚款和刑事财产刑则是对公权实现的保障。证券市场的违法行为往往同时侵犯了两种客体，一方面是证券市场的管理秩序，另一方面就是投资者的合法权益。行政罚款和刑事财产刑的执行结果是将责任人的违法所得、罚金、罚款等上缴国家财政。由于证券市场不当行为，尤其是证券欺诈行为通常会给投资者造成严重损害，案件涉及面广，涉案金额巨大，因此行政罚款以及刑事财产刑的数额也就相应比较庞大。这样，在行政罚款和刑事财产刑执行之后，投资者的民事救济就难以得到落实。从权利保护的角度出发，在公法与私法责任竞合

---

① 参见肖建国《论财产刑执行的理论基础——基于民法和民事诉讼法的分析》，《法学家》2007年第2期。
② 参见李明发《论民事赔偿责任优先原则的适用——我国〈侵权责任法〉第4条第2款规定之解读》，《南京大学学报》（哲学·人文科学·社会科学）2015年第2期。
③ 参见李明发《民事赔偿责任优先的理论基础及其法律构建》，《江淮论坛》2014年第6期。

冲突时，仅强调罚款、罚金上缴国库就是注重国家利益而忽视了投资者利益，也就是仅仅顾及了市场秩序这一国家层面的治理目的，而没有充分考虑社会层面的利益补偿。[①] 证券民事赔偿责任优先就担负着恢复投资者私人权利、平复投资者损害的职责。而只有给予受损害的投资者充分的救济和保护，才是以人为本、私权优先的法治理念在资本市场的落实和体现。

2. 证券民事赔偿责任优先符合公平正义的法治理念

公法上的财产责任是以剥夺责任人的财产为实质内容的。不论是公法还是私法上的财产责任，责任人承担责任的基础都是其自身财产。在证券违法情形下，责任人财产增加的部分甚至全部就来源于广大投资者的损失。换言之，作为责任人承担公法责任的罚金、罚款及没收财产，其直接来源于受损害投资者（如因违法行为人实施内幕交易、操纵市场等）损失的财产，这些财产本来应当返还给受损害的投资者，如果因为执行罚金或行政处罚致使投资者的损害无法得到赔偿，则无异于将本来应当转归投资者所有的财产强行收归国家所有，从而在客观上导致投资者财产权被无辜剥夺的后果。[②] 因此，在公法和私法上的财产责任竞合冲突时，如果不能优先保证投资者证券民事赔偿的实现，则无异于用投资者的财产来替资本市场上的不法行为者承担公法上的财产责任。这无疑有悖于公平正义的法治理念。

3. 证券民事赔偿责任优先是实现证券法宗旨的重要机制

保护投资者权益是证券法的核心宗旨与基本原则。这个宗旨是由证券市场的运行特点和投资者在证券市场中的地位所决定的。在资本市场上，普通投资者因知识、经验、精力、资金、信息等多方面的原因而处于相对弱者地位，其易受损害性是有目共睹的。证券民事责任制度作为证券民事救济制度的法律基础，其基本的价值目标就是填补投资者损害，给受到侵害的投资者合理的补偿。证券民事赔偿责任优先作为证券民事责任制度的重要组成部分，其有效实施的结果不仅可以使受损害的投资者得到救济赔偿，同时，它也会鼓励投资者通过行使民事诉权的方式保护自己的利益。这种权利实现机制反映在证券市场整体功能的机制实施中，就是通过维护

---

① 参见徐科雷《罚款与罚金在经济法责任体系中的辨析与整合》，《政治与法律》2015 年第 3 期。

② 参见胡纪平《财产刑与民事执行的竞合及其处理》，《当代经济》2007 年第 9 期。

个别交易的公正性实现证券市场总体交易的公正性，进而实现证券市场的整体秩序，而这种制度功能是行政责任和刑事责任制度所不具有的。[①] 若民事责任制度缺位，或者虽有民事责任却无民事赔偿优先的制度设计，而仅仅通过对具体违规者的行政处罚或刑事制裁来发挥惩罚与预防功能，客观上势必造成个体投资者的损失无法得到应有的补偿，最终也就无法实现证券市场的整体公正和整体秩序。

4. 证券民事赔偿责任优先有利于实现证券市场监管的有效性

在证券市场违法行为的惩戒机制中，由行政执法和刑事司法活动实现的公法责任追究机制无疑是实现资本市场有效监管的最为重要的机制构成。然而，由于资本市场的违法行为客观上具有隐蔽性、难以识别、发生频率高等特点，而司法、行政资源又受人力物力财力的制约，因此，仅仅依靠司法机关以及行政监管力量进行自上而下的监管，其效果虽然是有效的，但也是有限的。证券民事责任机制是鼓励受害人通过主张恢复自己的合法利益来遏制违法者的不法行为，其动力来自投资者对自己权益的关心。基于对自己利益的关心，投资者会对相关交易以及违法行为给予持续的关注。这种源自市场的监督力量是实现证券市场监管有效性的重要组成部分。实践表明，证券民事赔偿优先原则作为充分实现证券民事责任制度目的的重要抓手，从法律运作效率上看，证券民事赔偿优先原则的实现，有利于提高投资者参与监管的主动性，有利于调动广大投资者的积极性来实现市场自律，是形成证券市场高效、规范化运作的有效途径。

（二）证券民事赔偿责任优先的立法依据

自 1997 年修订的《刑法》首次在法律层面确立了民事赔偿责任优先规则以来，如今，除《证券法》外，我国法律体系中《民法典》《公司法》《证券投资基金法》《食品安全法》等 11 部法律也都明确规定了民事赔偿责任优先原则，可以说，民事赔偿责任优先原则已得到我国法律的全面确认（详见表 11-1）。

---

① 参见陈甦《民事责任制度与证券法宗旨的实现》，载中国人民大学书报资料中心复印报刊资料《民商法学》2002 年第 3 期。

表 11-1　各部门法"民事赔偿责任优先"条款梳理

序号	名称	条款	内容
1	《民法典》	第 187 条	民事主体因同一行为应当承担民事责任、行政责任和刑事责任的，承担行政责任或者刑事责任不影响承担民事责任；民事主体的财产不足以支付的，优先用于承担民事责任
2	《刑法》	第 36 条第 2 款	承担民事赔偿责任的犯罪分子，同时被判处罚金，其财产不足以全部支付的，或者被判处没收财产的，应当先承担对被害人的民事赔偿责任
3	《公司法》	第 214 条	公司违反本法规定，应当承担民事赔偿责任和缴纳罚款、罚金的，其财产不足以支付时，先承担民事赔偿责任
4	《证券法》	第 220 条	违反本法规定，应当承担民事赔偿责任和缴纳罚款、罚金、违法所得，违法行为人的财产不足以支付的，优先用于承担民事赔偿责任
5	《证券投资基金法》	第 150 条	违反本法规定，应当承担民事赔偿责任和缴纳罚款、罚金，其财产不足以同时支付时，先承担民事赔偿责任
6	《食品安全法》	第 147 条	违反本法规定，造成人身、财产或者其他损害的，依法承担赔偿责任。生产经营者财产不足以同时承担民事赔偿责任和缴纳罚款、罚金时，先承担民事赔偿责任
7	《产品质量法》	第 64 条	违反本法规定，应当承担民事赔偿责任和缴纳罚款、罚金，其财产不足以同时支付时，先承担民事赔偿责任
8	《合伙企业法》	第 106 条	违反本法规定，应当承担民事赔偿责任和缴纳罚款、罚金，其财产不足以同时支付的，先承担民事赔偿责任
9	《个人独资企业法》	第 43 条	投资人违反本法规定，应当承担民事赔偿责任和缴纳罚款、罚金，其财产不足以支付的，或者被判处没收财产的，应当先承担民事赔偿责任
10	《消费者权益保护法》	第 58 条	经营者违反本法规定，应当承担民事赔偿责任和缴纳罚款、罚金，其财产不足以同时支付的，先承担民事赔偿责任
11	《特种设备安全法》	第 97 条第 2 款	违反本法规定，应当承担民事赔偿责任和缴纳罚款、罚金，其财产不足以同时支付时，先承担民事赔偿责任

我国法律普遍规定了民事赔偿责任优先原则，但不同法律对民事赔偿责任优先的实现前提，即对同一行为所引发的财产责任上的冲突情况，表述不完全一致，可以分成三类：一是"财产不足以全部支付"（《刑法》）；二是"财产不足以支付"（《民法典》《公司法》《证券法》《个人独资企业法》4 部法律）；三是"财产不足以同时支付"（《证券投资基金法》《食品安全法》《产品质量法》《合伙企业法》《消费者权益保护法》《特种设备安全法》6 部法律）。其中，第一和第二种情形"财产不足以全部支付"和"财产不足以支付"的立法表述尽管在文字上略有不同，但并无实质区别。[①]因为只有当责任人财产不足以全部支付时，才发生责任冲突后何种责任更为优先的问题。

第三种情形"财产不足以同时支付"强调了责任人财产责任的"同时性"，也即民事、刑事和行政财产责任发生在同一时间。但无论是从刑事和民事财产责任冲突的角度，还是行政和民事财产责任冲突的角度，"财产不足以同时支付"的规定都缺乏合理性和可操作性。在刑事罚金、没收财产责任与民事赔偿责任冲突的情形下，只有刑事附带民事诉讼程序，由同一审判机关同步作出刑事和民事判决，才可能发生"财产不足以同时支付"问题。对于非依照刑事附带民事处理的案件，由于不同的审判机关按照不同的法律程序处理，判决时点不同、财产责任的支付时点不同，难以满足"财产不足以同时支付"的要求。对行政处罚没收违法所得、罚款和民事赔偿责任冲突的情形，我国能否实行行政附带民事诉讼，立法层面尚无规定。实践中，行政机关的行政处罚效率相比司法机关的民事裁判效率更高，行政财产罚的支付时点与民事赔偿责任不仅不同时，而且往往早于民事赔偿责任。《行政处罚法》第 46 条第 3 款规定："当事人应当自收到行政处罚决定书之日起十五日内，到指定的银行缴纳罚款。"即便当事人提起了行政复议和行政诉讼，由于行政复议和行政诉讼不影响行政处罚的执行，行政处罚也不会停止，除非法律另有规定。因此，"财产不足以同时支付"的问题也几乎不会发生。对第三种情形，只有对"财产不足以同时支付"的"同

[①] 参见李明发《论民事赔偿责任优先原则的适用——我国〈侵权责任法〉第 4 条第 2 款规定之解读》，《南京大学学报》（哲学·人文科学·社会科学）2015 年第 2 期。

时"作相应的扩张解释，以囊括不同时点发生的财产法律责任，民事赔偿责任优先条款才能获得适用空间。

2019 年新修订的《证券法》已经意识到了上述民事赔偿责任优先条款存在的表述问题。新法第 220 条将"财产不足以同时支付"的表述调整为"违法行为人的财产不足以支付"，不再强调责任发生"同时性"，避免了上述分析指出的适用困境问题，拓宽了民事赔偿责任优先条款的适用空间。

二　现行《证券法》下实现民事赔偿优先的创新机制分析[1]

伴随着我国资本市场超常规跨越式的发展以及《证券法》的数次修正修订，我国证券市场各项法律制度的实施渐入佳境，保护投资者合法权益的立法宗旨日益彰显。然而，在 2022 年 7 月中国证监会和财政部出台《优先规定》之前，作为证券民事责任制度重要抓手的民事赔偿责任优先原则却始终未能付诸现实。从"亿安科技案"到"汪建中案"，从"徐翔案"到"鲜言案"，面对接踵而至的天价罚单，投资者的民事赔偿几成空文。如何给遭受市场不当行为损害的投资者充分的民事救济，彻底解决民事赔偿给广大投资者以及司法部门带来的长期困扰，成为我国资本市场急需解决的难题。为此，2019 年新修订的《证券法》围绕中小投资者权益保护主线，规定了系列投资者保护创新机制。具体包括责令回购制度（第 24 条）、先行赔付制度（第 93 条）和证券行政和解制度（后改称"证券行政执法当事人承诺制度"，第 171 条）等。但这些机制究竟能否彻底实现证券民事赔偿优先原则，殊值分析。

（一）责令回购的适用及其限制

1. 责令回购的性质及适用

责令回购制度，是针对发行过程中存在欺诈发行行为的发行人及相关责任方，通过公权力强制其购回已发行股票的措施。[2] 责令回购制度是一项

---

[1] 参见陈洁、高振翔《证券民事赔偿"先赔后缴"实现机制研究》，载《商法界论集》第 9 卷，中国金融出版社，2022，第 3 页。

[2] 参见孙秀振《欺诈发行责令回购股票制度：目标定位及现实构建》，《证券市场导报》2019 年第 5 期。

与注册制改革相配套的制度设计，《科创板首次公开发行股票注册管理办法（试行）》率先创立了责令回购制度。① 该办法第 68 条规定："对发行人存在以欺骗手段骗取发行注册行为并已经发行上市的，证券监管机构可以依照有关规定责令上市公司及其控股股东、实际控制人在一定期间从投资者手中购回本次公开发行的股票。"2019 年新《证券法》第 24 条将责令回购制度写入法律，该条规定："股票的发行人在招股说明书等证券发行文件中隐瞒重要事实或者编造重大虚假内容，已经发行并上市的，国务院证券监督管理机构可以责令发行人回购证券，或者责令负有责任的控股股东、实际控制人买回证券。"为落实《证券法》关于责令回购制度的规定，2020 年 8 月 21 日，证监会发布《欺诈发行上市股票责令回购实施办法（试行）（征求意见稿）》，具体规定了责令回购制度的适用范围、回购对象、回购价格、回购程序和方式、责令回购作出程序等问题，为责令回购制度的落地实施提供了可操作性的依据。

从法律性质来看，责令回购糅合了"责令"与"回购"两种不同性质的法律关系。"责令"属于行政法律关系中监管机构运用行政权力向行政相对人作出的具有法律强制效力的行政命令。"回购"则属于民事法律关系中一方主体向另一方主体发出回购要约、达成回购协议的商事行为。责令回购制度试图将公权力的基因移植到私法关系中，是公法目的下有限私法自治的一种特殊法律责任实现方式。② 责令回购目的在于实现投资者利益的恢复原状，并非旨在施加违法制裁，因而与行政处罚相区别，同时责令回购又不具备临时性、即时性特点，不同于行政强制措施。责令回购可以归类为一种带有行政强制性质的行政监管措施，类似于"责令改正"。责令回购具备限制财产和限制行为的双重特征，即既对监管对象的财产权利进行限制或剥夺，又对监管对象的行为能力作出要求或限制，是一种新型的证券

---

① 事实上，早在 2013 年 11 月公布并实施的《中国证监会关于进一步推进新股发行体制改革的意见》（证监会公告〔2013〕42 号）便规定："发行人及其控股股东应在公开募集及上市文件中公开承诺，发行人招股说明书有虚假记载、误导性陈述或者重大遗漏，对判断发行人是否符合法律规定的发行条件构成重大、实质影响的，将依法回购首次公开发行的全部新股。"但上述意见中的回购安排是以发行人及其控股股东公开承诺的方式实现的，与责令回购由监管部门责令实施在性质上存在本质不同。

② 同前注。

监管措施。根据《证券法》《欺诈发行上市股票责令回购实施办法（试行）（征求意见稿）》，适用责令回购的情形包括：一是股权的发行人在招股说明书等证券发行文件中隐瞒重要事实或者编造重大虚假内容，二是股权已经公开发行并上市，三是中国证监会依法作出责令回购的行政决定。

2. 责令回购的适用限制

责令回购制度的初衷，是为欺诈发行受损投资者提供一种民事诉讼程序之外的简捷救济途径，同时及时规制欺诈发行责任人，使其回吐不当得利，承担相应的不利经济后果。责令回购是公权力为私利救济提供的辅助实现方式。根据责令回购的制度设计，责令回购时点先于行政处罚决定，因此不存在责任人先履行行政财产责任，没有能力承担民事财产责任的问题，也就可以确保民事赔偿责任的优先实现。但责令回购制度存在适用上的限制，难以解决民事赔偿责任优先原则落空的全部问题。

（1）责令回购适用案件范围小

责令回购仅适用于欺诈发行一种违法行为，局限性较大。责令回购无法适用于信息披露违法、内幕交易、市场操纵等案件。从证监会官网披露的136份2019年行政处罚决定书看，数量排名前三的案件类型分别为内幕交易（54份，占比39.7%）、信息披露违法（29份，占比21.3%）和市场操纵（14份，占比10.3%），其他案件类型还包括中介机构未勤勉尽责、利用未公开信息交易股票、传播虚假信息和从业人员炒股等。欺诈发行案件并不多见，2013年至今证监会认定的欺诈发行案件仅有五洋建设案（2018年）、嘉寓股份案（2017年，但因相关违法事实已过处罚时效，对其骗取发行核准行为不再给予行政处罚）、欣泰电气案（2016年）、海联讯案（2014年）、万福生科案（2013年）、绿大地案（2013年）共6件。对绝大多数非欺诈发行案件，责令回购无法解决民事赔偿责任优先原则落空的问题。

（2）责令回购启动具有不确定性

首先，责令回购是任意性监管措施。《证券法》第24条规定，证券监管机构"可以"责令发行人回购或负有责任的控股股东、实际控制人买回证券，这意味着证券监管机构也可以不责令责任人回购或买回证券，而直接采取行政处罚、市场禁入等监管措施。证监会在《欺诈发行上市股票责令回购实施办法（试行）（征求意见稿）》的起草说明中表示，责令回购措施是在发行人有欺诈发行情形，且股票已上市交易的情况下，赋予证券监管机构的一项新型监管措施，属于任意性规定，并不要求证券监管机构在发现上述法定情形后，都必须采取这种措施，而是要从有利于维护市场秩序和保护投资者合法权益出发，根据欺诈发行案件情况具体判断。实践中，证券监管机构对欺诈发行线索进行判断，并依据公司欺诈发行的严重程度，独立作出责令回购的命令。

其次，责令回购的"责令"针对负有责令回购义务的责任人并非投资者，发行人或者负有责任的控股股东、实际控制人按照中国证监会的决定，向投资者发出回购或者买回股票要约，投资者对回购要约享有选择权。如果投资者拒绝回购方案，责令回购将不能实施。

（3）责令回购的实践经验有限

比较法上的制度实践无法为我国实施责令回购制度提供直接借鉴。从境外实践看，无论是德国法还是英美法的责令回购实践均由法院发动，受损投资者向公司提起民事诉讼，要求法院判决公司回购公司股票，证券监管机构并不参与此类回购措施。我国香港地区实践的责令回购由香港证监会提出申请，香港原讼法庭裁决，与我国责令回购制度由证监会直接发起存在本质差异。洪良国际案是香港市场实施责令回购的经典案例，但该案例存在特殊性：一是欺诈持续时间短，洪良国际在上市初期就被发现欺诈，公司股票换手率低，许多股东还是第一手认购新股的投资者；二是发行募集资金尚未被大量使用、隐匿或者转移；三是公司欺诈信息在揭露日前几乎未被市场知悉，在揭露日前同步实施了停牌，欺诈信息没有造成公司股票价格的大幅波动，有助于投资者获得较为有利的回购价格。反观境内市场，欺诈发行案件大多案情复杂，调查认定持续时间较长，已发行证券换手率高，更重要的是欺诈消息可能已经提前泄露至市场，增加了责令回购实施的复杂性，甚至导致责令回购失去意义。

（4）责令回购存在实施困境

责令回购的具体实施方案还有待细化。《欺诈发行上市股票责令回购实施办法（试行）（征求意见稿）》对责令回购措施的适用条件（具体什么情况下可以采取该措施、什么情况下不能采取该措施）和保证回购顺利实施的配套制度（如欺诈揭露后的停牌制度、财产冻结制度等）都未有明确规定，留下的制度空白较多，不利于责令回购制度的实施。此外，责令回购与行政处罚、债权人保护的内在关系问题尚待明晰，有可能成为责令回购的实施障碍。

一是责令回购与行政处罚的关系。责令回购和行政处罚都涉及欺诈发行的认定。责令回购作为一项更有效率的独立行政行为，需要与作出时点在后的行政处罚做好衔接协调，避免因行政处罚否定欺诈发行而推翻责令回购的合法性。此外，责令回购需与行政处罚在事实认定方面维持一致，责令回购的时效性有可能因等待行政处罚事实认定结论出炉而有所削弱，错过了实施责令回购的最佳时机。

二是责令回购与债权保护的关系。责令回购客观上造成上市公司偿债能力的加速贬值，对债权人造成威胁，债权人是否可以要求公司在实施回购前提前清偿债务或作出担保，目前缺乏相应规定和救济机制。债权保护的不到位可能会对责令回购的有效实施造成负面影响。

综上，责令回购存在适用案件范围较小、启动具有不确定性、实践经验有限、存在实施困境等问题，不足以彻底解决证券民事赔偿责任落空的全部问题，有必要与行政罚没款"暂缓入国库"或财政回拨等"先赔后缴"机制协同发展。首先，对责令回购无法适用的信息披露违法、内幕交易、市场操纵等案件，投资者仍然需要通过证券民事诉讼方式主张民事赔偿，而行政罚没款的"先赔后缴"机制才可以真正实现证券民事赔偿责任优先。其次，可以适用责令回购的欺诈发行案件，对不同意回购方案或者未通过责令回购得到充分弥补而选择采取证券民事诉讼途径的投资者，同样需要"先赔后缴"机制发挥作用，以实现受损投资者的优先受偿。

（二）先行赔付的适用及其限制

1. 先行赔付的性质及适用

先行赔付是我国针对证券民事赔偿责任实现难的问题，在实践中探索发展的另一项重要制度。先行赔付制度并非域外舶来品，而是我国在"摸着石头过河"的实践中创造的，2019 年新修订的《证券法》以立法形式对这一投资者保护的创新范例予以固化。《证券法》第 93 条规定："发行人因欺诈发行、虚假陈述或者其他重大违法行为给投资者造成损失的，发行人的控股股东、实际控制人、相关的证券公司可以委托投资者保护机构，就赔偿事宜与受到损失的投资者达成协议，予以先行赔付。先行赔付后，可以依法向发行人以及其他连带责任人追偿。"先行赔付具有搁置法律争议，以民事和解形式解决纠纷，高效便捷低成本实现民事赔偿，中国证券投资者保护基金有限责任公司（以下简称"投保基金公司"）作为基金管理人介入体现公益性、独立性和中立性特点的优势，① 目前已在万福生科、海联讯、欣泰电气 3 起案件中得到成功运用。其中，万福生科案和海联讯案在行政处罚前即启动先行赔付程序，赔付用时仅 2 个月，赔付人数比例分别为 95.01% 和 95.7%，赔付金额比例分别为 99.56% 和 98.81%。欣泰电气案虽然在行政处罚后启动先行赔付，赔付用时也仅 4 个月，95.16% 的适格投资者获得赔偿，获赔金额比例达到 99.46%。

法律性质上，先行赔付是将先行赔付人的侵权责任以民事和解方式转化为合同之债。② 从《证券法》第 93 条规定看，第一，先行赔付的赔付性质是自愿，并非强制性法律义务，先行赔付人"可以"选择是否进行先行赔付；第二，先行赔付主体限定为发行人的控股股东、实际控制人、相关的证券公司三类；第三，先行赔付的范围是欺诈发行、虚假陈述或者其他重大违法行为，从现有实践看，先行赔付主要适用于欺诈发行和虚假陈述案件，基于赔付主体能力弱、损害计算难等原因，先行赔付适用于内幕交易、市场操纵等案件的空间小；第四，先行赔付责任人进行先行赔付后，获得向连带责任人追偿的权利。此外，在 3 起先行赔付案件中，赔偿基准和方案拟定都参考了最高人民法院《关于审理证券市场因虚假陈述引发的民事赔偿案件的若干规定》所确立的原则和标准，同时以投资者保护为原则，得出超越《若干规定》更有利于投资者的赔偿标准。整体上，先行赔付对遏制证券市场虚假陈述等违法行为、构建完整投资者保护体系、督促相关金融机构勤勉尽责等方面起到积极作用，避免了证券民事诉讼的复杂和烦琐，与责令回购一样，是实现证券民事赔偿责任的创新机制之一。

2. 先行赔付的适用限制

先行赔付实践效果显著，对投资者而言，先行赔付是一种比证券民事

① 参见巩海滨、王旭《证券市场先行赔付制度研究》，《财经法学》2018 年第 6 期。
② 参见肖宇、黄辉《证券市场先行赔付：法理辨析与制度构建》，《法学》2019 年第 8 期。

诉讼更为有效的救济途径，有助于证券民事赔偿责任的优先实现，但先行赔付也存在适用上的局限性，无法解决民事赔偿责任优先原则落空的全部问题。

（1）先行赔付适用案件范围有限

除欺诈发行、虚假陈述案件外，《证券法》第93条还规定"其他重大违法行为"也能适用先行赔付，为先行赔付适用于其他类型案件留有空间。但从实践角度看，目前3起先行赔付案件均为欺诈发行类案件，其他类型案件如内幕交易、操纵市场适用先行赔付的空间不大。

一是内幕交易、操纵市场案件的违法行为人大多为中小投资者，并非发行人本身，不符合《证券法》规定的先行赔付责任人范围。

二是就算先行赔付适用于内幕交易、操纵市场案件，责任人是否有意愿承担先行赔付义务存在疑问，如在光大证券乌龙指案中，证监会认定光大集团行为构成内幕交易，但光大集团拒绝设立专门的投资者补偿基金。而就算责任人有意愿，大多数中小投资者也无先行赔付的实力。这与欺诈发行、虚假陈述案件存在较大差别。这类案件中，保荐机构承担连带赔偿责任，为了维持自己的"声誉资本"，减少违法行为对其后续业务的影响，一般有意愿也有实力进行先行赔付，以求得后续行政处罚的宽大处理。

三是内幕交易、操纵市场民事责任复杂性高、实施成本高，特别是关于因果关系的证明、投资者损失的计算等问题争议较大，难以简单套用目前已相对成熟的虚假陈述民事赔偿制度。在内幕交易、操纵市场民事赔偿成功实践极少的背景下，责任人一般没有动力进行先行赔付。至少到目前为止，先行赔付只能解决证券欺诈特定领域的问题，适用范围较为有限。

（2）先行赔付依赖责任人自愿启动

先行赔付能否启动也存在不确定性。启动先行赔付依赖多方面条件，特别是赔付主体的意愿和客观条件。《证券法》第93条的表述是"可以委托投资者保护机构，就赔偿事宜与受到损失的投资者达成协议，予以先行赔付"，这里的"可以"一词表明责任人可以自愿选择是否启动先行赔付。以往的监管实践曾考虑把先行赔付作为相关责任人的强制性法律义务。证监会《公开发行证券的公司信息披露内容与格式准则第1号——招股说明书》第18条规定，招股说明书扉页应有如下声明及承诺："保荐人承诺因其为发行人首次公开发行股票制作、出具的文件有虚假记载、误导性陈述或者重大遗漏，给投资者造成损失的，将先行赔付投资者损失。"从法律性质看，先行赔付作为一种民事和解，属于单方承诺法律行为。如果这种自我承诺的行为根据证监会的规定作出，自我承诺就成为强制性义务，可能引起争议。先行赔付的责任依据是证券侵权行为，归责应当由司法机关或者行政机关按照法定程序，经过举证、质证、辩论等程序之后作出。将先行赔付承诺作为"强制性义务"带有"未审先判"特点，侵害了先行赔付人的正当程序权利，且改变了证券违法行为的归责原则，造成本应只是连带责任人的先行赔付人承担了事实上的侵权直接责任，与《证券法》规定的原则不相一致。因此，先行赔付须以先行赔付人的自愿为前提。如果控股股东、实际控制人、保荐人等先行赔付人不愿意或没有能力进行先行赔付，先行赔付制度就无法启动。

综上，先行赔付的适用范围有限，难以针对实践中形态各异的证券违法行为进行损害填补。此外，先行赔付具有自愿启动的特点，先行赔付能否成功实施依赖责任人的意愿和能力，以及证监会的态度。先行赔付确实可以在一定程度上解决证券民事赔偿责任优先实现的问题，但不足以彻底解决问题，仍有必要与"先赔后缴"机制协同发展。

（三）行政和解的适用及其限制

1. 行政和解的性质及适用

证券行政和解通过协商方式消除行政争议，并由行政相对人交纳行政和解金以直接补偿投资者损失，是一种相对柔性的新型执法模式。2019年新修订的《证券法》第171条规定了证券执法领域的终止调查制度，实质就是证券行政和解制度的体现，该条规定："国务院证券监督管理机构对涉嫌证券违法的单位或者个人进行调查期间，被调查的当事人书面申请，承诺在国务院证券监督管理机构认可的期限内纠正涉嫌违法行为，赔偿有关投资者损失，消除损害或者不良影响的，国务院证券监督管理机构可以决定中止调查。被调查的当事人履行承诺的，国务院证券监督管理机构可以决定终止调查；被调查的当事人未履行承诺或者有国务院规定的其他情形的，应当恢复调查。具体办法由国务院规定。"早在2015年，经国务院授权，证监会和财政部发布《行政和解试点实施办法》（证监会令第 114 号）以及《行政和解金管理暂行办法》（财政部〔2015〕4 号，证监会〔2015〕4 号），在证券领域启动行政和解试点。

截至 2000 年，证监会仅在 2 起案件中与行政相对人达成行政和解，且 2 起案件都属于证券执法领域的非常规案件。其中，高盛亚洲、北京高华案涉及"高盛亚洲自营交易员通过在高华证券开立的高盛经纪业务账户进行交易，同时向高华证券自营交易员提供业务指导"和"从事了相关股票及股指期货合约交易"等违反证券公司监管规定的情形。根据证监会与高盛亚洲、北京高华等和解申请人达成的行政和解协议，申请人交纳行政和解金 1.5 亿元，并采取必要措施加强公司的内控管理，证监会依法终止对申请人有关行为的调查、审理程序。上海司度案则涉及相关当事人违反"账户管理使用的有关规定"和"资产管理业务的有关规定"的情形。根据证监会与上海司度等和解申请人达成的行政和解协议，上海司度及其相关工作人员交纳行政和解金 6.7 亿元，其他申请人交纳行政和解金 1515 万元，申请人采取必要措施加强公司的内控管理，证监会依法终止对申请人有关行为的调查、审理程序。由于该 2 起案件均不涉及投资者赔偿问题，根据《行政和解金管理暂行办法》第 7 条，"行政和解金在补偿投资者后仍有剩余的，应当上缴国库"，该 2 起案件的和解金很可能已按规定上缴国库。

为解决证券行政和解实践面临的适用条件过于刚性、与现行查审制度衔接不畅、公开和监督制度有待完善等问题，2020 年 8 月，证监会发布《证券期货行政和解实施办法（征求意见稿）》（以下简称《和解实施办法（征求意见稿）》），对《行政和解试点实施办法》作出针对性的修订完善。根据《和解实施办法（征求意见稿）》，和解条件不再限于"事实或法律关系尚难明确"的案件，如果当事人已经或者承诺采取有效措施，纠正涉嫌违法行为，赔偿有关投资者损失，消除损害或者不良影响，也符合和解条件。此外，《和解实施办法（征求意见稿）》还对和解启动程序、和解信息公开、和解金管理使用等方面作了修订，推动和解制度从试点转向常规，进一步发挥和解的积极作用。

从性质上分析，证券行政和解既具有民事和解行为的意识自治、平等协商、相互让步等特点，又带有行政执法的惩罚性、合法性、公益性等特征。一方面，行政和解协议是在监管机构和被调查人处于相对平等地位的前提下，经双方协商谈判让步形成"合意"所达成的协议；另一方面，协议内容体现了对被调查人的惩罚性。作为达成和解的条件，被调查人需要改正涉嫌违法行为，消除涉嫌违法行为造成的不良后果，交纳行政和解金以补偿投资者损失。在我国证券执法面临市场扩张和执法资源不足的现实条件下，证券行政和解具有降低执法成本、维护市场长期和谐稳定关系、丰富执法手段、有效补偿投资者损失等的独特价值。同时，行政和解具有代替行政处罚的效力，如果证券监管机构与行政相对人达成和解，将不再对行政相对人的涉案行为进行处罚，也就不存在行政财产责任与民事财产责任竞合后民事财产责任无法优先实现的问题。

2. 行政和解的适用限制

证券行政和解通过公权力的运用让受损投资者优先得到补偿。在证券行政和解中，交纳行政和解金、赔偿有关投资者损失是证券监管机构同意行政相对人和解申请，据此终止调查的前提。投资者因涉案违法行为所遭受的损失是证券监管机构确定和解金数额应当考虑的情形之一。在和解金使用上，和解金优先用于赔偿投资者损失，只有行政相对人涉嫌违法行为未造成投资者损失，或者造成的投资者损失难以认定，或者行政和解金在赔偿投资者损失后仍有剩余的，和解金才上缴国库。和解金的确定、分配体现了证券民事赔偿责任优先原则。

如果证券执法案件普遍采用行政和解方式结案，就能达到证券民事赔偿责任优先实现的效果。在美国，超过90%的证券执法案件经由和解结案，一半案件在美国证券交易委员会（SEC）执法程序启动前就已达成和解。但在我国，证券行政和解案件申请和受理量均较少。据不完全统计，2015~2019年，证监会累计作出行政处罚决定的案件数多达1200余起，却仅在2起案件中达成了行政执法和解，适用和解的案件比例不足千分之二。① 和解实践较少，一方面是和解制度设计的局限性所致，另一方面，和解是否符合我国当前执法环境，是否可能动摇监管权威、放纵违法行为，这些疑问

---

① 2015~2019年，证监会作出行政处罚决定的案件数量分别为：2015年177起、2016年218起、2017年237起、2018年310起和2019年260起，数据来源于证监会官网。

也可能导致证监会在实践中较少采用和解。

（1）《行政和解试点实施办法》关于行政和解的制度设计存在较大局限性

一是和解条件过于严格。《行政和解试点实施办法》规定只有"事实或法律关系尚难明确"的案件才能适用和解。从实践效果看，这一严格的和解条件阻碍了和解的广泛运用。现有2起和解案例都属于证券执法领域的非常规案件。内幕交易、信息披露违法和市场操纵等证券市场更常见多发案件都未适用和解结案。

二是和解程序启动不畅。《行政和解试点实施办法》规定证监会不得主动或者变相主动提出和解建议，但由于调查过程的非公开，当事人无法获得足够信息判断是否应该提出和解申请。此外，当事人可以启动行政和解的时间为自收到中国证监会送达的案件调查通知书之日起，至中国证监会作出行政处罚决定前。但实践中，直到事先告知阶段，当事人才有机会全面了解涉案事实、理由和法律依据。这意味着，当事人的和解权利只有到事先告知阶段才能得到充分行使。和解程序启动不畅在一定程度上造成了和解时效性较差。高盛亚洲、北京高华案的涉案行为发生至和解公告的时间跨度长达7年。而上海司度案的涉案行为发生至和解公告的时间跨度也长达5年。同时，根据《行政和解试点实施办法》，投保基金公司执行行政和解金补偿方案，应当同时在其网站上进行公告，但截至目前，投保基金公司尚未公告上述2起案例的和解金补偿方案。相较而言，在万福生科、海联讯等先行赔付案件中，从涉嫌违法违规立案调查，到适格投资者得到补偿都未超过2年。而证券民事诉讼从立案到一审判决、二审判决，平均需时也才11.3个月。

此外，现有和解实践还存在和解信息公开不足，监督机制不够完善，与民事诉讼、先行赔付等相关机制衔接空白等问题，和解高效率、低成本解决行政争议的价值未充分发挥。虽然《和解实施办法（征求意见稿）》对上述问题进行了针对性完善，如大幅放宽和解条件，删除了证监会不得主动或者变相主动提出和解建议的规定，进一步压缩了和解程序时限，要求证监会制作和解决定书，送达当事人并公开，等等，但只是征求意见稿，最终稿尚未出台，其实践结果如何，还有待案例予以验证。

（2）我国当前执法环境下行政和解难以广泛实施

就算《和解实施办法（征求意见稿）》大幅放宽了和解适用条件，在当前我国执法环境下，广泛适用证券行政和解从而落实民事赔偿责任优先原则的主张并不现实。

一是我国行政监管中，行政和解实践较少，公众对行政和解的认知和接受程度有限。目前，我国行政和解实践仅存在于反垄断、反倾销、海关知识产权执法和证券行政执法等少数领域。[①]

二是关于行政和解动摇监管权威、放纵违法行为的争论一直存在。在美国的证券和解实践中，由于和解案件当事人无须承认违法，只需缴纳一定和解金并承担一定和解义务便可结案了事，造成公众对 SEC 执法不严、让违法者逃避违法后果的质疑。此外，美国大公司往往花费重金聘请 SEC 前高级雇员到公司任职或者担任法律顾问，以应对 SEC 所可能采取的执法行动，大公司在和解谈判中投入资源、拥有的政治能量可能超过 SEC，导致和解结果总体上偏袒大公司，加剧了公众对和解放纵违法的质疑。美国公众对和解的质疑，在我国也可能同样存在。因此，如果我国证监会对个案和解处理不慎，可能对自身的执法权威和执法公信力产生负面影响。

三是加大证券市场违法违规成本，严厉打击证券违法犯罪行为是当前执法"主旋律"，这意味着可以适用证券行政和解的案件范围将十分有限。中央金融委员会多次会议指出，要全面落实对资本市场违法犯罪行为"零容忍"工作要求，对财务造假、资金占用等恶性违法行为从重处理。在许多证券违法案件中，特别是恶性证券违法案件中，行政处罚仍然是证券监管机构的首选路径。

综上，证券行政和解虽能实现证券民事赔偿责任优先，但在我国当前证券执法环境下，这一制度的普遍实施还需漫长过程，一方面，公众对行政和解的认知和接受程度尚待提高；另一方面，为确保行政和解的公平、公正、公开，行政和解的舆论监督、司法监督和监察委纪委监督等内外部监督机制有待完善。此外，对个案来说，行政和解协议的顺利达成有赖于

[①] 如《反垄断法》第 45 条规定的经营者承诺制度、《反倾销条例》第 31 条规定的价格承诺制度、《海关关于〈中华人民共和国知识产权海关保护条例〉的实施办法》第 27 条规定的海关知识产权执法终止制度。

当事人配合，对当事人不愿意达成行政和解的案件，投资者仍然需要通过证券民事诉讼主张损害赔偿。因此，寄希望于证券行政和解制度解决证券民事赔偿责任优先原则落实问题是"远水救不了近火"。在大部分案件仍然以行政处罚结案的情况下，有必要通过"先赔后缴"机制落实证券民事赔偿责任优先。

（四）小结

2019 年修订的《证券法》同时规定了责令回购制度、先行赔付制度、行政和解制度等投资者保护创新制度，试图建立起全方位的投资者保护体系。在肯定这些制度发挥补偿投资者损失作用的同时，也应看到这些制度存在局限性，改进现有制度的尝试尚不足以彻底解决证券民事赔偿责任优先原则落实的现实问题。

责令回购制度为欺诈发行受损投资者提供了一种民事诉讼程序之外的简捷救济途径，可在一定程度上解决欺诈发行受损投资者民事赔偿问题。但责令回购属于证券监管机构的任意性监管措施，目前可资借鉴的经验少，实践操作困难，得到普遍适用的概率不大，民事诉讼仍然是欺诈发行受损投资者获得补偿的主要渠道。更为关键的是，责令回购仅用于欺诈发行一种违法行为，局限性较大。在责令回购没有适用或无法适用的案件中，投资者需要通过证券民事诉讼主张损害赔偿，"先赔后缴"有建立发展的必要。

先行赔付制度是我国为解决证券民事赔偿责任实现难问题的原创性制度设计。从理论和实践分析，先行赔付的适用范围限于欺诈发行、信息披露违法案件，难以针对实践中形态各异的证券违法行为进行损害填补。此外，先行赔付具有自愿启动的特点，先行赔付能否成功实施依赖责任人的意愿和能力。先行赔付由相关责任人在行政或刑事决定作出前先行补偿投资者损失，可以在部分案件中解决证券民事赔偿责任优先的问题，但不足以彻底解决问题，仍有必要与"先赔后缴"机制协同发展。

证券行政和解制度由行政相对人交纳行政和解金直接补偿投资者损失，可以达到证券民事赔偿责任的优先实现效果。虽然我国早在 2015 年就开始试点实施证券行政和解制度，但实践效果不尽理想，这一方面是由于行政和解的制度设计存在局限；另一方面，我国当前并不具备广泛实施行政和解的制度环境。现阶段，主张行政和解制度在证券执法案件中普遍适用，从而解决民事赔偿责任优先落实的问题并不现实。在许多证券违法案件中，行政处罚仍然是证券监管机构的首选路径，行政财产责任和民事财产责任竞合的矛盾在大部分案件中依然突出。因此，有必要通过"先赔后缴"机制落实证券民事赔偿责任优先。

三　实现证券民事赔偿责任优先的路径选择[①]

如前所述，虽然 2019 年修订的《证券法》规定了先行赔付、行政和解、责令回购等落实民事赔偿责任优先的替代性方案，但均存在局限性，不足以解决全部问题。现有研究认为，当责任人的公法财产责任和民事财产责任发生冲突时，统筹考虑证券罚没款上缴国库和赔付受损投资者的双重要求，让民事赔偿责任得以优先实现的方案有两种，即国库管理制度上的暂缓入库机制和财政回拨机制。暂缓入库机制即对本应即时上缴国库的行政罚没和刑事罚没金经特定程序暂缓入库，由相关机构暂时保管，以备相关受害人民事赔偿之用，待用于相关受害人民事赔偿后或经一定期间后，余款再上缴国库。财政回拨机制即对已经上缴国库的行政罚没款和刑事罚没金经特定程序退付至特定账户，用于相关受害人的民事赔偿。2022年 7 月，中国证监会和财政部出台的《优先规定》，明确了当违法行为人缴纳罚没款后剩余财产不足以承担民事赔偿责任的，投资者可以申请将已缴纳的行政罚没款作退库处理，事实上选择了财政回拨机制，但暂缓入库的适用空间依然值得进一步探讨。

（一）财政回拨的实现方式

财政回拨或退库，即预算收入回拨或退库，由征收机关根据财政、税务管理体制的有关规定，将已入库的预算收入从国库中退付缴纳人的一种制度。证券罚没款的财政回拨或退库，即在责任人财产已经上缴国库，无

[①] 参见陈洁、高振翔《证券民事赔偿"先赔后缴"实现机制研究》，载《商法界论集》第 9 卷，中国金融出版社，2022，第 29 页。

法承担相应民事赔偿责任时，经受损投资者或者特定机关申请，将已经上缴国库的财产退库后补偿投资者损失。财政回拨或退库是国库管理的一项成熟制度，在诉讼法中也得到体现。《最高人民法院关于适用〈中华人民共和国刑事诉讼法〉的解释》第 366 条第 2 款规定，判决返还被害人的涉案财物无人认领上缴国库后又有人认领的，"查证属实的，应当申请退库予以返还；原物已经拍卖、变卖的，应当返还价款"。第 522 条规定，人民法院生效的没收裁定有误，"已经没收的财产，应当及时返还；财产已经上缴国库的，由原没收机关从财政机关申请退库，予以返还"。《国库资金管理办法》《国家金库条例》《国库会计管理规定》等国库管理行政法规、部门规章也都专门规定了预算收入的退付制度及相关流程。实践中，财政回拨或退库情形包括发生错缴、多缴等技术性差错，按计划缴入国库的收入超过实际收入或者按法律法规、政策要求办理退库等。

相比证券罚没款暂缓入库，实施证券罚没款财政回拨阻力更小。首先，财政回拨是一项成熟制度，程序明确、路径清晰，证券罚没款财政回拨适用于证券民事赔偿责任优先情形不存在刚性法律障碍。其次，罚没款财政回拨对现有国库管理制度冲击也较小。我国现行法律法规对罚没款退库已有规定，虽没有具体明确因为证券民事责任的赔偿款优先执行而适用财政退库制度，但也存在一定制度空间。为此，中国证监会和财政部出台的《优先规定》可以说是立足我国现实制度环境所作的较优选择。[①]

从《优先规定》来看，财政回拨的制度构建涉及如下主要问题。

一是财政回拨的申请程序。通常而言，申请财政回拨的条件有三：其一，责任人的公法财产责任已经执行，行政罚没款或刑事罚没金被上缴国库；其二，当事人取得了民事执行依据（包括民事判决、"示范判决＋调解"机制下的调解书等），责任人须履行民事赔偿义务；其三，责任人确已无法承担相应民事赔偿责任。民事案件执行应依当事人主义原则。因此，有权提出申请的应当是取得民事执行依据的投资者。具体操作中，依据《优先规定》第 2 条之规定，"受害投资者提出将违法行为人罚没款用于承担民事

---

① 参见黄辉、黄江东、李海龙、肖宇《证券民事赔偿责任优先的法理逻辑与实现路径》，载《投资者》（第 6 辑），法律出版社，2019，第 50 页。

赔偿责任申请的，应当向中国证券监督管理委员会提交以下申请材料，并由证监会行政处罚委员会办公室具体负责接收：（一）将违法行为人罚没款用于承担民事赔偿责任申请书；（二）受害投资者身份证明材料、银行账号、开户行全称；（三）民事判决书、刑事附带民事判决书或者调解书；（四）终结执行裁定书或者终结破产程序裁定书；（五）被告履行相关赔偿责任的情况说明；（六）相关材料真实有效的承诺书；（七）其他有关材料"。

此外，鉴于受害投资者往往人数众多，且相关工作具有较高专业性，为方便操作，可指定由投服中心等专业投资者保护机构集中申请办理财政回拨。对此，《优先规定》第2条仅规定："证券纠纷特别代表人诉讼中担任诉讼代表人的投资者保护机构代表受害投资者提出申请的，参照本条前两款规定执行。"我国目前适用证券纠纷特别代表人诉讼的案例仅1例，因此将投资者保护机构代表受害投资者提出申请的情形仅限定于证券纠纷特别代表人诉讼显然过于严苛。事实上，针对退库证券罚没款不足以全部支付民事赔偿金额时的资金分配，还可由投资者保护机构主导制定专门的分配方案，并引入听证、异议和建议等程序，确保资金分配的科学合理。

二是财政回拨的合理期间。鉴于投资者提起民事诉讼的时间可能不一，有的可能怠于行使权利，为保证国库资金的确定性、提高资金使用效率，应明确可以申请退库的实践期限，以免出现证券罚没款入库很长时间以后再办理退库的情况。为此，《优先规定》第3条规定："人民法院出具终结执行裁定书后一年内，受害投资者可以按照本规定提出申请，超过一年提出申请的，证监会不予受理。违法行为人被人民法院宣告破产的，自破产程序终结或者追加分配程序终结后一年内，受害投资者可以按照本规定提出申请，超过一年提出申请的，证监会不予受理。"此外，为提升财政回拨机制的实现效率，《优先规定》还规定，证监会在材料审核过程中，应当向出具终结执行裁定书或者终结破产程序裁定书的人民法院了解、核实案件前期执行、破产财产分配情况。证监会应当于收到人民法院情况反馈后1个月内完成审核工作。证监会应当每半年度向财政部提出退库申请，财政部收到申请材料后，对于材料不齐全、不符合形式要求的，应当在10个工作日内通知证监会补正；材料齐全、符合形式要求的，应当在1个月内完成审核工作，并将违法行为人有关罚没款退还至证监会账户。证监会收到退库资金后，应当及时将违法行为人罚没款退付给受害投资者，不得截留、挤占或者挪用。

（二）落实财政回拨机制需要完善的配套建议

财政回拨（退库）制度具有较高专业性，涉及最高人民法院、财政部和证监会等多个单位，同时涉及多部法律的相关条款。为落实财政回拨机制，还需要对相关法律条文作必要的配套修改。

1. 修改《行政处罚法》《刑法》，解决财政回拨机制实施面临的法律障碍

无论是规定证券违法行政责任的《行政处罚法》《证券法》，还是规定证券犯罪刑事责任的《刑法》，均规定行政罚没款和刑事罚没金必须全部足额上缴国库，不得挪用或自行处理，这与罚没款财政回拨的制度设计存在冲突，有必要作出相应修改。

（1）修改《行政处罚法》（注：修改部分用斜体并加下划线标示，下同）

建议将《行政处罚法》第 74 条第 2 款修改为，"罚款、没收的违法所得或者没收非法财物拍卖的款项，必须全部上缴国库，*除按法律规定优先用于民事赔偿责任外*，任何行政机关或者个人不得以任何形式截留、私分或者变相私分；财政部门不得以任何形式向作出行政处罚决定的行政机关返还罚款、没收的违法所得或者返还没收非法财物的拍卖款项"。

建议《行政处罚法》第 74 条增加第 3 款，"*罚款、没收违法所得或者没收非法财物拍卖的款项，可以优先用于民事赔偿责任。未上缴国库的，应当暂缓上缴国库；已经上缴国库的，应当予以回拨。由国务院制定具体办法实施*"。

建议将《行政处罚法》第 67 条第 3 款修改为，"当事人应当自收到行政处罚决定书之日起十五日内，到指定的银行缴纳罚款。银行应当收受罚款，并将罚款直接上缴国库，*但按照法律规定优先用于民事赔偿责任的除外*"。

（2）修改《证券法》

建议将《证券法》第 222 条修改为，"依照本法收缴的罚款和没收的违法所得，全部上缴国库，*但按照法律规定优先用于民事赔偿责任的除外*"。

（3）修改《刑法》

建议将《刑法》第 64 条修改为，"……没收的财物和罚金，一律上缴国库，不得挪用和自行处理，*但按照法律规定优先用于民事赔偿责任的除外*"。

建议将《刑法》第 64 条增加 1 款，"*没收的财物和罚金，可以优先用于民事赔偿责任。未上缴国库的，应当暂缓上缴国库；已经上缴国库的，应当予以回拨。由国务院制定具体办法实施*"。

2. 修改《预算法》《国家金库条例》《财政专户管理办法》，为财政回拨机制落地创造条件

财政回拨机制的落地涉及我国现行国库管理制度调整，有必要对国库管理相关的法律规范作出修改。

（1）修改《预算法》《国家金库条例》

建议在《预算法》第 56 条以及《国家金库条例》第 14 条分别增加 1 款，"*政府的罚没收入按照法律规定优先用于民事赔偿责任的，应当暂缓入库。已经缴入国库的，应当予以回拨*"。

（2）修改《财政专户管理办法》

建议将《财政专户管理办法》第 2 条第 2 款修改为"本办法所称特定资金，包括社会保险基金、国际金融组织和外国政府贷款赠款、偿债准备金、待缴国库单一账户的非税收入、教育收费、彩票发行机构和销售机构业务费、代管预算单位资金、*优先用于投资者补偿的证券罚没款等*"。

四　余论：实现证券民事赔偿责任优先的理想方案

证券罚没款财政回拨机制对落实民事赔偿责任优先原则、保护投资者权益意义重大。但该机制只针对民事诉讼的执行环节，所能解决的仅限于证券民事诉讼中的执行难题，对民事赔偿责任本身存在的问题，则鞭长莫及。投资者通过证券民事诉讼主张赔偿，所需经历的环节包括向法院起诉、法院受理、获得胜诉判决、判决得到执行等。判决得到执行固然是其中重要一环，但前提是前面各环节的顺利实现。长期以来，我国证券民事诉讼存在受案范围过窄、前置条件严格、审判能力不足、独立性缺乏等突出问题，叠加证券民事诉讼本身存在的取证难、耗时久、程序复杂、"集体行动困境"等固有难题，投资者在诉讼中需要"过关斩将"，包括立案关、审理

关、判决关、执行关等，即使赢得诉讼，也要付出高昂律师费用，得到的赔偿未必能填补遭受的损失，因而严重影响了追偿的积极性。要更为彻底地解决证券民事赔偿难问题，实现证券民事赔偿责任优先，有必要探讨建立由证券监管机构或司法机关直接将追缴的证券罚没款用于补偿投资者损失的制度，发挥证券监管的公共补偿职能。美国在该领域的理论研究和实践操作都较为领先，其独特的公平基金制度将罚没款直接用于民事赔偿，在保护证券投资者权益方面发挥了重要作用。要更为彻底地解决证券民事赔偿难的问题，便捷实现证券民事赔偿责任优先，未来可探讨在我国引入公平基金制度，由证券监管机构或司法机关将追缴的证券罚没款直接用于补偿投资者损失，以更好地发挥证券监管执法的公共补偿职能。

第十二章 证券执法当事人承诺制度的创新发展

证券行政执法当事人承诺制度（下称"当事人承诺制度"）是现行《证券法》确立的新型证券行政执法方式。根据证监会发布的消息，在前期对广东紫晶信息存储技术股份有限公司（下称"紫晶存储"）的欺诈发行、信息披露违法违规行为作出行政处罚后，2023 年 12 月 29 日，证监会分别与涉案的 4 家中介机构（具体包括中信建投证券股份有限公司等）签署了承诺认可协议。协议约定，4 家中介机构应当交纳承诺金合计约 12.75 亿元，并按照证监会提出的整改要求进行自查整改，而后向证监会提交书面整改报告，由证监会进行核查验收。验收合格后，证监会终止对 4 家机构的调查。紫晶存储案中承诺认可协议的签署是我国证券行政执法史上第一起适用当事人承诺制度的案例，其顺利实施体现了我国证券市场治理方式从传统依靠单一的证券监管机构强制性的行政执法，转向包括证券监管机构和被监管对象协商、达成承诺认可协议在内的多元治理方式的重大转变；彰显了我国证券监管部门对行政执法如何综合纠正涉嫌违法行为、赔偿有关投资者损失、消除不良影响，实现行政执法与民事赔偿的统一、法律效果与社会效果的统一所作的积极探索和不懈努力。

一 我国当事人承诺制度的界定及其发展历程

我国当事人承诺制度是从证券执法行政和解制度试点基础上发展而来的。证监会 2015 年 2 月发布的《行政和解试点实施办法》规定："行政和解是指中国证券监督管理委员会在对公民、法人或者其他组织涉嫌违反证券期货法律、行政法规和相关监管规定行为进行调查执法过程中，根据行政相对人的申请，与其就改正涉嫌违法行为，消除涉嫌违法行为不良后果，交纳行政和解金补偿投资者损失等进行协商达成行政和解协议，并据此终止调查执法程序的行为。"由于早期对行政和解的认识不一，《行政和解试点实施办法》对行政和解的适用条件作了严格限定，以至于直到 2019 年 4 月，证监会才与高盛（亚洲）有限责任公司、北京高华证券有限责任公司及其相关工作人员达成第一例行政和解协议。此后，2020 年 1 月，证监会与司度（上海）贸易有限公司等 5 家机构及其相关工作人员达成第二例行政和解协议。

为了充分发挥行政和解在节约监管资源、高效保护投资者利益、及时恢复证券市场秩序等方面的特殊功效，同时也为了避免社会公众对行政和解容易产生的执法不严、利益交换等负面联想，现行《证券法》第 171 条放弃沿用"行政和解"之称谓，对当事人承诺制度作了原则性规定。2021 年 7 月，中办、国办印发的《关于依法从严打击证券违法活动的意见》中明确提出要"充分发挥证券期货行政执法当事人承诺制度功能"。2021 年 10 月，国务院发布《证券期货行政执法当事人承诺制度实施办法》（下称《实施办法》），以行政法规形式对当事人承诺制度作了系统框架性规范。2022 年 1 月，证监会出台《证券期货行政执法当事人承诺制度实施规定》（下称《实施规定》），对当事人承诺制度的具体实施作了可操作性规定。根据《实施办法》，当事人承诺制度是指在国务院证券监督管理机构对涉嫌证券期货违法的单位或者个人进行调查期间，被调查的当事人承诺纠正涉嫌违法行为、赔偿有关投资者损失、消除损害或者不良影响并经国务院证券监督管理机构认可，当事人履行承诺后国务院证券监督管理机构终止案件调查的行政执法方式。

比较分析当事人承诺制度与行政和解，二者本质上都是证券监管机构与行政相对人达成执法和解。在具体制度构成上，二者的共同之处在于：首先在发起层面，都是由被调查当事人提出申请，希望以其承诺为代价使证券监管机构可以终止对其的调查行为；其次在协商环节，都是证券监管机构认可当事人提出的申请及其承诺措施，从而在事实上形成与当事人之间的和解协议；最后是后果层面，都是当事人履行承诺，经证券监管机构核查验收后终止行政执法调查。但是，当事人承诺制度与行政和解从名称到内容也存在明显区别。其一，从名称上看，当事人承诺制度更突出当事人的单方承诺行为，以及与单方承诺相对应的证券监管机构的认可承诺行为；而行政和解更强调证券监管机构与当事人之间平等协商，最终达成合意并签订和解协议的过程方式，相当程度上体现了将民事契约理论引入证券监管领域的制度创新。其二，在制度设计上，当事人承诺制度在适用的条件和范围、投资者的权益保护、监管者的执法程序和方式等方面较行政和解也发生了相应变化。其中最关键的是适用范围和条件问题。根据《行政和解试点实施办法》第6、7条之规定，行政和解仅适用于证监会"经过了必要调查程序，但案件事实或者法律关系尚难完全明确"的案件，对于"违法行为的事实清楚，证据充分，法律适用明确，依法应当给予行政处罚的"案件，证监会不得与行政相对人进行行政和解。而在当事人承诺制度中，相关规定均未要求以"案件事实或法律状态尚难完全明确"为前提条件。通常情形下，只要当事人不存在涉嫌证券期货犯罪、情节严重、社会影响恶劣以及就同一案件再次提出申请等法定情形的，均可以适用当事人承诺制度。可以说，《实施办法》在适用范围上采用负面清单式的规定，大大拓宽了当事人承诺制度的适用空间，也最终实现了在总结前期试点经验及相关研究成果基础上对行政和解的实质性的制度升级。

二 我国当事人承诺制度的实践特色

当事人承诺制度作为我国资本市场行政执法体制的重要组成部分，其突出的实践特色可归结为"刚柔并济"。其刚性体现在涉嫌违法当事人必须以高昂的承诺金以及履行严苛的合规义务为代价才能与证券监管机构达成承诺认可协议，若当事人不履行承诺，证券监管机构可以及时恢复调查执法程序；其柔性体现在监管机构与涉嫌违法当事人是通过承诺协议方式实现执法目的的非强制性的执法方式。就紫晶存储案适用当事人承诺制度的实践来看，我国监管部门在借鉴吸收域外行政和解制度经验的基础上，对该制度在中国的本土实践进行了积极有益的创新摸索。

第一，制度设计理念上寻求多元价值的协调平衡。任何法律制度及规则的设定都反映和体现着立法者所要寻求的价值目标。由于价值目标的多元性，这些目标之间并不总是相同或相容的，在特定情形下必须对相互冲突的价值目标进行恰当的协调和平衡。《证券法》确立了"规范证券发行和交易行为，保护投资者合法权益，维护社会经济秩序和社会公共利益"等复合性的立法目的，证券监督管理机构作为负责实施《证券法》的专门执法机构，其行政执法机制理应统筹考虑《证券法》的多重立法宗旨。反映在当事人承诺制度上，其设计理念就充分体现了多元价值的协调平衡。一是优先保护投资者合法权益。当事人承诺制度使因涉嫌违法行为遭受损失的投资者可以通过涉案当事人所交纳的承诺金及时获得合理的经济赔偿。与通常的证券民事赔偿诉讼机制相较，当事人承诺制度大大缩短了投资者获得民事赔偿的时间，其所追求的最大限度、最高效率的经济利益赔偿，充分体现了优先保护投资者权益的原则。二是注重维护社会公共利益。基于证券违法案件的复杂性与监管资源有限性之间的突出矛盾，当事人承诺制度通过承诺协议方式处理涉嫌违法行为，既打击了不当行为，也提高了执法效率，大大节约了司法资源。三是兼顾维护社会经济秩序。当事人承诺制度及时了结证券监管执法程序，可以尽快明确和稳定市场预期，尽可能减少当事人涉嫌违法行为对市场秩序的不利影响。可以说，当事人承诺制度既充分考虑《证券法》的立法目的，也努力实现其法律适用的效益性，在立法建构与监管资源的配置上，总体实现了提高执法效率、及时赔偿投资者损失与尽快恢复市场秩序的"三合一"的多元制度目标。

第二，实施机制上实现了公法、私法手段的有机结合。就行政监管效能而言，证券监管机构强制性的行政执法在维持市场秩序方面虽然有效，但其监管成本高昂，而且对投资者保护而言可能未必有效。基于对"市场失灵"和"政府失灵"的理性反思，为更好地利用制度资源，确保《证券法》预设的各种制度目标平衡实现，我国证券市场的监管方式正逐步从过去单一的"集权管理"转型为现代化的"多元治理"，从"硬性管理"转型为"弹性治理"。当事人承诺制度就是通过当事人的承诺以及监管机构认可承诺的协议方式实现执法目标。这种执法方式体现了监管者与被监管者之间的合意性及当事人自身行为的主动性，也体现了公法与私法融合的精神。尤其是公法、私法手段的有机结合，既弥补了现有执法机制之不足，也避免了执法资源的浪费，有利于推进我国证券市场积极保护投资者权益的市场态势，确保《证券法》宗旨的有效实现。

第三，实施过程强调多部门的协同配合。依据《实施办法》，证监会设立行政执法当事人承诺审核办公室（下称"办公室"），负责办理行政执法当事人承诺具体工作。但当事人承诺制度的整体实施需要包括证监会案件调查部门、案件审理部门、投资者保护部门、承诺金管理机构等的互相沟通密切配合。例如，承诺金管理机构在收到办公室抄送的受理通知书后，应当及时按照规定开展投资者损失测算工作，并将有关结果函告办公室、投资者保护部门。调查部门、审理部门、证券期货交易场所、证券登记结算机构、投资者保护机构等部门应当为投资者损失测算工作提供必要的支持。就证券投资者保护基金公司而言，受当事人之托管理由其设立的专用基金，就需要运用交易所信息系统和结算平台进行资格认定，从而尽快与损害者达成协议。客观而言，当事人承诺制度的实施就是一项系统工程，需要各部门协调配合，共同承担起行政执法以及赔偿投资者损失的诸多功能。反映在监管效能上，政府监管、市场约束等执法机制的协同配合可以充分发挥证券市场各种机制的系统效益，增强各种市场主体在规范证券市场秩序方面的角色功能。

三　我国当事人承诺制度的完善空间

经过系列立法，我国当事人承诺制度已经在实体和程序两方面形成了较为完善且具有操作性的制度规范。此次紫晶存储案的推进，为当事人承诺制度从制度文本走入司法实践提供了良好范例，也为我国后续更好地推行当事人承诺制度提供了宝贵的实践支持。但是，总结紫晶存储案的具体步骤，我国当事人承诺制度还存在进一步提升完善的空间。

1. 多种民事赔偿机制的衔接问题

为了切实保障投资者的合法权益，充分实现投资者的损失赔偿，我国相关法律法规提供了包括当事人承诺、先行赔付、特别代表人诉讼、责令回购等多种投资者保护机制供投资者选择。从制度解构的角度，每种机制各有特点、优势和适用条件，不能互相取代。但就资本市场投资者的民事赔偿而言，其往往可能涉及两种甚至两种以上的救济方式。例如，紫晶存储案就适用"先行赔付+当事人承诺"方式予以解决。这样，就涉及当事人承诺与先行赔付制度的衔接问题。事实上，紫晶存储案中，4家中介机构应当交纳的承诺金合计为1274523752元，其中前期已通过先行赔付程序赔付投资者损失 1085585416 元。这样，不管在当事人承诺还是先行赔付中，都涉及投资者损失的测算问题。为此，在尊重市场主体根据自身情况和案件具体情形选择赔偿机制的前提下，在一定程度上需要行政监管机关统筹协调不同机制的适用衔接问题，尤其是在适用当事人承诺与先行赔付、当事人承诺与民事诉讼等方面，要形成有序推进的彼此科学衔接的追责和赔偿机制。如果任由多种机制简单地叠床架屋、重合使用，反而可能浪费监管资源和司法资源。

2. 承诺金数额的确定问题

承诺金数额的确定是当事人承诺制度的核心问题。根据《实施办法》第 14 条之规定，承诺金数额的确定关键是要考虑三个问题。第一，投资者的损失问题。投资者因当事人涉嫌违法行为所遭受的损失是承诺金的重要构成。关于如何界定"因当事人涉嫌违法行为所遭受的损失"，主流观点认为应理解为申请人自身行为引起的投资者损失，即投资人的损失中与当事人行为有因果关系的部分，而不是投资者的全部损失。鉴于证券违法行为通常是共同侵权行为，因此，还必须区分不同当事人因各自的行为给投资者造成的损失，从而确定各自应承担的责任。在此基础上，当事人自愿通过承诺认可协议承担超过其自身行为造成的投资者损失，则当事人承诺后的协议条款是具有约束力的，除非协议被司法程序裁判无效或违法，否则承诺金的数额不能再通过民事诉讼等程序予以减少或改变。第二，当事人涉嫌违法行为依法可能被处以罚款、没收违法所得的金额问题。尽管我国当事人承诺制度中不需要认定当事人的违法行为，也不要求当事人自认违法行为，但承诺金实际上需要包含当事人涉嫌违法行为依法可能被处以罚款、没收违法所得的金额。这样，就需要考虑当事人因涉嫌违法行为可能获得的收益或者避免的损失，再结合当事人涉嫌违法的具体情形并参照可能的行政处罚作综合的裁量。第三，签署承诺认可协议时案件所处的执法阶段问题。从节省监管成本视角出发，签署承诺认可协议时案件所处的执法阶段无疑是确定承诺金数额的重要因素。一般而言，越早与监管机构合作，节省的时间及监管成本就越大。但值得注意的是，签署承诺认可协议时案件所处的执法阶段很大程度上取决于当事人提出承诺的申请时间，因此，其实有必要将当事人提出的申请时间作为确定承诺金数额的重要因素。

3. 投资者的参与权问题

当事人承诺制度的核心是当事人以承诺为代价与证券监管机构达成承诺认可协议。当事人的承诺势必涉及因当事人涉嫌违法行为遭受损害的投资者的损失测算问题，因此，从协议角度看，承诺认可协议应属于涉他效力范畴，会对协议以外的第三人即投资者利益产生影响，所以应当尽可能征求投资者的意见。对此问题，《行政和解试点实施办法》曾规定"证券和解协议具备合法性的前提条件是不得损害第三方利害关系人的利益（主要为投资者）"。在当事人承诺制度中，因为不再使用和解协议的名称，故删除了上述规定，但当事人的承诺金数额势必关系到投资者的损失赔偿问题，因此还是有必要采取适当方式，就投资者的损失情况听取投资者及利害关系人的意见。这样就涉及投资者的参与权问题，核心就是投资者以何种方式参与到当事人承诺制度中去，具体包括应当由谁来代表投资者参与到当事人承诺制度中去，如何确定因涉嫌违法行为遭受损害的投资者范围、如何告知这些投资者以及投资者意见的效力如何，等等。以告知事项为例，实践中，资本市场投资者人数众多，且当事人承诺制度就是为了高效便捷地实现案结事了，因此与当事人承诺相关的信息披露公告的期限往往较短，这样，很难让全部投资者都知晓权利并及时主张权利，为此，就可能需要借鉴特别代表人诉讼中"明示退出，默示加入"的机理，只要投资者没有明示放弃加入当事人承诺制度以及放弃对承诺金的追偿，应该视为其要求主张其权利，但这些制度具体如何实施显然还有待于实践的进一步完善和丰富。

附录一

ST 生化要约收购案评析

2017 年的 A 股并购市场风起云涌，但浙民投天弘投资合伙企业（以下简称"浙民投"）收购振兴生化股份有限公司（以下简称"ST 生化"）事件广受关注。不仅因为这是 A 股市场第一次以公开要约收购方式成功取得上市公司控制权的案例，更因为浙民投获得本次要约收购的胜利主要归功于广大中小投资者的认可及支持。数据显示，除去 ST 生化原控股股东振兴集团持有的股份、其他限售流通股以及收购人浙民投与其一致行动人原持有的 ST 生化 2.51% 股份后，ST 生化实际可参加要约的全部流通股数量为 1.94 亿股。而本次收购有效预受股份达 1.47 亿股，股东出席比例高达 75.5%。如此之高的股东出席比例创下了我国中小股东集体行权的记录，也成为我国中小股东参与公司治理及决策人数最多、意义重大的典型案例。为此，浙民投要约收购成功后，证监会直接管理的证券金融类公益组织——中证中小投资者服务中心第一时间发声，称本次要约收购是"中小投资者集体积极行使股东权利的结果"，对中国资本市场公开要约收购具有里程碑的意义。[①]

虽然 ST 生化收购案创造了 A 股市场以要约收购方式成功获取上市公司控制权的历史，但它毕竟只是个案。透过该要约收购案，值得业界反思之处甚多，尤其是对该案例中诸多监管问题的探究更迫切需要市场的共识并付诸规则的完善。

---

① 周松林、徐金忠：《投服中心：ST 生化要约收购成功具有里程碑意义》，《中国证券报》2017 年 12 月 7 日。

一 浙民投收购 ST 生化案始末

2017 年 6 月，浙民投以 36 元/股的价格要约收购 ST 生化 7492 万股，占总股份比例为 27.49%。浙民投为此次要约收购设置了 33 个自然日期限，自 2017 年 11 月 3 日至 2017 年 12 月 5 日。如果要约收购成功，加上其原先持有的 2.51% 的股份，浙民投将合计持有 29.99% 的股份，目标直指 ST 生化公司实际控制权（其时 ST 生化的第一大股东振兴集团只持有 22.61% 的股份）。针对突然出现的"门口野蛮人"，ST 生化筹划了种种反收购措施进行应对，致使浙民投要约收购过程一波三折，颇具"戏剧性"。

2017 年 6 月 21 日，浙民投向 ST 生化董事会提交要约收购相关文件，随后 ST 生化盘中紧急停牌。6 月 28 日，ST 生化披露《要约收购报告书摘要》，同时宣布公司筹划重组事项。7 月 6 日，ST 生化对外披露了第一次重大资产重组的交易标的——山西康宝生物制品股份有限公司。7 月 7 日，ST 生化收到大股东振兴集团的实名举报函，称发现浙民投公开披露的《要约收购报告书摘要》及相关文件中存在重大虚假记载，隐瞒其自身持有 ST 生化股票事实。同时，振兴集团也将上述情况向相关机构进行了实名举报。振兴集团认为浙民投严重违反了相关规定，不具备收购人资格，应立即终止其要约收购行为。8 月 16 日，ST 生化公告称，由于交易双方始终未能就交易方案核心条款达成一致，经与交易对方协商同意，公司决定终止与山西康宝的重组事项。公司重新选定了重组标的，继续推进重大资产重组事项。交易对方为呼和浩特市海博畜牧生物科技有限公司。9 月 21 日，ST 生化再度公告称，经多次沟通与磋商，交易各方未能在核心交易条款上达成一致意见，经审慎研究后公司决定终止筹划本次重组事项。3 个月停牌期间两次重大资产重组失败后，ST 生化于 9 月 21 日复牌。

2017 年 11 月 2 日，要约收购报告书全文发布。次日 ST 生化要约收购进入正式要约期。然而，就在 12 月 5 日要约截止日前一周，香港上市公司佳兆业集团突然宣布以远高于浙民投要约价的对价收购 ST 生化控股股东振兴集团所持股权。[①] 受此影响，ST 生化股价 12 月 1 日盘中攀升至 35.5 元/股，逼近 36 元的浙民投的要约收购价，一度令浙民投要约收购前景变得扑朔迷离。[②]

ST 生化 12 月 4 日午间披露，公司于 12 月 1 日收到深交所监管函，称交易所对香港佳兆业子公司航运健康拟收购 ST 生化 18.57% 股权表示关注。深交所认为，航运健康、ST 生化向其提交的详式权益变动报告书存在内容不完整、风险提示不充分等问题，同时要求公司补充披露协议的合规性，以及收购目的、补充承接振兴集团承诺的安排等内容。[③] 披露一出，该股走势风云突变，当天临收盘前突然出现跳水。12 月 5 日高开后尾盘再次出现跳水，以 33.15 元报收。这样，ST 生化股价需要上涨 8.6% 才能涨至 36 元。换句话说，下一个交易日即使该股涨停，也无法达到要约收购价。客观上，或许正是由于临近要约收购截止期前的股价大幅下跌，才促使浙民投要约收购成功。据统计，截至 12 月 4 日收盘，浙民投获接纳的预受股份数量只有 1840 万股，但在 12 月 5 日当天预受股份数量接近 1.28 亿股。截至 12 月 5 日收盘，浙民投要约收购 ST 生化的预受股份达到 1.47 亿股，占公司总股份的 54%，预受要约股东数量达到 3870 户。浙民投要约收购 ST 生化 7492 万股的目标已经实现，要约收购宣告成功。

本次要约收购后，浙民投及其一致行动人合计持有 ST 生化 29.99% 的股份，超过原第一大股东振兴集团 22.61% 的持股。可以说，正是在中小投资者的积极参与之下，浙民投对 ST 生化的要约收购方告成功。而香港佳兆业收购 ST 生化控股股东振兴集团所持股份的方案遭遇挫折。

---

① 11 月 29 日，距离浙民投结束要约收购不足一周时间，香港佳兆业和 ST 生化先后公告，佳兆业旗下的航运健康拟以 21.87 亿元（包括偿还信达资产子公司深圳信达贷款）收购 ST 生化 18.57% 的股权。根据交易的设计，振兴集团拟通过协议转让的方式，将其持有的 ST 生化 5062 万股股份转让给航运健康，占 ST 生化已发行股份的 18.57%，同时将其持有的 ST 生化 1100 万股股份转让给信达深分，以补偿信达深分于 2016 年 12 月 14 日与振兴集团、振兴有限签订的《债务重组合作协议》项下未能实现的投资收益。同时，航运健康还分别同振兴集团和信达深分签署了《投票权委托协议》，航运健康在 ST 生化中拥有投票权的股份数量合计 6162 万股，占上市公司股份总额的 22.61%。航运健康将成为 ST 生化控股股东，其实际控制人郭英成和郭英智将成为 ST 生化新的实际控制人。不过，这一交易设置了众多解除条款。

② 潘清：《中小股东集体行权获胜　ST 生化要约收购成"标杆"》，新华网，2017 年 12 月 8 日。

③ 《浙民投成功要约 ST 生化　佳兆业竞购控制权落空》，《经济参考报》2017 年 12 月 12 日。

二 本案法律要点评析

(一) 收购人的资格条件问题

尽管我国现行《证券法》及《上市公司收购管理办法》(以下简称《收购办法》)①并未对收购人的内涵作明确的界定,但通常认为,凡是取得或者旨在取得上市公司控制权的投资者,就可称为收购人。当然,无论在理论上抑或实务中,由于各公司股权结构差异,投资者是否取得公司控制权,并无严格统一的标准。同时,在收购意图与公司控制权之间实质关联性的认定上也存在相当大的讨论空间。

对收购人资格条件的限定,主要见于《收购办法》第 6 条及第 36 条。其中,第 6 条规定了收购人资格的消极条件,第 36 条则侧面规定了收购人资格的积极条件。

其一,消极条件的限定。

《收购办法》第 6 条规定:"任何人不得利用上市公司的收购损害被收购公司及其股东的合法权益。有下列情形之一的,不得收购上市公司:(1) 收购人负有数额较大债务,到期未清偿,且处于持续状态;(2) 收购人最近 3 年有重大违法行为或者涉嫌有重大违法行为;(3) 收购人最近 3 年有严重的证券市场失信行为;(4) 收购人为自然人的,存在《公司法》第一百四十六条规定情形;②(5) 法律、行政法规规定以及中国证监会认定的不得收购上市公司的其他情形。"

根据本条规定,有上述五种情形之一的人,都不得作为收购人。这五

---

① 本案适用的是中国证监会 2014 年修订的《收购办法》。

② 2013 年《公司法》第 146 条规定:"有下列情形之一的,不得担任公司的董事、监事、高级管理人员:(一)无民事行为能力或者限制民事行为能力;(二)因贪污、贿赂、侵占财产、挪用财产或者破坏社会主义市场经济秩序,被判处刑罚,执行期满未逾五年,或者因犯罪被剥夺政治权利,执行期满未逾五年;(三)担任破产清算的公司、企业的董事或者厂长、经理,对该公司、企业的破产负有个人责任的,自该公司、企业破产清算完结之日起未逾三年;(四)担任因违法被吊销营业执照、责令关闭的公司、企业的法定代表人,并负有个人责任的,自该公司、企业被吊销营业执照之日起未逾三年;(五)个人所负数额较大的债务到期未清偿。公司违反前款规定选举、委派董事、监事或者聘任高级管理人员的,该选举、委派或者聘任无效。董事、监事、高级管理人员在任职期间出现本条第一款所列情形的,公司应当解除其职务。"

种情形归结起来，主要是三个要素，即收购人必须诚实守信、遵纪守法、不得负较大债务。收购人若是自然人，还必须具备一定的经营管理能力。《收购办法》如此规定的缘由在于，收购人是与公司控制权相关的市场主体，收购成功后势必对目标公司未来的经营产生重大影响。上述五种情形的发生，可能是由于当事人缺乏守法意识、不信守承诺、故意逃避清偿债务，也可能是当事人无力偿还到期债务，不管属于哪种情况，允许这类人员收购目标公司都是有较大风险的。为了确保目标公司运行的规范性，防止其被不良控制股东控制，《收购办法》特意对收购人规定了限制性条件。

其二，积极条件的规定。

《收购办法》第36条第2款规定："收购人聘请的财务顾问应当对收购人支付收购价款的能力和资金来源进行充分的尽职调查，详细披露核查的过程和依据，说明收购人是否具备要约收购的能力。收购人应当在作出要约收购提示性公告的同时，提供以下至少一项安排保证其具备履约能力：（一）以现金支付收购价款的，将不少于收购价款总额的20%作为履约保证金存入证券登记结算机构指定的银行；收购人以在证券交易所上市交易的证券支付收购价款的，将用于支付的全部证券交由证券登记结算机构保管，但上市公司发行新股的除外；（二）银行对要约收购所需价款出具保函；（三）财务顾问出具承担连带保证责任的书面承诺，明确如要约期满收购人不支付收购价款，财务顾问进行支付。"

该条款尽管表面上似乎是对财务顾问的职责要求，但实质上也是收购人必须具备要约收购履约能力的积极性条件。其立法目的就是通过各种规定来保障收购人具有与收购规模相适应的经济实力，防止资本市场空手套白狼、"蛇吞象"之类的乱象发生。

本案中，ST生化大股东振兴集团实名举报收购人，认为收购人隐瞒其自身持有ST生化股票事实，且公开披露的《要约收购报告书摘要》及相关文件中存在重大虚假记载，振兴集团认为收购人严重违反了相关规定，不具备收购人资格，应立即终止收购人的要约收购行为。对此，目标公司及其大股东只有查实收购人具备《收购办法》第6条规定的五种禁止性情形才能阻却其收购行为。至于大股东认为收购人隐瞒其自身持有ST生化股票的事实对否定收购人的资格毫无意义。实践中，收购人发起收购之前往往先持有目标公司一定数量的股票，而这种预先持有股票立法上并不禁止。依据《收购办法》第 35 条之规定，"收购人按照本办法规定进行要约收购的，对同一种类股票的要约价格，不得低于要约收购提示性公告日前 6 个月内收购人取得该种股票所支付的最高价格"，该规定可谓立法上允许收购人在收购之前拥有目标公司股票之最好注脚。

（二）要约期间目标公司进行资产重组的合法性分析

本案中，2017 年 6 月 21 日，浙民投向 ST 生化董事会提交要约收购相关文件后，ST 生化盘中紧急停牌，同时宣布公司筹划重组事项。此后，ST 生化 3 个月停牌期间发起两次重大资产重组。对这两次重大资产重组，深交所也发布了监管函，但监管函的内容都是常规式的针对资产重组真实性与合规性进行的问询。① 对此问询内容，笔者深感困惑。最大的困惑就是，要约期间目标公司究竟能否进行重大资产重组？监管部门对《收购办法》第 33 条之规定为何视而不见？

《收购办法》第 33 条规定："收购人作出提示性公告后至要约收购完成前，被收购公司除继续从事正常的经营活动或者执行股东大会已经作出的决议外，未经股东大会批准，被收购公司董事会不得通过处置公司资产、对外投资、调整公司主要业务、担保、贷款等方式，对公司的资产、负债、权益或者经营成果造成重大影响。"简言之，收购人发布提示性公告到收购完成前，除非是正常的经营活动或者执行股东大会业已作出的决议外，目标公司不得作出重大决议处置资产。推究《收购办法》第 33 条规定之立法缘由，主要有二。其一，根据《收购办法》第 35 条的规定，要约收购提示性公告日是要约价格的定价基准日。要约收购的价格锁定在提示性公告日，有助于收购人根据自身资金实力评估收购股份数量，确定自己的履约能力。如果在要约收购提示性公告日至要约收购结束期间，允许目标公司筹划重大资产重组等对股价有重大影响的事项，势必引起股价巨大波动，通常是引发股价大幅上涨，致使收购人的要约成本变得不可控，收购人的风险无

---

① 笔者未能查阅到具体的监管函。相关内容参阅彭梦飞《浙民投天弘要取控制权　ST 生化资产重组真实性存疑》，《北京商报》2017 年 8 月 21 日。

限扩大，最终导致收购人无力负担收购结果，从而令要约收购制度形同虚设。其二，要约收购多属敌意收购。在要约期间，若允许目标公司筹划重大资产重组事项，目标公司就可以通过筹划重大资产重组大幅拉升股价，突破收购人的要约价格，也就没有股东愿意接受要约，从而使要约收购流产。这样，重大资产重组客观上就可能成为目标公司阻止要约收购的利器。

正是基于上述考虑，各国收购法律大多规定了要约期间目标公司不能进行重大资产处置行为，而只能是继续保持正常的经营活动，包括执行股东大会已经作出的决议。但在本案中，在6月21日浙民投向ST生化董事会提交要约收购相关文件之前，目标公司从未对外披露任何相关重组事项的信息，也未就重组事项作出任何董事会决议、股东大会决议。而就在收到浙民投提交的要约收购相关文件当日，ST生化就因重大资产重组申请长期停牌，其中的重大资产重组事项的真实性着实让人生疑。更令人疑虑的是，第一次与山西康宝的重组失败后，ST生化重新选定标的资产，该标的资产的前任法人股东为宁波普奥思生物科技有限公司（简称"普奥思"），该公司法定代表人为振兴集团之法定代表人史珉志。普奥思也是2015年ST生化重大资产重组的标的资产之一，自2015年1月27日起停牌近9个月后，ST生化已经终止了对其的重组计划。而在浙民投发起要约收购之后，ST生化重启这样的重组计划，这样重大资产重组事项的目的性深值探究。

此外，即便上述两次重大资产重组事项曾在6月21日之前发生，但只要ST生化董事会、股东大会尚未对任何重大资产重组事项作出任何决议，则该重大资产重组也就不属于"继续从事正常的经营活动或者执行股东大会已经作出的决议"，依据《收购办法》第33条之规定，ST生化的重大资产重组行为不具有合法性，交易所应对其行为予以阻止乃至惩戒。

值得一提的是，投服中心作为ST生化小股东以及中小投资者的维权组织，针对ST生化的两次重大资产重组，及时公开发声质疑："ST生化本次重大资产重组是否真实，是否存在忽悠式重组的可能，是否拟利用重大资产重组事项进行长期恶意停牌，拖延履行要约收购事项的信息披露义务，抵御、阻碍本次要约收购的正常开展？ST生化因重大资产重组申请股票继续停牌，将损害中小投资者的自主交易权并对投资者是否接受要约收购的投资决策产生影响。"① 可以说，这样的发声，展示了投服中心区别于普通小股东和一般性维权组织的专业性，值得市场各界的嘉许与信赖。

(三) 要约收购中目标公司的信息披露问题

1. 目标公司应当何时披露要约收购提示性公告？

《收购办法》第 28 条规定："以要约方式收购上市公司股份的，收购人应当编制要约收购报告书，聘请财务顾问，通知被收购公司，同时对要约收购报告书摘要作出提示性公告。本次收购依法应当取得相关部门批准的，收购人应当在要约收购报告书摘要中作出特别提示，并在取得批准后公告要约收购报告书。"依此规定，收购人在编制《要约收购报告书》后，要在通知被收购公司的同时对《要约收购报告书摘要》作出提示性公告。但目标公司在收到通知后究竟应当何时披露提示性公告，《收购办法》对此并未作明确规范，现行《证券法》以及交易所《上市公司要约收购业务指引》（2016 年修订，深证上〔2016〕68 号）也未提及。

本案中，2017 年 6 月 21 日上午收市后，ST 生化收到浙民投发来的《要约收购报告书摘要》等信息披露文件，立即向深交所申请午间停牌。停牌后，深交所持续督促 ST 生化及时履行信息披露义务并复牌，但公司迟至 6 月 28 日才披露收购方提交的信息披露文件（《要约收购报告书摘要》），并公告因筹划重大资产重组事项申请股票继续停牌。

依据《证券法》第 67 条②、《上市公司信息披露管理办法》（中国证券

---

① 王一鸣：《投服中心：中小投资者欢迎市场化的要约收购》，中国经济网，2017 年 11 月 27 日。
② 2014 年《证券法》第 67 条规定："发生可能对上市公司股票交易价格产生较大影响的重大事件，投资者尚未得知时，上市公司应当立即将有关该重大事件的情况向国务院证券监督管理机构和证券交易所报送临时报告，并予公告，说明事件的起因、目前的状态和可能产生的法律后果。下列情况为前款所称重大事件：（一）公司的经营方针和经营范围的重大变化；（二）公司的重大投资行为和重大的购置财产的决定；（三）公司订立重要合同，可能对公司的资产、负债、权益和经营成果产生重要影响；（四）公司发生重大债务和未能清偿到期重大债务的违约情况；（五）公司发生重大亏损或者重大损失；（六）公司生产经营的外部条件发生的重大变化；（七）公司的董事、三分之一以上监事或者经理发生变动；（八）持有公司百分之五以上股份的股东或者实际控制人，其持有股份或者控制公司的情况发生较大变化；（九）公司减资、合并、分立、解散及申请破产的决定；（十）涉及公司的重大诉讼，股东大会、董事会决议被依法撤销或者宣告无效；（十一）公司涉嫌犯罪被司法机关立案调查，公司董事、监事、高级管理人员涉嫌犯罪被司法机关采取强制措施；（十二）国务院证券监督管理机构规定的其他事项。"

监督管理委员会令第 40 号，2007 年 1 月 30 日公布施行）第 30 条①之规定，收购人发起要约收购显然属于"可能对上市公司证券及其衍生品种交易价格产生较大影响的重大事件"。对于"重大事件"的披露，《上市公司信息披露管理办法》第 31 条规定："上市公司应当在最先发生的以下任一时点，及时履行重大事件的信息披露义务：（一）董事会或者监事会就该重大事件形成决议时；（二）有关各方就该重大事件签署意向书或者协议时；（三）董事、监事或者高级管理人员知悉该重大事件发生并报告时。在前款规定的时点之前出现下列情形之一的，上市公司应当及时披露相关事项的现状、可能影响事件进展的风险因素：（一）该重大事件难以保密；（二）该重大事件已经泄露或者市场出现传闻；（三）公司证券及其衍生品种出现异常交易情况。"

鉴于《收购办法》第 28 条之规定，收购人在编制《要约收购报告书》后，对在通知被收购公司的同时要《要约收购报告书摘要》作出提示性公告。既然收购人发布了提示性公告，则"该重大事件难以保密"，而且属于"董事、监事或者高级管理人员知悉该重大事件发生并报告时"，因此，目标公司应当"立即"披露相关事项才是符合监管要求的。如何理解"立

---

① 《上市公司信息披露管理办法》第 30 条规定："发生可能对上市公司证券及其衍生品种交易价格产生较大影响的重大事件，投资者尚未得知时，上市公司应当立即披露，说明事件的起因、目前的状态和可能产生的影响。前款所称重大事件包括：（一）公司的经营方针和经营范围的重大变化；（二）公司的重大投资行为和重大的购置财产的决定；（三）公司订立重要合同，可能对公司的资产、负债、权益和经营成果产生重要影响；（四）公司发生重大债务和未能清偿到期重大债务的违约情况，或者发生大额赔偿责任；（五）公司发生重大亏损或者重大损失；（六）公司生产经营的外部条件发生的重大变化；（七）公司的董事、1/3 以上监事或者经理发生变动，董事长或者经理无法履行职责；（八）持有公司 5% 以上股份的股东或者实际控制人，其持有股份或者控制公司的情况发生较大变化；（九）公司减资、合并、分立、解散及申请破产的决定；或者依法进入破产程序、被责令关闭；（十）涉及公司的重大诉讼、仲裁，股东大会、董事会决议被依法撤销或者宣告无效；（十一）公司涉嫌违法违规被有权机关调查，或者受到刑事处罚、重大行政处罚；公司董事、监事、高级管理人员涉嫌违法违纪被有权机关调查或者采取强制措施；（十二）新公布的法律、法规、规章、行业政策可能对公司产生重大影响；（十三）董事会就发行新股或者其他再融资方案、股权激励方案形成相关决议；（十四）法院裁决禁止控股股东转让其所持股份；任一股东所持公司 5% 以上股份被质押、冻结、司法拍卖、托管、设定信托或者被依法限制表决权；（十五）主要资产被查封、扣押、冻结或者被抵押、质押；（十六）主要或者全部业务陷入停顿；（十七）对外提供重大担保；（十八）获得大额政府补贴等可能对公司资产、负债、权益或者经营成果产生重大影响的额外收益；（十九）变更会计政策、会计估计；（二十）因前期已披露的信息存在差错、未按规定披露或者虚假记载，被有关机关责令改正或者经董事会决定进行更正；（二十一）中国证监会规定的其他情形。"

即"？长期以来理论界实务界意见不一。2018 年 4 月，上海、深圳证券交易所发布《上市公司收购及股份权益变动信息披露业务指引（征求意见稿）》对此问题作了明确。其第 7 条规定："上市公司收购及股份权益变动活动出现本指引第二章第二节、第三节、第四节规定的应当编制并披露权益变动报告书、收购报告书摘要或者收购报告书等情形的，投资者应当通知上市公司在事实发生之日起的两个交易日内发布提示性公告。"即交易所把重大事件临时报告的"及时"限定为两个交易日。本案的发生，尽管在该指引发布之前，但 ST 生化迟至 6 月 28 日，即在市场已经知悉收购消息之后一个星期才披露收购方提交的信息披露文件（《要约收购报告书摘要》），显然违反了信息披露义务及时性的要求。

不过，这里值得探讨的是，《上市公司收购及股份权益变动信息披露业务指引（征求意见稿）》将目标公司在收到收购人通知起"两个交易日内"作为信息披露的时间节点规定是否合适？更准确地说，收购人先发布收购提示性公告后再通知目标公司，这样的做法是否合适？从域外经验考察，在英国及我国香港地区的收购法中，都是要求收购要约首先向目标公司的董事会或其顾问作出，然后才向公众公布。[1] 澳大利亚《公司法》也要求收购人先将含有法定资料的《要约收购意向通知书》送交目标公司，然后再向目标公司所有的股东发送收购要约。[2] 笔者以为，从制度设计考虑，收购人首先应向目标公司的董事会提出收购要约，然后收购人和目标公司同时发布提示性公告才最为合理：其一，收购人先向目标公司表明自己的收购计划，这是对目标公司基本的尊重和礼仪；其二，给目标公司必要的准备信息披露时间，免于仓促披露，避免出差错；其三，双方同时披露，才能避免收购信息泄露引发的股价波动。

有学者指出，《收购办法》中规定，"收购人要将收购报告书通知被收购公司。很显然，由于收购人事先通知了目标公司，这在某种程度上可能

---

① 参见《香港公司收购及合并守则》（1986 年）中"规则"的第 1 条"1.1 接触：要约应首先向受要约公司的董事局或其顾问作出，然后才向公众公布"。

② 参见〔加拿大〕J. 迈克尔·鲁宾逊《证券管理与证券法——十四国证券及其法律的考察》，郭锋等译，群众出版社，1989，第 11 页。

加大收购人的收购难度，有利于目标公司的反收购行为的实施"。[①] 笔者对此不敢苟同。从规则层面看，收购人事先要将收购要约通知目标公司是各国收购规则的常规性做法；从实践考察，从收购人将收购要约通知目标公司到收购人向全体股东发出要约直到要约期结束，往往都有很长一段时间供目标公司准备应对，包括筹划反收购事宜，很难说"收购人事先通知被收购公司"就"加大收购人的收购难度，有利于目标公司的反收购行为的实施"。

2. 目标公司及其管理层在收购过程中的信息披露义务

在资本市场成熟国家和地区的收购立法中，除了规定收购人负有严格的信息披露之义务外，大多规定了目标公司在收购中也要承担必要的信息披露义务。这样立法的出发点主要是考虑到目标公司的中小股东作为普通投资者，受其自身的专业知识以及财力所限，无法聘请专家顾问为其投资决策提供帮助。为此，目标公司的管理层应从维护目标公司及其股东利益之角度，发表意见以指导目标公司中小股东在收购活动中的投资判断。

我国《证券法》并未规定收购进程中目标公司及管理层的信息披露义务，《收购办法》对此有所规定。其第 32 条规定："被收购公司董事会应当对收购人的主体资格、资信情况及收购意图进行调查，对要约条件进行分析，对股东是否接受要约提出建议，并聘请独立财务顾问提出专业意见。在收购人公告要约收购报告书后 20 日内，被收购公司董事会应当公告被收购公司董事会报告书与独立财务顾问的专业意见。收购人对收购要约条件做出重大变更的，被收购公司董事会应当在 3 个工作日内公告董事会及独立财务顾问就要约条件的变更情况所出具的补充意见。"《上市公司要约收购业务指引（2016 年修订）》第 13 条对此也作了相同的规定。[②] 上述规定尽管对目标公司管理层施加了一定的信息披露义务，但仅仅要求"在收购人公告要约收购报告书后 20 日内，被收购公司董事会应当公告被收购公司董事会报告书与独立财务顾问的专业意见"。这样规定之不足在于，收购人在

---

① 张巍：《关于 ST 生化大股东转让股权应对浙民投要约收购：我的几点看法》，载搜狐网，http://www. sohu. com/a/208847460_498729。

② 《上市公司要约收购业务指引（2016 年修订）》第 13 条规定："被收购公司董事会应当在收购人披露要约收购报告书后二十日内公告被收购公司董事会报告书和独立财务顾问的专业意见。"

发出要约提示性公告后，往往要间隔较长一段时间才发布《要约收购报告书》，这样，在很长的一段时间里，目标公司董事会不发表专业性意见，将使中小投资者无从作出自己的判断。而等到收购人发布《要约收购报告书》后，一般就马上进入要约期，要约期间大多略大于 30 日左右。[①] 这样，倘若目标公司董事会在《要约收购报告书》发布第 20 日才公告董事会意见，则留给投资者决策的时间就非常有限。以本案为例，目标公司 6 月 28 日公布提示性公告，一直到 11 月 2 日才发布收购报告书全文，11 月 3 日进入要约期，12 月 5 日到期。即在 6 月 28 日至 11 月 2 日长达 4 个多月的时间里，目标公司董事会没有义务发布披露任何信息。而在进入要约期后，目标公司董事会可以在第 20 日发布信息，第 33 日要约截止。那么，留给投资者思考判断投资决策的时间只有 13 天。事实上，在进入要约期后，笔者也未在网络媒体上查找到有关目标公司 ST 生化发表董事会对收购意见的信息披露，看到的都是交易所不断在向目标公司发监管函催告目标公司进行信息披露。

结合中国证监会 2001 年发布的《要约收购中被收购公司董事会报告》的披露要求，在收购活动中，目标公司及管理层需要作出信息披露的应该区分不同的时段。

其一，当收购人将收购要约通知目标公司后，在收购要约未向投资者发出前，目标公司董事会就应当聘请独立财务顾问等专业机构，分析收购人及目标公司的财务状况，就收购要约条件是否公平合理、收购可能对公司产生的影响等事宜提出专业意见。如果目标公司管理层、员工作为收购人进行收购的，目标公司的独立董事应当为公司聘请独立财务顾问等专业机构，分析可能对公司产生的影响等事宜，提出专业意见，这样，能够保证意见的独立性与公正性。[②]

其二，在收购要约期内，即收购人发出收购要约一段时间内，目标公司的董事会应当将编制的董事会报告书和独立财务顾问的专业意见，按规定的方式向目标公司的所有股东公告。特别要求的是，在董事会报告书中

---

① 《上市公司要约收购业务指引（2016 年修订）》第 14 条规定："收购人应当安排在要约收购报告书公告后的次一交易日开始预受要约的申报。要约收购约定的收购期限不得少于三十日，并不得超过六十日，但出现竞争要约的除外。"

② 参见朱谦《论公开要约收购与中小股东利益之保护》，《法学》2003 年第 8 期。

应当就是否接受收购要约,向股东提出建议。①

其三,当目标公司收购人对收购要约条件作出重大更改的,目标公司董事会应补充董事会报告书,独立董事应当发表补充意见,并进行公告。对此,《上市公司要约收购业务指引(2016 年修订)》第 17 条也有规定:"收购人在要约收购期限内对收购要约条件做出重大变更的,被收购公司董事会应当在三个交易日内,公告董事会及独立财务顾问就要约条件的变更情况出具补充意见。"

2018 年 4 月,上交所就发布《上海证券交易所上市公司收购及股份权益变动信息披露业务指引(征求意见稿)》答记者问的问题四中,针对上市公司及其董事会在相关信息披露中,需要承担哪些义务、关注哪些问题时,强调指出:"在此过程中,上市公司及其董事会应当本着对全体投资者负责的态度,忠实勤勉,客观公正,发挥应有的作用。具体而言,需要履行好如下 4 方面义务",即提醒义务、核实义务、协助义务、纠偏义务。②

尽管该回答已经特意强调了目标公司董事会的信息披露问题,尤其是第三点的"协助义务",但该回答未能明确上市公司董事会在更高位阶规则层面的义务,而且中国证监会 2001 年发布的《要约收购中被收购公司董事会报告》仅仅是对要约收购中被收购公司董事会报告内容的规范化要求,没有明确的披露时间的规范性要求,因而未能有效弥补我国现行《证券法》及《收购办

---

① 根据《要约收购中被收购公司董事会报告》第 25 条规定,被收购公司董事的建议或者声明可以是下列四种情形之一:建议股东接受要约、建议股东拒绝要约、董事声明保持中立、董事声明无法表示意见。

② 一是提醒义务。上市公司及其董事会应当定期跟踪主要股东的持股变动情况,及时提醒相关股东履行必要的信息披露义务。公司股价出现大幅波动时,除核查公司生产经营和投融资活动外,还应当关注主要股东的持股变动情况,确保不出现重大信息披露遗漏。二是核实义务。上市公司董事在收到主要股东持股变动信息后,应当及时核对,并对照《收购办法》及本指引的相关要求,核实投资者信息披露的真实性、准确性、完整性,确保所披露的持股变动信息不存在重大误导。三是协助义务。上市公司董事会应当平等对待各类股东,积极协助其利用上市公司信息披露通道,及时披露持股变动信息。在发生控制权争夺时,应当保证双方股东合法合规的信息披露权利,确保权益变动信息的及时披露。四是纠偏义务。上市公司董事会对于相关股东在披露权益变动信息时,同步提出的未来资产注入计划、调整董事会成员、修改公司章程等重大事项,应当给予必要的关注。对存在重大不确定性、明显不适当、超出公司法规定的相关提案,应当要求相关股东予以调整。参见上交所就发布《上海证券交易所上市公司收购及股份权益变动信息披露业务指引(征求意见稿)》答记者问。

法》中对董事会信息披露义务要求的漏洞，这显然对目标公司股东尤其是中小股东极为不利。

（四）竞争性要约收购中要约条件的修改问题

在收购期限内，因市场行情的变化或者反收购行为的出现，收购要约中预先确定的购买股份条件可能不再合适，难以为目标公司股东所接受，因此，为了实现收购目的，就应该允许收购人变更其收购要约的条件。各国及一些地区的收购立法，从保护目标公司中小股东的利益出发，对收购要约的更改，在时间、内容及方式等方面都加以限制，特别是为维护收购要约的稳定性及保证要约人有一定时间考虑如何因应要约条件的变更，对允许变更的期间及此后要约期间的延长，都规定得较明确。①

依据我国《证券法》第 91 条之规定，我国立法允许收购人变更收购要约的内容，但并未规定收购要约可以变更的范围或限度，从而导致实践中可能出现收购人在想撤销要约或放弃要约收购时，通过故意将收购价格降低、减少预定收购数额或者缩短收购期限等变更收购要约实质条件的方式，达到阻止要约收购继续进行的实际效果，从而也达到规避法律的目的。对此，域外相关立法大多规定收购人变更收购要约时，不得以较低的收购条件取代原来较高的收购条件，而只能以更高的收购条件取代原来的收购条件。② 例如德国的《证券交易法》就规定了不得变更的收购条件：调降公开收购价格；降低预定公开收购有价证券数量；缩短公开收购期间；其他经主管机关规定之事项。日本《金融商品交易法》（原《证券交易法》）第 27 条之六也作了类似规定。③

除上述变更收购要约内容的问题，我国立法对收购要约更改在时间及方式等方面尚有斟酌空间。以竞争性要约为例，《收购办法》第 40 条规定："收购要约期限届满前 15 日内，收购人不得变更收购要约；但是出现竞争

---

① 参见官以德《上市公司收购的法律透视》，人民法院出版社，1999，第 132 页。
② 参见陈洁《上市公司协议收购信息披露的逻辑与规范》，《法学》2018 年第 3 期。
③ 日本《金融商品交易法》（原《证券交易法》）第 27 条之六规定："公开收购者不得变更下列收购条件：降低购买价格、减少预定购买的股票数额、缩短公开购买期间、政令规定的其他收购条件的变更。"

要约的除外。出现竞争要约时，发出初始要约的收购人变更收购要约距初始要约收购期限届满不足 15 日的，应当延长收购期限，延长后的要约期应当不少于 15 日，不得超过最后一个竞争要约的期满日，并按规定追加履约保证。发出竞争要约的收购人最迟不得晚于初始要约收购期限届满前 15 日发出要约收购的提示性公告，并应当根据本办法第二十八条和第二十九条的规定履行公告义务。"就该规定而言，是对初始要约的收购人要约更改期限以及竞争收购人发出要约的时间上的限制。该规定允许收购人在出现竞争性要约时，适当延长要约期限，但该规定没有明确发出竞争要约的收购人能否在发出要约后再修改要约条件。申言之，当初始要约收购人可以因竞争性要约提高要约条件后，竞争要约人却无法再修改自己的要约条件，这样的竞争性要约规则无疑是不公平的。以本案为例，如果说香港佳兆业不是收购大股东的股权，而是与浙民投来竞争要约，向全体股东发出要约，那么，在现有的监管规则下，出现竞争性要约，浙民投是可以修改要约提高价格的，而在要约的最后几天里发出竞争要约的收购人反倒没有办法修改要约价格来应对。这客观上可能导致初始要约人可以利用规则漏洞寻求不公平的竞争条件，而资本市场上的不公平竞争，通常都是不利于中小投资人的。①

（五）目标公司控股股东以及管理层反收购行为的规制

并购实践中，公开要约收购往往是敌意收购。由于收购人是与目标公司股东进行股份交易，目标公司管理层无疑就是敌意收购的最大利益受损者。因此，要约收购中，目标公司管理层与目标公司股东之间存在潜在的利益冲突。如何促使目标公司管理层运用专业知识及技能，保护公司股东的利益，同时又要预防目标公司管理层为了私利而阻止、破坏对目标公司股东有利的收购行为就成为各国反收购立法的宗旨。

在我国，尽管《公司法》规定了控股股东的诚信义务以及董事、监事和高级管理人员对其所任职的上市公司及其股东负有诚信义务，而且《收

---

① 参见张巍《关于 ST 生化大股东转让股权应对浙民投要约收购：我的几点看法》，载搜狐网，http://www.sohu.com/a/208847460_498729。

购办法》第 8 条也规定："被收购公司的董事、监事、高级管理人员对公司负有忠实义务和勤勉义务,应当公平对待收购本公司的所有收购人。被收购公司董事会针对收购所做出的决策及采取的措施,应当有利于维护公司及其股东的利益,不得滥用职权对收购设置不适当的障碍,不得利用公司资源向收购人提供任何形式的财务资助,不得损害公司及其股东的合法权益。"这些原则性规定为衡量目标公司管理层可能实施的反收购措施是否合法提供了重要的判断标准。但是,由于现行《证券法》以及《收购办法》都未具体明确地涉及反收购规制措施问题,致使目标公司管理层的反收购行为游离于收购立法的框架之外,这为目标公司管理层为自身之私利而阻碍正当的收购甚至滥施反收购行为大开方便之门。仅从本案出发,就可以发现我国反收购立法至少存在以下问题。

其一,没有明确规定目标公司管理层在不损害公司及股东合法权益的情形下是否有权采取反收购措施。当然,从《收购办法》第 8 条规定的目标公司管理层针对收购行为所作出的决策及采取的措施,不得损害目标公司及其股东的合法权益的内容看,似乎可以理解为目标公司管理层可以针对收购行为作出相应的决策及采取措施。

其二,没有明确除了《收购办法》第 33 条规定的几类可以构成事实上的反收购措施外,其他类型的反收购措施是否可以实施。从实践看,由于反收购措施五花八门,监管规则客观上也难以穷尽市场上的反收购措施。

其三,如果允许目标公司进行反收购,那么决定反收购的主体是谁。从世界范围的公司收购立法中关于目标公司反收购立法的模式选择看,主要有英国模式与美国模式。在英国等国家,将反收购的决定权赋予股东大会,董事会只有采取部分反收购措施的权力,而以美国为代表的另一些国家,则承认了董事会的反收购的决定权,但制定了完善的董事义务规范。[①]就我国来看,如果赋予目标公司管理层反收购决定权,就必须相应地进一步落实和完善管理层的忠实与善管义务。在未能改善目前董事义务空洞化的情形下,还是将反收购决定权赋予股东大会比较合适。

具体到本案,控股股东振兴集团先是起诉上市公司和浙民投,请求法

---

① 参见朱谦《论公开要约收购与中小股东利益之保护》,《法学》2003 年第 8 期。

院判令浙民投停止对ST生化实施要约收购，并要求上市公司和浙民投赔偿损失1.57亿元，此后，在《收购办法》第33条明确规定之下，目标公司屡屡发动资产重组，尤其第2次重组更为蹊跷，而第3次收购大股东股份也是迷雾重重。这都足以表明目标公司控股股东以及董事会的反收购措施违反了诚信义务。鉴于此，投服中心也几次发声表示，"依据《收购管理办法》第七条、第八条的规定，被收购公司的控股股东或者实际控制人不得滥用股东权利损害被收购公司或者其他股东的合法权益；被收购公司的董事、监事、高级管理人员对公司负有忠实义务和勤勉义务，应当公平对待所有收购人，不得滥用职权对收购设置不适当的障碍，不得损害公司及其股东的合法权益。因此，ST生化的控股股东振兴集团及实际控制人应依照前述规定履行其相关义务，积极配合ST生化及其他信息披露义务人履行相关信息披露义务。ST生化的董事、监事、高级管理人员在要约收购过程中也应履行勤勉、忠实义务，积极配合ST生化及其他信息披露义务人履行信息披露义务，配合推进市场化的要约收购。ST生化的大股东、实际控制人、管理层应尊重中小股东的知情权、收益权、自主交易权以及对要约收购的选择权。"[①] 但上述宣示性的督促实际收效甚微。究其因，如果收购立法层面仅仅是抽象性的原则，而缺乏具体的规制措施以及严格的责任追究机制，任何的规则都是没有牙齿的纸老虎。

（六）要约价格的制度设计问题

要约收购成功与否取决于要约期间的股价和市场预期。要约价格是其中的关键，也是争议的焦点。

根据《收购办法》第35条的规定，要约收购提示性公告日是目前要约价格的定价基准日。而由于要约收购提示性公告日往往远远早于要约报告书公告日，就有两类市场主体可以利用这中间的时间窗口进行交易设计，达到自己的不法目的。第一类人，是利用部分要约收购制度，想规避要约义务实际想协议收购的收购人。具体而言，在目前部分要约收购制度下，收购期限届满后，收购人应当按照收购要约约定条件收购预受要约股份

[①]　《投服中心：中小投资者欢迎市场化要约收购》，《证券时报》2017年11月27日。

（除非预受要约股份超过预定收购数量时，收购人应当按照同比例收购）。如果收购人在《要约收购报告书摘要》公告后、《要约收购报告书》公告前借拉动股价挤出潜在接受要约方，锁定最终的收购对象，就达到了规避强制要约、定向减持、协议转让等目的。第二类人就是目标公司及其管理层，可以在要约期限截止日前拉升股价，致使无人接受要约，从而使要约收购流产。综观市场相关要约收购的失败案例，股价异动导致的要约失败主要就是上述两类。第一类如海隆软件收购案，公司股价因为某种利好在《要约收购报告书摘要》公告后、《要约收购报告书》公告前大幅上涨。第二类如上海家化收购案，公司股价在要约期间被"神秘资金"暴力拉升。本案中的目标公司股价暴涨无疑属于第二类。

针对上述情形，有观点认为，要约价格的定价基准日是否有必要后延至《要约收购报告书》公告日？对此，笔者以为，只要存在定价基准日，不管这个定价基准日是在提示性公告日还是报告书公告日，只要该定价基准日与要约截止日之间有时间差，就无法避免不良意图者利用时间窗口操纵股价实现不法目的。如果不要定价基准日，而让要约价格随行就市，就无法控制要约收购成本，致使未来市场主体轻易不敢发动要约收购。

还有观点认为，可以设置部分要约收购失败制度。所谓部分要约收购失败制度，是指收购人发出《要约收购报告书》后，最终预受要约方达不到限定数量或者预受股份达不到限定数量，将导致部分要约失败，收购人也不得以要约价格收购原预受要约方股份。这样设置的原因在于平衡收购人部分要约的权利和存在制度套利的现实之间的矛盾。笔者认同部分要约收购失败制度可以降低收购人通过操纵市场价格调节最终收购对象的动机，但是，部分要约收购失败制度也可能扩大部分要约收购制度的不确定性，上市公司也可以利用该机制"狙击"外来投资者的收购行为。[1]

结语

资本市场每一则并购案例的发生，都不仅是对市场监管规则的检验，

---

[1] 《上海家化：大股东协议+要约收购》，载《证券法苑》（第 19 卷），法律出版社，2017，第312 页。

更是对监管层监管水平的考验。因此，在资本多数决和资金为王的并购市场上，市场各方对监管规则的理解和运用同市场主体对公司控制权的争夺一样，都要不断经受市场的洗礼和冲击。在这样复杂多元的博弈中，中小投资者的胜利很难是常态。但是，伴随着上市公司股权结构的多元化、监管规则的完善与监管水平的提升，中小投资者集体积极行使股东权利、维护自己的权利的愿望并非梦想。尽管道路漫漫，但我国并购市场越来越多中小投资者的胜利，就意味着我们投资者保护的进步和我国资本市场的成熟。我们期待这样的胜利，即便它是透着沧桑，跋涉而来。

附录二

中国首起证券纠纷特别代表人诉讼案评述

——对"康美药业"虚假陈述民事赔偿案诉讼规则的初步思考

引 言

保护投资者权益是《证券法》的立法宗旨和基本原则。但长期以来，如何便捷实现对投资者的民事救济是我国《证券法》基础性制度的短板。为此，2019 年最新修订的《证券法》就如何切实高效地实现投资者的民事赔偿权利作了适应我国国情的重大探索与制度创新，其中颇具中国特色的就是《证券法》第 95 条第 3 款①新增的证券纠纷特别代表人诉讼制度。该制度因借鉴美国证券集团诉讼制度之精髓故也被称为中国版的证券集体诉讼制度。2020 年 7 月，根据《证券法》确立的特别代表人诉讼制度的基本框架，最高人民法院发布《关于证券纠纷代表人诉讼若干问题的规定》（法释〔2020〕5 号，以下简称《代表人诉讼若干规定》）、中国证监会发布《关于做好投资者保护机构参加证券纠纷特别代表人诉讼相关工作的通知》（证监发〔2020〕67 号）、中证中小投资者服务中心有限责任公司（以下简称"投服中心"）公布《特别代表人诉讼业务规则（试行）》，三项规范性文件的联袂出台为我国证券纠纷特别代表人诉讼从制度文本走入司法实践提供了具有实质意义的可操作性的具体规则支持。

---

① 《中华人民共和国证券法》〔以下简称《证券法》（2019 年修订）〕第 95 条第 3 款规定："投资者保护机构受五十名以上投资者委托，可以作为代表人参加诉讼，并为经证券登记结算机构确认的权利人依照前款规定向人民法院登记，但投资者明确表示不愿意参加该诉讼的除外。"

2020 年 5 月 15 日，素有 A 股市场"中药白马股"之称的康美药业股份有限公司（以下简称"康美药业"）公告收到中国证监会《行政处罚决定书》（〔2020〕24 号）及《市场禁入决定书》（〔2020〕6 号）。鉴于康美药业有预谋、有组织、长期系统地实施欺诈行为，财务造假高达 300 亿元，社会各界对该案高度关注，投服中心向广州市中级人民法院（以下简称"广州中院"）申请启动康美药业虚假陈述民事赔偿案（以下简称"康美药业案"）特别代表人诉讼。2021 年 11 月 12 日，广州中院对康美药业案作出一审判决，投服中心代表的 52037 名投资者共获赔约 24.59 亿元。康美药业案是我国首起证券虚假陈述民事赔偿特别代表人诉讼案件，也是迄今为止法院审理的原告人数最多、赔偿金额最高的上市公司虚假陈述民事赔偿案件。该案的判决，是我国资本市场法治建设的重要里程碑，具有重大的示范意义。该案的整个诉讼模式，业已成为检验我国证券纠纷特别代表人诉讼规则的经典范例，在我国资本市场投资者保护以及证券民事诉讼司法实践的历史进程中写下了浓墨重彩的一笔。

一 康美药业案特别代表人诉讼的基本流程

总结康美药业案特别代表人诉讼的整个流程，具有特殊诉讼程序意义的环节主要体现在以下三个阶段：一是广州中院受理康美药业案的普通代表人诉讼阶段；二是投服中心申请由普通代表人诉讼转为特别代表人诉讼阶段；三是庭前确定原告名单及开庭审理阶段。

（一）广州中院受理康美药业案的普通代表人诉讼阶段

2020 年 5 月，中国证监会对康美药业及相关人员作出《行政处罚决定书》和《市场禁入决定书》，认定康美药业在 2016 年年度报告、2017 年年度报告、2018 年半年度报告中存在虚假陈述行为；广东正中珠江会计师事务所在对康美药业年度财务报表审计过程中未勤勉尽责，所出具的审计报告存在虚假记载等。

2020 年 12 月 31 日，广州中院受理了康美药业投资者顾华骏等 11 人诉康美药业股份有限公司、马兴田等证券虚假陈述责任纠纷一案。顾华骏、刘淑君经 11 名原告共同推选为拟任代表人，请求代表具有相同种类诉讼请求并申请加入本案诉讼的其他投资者，提起普通代表人诉讼。2021 年 2 月 10 日，广州中院经审查决定适用普通代表人诉讼程序审理本案，并确定了本案权利人范围。2021 年 3 月 26 日，广州中院发布（2020）粤 01 民初 2171 号案普通代表人诉讼权利登记公告。公告明确，自 2017 年 4 月 20 日（含）起至 2018 年 10 月 15 日（含）期间以公开竞价方式买入，并于 2018 年 10 月 15 日闭市后仍持有康美药业（现简称为"ST 康美"）股票（证券代码：600518），且与本案具有相同诉讼请求的投资者，根据《最高人民法院关于审理证券市场因虚假陈述引发的民事赔偿案件的若干规定》第 19 条规定，虚假陈述与损害结果之间不存在因果关系情形的投资者，不符合前述权利登记范围，法院不予登记。其中，2017 年 4 月 20 日系康美药业 2016 年年度报告的公告日，即虚假陈述实施日；2018 年 10 月 16 日系网络媒体披露康美药业虚假陈述的揭露日。

2021 年 3 月 30 日，原告顾华骏、刘淑君等 11 名投资者根据中国证监会对广东正中珠江会计师事务所及杨文蔚、张静璃、刘清、苏创升的行政处罚决定，向广州中院申请追加广东正中珠江会计师事务所、杨文蔚、张静璃、刘清、苏创升为本案被告，请求判令前述五被告与马兴田、许冬瑾等被告承担连带赔偿责任。广州中院对原告追加被告的申请予以准许。

（二）投服中心申请转为特别代表人诉讼阶段

《代表人诉讼若干规定》第 32 条规定，"人民法院已经根据民事诉讼法第五十四条第一款、证券法第九十五条第二款的规定发布权利登记公告的，投资者保护机构在公告期间受五十名以上权利人的特别授权，可以作为代表人参加诉讼"。针对广州中院 2021 年 3 月 26 日发布的普通代表人诉讼权利登记公告，为充分响应社会各方呼声，综合考虑康美药业案件重大典型、社会高度关注且具有较强示范性、违法行为人已被行政处罚且具有一定偿付能力等因素，经内部研究、外部专家评估等流程，投服中心迅速发布《投服中心接受康美药业虚假陈述民事赔偿案投资者委托的说明》，明确提出根据《证券法》第 95 条第 3 款之规定，公开接受投资者委托，作为代表人参加诉讼。

2021 年 4 月 8 日，投服中心接受黄梅香等 56 名康美药业投资者的特别授权，向广州中院申请作为代表人参加诉讼。根据《证券法》第 95 条第 3

款和《代表人诉讼若干规定》第32条第1款的规定，经最高人民法院指定管辖，由广州中院适用特别代表人诉讼程序审理本案。

2021年4月16日，广州中院发布《特别代表人诉讼权利登记公告》，决定将已受理的11名投资者诉康美药业虚假陈述损害赔偿的普通代表人诉讼转化为特别代表人诉讼。公告分别对权利人范围、投资者参加本特别代表人诉讼的方式与法律后果以及投资者声明退出的权利及期间作了明确安排。按照该公告，自2017年4月20日（含）起至2018年10月15日（含）期间以公开竞价方式买入并于2018年10月15日闭市后仍持有康美药业股票，且与本案具有相同种类诉讼请求的投资者均可成为该特别代表人诉讼的原告，但其遭受的损害与康美药业虚假陈述之间无因果关系的除外。符合前述权利人范围的投资者如未在公告期间届满（2021年5月16日）后15日内向广州中院提交书面声明退出本特别代表人诉讼的，即视为同意参加本特别代表人诉讼。参加本特别代表人诉讼的投资者视为对投服中心进行特别授权，即同意投服中心代表其参加开庭审理、变更、放弃诉讼请求或者承认对方当事人的诉讼请求，与被告达成调解协议，提起或者放弃上诉，申请执行，委托诉讼代理人等。至于投资者声明退出的权利及期间，公告明确，符合前述权利人范围的投资者如不愿意参加本特别代表人诉讼，应当在本公告期间届满（2021年5月16日）后15日内向广州中院提交书面声明退出诉讼。声明退出的投资者可以另行起诉，依法不视为特别代表人诉讼的原告。

（三）庭前确定原告名单及开庭审理阶段

根据《证券法》、《代表人诉讼若干规定》以及广州中院（2020）粤01民初2171号案特别代表人诉讼权利登记公告确定的权利人范围，投服中心于2021年4月23日向中国证券登记结算有限责任公司（以下简称"中登公司"）调取全部符合条件的康美药业案权利人名单，并于4月30日向广州中院提交。

在投资者退出期限届满后，广州中院根据投服中心提交的权利人名单，依法审查确定了本案的原告名单，并提供相应查询方式供投资者查询。

2021年5月28日，广州中院召开康美药业案庭前会议，主持原告、被告双方交换了证据，听取了双方诉辩意见，明确了案件争议焦点。原告方投服中心的代表及委托律师、被告方康美药业公司的代表及委托律师、广东正中珠江会计师事务所及本案其他被告的委托律师参加了庭前会议。

2021年7月27日，康美药业特别代表人诉讼案在广州中院一审开庭，原告代表人投服中心委托律师朱夏嫄、秦政出庭参与诉讼。除原告方外，被告方包括康美药业公司及其实际控制人、公司高管、广东正中珠江会计师事务所及杨文蔚、张静璃、刘清、苏创升的委托律师参加了庭审活动。投服中心工作人员、部分人大代表、政协委员及新闻记者旁听了庭审。

在2021年5月28日庭前会议双方已交换证据的基础上，本次庭审分为法庭调查、法庭辩论、最后陈述和法庭调解四个环节。关于原告投资者损失金额的认定，广州中院向中登公司深圳分公司调取了数据，委托中国证券投资者保护基金有限责任公司测算。原被告双方针对专业机构损失测算报告中的系统性风险扣除问题发表了不同意见，并围绕如何认定案涉虚假陈述行为、原告投资者损失、原告损失与虚假陈述行为的因果关系及各被告的赔偿责任展开了激烈讨论。法庭听取了双方当事人的诉辩意见和调解意愿后，宣布择期宣判。

2021年11月12日，广州中院对康美药业案作出一审判决。投服中心代表原告方胜诉，52037名投资者共获赔约24.59亿元。2021年11月19日，投服中心发布《关于对康美药业特别代表人诉讼一审判决不予上诉的公告》，公告称，投服中心经研究决定对康美药业特别代表人诉讼一审判决不予上诉。如投资者同意投服中心意见，请持续关注后续案件进展公告即可，无须采取任何行动。投服中心不上诉，并不影响个别投资者提起上诉的权利。如投资者决定自行上诉，应在收到本公告通知15日内，向广州中院提交上诉状。投服中心将不再代表上诉投资者。根据相关法律规定，投资者提起上诉应当向法院交纳上诉费。2021年11月23日，康美药业发布《关于对特别代表人诉讼一审判决不予上诉的公告》。

2021年11月26日，广东省揭阳市中级人民法院裁定，批准康美药业破产重整计划，终止重整程序。至此，康美药业重整计划正式进入执行阶段。康美药业特别代表人诉讼原告投资者可通过执行重整计划获偿。

二　康美药业案特别代表人诉讼的核心规则分析

我国《证券法》在借鉴美国证券集团诉讼构造的基础上，规定由投资者保护机构作为诉讼代表人，按照"明示退出""默示加入"的原则，依法为证券虚假陈述等受害投资者提起民事损害赔偿诉讼。在该集体诉讼机制下，投资者方一旦胜诉，法院作出的判决裁定对没有声明退出的投资者均发生效力。从我国证券纠纷特别代表人诉讼的基础构造分析，中国版的集体诉讼与美国版的集团诉讼的根本区别就在于，中国版的集体诉讼是由投服中心发动并主导的，而美国版的集团诉讼则是由律师启动和推进的。[①] 在这个总体框架下，我国证券纠纷特别代表人诉讼的制度设计体现了具有中国特色的优越性，但也存在值得改进的空间。

（一）我国证券纠纷特别代表人诉讼的中国特色

1. 投服中心的特殊功能

由投资者保护机构发动并代表投资者参与诉讼全过程是中国版证券集体诉讼的最大特色。投资者保护机构是最新修订的《证券法》为加强对中小投资者保护，首次确立的专门的投资者保护组织。尽管域外法定投资者保护机构多指投资者保护基金，但从《证券法》为投资者保护机构设定的特殊职能以及我国投资者保护基金的功能定位来看，我国《证券法》新确立的"投资者保护机构"特指投服中心。[②] 投服中心是中国证监会于2014年8月批准设立的证券金融类公益机构，其主要职责就是为中小投资者自主维权提供教育、法律、信息、技术等服务。

我国的证券纠纷特别代表人诉讼制度以投资者保护机构为抓手，通过投服中心来发动对于证券民事赔偿的集体诉讼，投服中心的特殊作用主要体现在：其一，投服中心接受50名以上投资者委托时，就可以向法院申

---

①　参见黄韬《证券市场特别代表人诉讼的"中国特色"和"中国问题"》，《地方立法研究》2021年第4期。

②　参见陈洁《新证券法投资者保护制度的三大中国特色》，《中国证券报》2020年3月14日。

请由其作为代表人，将普通代表人诉讼转为特别代表人诉讼；① 其二，投服中心依据法院公告确定的权利人范围向中登公司调取具体的权利人名单，进而确定各投资者的身份及各自持有的证券数量，然后代表这些投资者向法院要求登记，参加诉讼活动。综观康美药业特别代表人诉讼案的整个进程，投服中心作为特别代表人，充分利用自己作为专业机构的力量，从起诉、确立原告范围直至出庭应诉等承担了普通诉讼中投资者应当自行承担的事务。此外，依据《代表人诉讼若干规定》第38条，投服中心应当采取必要措施，保障被代表的投资者持续了解案件审理的进展情况，及时回应投资者的诉求，对投资者提出的意见和建议不予采纳的，应当对投资者做好解释工作。

同域外由律师发起的集团诉讼相比较，我国证券纠纷特别代表人诉讼由投服中心主导的突出优势体现在三方面。其一，投服中心的公益性组织定位足以有效避免域外集团诉讼普遍存在的律师为了自身利益而引发的滥诉问题。其二，投服中心作为特别代表人主导诉讼，免除了普通代表人诉讼中投资者需要支付的律师费，且不预交案件受理费，② 投服中心在诉讼中申请财产保全的，人民法院可以不要求提供担保。③ 这些措施显然极大地降低了投资者的诉讼成本。其三，作为专业性的维权组织以及证监会下属机构定位，投服中心可以更好地协调其与法院及其他执法资源之间的关系，尤其是可以帮助法院解决一些专业性问题的判断困难以及执行工作的难点，从而全面提升证券纠纷诉讼的便捷化。④ 可以说，我国由投服中心主导的证券集体诉讼制度的规则设计，不仅弥补了投资者维权能力之不足，同时让投服中心作为特别代表人的公益价值得以最大化，也充分体现了我国证券法积极保护投资者的立法宗旨。

2."默示加入、明示退出"的本土化

"默示加入、明示退出"是域外证券集团诉讼的核心规则，也是证券集

---

① 《代表人诉讼若干规定》第32条规定："人民法院已经根据民事诉讼法第五十四条第一款、证券法第九十五条第二款的规定发布权利登记公告的，投资者保护机构在公告期间受五十名以上权利人的特别授权，可以作为代表人参加诉讼。"

② 《代表人诉讼若干规定》第39条。

③ 《代表人诉讼若干规定》第40条。

④ 参见陈甦、陈洁《持股行权：理念创新与制度集成》，《证券日报》2016年12月31日。

团诉讼具备强大威慑力之根本所在。该规则具体适用到我国证券纠纷特别代表人诉讼中,当投服中心按照法院确立的权利人范围从中登公司调取全部符合索赔条件的投资者信息并交由法院公告后,除非公告中的投资者明确向管辖法院提交声明其要退出特别代表人诉讼,否则即视为其加入了特别代表人诉讼,投服中心可以直接代表未声明退出的投资者参与诉讼。该诉讼产生的所有权利义务关系均对"默示加入"的投资者具有约束力。一旦胜诉,法院作出的判决裁定对"默示加入"的投资者均发生效力。

与普通诉讼规则相较,"默示加入、明示退出"规则的优越性主要体现在以下几方面。其一,对投资者而言,"默示加入"的中小投资者无须采取任何行动便可以"坐享"由专业机构代为诉讼的成果,从而有效地克服资本市场长期以来存在的单个投资者主动以司法手段维权动力不足的问题。此外,对明确表示不愿意参加特别代表人诉讼的投资者,该规则也允许其申明退出,允许其采取别的救济方式,从而也保护了"明示退出"投资者的选择权。其二,对被告方而言,通过特别代表人诉讼,法院对未明示退出的全体投资者的损害作出一次性的赔偿裁决,避免了被告方在投资者分别起诉的情况下,反复或频繁陷入相似诉讼而耗费巨大的财力和精力,同时也避免了司法资源的巨大浪费。其三,对整个资本市场而言,在该规则下,尽管单个投资者获赔数额较小,但"默示加入"使投资者人数庞大,积少成多,被告所要承担的总体赔偿数额也就非常巨大,从而足以起到威慑被告的作用。这也正是"默示加入、明示退出"规则强大生命力之内核所在。

3. 集中管辖的专业性

证券民事赔偿因其主体的群体性、内容的专业性、影响的广泛性而表现出迥异于普通民事纠纷的特殊性,为此,《代表人诉讼若干规定》以专业化为抓手,确立了集中管辖原则,即证券纠纷特别代表人诉讼案件,由涉诉证券集中交易的证券交易所、国务院批准的其他全国性证券交易场所所在地的中级人民法院或者专门人民法院管辖。《代表人诉讼若干规定》对专业性较强的证券纠纷案件实行由特定法院集中管辖的好处,一方面可以充分发挥专业化审判优势,通过案件审理的专业化来提升案件的审判质量;另一方面也是为了减少地方保护,促进司法公正,统一裁判标准,从而全面提升我国证券纠纷法律适用的专业性与统一性。康美药业案中，康美药业系上海证券交易所上市公司，该案本应由上海金融法院管辖，但根据《最高人民法院关于适用〈中华人民共和国企业破产法〉若干问题的规定（二）》之规定，如果被告公司进入破产程序，且破产法院无法对虚假陈述案件行使管辖权，则由上级人民法院指定管辖。考虑到康美药业进入破产程序的因素，该案由最高人民法院指定广州中院管辖。

4. 极低的诉讼成本

为鼓励特别代表人诉讼的开展，充分发挥中国版证券集体诉讼的威慑力，《代表人诉讼若干规定》在明确人民法院应当支持代表人请求败诉的被告赔偿合理的公告费、通知费、律师费等费用外，针对特别代表人诉讼，在降低诉讼成本、便于投资者诉讼方面还作了特殊的制度安排。其一，投服中心作为公益组织，其作为特别代表人参加诉讼时，除为开展特别代表人诉讼的必要支出外，不向投资者或原告收取其他费用，投资者也无须向投服中心支付胜诉分成金额，简言之，投服中心不因胜诉挤占投资者应得的赔偿金。其二，投资者在参加特别代表人诉讼时，不向法院预交案件受理费；投服中心作为代表人申请财产保全的，人民法院可以不要求提供担保。败诉或者部分败诉的原告申请减交或者免交诉讼费的，人民法院应当依照《诉讼费用交纳办法》的规定，视原告的经济状况和案件的审理情况决定是否准许。上述这些措施极大地降低了证券纠纷特别代表人诉讼投资者的维权成本，体现了中国版证券集体诉讼积极促进诉讼便利化、切实保护投资者权益的制度构想。

（二）我国证券纠纷特别代表人诉讼存在的问题

上述证券纠纷特别代表人诉讼的中国特色，体现了基于我国市场实践对构建中国特色投资者保护制度的积极探索。但就目前的考察来看，我国证券纠纷特别代表人诉讼制度也存在值得思考和改进的空间。

1. 投服中心选择案件问题

证券纠纷特别代表人诉讼的发动有赖于投服中心接受 50 名以上投资者的委托并向法院提起证券纠纷特别代表人诉讼。鉴于投服中心有限的人力物力以及现行的激励机制，投服中心显然不可能对证券市场所有的证券民事赔偿案件都提起证券纠纷特别代表人诉讼，因此，投服中心只能选择性提起特别代表人诉讼。中国证监会在《关于做好投资者保护机构参加证券纠纷特别代表人诉讼相关工作的通知》中明确提出，投保机构可以选择案件提起特别代表人诉讼，选择标准包括：①典型重大、社会影响恶劣；②被告具有一定偿付能力；③已被有关机关作出行政处罚或者刑事裁判等。投服中心于 2020 年 7 月发布的《特别代表人诉讼业务规则（试行）》第 16 条也规定了其选择案件的标准："（一）有关机关作出行政处罚或刑事裁判等；（二）案件典型重大、社会影响恶劣、具有示范意义；（三）被告具有一定偿付能力；（四）投服中心认为必要的其他情形。"就康美药业案来看，投服中心在"接受康美药业投资者委托的说明"中指出，"投服中心综合考虑案件重大、典型，社会高度关注且具有较强示范性，违法行为人已被行政处罚且具有一定偿付能力等因素"。可以说，投服中心选择康美药业案作为首例特别代表人诉讼案件，的确遵循了上述选案标准，切实回应了社会关切。

　　投服中心是唯一获得《证券法》授权可以提起特别代表人诉讼的机构，投服中心选择案件的现行制度设计至少存在三方面的问题。其一，投服中心能否选择案件？从法理上说，投服中心作为证监会设立的公益机构，应当公平行使权力，平等保护所有投资者。投服中心根据预设标准对案件进行取舍，客观上造成了对投资者保护的不公平。具体而言，当投服中心选择 A 公司而放弃 B 公司的时候，自然就使得 B 公司的投资者因无法享有特别代表人诉讼的便利而处于与 A 公司的投资者相较不公平的地位。事实上，投服中心选择典型重大案件，固然容易取得示范效应、典型效应，但这些重大案件由于社会关注度高，涉案的受害投资者的权益更容易得到公正保护。而那些不被人关注的案件，其投资者其实更需要得到监管机构的关注和重视才可能获得更公正的对待。其二，投服中心提起特别代表人诉讼的工作动力及监督机制是什么？由于投服中心是非营利组织，基于成本的考量，投服中心越少提起特别代表人诉讼越符合经济原则。当然，从投服中心整体的公众形象及监管系统内部评价机制出发，投服中心也可能有一定动力提起特别代表人诉讼，但鉴于《证券法》第 95 条第 3 款用"可以"一词赋予投服中心提请特别代表人诉讼的权力而不是义务，故投服中心若因懒政而不提起或极少量提起特别代表人诉讼，在现行制度规则下是缺乏监督机制的。此外，由投服中心零星提起特别代表人诉讼的发动机制与域外分散决策的律师千方百计积极尝试启动集团诉讼的发动机制相较，我国现行的制度安排无疑大大减损了证券集体诉讼对资本市场不法行为的威慑力。其三，现有的投服中心选择案件的标准，诸如"案件典型重大、社会影响恶劣、具有示范意义"的表述语义含糊且弹性极大，具体适用的时候难免受其他因素左右。例如，此次选择康美药业案作为首单试点，一方面是考虑到康美药业属于证监会发布的"2020年证监稽查20起典型违法案件"，其被证监会反复点名批评并给予顶格处罚；另一方面也是考虑到康美药业并未退市，此前其为纾困所作出的系列动作，不排除可能引入新资源，可以增强其偿付能力，等等。总而言之，在案件的严重程度和社会影响之外，投服中心未来如何选择案件其实存在较大的不确定性。投服中心对选择案件所拥有的巨大的自由裁量空间，势必造成启动特别代表人诉讼的随意性和与之相伴的对待投资者不公平性问题。

2. 原告和被告的确定问题

首先，关于原告的确定。在证券纠纷代表人诉讼中，原告的确定就是权利人的范围问题。从《代表人诉讼若干规定》第32、35条的规定来看，权利人的范围是由公告确定的，公告是由法院发布的，因此，权利人范围实际上是由法院确定的。从康美药业案的实践来看，广州中院是通过确定虚假陈述的实施日和揭露日来确定权利人的范围，即在康美药业虚假陈述的实施日至揭露日期间买入股票，并在揭露日后仍持有股票的投资者就属于权利人范围。中登公司是按照人民法院出具的载有确定的权利登记范围的法律文书，根据证券登记结算系统里的登记记载，确认相关权利人持有证券的事实。投服中心从中登公司取得相应适格投资者数据后，向法院申请将适格投资者予以登记为原告。

由上可见，法院在开庭前就确定了权利人范围，而这种确定实际上构成了对案件的先行审理。因为根据《最高人民法院关于审理证券市场因虚假陈述引发的民事赔偿案件的若干规定》第19条，证券民事赔偿案件中法院是依据虚假陈述揭露日来确定虚假陈述与损害结果之间的因果关系的。申言之，揭露日的认定是证券虚假陈述民事赔偿纠纷中的核心问题，而法院未经开庭审理就确定了揭露日。这样，不同意法院事先确定的这个揭露日的投资者已经被排除在登记范围之外，根本就无法进入诉讼程序。事实上，在康美药业案中，广州中院对揭露日的认定就饱受争议，因为法院公告认定本案虚假陈述的揭露日为网络曝光康美药业造假行为的 2018 年 10 月 16 日，而非证监会立案调查日 2018 年 12 月 28 日，这就使得符合原告资格的投资者人数大为减少。

在法院对揭露日予以先行审理的情形下，在实体审理过程中，就只剩下被告对其虚假陈述与投资者损害结果之间不存在因果关系的抗辩。对此，有学者曾在相关著述中提到这个问题，认为权利人范围的确定确实构成了先行审理，所以"如果在实体审理之后，确有证据证明应该重新划定权利人范围的，法院可以根据新查明的事实，变更权利登记范围并进行公告，重新进行登记"。[①] 因此，在康美药业案之后，不同意广州中院对揭露日认定的受害投资者如何获得救济尚待进一步的观察。

其次，关于被告的确定。就康美药业案看，法院发布权利登记公告时确定的被告，是根据原告起诉的被告范围确定的。由于本案中，原告选择的被告都是证监会行政处罚涉及的被告，满足了证券民事赔偿前置程序的要求，故被告的确定在本案中未成为争议问题。事实上，针对特别代表人诉讼，投服中心的选案标准中也提及选择的案件"已被有关机关作出行政处罚或者刑事裁判等"。该标准从字面上看只是说明案件经过行政处罚或刑事裁判的才有可能作为特别代表人诉讼候选案件，并未明确要求所有的被告都必须受到行政处罚或刑事裁判，但从司法实践看，对于共同被告的确定，各地法院做法不一。有的法院基于最高人民法院释放的取消前置程序的态度，对共同被告的确定不以前置程序为条件，即不以《代表人诉讼若干规定》中"有关行政处罚决定、刑事裁判文书、被告自认材料、证券交易所和国务院批准的其他全国性证券交易场所等给予的纪律处分或者采取的自律管理措施等证明证券侵权事实的初步证据"为条件。但有的法院在将中介机构及公司董事、监事、高级管理人员作为人数不确定的代表人诉

[①] 刘哲玮：《证券代表人诉讼中权利人范围确定程序的检讨与展望——从康美药业案展开》，《中国法律评论》2022 年第 1 期，第 106 页。

讼时，根据最高人民法院《关于审理证券市场因虚假陈述引发的民事赔偿案件的若干规定》坚持以各被告均被行政处罚或刑事处罚为前置条件。司法实践的不统一归根结底还是相关司法解释及规范性文件的规定不一致以及新旧规定之间的不衔接造成的。

3. 转化环节问题

特别代表人诉讼究竟应该怎么发动，是我国证券纠纷特别代表人诉讼制度的关键问题。从《代表人诉讼若干规定》来看，投资者要先提起普通代表人诉讼程序，法院发布权利登记公告，投服中心在公告期间受50名以上权利人的特别授权，经法院同意后，才能将该普通代表人诉讼转化为特别代表人诉讼。简言之，只有先进入普通代表人诉讼程序才有可能转为特别代表人诉讼。在康美药业案中，11名投资者向广州中院提起普通代表人诉讼后，广州中院决定适用人数不确定的普通代表人诉讼程序审理，并发布普通代表人诉讼权利登记公告。投服中心在公告期间接受56名权利人的特别授权向法院申请作为代表人参加诉讼，广州中院发布特别代表人诉讼权利登记公告，该案正式转化为特别代表人诉讼。

我国现行采取的这种先走普通代表人诉讼程序而后迂回转入特别代表人诉讼的复杂化的制度安排，无疑极大地损害了证券民事赔偿的诉讼效率。与此同时，考虑到转化为特别代表人诉讼后由投服中心全面接手，前面提起普通代表人诉讼阶段的律师就不能加入特别代表人诉讼，那么这些前期介入的律师该怎么安排、费用由谁负担等将是个棘手的问题，这些问题最终可能导致实践中没有原告也没有律师愿意去法院率先启动普通代表人诉讼程序，以至于特别代表人诉讼程序也就没有机会展开。[①] 此外，参与到特别代表人诉讼中的投资者可以享受包括诉讼费用、担保费用的减免等在内的诸多优惠，而在普通代表人诉讼当中，投资者却不能享有这些特殊的利益保障，这种差异化制度安排的正当性无疑也值得进一步的追问和思考。

三　可能改进的方向

中国版证券集体诉讼制度可以说让适格投资者处于"躺赢诉讼"的状

---

① 参见陈洁《证券纠纷代表人诉讼制度的立法理念与制度创新》，《人民司法》2020年第28期。

态，它对切实保护投资者利益，彻底改变我国证券民事赔偿困境提供了现实的出路。康美药业案作为我国特别代表人诉讼的第一案，它的顺利审结验证了我国突破证券民事救济困境的创新尝试，由此也掀开了我国证券民事赔偿诉讼的新篇章。但是，及时总结康美药业案审理进程的经验与不足，尤其是对相关诉讼规则作必要的科学修正和改进，无疑是保障中国版证券集体诉讼实现制度预设目标的必经阶段。

1. 应该授权投服中心直接发动特别代表人诉讼

如前所述，我国现行采取先走普通代表人诉讼程序而后迂回转入特别代表人诉讼的方式在实践中弊多利少。为此，以笔者之见，借鉴我国台湾地区的经验，[①] 直接规定由投服中心在获得一定数量投资者授权之后就可以自己的名义提起诉讼，无疑更为便捷科学。

此外，针对投服中心择案启动特别代表人诉讼的问题，笔者以为，从投服中心的职能定位及平等保护投资者利益出发，任何证券民事赔偿案件只要满足 50 个投资者（或可以确定更高人数要求）委托，投服中心就应该提起证券纠纷特别代表人诉讼。鉴于人手所限，投服中心可以聘请公益律师，代表投服中心参与每个案件的特别代表人诉讼。只有这样，受害投资者才能公平享受《证券法》规定的特别代表人诉讼程序的特殊保护。此外，也只有这样，才能真正实现中国版证券集体诉讼的巨大威力。

2. 不应事先确定原告范围

如前所述，我国现行证券纠纷特别代表人诉讼中，法院在庭前就确定了权利人范围，而这种确定基于证券虚假陈述民事赔偿"因果关系推定规则"实际上构成了对案件的先行审理。对此，笔者以为，应该依据民事诉讼法对民事诉讼原告的规定条件来确定证券纠纷特别代表人诉讼的原告。民诉法规定成为原告的实质要件，即与所诉案件有直接利害关系。在证券民事赔偿案件中，只要投资者在虚假陈述实施日之后买入过股票，就推定其受到虚假陈述的影响，交易因果关系推定成立。至于投资者何时卖出股票，影响的是损失因果关系推定，而损失因果关系问题需要在庭审中加以

---

① 我国台湾地区明确，对团体诉讼，只要 20 人以上证券投资人或期货交易人授与仲裁或诉讼实施权后，投保中心就可以自己名义，提付仲裁或起诉。

确定。因此，法院在确定权利人范围时，只要投资者可以提供虚假陈述实施日之后买入股票的证据（如果诱空的情形则相反），投资者就是可能的受害者，法院就应该把其登记为原告。至于是否所有的原告都能够获得赔偿，需要在开庭实体审理时，通过揭露日的确定来判断投资者的损失与虚假陈述行为之间是否存在因果关系，如果投资者在揭露日之前就卖出股票，则将其排除在可以获得赔偿的权利人范围之外。总之，法院在确定权利人登记范围的时候，即便需要预先确定揭露日，也应该是在媒体揭露日、立案调查日、自我更正日等中确定可以容纳投资者人数最多的时间节点为揭露日。只有尽量从宽确定原告，在开庭审理中再逐步排除没有因虚假陈述而受损的投资者，才能够尽可能全面地保护受害投资者，也才真正符合证券民事赔偿诉讼的基本精神。

3. 投服中心作为代表人必须收取必要的费用

如前所述，为了充分发挥中国版证券集体诉讼之威慑力，投服中心必须常态化地提起证券纠纷特别代表人诉讼。鉴于投服中心自身人力有限，为了确保投服中心能够负担聘请公益律师等的必要支出，投服中心作为代表人就应该从特别代表人诉讼胜诉所得中收取必要的费用。从目前投服中心的实际运营来看，不管纠纷调解、支持诉讼还是特别代表人诉讼，投服中心过于宽泛的机构费用承担与对投资者费用的豁免势必影响其收支平衡进而损害其持续运营能力。从我国台湾地区投保中心的经验来看，为了实现成本均衡从而维持长期可持续健康发展，投保中心就设定了较为科学的资金保障制度，诸如在团体诉讼中要求投资者和违法主体分别承担投保机构的部分履职费用，至于证券期货合作追偿、民事争议调处的必要履职费也由投资者承担，等等。考虑到实践中投服中心开展证券纠纷特别代表人诉讼时，需要自行承担组织运营的人力资源费用、委派公益律师的费用等，为确保投服中心健康的资金周转和收支维持，笔者建议，一方面可以要求证券纠纷特别代表人诉讼中败诉主体分担投服中心部分的费用支出；另一方面，投资者也需要以实际追偿执行所得金额的一定比例支付投服中心必要的履职费用。只有这样，才能从资金保障上解除投服中心持续开展维权服务的后顾之忧，确保实现投服中心在资本市场提供公益服务的核心功能。

我国债券受托管理人制度的构建与选择

　　股票与债券是资本市场两大基础性的投融资工具。其中，公司债券融资可谓成熟资本市场最重要的企业融资方式。然而，我国资本市场长期"重股轻债"的发展思路致使债券市场的制度建设明显滞后，难以满足市场经济发展的内在需求。近年来，我国债券市场"刚性兑付"的难以为继，债券违约事件频频发生，债券投资者的权益保护问题日益凸显。正视我国资本市场失衡性的融资结构与粗放式的制度设计，切实加强对债券投资者的保护以推动我国债券市场的快速发展已经成为我国资本市场可持续发展的重要课题。而债券受托管理人①制度作为实施债券管理的核心机制，该制度的科学构建与功能完善，无疑是实质推进我国债券投资者权益保护的关键性举措。

一　公司债的风险特性与债券受托管理人制度的基本价值

　　公司债是通过发行证券的形式向社会公众募集长期资金的融资方法。从民法的视角出发，债券持有人对发行公司之债权与普通债法上一般债权人对举债公司的普通债权并无差异，但是，证券市场的存在使得债券持有人相较一般债权人而言，对发债公司的权利义务发生了重大变化。相对于一对一的普通债权债务关系而言，公司债契约的特殊性主要体现在以下三方面。①公司债契约的公众性与集团性。公司债发行公司是债务人，债权

---

①　在不同的国家和地区，"债券受托管理人"的称谓有所不同。如美国称为债券受托人，韩国称为受托公司，日本则区分公司债是否有担保，称为附担保公司债的受托人和无担保公司债的公司债管理人。不过，上述不同称谓的内涵大体是相同的。笔者采我国现行立法上的称谓方式。

人则是不特定的公众投资者。这些公众投资人在地位性质上并无区别，而只是按其所购买金额之比例，在数量上有所不同而已。因此，同时以同一条件募集的公司债，其持有人就公司之清偿能力，具有共通的利害关系。基于此共通利害关系，公司债债权人之间就有成立团体之可能性，即公司债契约具有集团性。②公司债契约的定型化与附从性。由于公司债是集团的、大量的契约，为使发行公司能够同时或反复缔结多数公司债契约，其契约内容遂趋于定型化，且公司债应募人须附从发行公司所规定的发行条件而缔结契约，并无权决定公司债契约的内容，即公司债契约具有附从性。③公司债契约的流动性与继续性。公司债系公司为筹集长期资金而负担之债务，公司债的流动性以及债券持有人的变化并不能改变债券到期偿付的属性，故公司债契约兼具流动性与继续性。①

上述公司债的特性致使债券持有人与发行公司的债权债务关系具有更高的公开性、市场性，从而在资本市场活动中具有更大的影响性。发债公司的违法行为不仅仅会损害一个或几个债权人，而且会通过高度发达的流通市场波及所有在市场交易或者将要交易的投资人。因此，与相对型的债权债务关系相比，存在于高度发达流通市场的债权债务关系不仅需要民法、公司法的调整，更重要的是这种关系必须纳入证券法的规制范畴。这种从商法以及证券法的角度来构建债券持有人保护的市场法理论归根结底是以公司债的风险特性为出发点的，而兼顾债券持有人以及发行公司利益平衡的价值考量也正是各国构建债券受托管理人制度的法理基础。

（一）公司债券持有人的特殊风险

1. 债权人在公司治理权力配置中的天然弱属性

基于闭锁公司场景的传统公司法认为，债权人与股东承担的风险程度不同，二者参与公司治理的角色也大相径庭。不过，有学者从资本市场的运行视角指出，无论是股东还是债券持有人，皆可划归证券市场投资者的范畴。在现代资本市场的背景下，仅从两者的经济方面考察，公司债与股份的界限渐趋模糊，股份债券化的现象逐渐增多，公司债与股份的中间形

---

① 参见柯芳枝《公司法论》，中国政法大学出版社，2004，第352页。

态日益盛行。① 然而，即便如此，债权人在参与公司治理方面的固有弱属性还是毋庸置疑的。由于股东拥有与公司经营有关的共益权，并可通过公司的董事会来维护自己的权利，而债权人缺乏参与公司经营之权利，对董事会之业务执行亦无监督权，并且债券持有人相当分散，致使债券持有人无法直接低成本维护自己的债权。因此，如何防止债券持有人的合法利益被股东或是发行公司的董事违法侵害的问题始终是债券持有人保护的中心问题。

2. 公开市场背景下公司债券持有人维护自身权益的客观弱势

如前所述，公司债的持有者一般是社会公众，人数众多、分散于各地，且一般不具备对债券发行人实施有效监督的专业知识和技能，因此其既无法监督债券发行人的行为，也难以为共同的利益采取一致行动。即便个别债券持有人具备对发行人实施有效监督的专业技能，但由于个体实施成本过高，他也不愿意以一己之力让其他人"搭便车"。因此，客观上债券持有人难以借自身力量独立行使权利以维护自身的合法权益。② 实践中，即便对附物上担保公司债而言，极度分散的债券持有人在担保权的持有和实施方面也存在相当困难；至于无担保公司债，就更需要特定管理人为债券持有人的利益实施统一管理，承担为公司债权人的利益接受受偿、实施债权保全及其他相关的公司债的管理职责。

3. 债券契约的不完备性与限制条款的局限性

债券契约是确定债券持有人与债务人法律关系的最主要的法律文件。然而，与一般的借贷契约相较，债券契约的复杂性使得一些专业的债券投资人都无法辨别该契约是否能给予债权人充分的保护，更遑论一般的中小投资者了。而从债券契约的制定过程来看，公募发行的债券契约通常都是由债券发行公司的董事制定的。债券发行公司在制定债券契约时通常会与债券发行受托公司磋商债券契约的具体内容，但是，它们不会与将来可能持有该债券的债券投资人协商该债券契约。而债券发行受托公司虽与发行公司就有关债券契约的内容进行磋商，但在满足了评级公司的要求之后，

---

① 参见〔日〕上村达男《公司法改革：公开股份公司法的构想》，中国证券监督管理委员会组织编译，法律出版社，2015，第77页。

② 参见习龙生《论公司债券受托管理制度及我国的制度构建》，《河北法学》2005年第8期。

发行受托公司一般不会再要求更多，因为它们希望与发行公司保持良好的合作关系，以求将来可以继续成为发行公司发行其他证券的受托公司。因此，在制定契约阶段期望受托公司努力保护债券投资人的利益是不切实际的。此外，任何人不可能将将来可能发生的偶发事件全部写入契约之中，而且债券契约的起草人，也就是发行公司的董事也不愿意将过多的限制自己行动自由的条款加入契约之中，① 因此，对债券持有人的权利保护很难在债券契约中得到充分的体现。

至于债券契约中所包含的限制性条款，是用来防止发行公司及其董事违法侵害债券持有人利益的重要手段。但是，这些限制性条款本身也存在很大的局限性。一方面，限制性条款的保护范围相当狭窄，无法完整地保护债券持有人的权益；另一方面，过多的限制性条款对于公募公司债券持有人来说，并不一定总是有利的，因为公司债券契约中存在过多的限制性条款可能对发行公司的行动产生重大的负面影响，并且一旦债券契约确定之后，几乎没有变更的可能性。所以，从域外公募债券实践来看，债券契约中限制性条款的比重越来越低，并呈现衰退的趋势。

4. 公司债债权人会议机制对债券持有人保护之不足

公司债债权人会议是由同次公司债债权人所组成、就有关公司债债权人共同利害关系事项作出决议的法定、临时的合议团体，其决议对全体同次公司债债权人均能发生效力。由债权人会议决议的法定事项主要有：公司怠于支付利息、公司怠于定期偿还、期限利益的丧失以及其他法定事项之外的涉及债权人利益的重大事项。

尽管公司债债权人会议是法定的公司债债权人团体意思的决定机关，能够对事关债权人保护之重大事宜作出决策，但是，由于公司债债权人会议是临时性会议组织，它往往是在债务人发生违约情形后才以特别决议的方式对涉及债权人利益的重大事项作出意思决定，对债务人日常经营的监督事项无法起到作用，而日常的经营监督恰恰是避免因债务人违约而陷入亡羊补牢困境的重要举措。事实上，由于债券从发行到偿付或者违约是一

---

① 参见吴祺《债券持有人保护理论的重构》，载《厦门大学法律评论》（第14辑），厦门大学出版社，2007，第68页。

个完整的过程，当债务人沦落违约之境地，债券受托人也多是回天乏力了。而根据债务账期规律判断，对债权人保护最有效的方式是在债务人违约前便能够对其的经营状况有所把握和管理。因此，在债券发行人违约前，债券受托人就应当高度关注和监督债券发行人的资信状况。基于此，债券持有人会议制度作为最后的决策机制，难以全程有效地保护债券持有人的利益。也正因此，诸多国家除了通过规范债券发行契约来对债券持有人进行保护之外，还强制通过创设债券受托管理制度来弥补债券持有人会议保护之不足。

（二）债券受托管理人的基本功能

债券受托管理人就是在发行公司债券的过程中，受让债券有关的财产权利并允诺代债券持有人进行管理、处分的人。债券受托管理人的基本功能承载着债券受托管理人制度的核心价值。尽管各国对债券受托管理人职责的规定不尽一致，债券受托管理人的功能略有差异，但论其实质，可谓"公司债债权人团体之执行机关"，[①] 主要负责监督发行人是否遵守了债券契约所规定的义务。

1. 对债务人进行监督并对债券契约所约定的事项进行专业化管理

如前所述，公司债债权人系经济上的弱者，以其一己之力，实难与经济上强者之发行公司分庭抗礼，故只能借团体之力量，聘请债券受托人监督发行公司履行其债务。客观上，发行公司的日常经营行为以及财务状况的改变都可能影响其履约能力，这就需要债券受托人适时地监督发行公司，了解掌握发行公司的财产和经营情况。实践中，债券受托人通常由专业的金融机构担任，它们具备对债务人的活动进行监督的专业能力。由此，指定受托人对债券契约所约定的事项进行专业化管理也就成为债券受托人基本功能的核心要义。此外，债券受托人往往还要对债券的发行、销毁、赎回、支付本金及利息、过户登记等进行日常性的管理，包括为债券持有人的利益行使抵押权等等。例如，我国台湾地区"公司法"第255条就规定，受托人为应募人之利益，有查核及监督公司履行公司债发行事项之权；其

---

① 柯芳枝：《公司法论》，中国政法大学出版社，2004，第383页。

第 256 条则规定，受托人对于前项之抵押权或质权或其担保品，应负责实行或保管之。

2. 对可能损害债券持有人利益的事项及时采取应对措施

债券受托人的另一个重要功能就是依据债券契约有权代表债券持有人采取一切行动，包括提起诉讼来强制债务人履行债务，从而使全体债券持有人的利益得到维护;[①] 在一定条件下还有权就某些事项与发行公司签订补充协议；等等。这也是债券受托人制度的又一核心价值。例如，美国 1939 年的《信托契约法》就规定，债务人有义务定期向受托人提供财务报告和其他与履行债务有关的信息。当发生债务人违反约定事项、构成违约时，受托人有权宣布所有债务到期，保护债券持有人的利益。

3. 限制债券持有人在无充分理由的情况下提起诉讼以保护债券持有人的整体利益

公司发行债券的实质是以同一借款条件同时向众多债券购买人借较小金额的资金而筹集到较大数额的资金。由于每个债券持有人所持有的债券数额不同，由每个债券持有人单独采取措施要求债务人履行债务是不经济的，也是不实际的，在一定条件下还有可能损害债券持有人的利益。因此，实践中债券契约往往对债券持有人的某些诉讼权利加以限制。[②] 美国律师协会 1999 年的《修订标准简化信托合同》第 6 条 06 就规定债券持有人只能在一定的条件下寻求法律救济，以防止个别债券持有人在无充分理由的情况下提起诉讼，致使债务人因多次应诉导致财产减少，从而间接地损害债券持有人的整体利益。[③] 与此同时，债券受托人制度也通过在一定程度上赋予债券受托人签订、修改、补充债券信托合同直至提起诉讼等权利，以保护债券持有人的整体利益。

4. 债券受托管理人的存在对发行人也有重大益处

债券受托管理人除了能够保护公司债债权人之利益外，对发行公司亦

---

① 参见沈达明、冯大同编《国际资金融通的法律与实务》，对外贸易教育出版社，1985，第 151 页。

② 参见李莘《美国公司债券受托人法律问题研究》，载《国际商法论丛》（第 6 卷），法律出版社，2004，第 272 页。

③ Section of Business Law, American Bar Association, Revised Model Simplified Indenture, Sec. 6. 06, 55 Business Lawyer 1137(2000).

有诸多益处。当发行公司有倒闭之虞时，事实上需要公司债债权人作某种程度的牺牲（如允许发行公司缓期清偿、降低利率、解除一部分担保或暂时停止行使其权利等），使公司免于破产之厄运，始足以确保全体公司债债权人之利益。此时，"若须逐一征求各公司债债权人的同意，不仅事实上不可能，而且往往由于少数公司债权人之冥顽不化，致使此一努力功亏一篑。此时惟有承认公司债债权人团体之存在，借多数决之方法，始能顺利使公司免于倒闭"。① 事实上，由于债券存续期通常较长，发行人可能经常发生技术性违约，在这种情况下，受托人通过获得授权自行处理事务（在债券持有人的利益没有受到重大损害时）或召开债券持有人会议来缓解事态，这样既维护了债券持有人的整体利益，同时也避免了发行人不得不应付集体纠纷的尴尬境地。

二　债券受托管理人制度功能实现机制的比较借鉴

资本市场发达国家或地区大多要求公开发行公司债必须委任债券受托管理人，并对受托管理人从资格、选任、权利义务等几方面予以全面规范。尽管各个国家和地区具体制度设计有所差异，但归结起来，要通过债券受托管理人制度实现对公司债的有效管理，最终真正落实债权人权益保护的根本意旨，其经验主要是以下几条。

（一）实施债券受托管理人制度的强制性

总体而言，公开发行公司债必须由债券发行人为债券投资者指派受托人已经成为世界各国和地区债券发行的通常做法。② 尽管这种强制性要求有些是以法律的形式加以规定，有些则是通过股票交易所的规则加以要求。例如，从法律角度看，美国 1939 年的《信托契约法》要求美国公司以任何方式跨州向公众发行公司债券的都必须为债券持有人指定债券受托人。无论债券是否豁免，发行公司与债券受托人订立的信托合同都是向美国证券交易委员会申请登记核准的重要文件之一。③ 此外，《信托契约法》还对信

---

① 柯芳枝：《公司法论》，中国政法大学出版社，2004，第 376 页。
② 参见习龙生《公司债券受托管理制度的国际比较及立法建议》，《证券市场导报》2005 年 2 月号。
③ Trust Indenture Act of 1939 as Amended，Sec. 306.

托契约的内容与认证、受托人的资格、受托人和债权人的权利义务、报告制度和公司债发行说明书等问题进行了全面系统的规定。新加坡、加拿大、澳大利亚等国的公司法律也要求向公众发行债券时必须指定受托人。其中，日本在1993年的商法典修正中，设置了公司债管理公司制度的强制性义务（除非属于面向机构法人投资者的私募，或有例外情况），突出表现出改革公司债管理制度以保护债权人的基本诉求。我国台湾地区的"公司法"也规定公司在公开发行债券时要为债券持有人指定受托人，并且有关公司债券受托人的姓名和与受托人约定的事项应申请证券主管机关审核。①

除法律规定外，一些国家的自律组织规则也规定向公众发行的债券应当为公众债券持有人指定受托人。如英国金融行为监管局颁布的上市规则，就要求对上市交易的公司债券委任受托人。②

此外，综观域外的法律或规则，债券受托管理人不能自由辞任。例如，日本和韩国规定两种情形除外：一是在一般情况下，在取得发行人或债权人会议的同意后可以辞任，但公司必须在其辞任前为债权人另行确定公司债管理公司；另一种情形是，受托人因不得已的事由无法履行公司债管理事宜时，获得法院的同意后也可辞任。

至于强制设立债券受托人制度背后的缘由，美国1939年的《信托契约法》第302条（a）作了最直接简明的阐述：债务人没有提供受托人保护和代表投资者的利益，将会给美国国家的公共利益和票据、债券及其他向公众发行的债权凭证投资人带来不利影响。可以说，该法将是否指定债券受托人上升到国家公共利益的高度是颇具远见的。

（二）以信托关系受托人的角色定位债券受托管理人

公司债券受托管理人的地位无疑是根据公司债发行公司与债券持有人、公司债管理人之间的债券契约来确定的。然而，问题的关键是，公司债管理人承担的究竟是委托代理中代理人的角色还是信托合同中受托人的角色？各国和地区的做法并非完全一致。

---

① 2001年修订的我国台湾地区"公司法"第248条。
② 参见英国 FCA listing rules 5.2.9。

"传统上在英美法系国家，系利用信托之法理，采受托人制。而在大陆法系国家，则以公司债债权人之自治管理为前提，透过公司债债权人会议之制度，以承认公司债债权人团体之存在。"① 然而，近年来，即便在大陆法系国家，立法上也侧重于融合英美法上的受托人管理制度，通过公司债管理公司的设立强化对公司债的有效管理，以真正落实保护债权人权益的根本意旨。例如，日本就兼采受托人制及公司债权人会议制，② 我国台湾地区仿日本立法例，也是兼采受托人制及公司债权人会议制。推究这种趋势背后的缘由，笔者以为，纯粹的委托代理关系中的代理人角色完全依照被代理人的意志行事，难以发挥代理人的主观能动性。而在债券事务管理中，债券受托人必须以管理自己事务的诚信态度，凭借自己的专业技能为债券持有人的整体利益行事。因此，要真正实现债券受托人的功能价值，就必须赋予债券受托人信托关系受托人的角色，以发挥其独特的制度效用。

实践中，不管称谓是委托还是信托关系，重要的是如何通过制度设计使债券受托人真正承担起维护债券持有人利益的职责。以债券市场最发达的美国为例，其债券管理人的角色定位就颇具特殊性。

作为债券受托制度的起源国，债券受托人的角色定位是美国证券法学界与债券司法实务界长期争论的焦点。③ 美国 1939 年《信托契约法》出台之前，美国司法部门就对债券受托人的角色地位不断地展开讨论。一方面，债券受托人要为债券持有人利益服务，对债券持有人负有一定程度的信义义务，这导致债券受托人角色类似于信托法意义上的受托人；而另一方面，债券受托人与债券持有人之间的权利义务主要是依靠债券委托协议的安排进行，具有大量的免责条款，从而使得债券受托人的角色更像委托合同意义上的受托人。④ 争论的结果体现在立法上，就是债券受托人的义务在债务人违约前与违约后有所不同。根据美国《信托契约法》第 310 条的规定，在债务人违约前，受托人只承担债券信托合同明确规定的义务和责任。受托

---

① 柯芳枝：《公司法论》，中国政法大学出版社，2004，第 383 页。

② 《日本商法典》第 297~311 条、319~341 条。

③ Steven L. Schwarcz and Gregory M. Sergi, "Bond Defaults and the Dilemma of the Indenture Trustee," 59 *Ala. L. Rev.*, 1037, pp. 1043–1057.

④ Efrat Lev, Adv, "The Indenture Trustee: Does It Really Protect Bondholders?," 8 *U. Miami Bus. L. Rev.*, 47, p. 60.

人在并无恶意情况下，可以仅仅依据信托合同要求的文件和意见进行判断和行为，并无调查的义务。债务人违约后，受托人应当根据债券信托合同赋予他的权利，用一个谨慎的人在相同的情况下处理自己事务应有的注意和能力，来处理债券信托合同事务。在 1939 年该法出台后，美国司法实践对于受托人的角色认识分歧依然没有平息。在 Elliott Associates v. J. Henry Schroder Bank & Trust Co. 一案①中，法院认为，《信托契约法》并没有给债券持有人提供信托契约约定之外的保护。而在 Dabney v. Chase 一案②中，美国第二巡回区法院认为受托人应当对债券的持有人保持"忠诚"。尽管司法实践有差异，但至少可以断定，当债券违约后，债券受托人对债券持有人承担着信义义务这一最高的注意义务标准。③

其实，撇开美国的个性化设计，从总体趋势考察，无论是普通法还是大陆法，都强制要求受托人必须为了受益人的最佳利益而努力行事，必须以真诚的态度行事，不能容许自身的利益与其义务有所冲突，即受托人向其受益人或委托人担负受托信义义务。

（三）强调债券受托人履行义务的能动性

债券受托人的作用主要是为债券持有人管理维护债券，并监督债券发行人按照债券发行条件使用借贷资金、还本付息。在资本市场背景下，既然证券法通过强制信息披露制度已经足以为投资者提供充分的投资判断信息，那么债券受托管理人制度的立法安排就不在于让受托人为投资者提供信息披露服务，而更重要的是在于挖掘受托人发挥专业特长履行义务的能动性。主要体现在以下三方面。

1. 受托人的调查义务

虽然各国和地区证券法明文规定发行人要进行信息披露，但是如果信息遮蔽所避免的损失可能高于信息披露后的损失，发行公司就有很强的动

---

① Elliott Associates v. J. Henry Schroder Bank & Trust Co. , 655 F. Supp 1281, 1288-89(S. D. N. Y. 1987).

② United States Trust Co. of New York v. First Nat'l Bank, 394 N. Y. S. 2d 653, 660-61(N. Y. App. Div. 1977).

③ Efrat Lev, Adv, "The Indenture Trustee: Does It Really Protect Bondholders?, "8 *U. Miami Bus. L. Rev.* , 47, p. 60.

机对信息不予披露。一般而言，当债券持有人发现发行人有违约行为发生时大多为时已晚。因此，一些国家的法律法规规定受托人有权调查公司债发行公司的业务以及财产的状况以便预先警告债券持有人即将出现的危机。① 关于调查义务的规定有两种方式：一是消极调查，二是积极调查，后者的要求明显高于前者。例如，《日本商法典》第 309 条规定，公司债管理公司在履行其必要的职权时经法院许可，可调查发行人的业务和财产状况；新加坡的《公司法》也将受托人变为积极的监督者，其第 78 条规定：受托人必须合理地努力确定借款法人团体的财产是否足以按时清偿债券。倘若受托人不满意，他有权力向法庭或有关部门部长申请要求指示调查。

2. 违约通知义务

违约通知是债券受托管理人最敏感的一项义务。根据美国《信托契约法》第 315 条的规定，发行公司是否有清偿债务的能力对于受托人的义务有着重大影响。也就是说，当公司没有清偿能力的时候，受托人的信托法上的机能成为关注的焦点；当公司有清偿债务能力之时，受托人的事务管理的机能受到重视。因此，在发行公司失去偿还债务能力之前，除了信托契约中规定的义务之外，受托人不承担任何其他责任。而且根据《信托契约法》第 315 条 a（2）的规定，受托人在没有恶意的场合之下，可以完全信任发行公司所提出的关于是否遵守了债券契约的证明书。如此一来，受托人在事实上对于发行公司是否发生了违反债券契约中规定的行为是不承担任何义务的。② 但是，如何判断发行公司是否有清偿债务的能力以便进行违约通知着实困难，这就需要受托人搜集信息并作综合权衡判断，而判断受托人是否尽职尽责的突出难题则是如何界定受托人应该掌握的关于违约的知识和信息。从实践来看，在美国，一旦债券契约违约发生，受托人就必须马上变成积极受托人，并且以谨慎的人在相同环境中处理自己的事务时所持有的谨慎态度和行使技巧来处理债券事务。同时，契约不得免除受托人为自己的疏忽或过错应负的责任，但若干判断错误（只要决定提交给高级管理层处理）以及真诚地按债券持有人多数票的指示而采取的行动除外。

① 参见习龙生《公司债券受托管理制度的国际比较及立法建议》，《证券市场导报》2005 年 2 月号。
② 参见李莘《美国公司债券受托人法律问题研究》，载《国际商法论丛》（第 6 卷），法律出版社，2004，第 271 页。

3. 紧急情事下的处理职能

从各国和地区的立法看，紧急情事下，债券受托人可以行使个别债券持有人无法做到的职能。具体包括以下几方面。①强制履行权。在债务人发生违约情事时，尽管受托人不拥有或持有任何债券信托合同下的债券，却有权依据信托合同宣布整个债务到期进而控制债务人的财产；有权采取一切合理的手段包括提起诉讼强制债务人履行债务，实现债券持有人的债权。例如，美国律师协会1999年的《修订标准简化信托合同》第6条03规定："在违约情事发生并继续时，受托人可以使用任何可能的救济手段收回债券本金和利息或使债券和信托合同所规定的义务得到履行。虽然受托人不拥有债券也不使之产生，受托人仍然有权提起诉讼。"②加速追偿权。如果发行公司怠于支付公司债利息或者应当定期偿还部分公司债的情形下怠于偿还时，受托人可以依照公司债债权人会议的决议通知发行公司应当在一定期间内进行清偿，不在该期间内清偿的，所有公司债本息全部视为到期，发行公司应当立即进行偿付。③受托管理人的撤销之诉。发行公司对公司债债务所进行的清偿、和解或者其他行为明显不公正时，受托人可以向人民法院请求撤销该行为。

（四）合理解决利益冲突问题

合理解决利益冲突问题是债券受托管理人制度最根本的问题。[①] 由于债券受托人与债券发行各方存在不同的利益诉求，导致债券受托人并不会如同制度设计者所预想的那样发挥为债券持有人争取权益的作用。因此，如何从制度上克服债券受托人与债券市场中其他主要主体之间利益冲突的问题是必须着重解决的。

为了避免受托人处于双重地位而形成的利益冲突，一些国家和地区立法明确规定，可能存在受托信义义务与私人利益潜在冲突的机构不能担任债券受托管理人，同时对存在潜在利益冲突的情形予以明确规范。一般有以下几项：交叉股权或交叉董事；受托人是同一发行人的两项发行的受托

---

① Marcel Kahan, "Rethinking Corporate Bonds: the Trade-off Between Individual and Collective Rights, "77 *N. Y. U. L. Rev.* , 1040, p. 1053.

人，两组债券持有人就同样财产竞争；受托人同时是发行人的私人贷款人，例如当受托人是银行时，银行可能有动力采取先为自己的利益而不通知债券持有人发行人违约，或者再注入私人资金以避免违约，或者不加速偿还债券等行为损害债券持有人的利益；受托人有受托投资部门替客户投资在证券上或根据遗嘱信托持有债券；受托人拥有向发行人提供融资意见的部门而该意见可能违背债券持有人的最佳利益。①

美国 1939 年的《信托契约法》第 310 条（B）则作了最为细致的规定。在债务人发生了违约后，如果受托人与债务人或债券承销商之间存在下列关系，就被认为是利益冲突关系：①受托人是债务人其他债券信托合同的受托人，或者依同一债券信托合同发行的不同系列债券的受托人；②受托人或其董事或其执行官是债务人所发行债券的承销人；③受托人直接或间接地控制或受控于所发行的债券的承销人，或者与该承销人共同受控于同一人；④受托人或其董事或其执行官是债务人或所发行债券承销人的董事、高级经营管理人员、合伙人、雇员、代表等；⑤受托人 10% 以上的具有投票权的证券被债务人作为受益人所拥有或被债务人的董事、合伙人、执行官拥有，或者 20% 以上受托人具有投票权的证券被两个以上这样的人拥有，或者受托人 10% 以上具有投票权的证券被债券的承销人作为受益人拥有或被承销人的董事、合伙人、执行官拥有；⑥受托人拥有债务人 5% 以上具有投票权证券的受益权或有抵押权的证券；⑦受托人拥有 5% 以上某一人的具有投票权的证券或其他证券，而被受托人拥有该证券的人又与债务人有关联关系，包括拥有 10% 以上的具有投票权的证券或直接间接地控制债务人或与债务人共同受同一人控制；⑧受托人拥有某一人 10% 以上公司证券，被受托人拥有证券的人，拥有债务人 50% 以上具有投票权的证券；⑨受托人拥有一定证券的名义所有权，该证券的受益权人违反上述 6、7、8 款的规定。在利益冲突关系被确认 90 天之内，如果受托人所拥有的这种利益冲突关系没有去除或解决，受托人应当辞去受托人的职务，债务人应当立即采取行动按照债券信托合同的规定指定继任的受托人。如果受托人不能在 90 天之内去除这种利益冲突关系或辞职，受托人应当在此后的 10 天内通知债

---

① 参见习龙生《公司债券受托管理制度的国际比较及立法建议》，《证券市场导报》2005 年 2 月号。

券持有人。除非受托人辞职的义务可以延缓，合法持有债券6个月以上的持有人有权以他自己或代表所有他一样地位的人请求有管辖权的法院免去受托人的职务并指定继任的受托人。

（五）法律责任的严格落实

对债券受托人的法律责任，各国一般从三个层面予以规范落实。

1. 一般性规定

大陆法系国家和地区公司法多采用一般性规定，即公司债的管理人应当为了公司债权人的利益公平，诚实地履行管理职责，尽到善良管理者的注意义务。债券受托管理人违反法律、债权人会议决议或信托契约，不适当履行义务致使债券持有人遭受损失的，应当承担赔偿责任。如根据《日本商法典》的规定，因公司债管理公司违反法律或者债权人会议决议致使债权人受到损失时，应承担赔偿责任；在发行人为债券受托管理人提供担保等致使发行人对债权人存在违约时，公司债管理公司应当向债权人承担赔偿责任。

2. 豁免条款的限制

在具有信托传统的国家和地区，当信托关系建立时，受托人往往会为自己建立各项豁免条款以保护自己的利益。在受托人和债券持有人的关系中，多数自然人持有人缺乏相应的专业知识、经验、信息等，处于劣势，而英美法律倾向于这样的立场：这些自然人应该比有经验的投资者（如参与银团贷款的银行）得到更高程度的法律保护。而且，信托契约类似于既定的标准合同：它的条款不能罔顾投资者往往既没有机会也没有能力参与准备工作。因此，英美法系国家和地区的法规限制了豁免条款的范围。①

3. 承担推定责任

英国1925年的《受托人法规》第61条规定当受托人通过严谨的测验，"他的行为诚实合理公平地应该被免除责任"时，应当允许法庭免除受托人违背信托要承担的责任。但是，1948年《公司法》第88条规定任何为了保证债券发行的信托契约条款在下述情况下无效：在受托人没有显示出作为

---

① 参见李莘《美国公司债券受托人法律问题研究》，载《国际商法论丛》（第6卷），法律出版社，2004，第269页。

受托人应有的谨慎及努力的程度的情况下，豁免受托人为违背信托要负的义务或者给他补偿。《日本公司法》第 710 条第 2 款也规定，管理人因懈怠管理任务给公司债权人造成损失的，应当承担赔偿责任，但是管理人能够证明没有懈怠情形的除外。

三 我国债券受托管理人制度的立法评析

（一）立法演变

1.《证券公司债券管理暂行办法》

我国债券受托管理人制度的最早立法是 2003 年 8 月 29 日证监会公布、同年 10 月 28 日施行的《证券公司债券管理暂行办法》。该办法将债券受托管理人称为"债权代理人"，并以 5 个条文分别规定了债权代理人的聘请、义务、运作和法律责任。其中，第 13 条第 1 款规定："发行人应当为债券持有人聘请债权代理人。聘请债权代理人应当订立债权代理协议，明确发行人、债券持有人及债权代理人之间的权利义务及违约责任。"该办法 2004 年修订后，至 2016 年废止。

2.《公司债券发行试点办法》

2007 年 8 月 14 日证监会公布的《公司债券发行试点办法》正式确立了债券受托管理人制度。该办法将为债券持有人服务的主体称为债券受托管理人。该办法第四章"债券持有人权益保护"集中规定了债券受托管理人的相关事项。其中，第 23 条规定："公司应当为债券持有人聘请债券受托管理人，并订立债券受托管理协议；在债券存续期限内，由债券受托管理人依照协议的约定维护债券持有人的利益。公司应当在债券募集说明书中约定，投资者认购本期债券视作同意债券受托管理协议。"第 24 条规定："债券受托管理人由本次发行的保荐人或者其他经中国证监会认可的机构担任。为本次发行提供担保的机构不得担任本次债券发行的受托管理人。债券受托管理人应当为债券持有人的最大利益行事，不得与债券持有人存在利益冲突。"该办法现也已废止。

3.《公司债券发行与交易管理办法》

2015 年 1 月 15 日证监会公布、施行了《公司债券发行与交易管理办法》

（以下简称"管理办法"）。该法第四章"债券持有人权益保护"共用七个条文具体规定了债券受托人的聘任资格、职责权限等。其中，第49条规定，"为本次发行提供担保的机构不得担任本次债券发行的受托管理人。债券受托管理人应当勤勉尽责，公正履行受托管理职责，不得损害债券持有人利益。对于债券受托管理人在履行受托管理职责时可能存在的利益冲突情形及相关风险防范、解决机制，发行人应当在债券募集说明书及债券存续期间的信息披露文件中予以充分披露，并同时在债券受托管理协议中载明"。

鉴于2019年修订的《证券法》于2020年3月起施行，同时，国务院办公厅印发的《关于贯彻实施修订后的证券法有关工作的通知》明确公开发行公司债券实施注册制，因此，证监会于2021年2月23日修订了《管理办法》。修订后的《管理办法》要求公开发行公司债券的发行人应当为债券持有人聘请受托管理人，同时，对非公开发行公司债券的，要求发行人通过在募集说明书中约定的方式明确聘请受托管理人事项。

此后，为落实第十四届全国人大一次会议表决通过的《党和国家机构改革方案》关于"划入国家发展和改革委员会的企业债券发行审核职责，由中国证券监督管理委员会统一负责公司（企业）债券发行审核工作"的重要部署，证监会于2023年10月12日对《管理办法》再次进行修订，主要强化了对债券市场募集资金、非市场化发行等方面的监管要求，而对债券受托人管理人制度并无实质性修订。

从立法层面观察，尽管2007年8月14日公布的《公司债券发行试点办法》的相关规定还相当粗陋，但毋庸置疑，我国从《公司债券发行试点办法》始，就已经确立了债券受托管理人制度，而2015年1月15日起施行的《管理办法》则是对该制度的进一步提炼和完善。然而，在现实频频发生的债券违约案例中，我们似乎很难看到债券受托管理人的身影。① 以上海超日太阳能科技股份有限公司（以下简称"超日太阳能"）债券违约来看，2014

① 2014年3月，超日债利息违约事件拉开公募债券违约序幕，此后债券违约日渐增多。不到两年时间，公募债券领域已发生15起严重的信用事件，其中有8起最终实质性违约。宏观经济下行，部分债券违约走向常态化成为大概率事件。参见陆慧婧《公募起诉山水债违约案开庭 货币基金投资或存合规漏洞》，载新浪财经，http://finance.sina.com.cn/roll/2016-01-25/doc-ifxnuvxc1944295.shtml。

年 3 月 13 日，该公司发布公告称无法全额支付"11 超日债"当期利息而被市场认定为实质性违约。[①] 这一公告标志着我国国内债券发行人首次违约。"超日债"的实质性违约，让投资者们集合起来准备维权。他们成立了"维权联络小组"收集债券持有人的委托授权，计划以诉讼来维护自己的权利。[②] 而与积极自力救济的集体行动形成鲜明对比的是制度上的法定管理人——债券受托人的冷漠与被动。[③] 而这样的案例绝非个案。诸多的债券违约实践中，债券受托人不仅仅没有为了维护债券持有人的利益站在第一线与债券发行人进行谈判，反而要么冷眼旁观，由债券持有人进行成本高昂的维权，要么便是自身丧失了信用，站在了债券持有人的对立面。无论哪一种情形，都使得我国立法关于债券受托人制度设计的目的落空。推究实践中受托人消极被动的表现，笔者以为，债券市场参与主体对债券受托人角色定位的认识不清、立法对受托管理人职责设定的不明确、对债券受托人与债券持有人利益冲突的放任以及受托管理人责任规定的缺失是我国债券受托管理人制度立法与实践严重背离以致形同虚设的主要缘由。

（二）我国现行债券受托管理人制度评析

1. 对债券受托管理人的角色定位认识不清

债券受托管理人制度建立的目的在于保障为数众多且分散的投资者利益，从而建立高效、健全的市场化债券融资渠道。由于我国债券市场长期存在"刚性兑付"这一不合理的经济现象，债券收益往往得到了政府的托底保证，致使债券受托人的地位和功能一直没有得到市场和理论界的充分探讨，以至于债券违约事件发生时，债券持有人不知道寻求债券受托人的帮助乃至追究债券受托人的责任，债券受托人也是超然置身事外，浑然事不关己高高挂起。笔者具体从以下三个方面分析。

---

① 参见《ST 超日公告引爆中国资本市场》，载和讯网债券频道，http://bond.hexun.com/2014-03-13/163006596.html。

② 参见刘宝兴《超日债维权：已征集 5% 委托，状告证监会无回应》，载网易财经，http://money.163.com/14/0319/19/9NNKH3JL00254TFQ.html，最后访问时间：2015 年 11 月 19 日。

③ 参见谭楚丹《超日债黑天鹅：中信建投遭索赔四大垃圾债尾随》，载新浪财经，http://finance.sina.com.cn/stock/quanshang/thyj/20140309/230818453113.shtml，最后访问时间：2015 年 11 月 19 日。

第一，从立法层面看。从最早《证券公司债券管理暂行办法》中的"债权代理人"到现行《管理办法》中的"债券受托管理人"，尽管称谓发生了变化，但其角色定位并无实质性改变。如果说早期的债权代理人的主要职能是监督发行人并将信息传递给债券持有人，本质上还不具有债券受托管理人的信托特征，那么，立法行进到了《管理办法》，"债权代理人"名称变为"债券受托管理人"，但其基本的职责并无多大变化。依据现行《管理办法》，债券受托管理人只是对发行人基于法律规定的信息披露作出鉴别，并通知债券持有人，执行债券持有人会议的决定等，这样的债券受托管理人总体上是作为债券持有人与债券发行人之间的传话筒而存在，并不具有实质能动参与债券管理的权能。因此，现行的债券受托管理人制度与我国最早实行的债权代理人制度一脉相承，实际上不是真正信托意义上的受托人制度。推究这样的立法背后，是立法者对债券受托制度功能价值及其实现机制的认识不清，最终导致债券受托人角色定位的含糊不明或徒有其名。

第二，从债券持有人角度看。发行公司与应募人之间是公司债契约关系。当公司委托之证券承销商开始募集公司债后，应募人在应募书上填写所认金额及签名盖章时，就是对公司债募集要约之承诺，公司债契约因而成立。由于持有人是债券盈亏的最终承受人，其对债券发行人的状况最为关心。限于持有人往往不具备专业知识或者足够的精力，因此不得不将对公司的监控职能交给受托人。但是，由于受托人是发行人聘任，因此持有人与受托人之间本身便很难具备信任关系。就我国《管理办法》看，其第57条规定："公开发行公司债券的，发行人应当为债券持有人聘请债券受托管理人，并订立债券受托管理协议……在债券存续期限内，由债券受托管理人按照规定或协议的约定维护债券持有人的利益。发行人应当在债券募集说明书中约定，投资者认购或持有本期公司债券视作同意债券受托管理协议、债券持有人会议规则及债券募集说明书中其他有关发行人、债券持有人权利义务的相关约定。"实践中，由于债券契约的复杂性、格式条款化以及投资者附从性等特征，而且发行人并不对契约相关条款进行解释，债券持有人对债券受托管理人的角色安排可谓知之甚少。

第三，从受托管理人角度看。从法理上说，受托人虽名为公司债债权人之受托人，但并非受公司债债权人之委托，而是受公司债发行公司之委托。发行公司作为委托人，在申请发行公司债时，就须先选定具有受托人资格的机构为受托人，并与其订立契约。该契约是为债券应募人之利益而设的一种利他契约，并且由公司负担其报酬。① 在我国实务中，由于受托管理人不是接受债权人的委托，也不由债权人支付报酬，实践中债券违约的事件又较少发生，即使发生，也无人追究受托人的责任。这样，受托人实质上沦为"花瓶"实属情理之中。

2. 对债券受托管理人职责设定的不完备

由上述角色定位不清导致对债券受托管理人职责设定的不完备主要体现在三方面。

（1）缺乏科学的原则性规定

虽然从法条篇幅上看，我国对债券受托管理人的规定逐渐增多，但由于立法上对债券受托管理人角色定位认识不清，致使整个债券受托管理的法律实现机制缺乏科学的框架性的规定。现行《管理办法》仅在第58条提及"债券受托管理人应当勤勉尽责，公正履行受托管理职责，不得损害债券持有人利益"。这样的法条表述其实模糊了"委托"和"信托"的界限，而且所谓的"勤勉尽责"对债券受托管理人具体履行义务的程度、方式与范围均缺少实际操作规定与实务规则的支撑。从法理上说，法律无法对每一种影响债券持有人重大权益或者可能影响债券偿还的事件都一一进行规定，因此在实际执行受托管理人制度时，就需要对债券受托管理人的身份与角色进行明确，并依据不同的身份与角色施加不同的注意义务强度与法律责任。而从我国的立法演变考察，公司债券受托管理人的注意义务水平反而有所下降，即从《暂行办法》规定的"为债权持有人最大利益原则"变成了《管理办法》中的"勤勉原则"。这样的变化反映了立法者总体立法思路的不清和对科学建构相关机制把握的不足。

（2）债券受托人管理职责配置程序性规范的严重缺失

实践中，我国债券受托管理人无法充分发挥作用，还存在权能配置程序性规范严重不足的问题。如前所述，债券受托管理人的角色是积极的受信人角色，那么，法律对该主体权利的分配应当与其承担的义务相吻合。

---

① 参见柯芳枝《公司法论》，中国政法大学出版社，2004，第383页。

从目前《管理办法》来看，虽然第 59 条对受托管理人职责进行了列举式立法，具体包括："（一）持续关注发行人和保证人的资信状况、担保物状况、增信措施及偿债保障措施的实施情况，出现可能影响债券持有人重大权益的事项时，召集债券持有人会议；（二）在债券存续期内监督发行人募集资金的使用情况；（三）对发行人的偿债能力和增信措施的有效性进行全面调查和持续关注，并至少每年向市场公告一次受托管理事务报告；（四）在债券存续期内持续督导发行人履行信息披露义务；（五）预计发行人不能偿还债务时，要求发行人追加担保，并可以依法申请法定机关采取财产保全措施；（六）在债券存续期内勤勉处理债券持有人与发行人之间的谈判或者诉讼事务；（七）发行人为债券设定担保的，债券受托管理人应在债券发行前或债券募集说明书约定的时间内取得担保的权利证明或其他有关文件，并在担保期间妥善保管；（八）发行人不能按期兑付债券本息或出现募集说明书约定的其他违约事件的，可以接受全部或部分债券持有人的委托，以自己名义代表债券持有人提起、参加民事诉讼或者破产等法律程序，或者代表债券持有人申请处置抵质押物。"该条款看似多样，无所不包，但深究下来，问题重重。以调查权的设置为例。债券受托管理人相对于一般债券持有人最大的优势在于他比较了解债券市场和相关的债券产品，他能够分析判断债券违约的可能性大小及影响债券偿付的因素。但是，受托人的分析判断需要建立在积极的向债券发行人索取信息的基础上，债券受托管理人的功能发挥很大程度上取决于债券发行人的信息披露水平。然而从债券发行人的角度而言，信息披露越少越有利。因此，如果法律对债券受托管理人的调查权没有细致的规定，受托人履行职责的效果就会大打折扣。现行《管理办法》虽然较《试点办法》增加了"全面调查"之规定，但对如何进行调查的相关配套性程序规范只字不提。与此相似，《管理办法》虽然也规定债券受托管理人可以"以自己名义代表债券持有人提起、参加民事诉讼或者破产等法律程序"，但对如何具体实施未作程序性规范。这样的立法结果，就是使债券受托管理人的主要职责依然是监督和关注，而这些职责的形式其实非常消极。所以，表面上看，受托人也获得法律的授权可以对债券发行人的信息进行调查了解，但由于缺乏权能配置的程序性规范，这些规范在实践中无法付诸实现，债券受托管理人的功能发挥也就无从谈起。

（3）具体规定之间的不兼容

现行《管理办法》在第59条明确规定了债券受托管理人的职责之外，又在第63条规定："存在下列情形的，债券受托管理人应当按规定或约定召集债券持有人会议：（一）拟变更债券募集说明书的约定；（二）拟修改债券持有人会议规则；（三）拟变更债券受托管理人或受托管理协议的主要内容；（四）发行人不能按期支付本息；（五）发行人减资、合并等可能导致偿债能力发生重大不利变化，需要决定或者授权采取相应措施；（六）发行人分立、被托管、解散、申请破产或者依法进入破产程序；（七）保证人、担保物或者其他偿债保障措施发生重大变化；（八）发行人、单独或合计持有本期债券总额百分之十以上的债券持有人书面提议召开；（九）发行人管理层不能正常履行职责，导致发行人债务清偿能力面临严重不确定性；（十）发行人提出债务重组方案的；（十一）发生其他对债券持有人权益有重大影响的事项。在债券受托管理人应当召集而未召集债券持有人会议时，单独或合计持有本期债券总额百分之十以上的债券持有人有权自行召集债券持有人会议。"这些规定如何兼容实施也是问题多多。以债务人违约情形为例，第59条第5项规定，"预计发行人不能偿还债务时，要求发行人追加担保，并可以依法申请法定机关采取财产保全措施"，而第63条第4项则规定，发行人不能按期支付本息时债券受托管理人就应当召集债券持有人会议。那么，实践中的情形只能是债务人违约时债券受托管理人赶紧召集债券持有人会议。延伸之，债务人没有违约时受托人只要消极监督关注，而一旦遇到问题债券受托管理人赶紧召集债券持有人会议就算履行职责了。此外，法条中如"可能影响债券持有人重大权益的事项时，召集债券持有人会议"，"预计发行人不能偿还债务时，要求发行人追加担保"，"在债券存续期内勤勉处理债券持有人与发行人之间的谈判或者诉讼事务"这些表述，由于涉及债券受托管理人的主观判断和注意义务水平，均缺乏可操作性。因此，如何在法条规范之间实现兼容性可操作性实施以真正确保债券受托管理人履行自己的职责是当前立法规定的又一突出问题。

3. 尚未解决利益冲突问题

实践中我国债券受托管理人与债券持有人之间的利益冲突主要表现在两方面。

（1）受托人与发行人之间的利益共谋关系

当受托人与持有人同时对发行人享有债权的时候，受托人如果为了自己的利益考虑，就会要求发行人优先偿付自己的债权。受托人作为发行人的监督者，发行人有足够的动机与其进行协商，以优先还款为明示或者默示条件，损害持有人的利益。而此时，受托人在明知发行人的资信水平降低的时候，依然会保持沉默以保障自己的债权。这些信息将严格地封闭于受托人与发行人之间。在这种情况下，受托人与发行人之间形成共谋关系，而与持有人之间产生利益冲突。

除此之外，受托人与发行人之间存在业务合作关系。受托人一般而言是专业的投资银行或者证券公司，他们与发行人之间存在种种业务往来。在我国，受托人往往就是发债公司的承销人。① 受托人从发行人处可以得到酬金、证券发行业务等经济利益。受托人与发行人在这种经济利益的驱使下会形成合谋。即使债券可能违约，但债券违约所造成的损失并不是由债券受托管理人承受。因此，为了保持与债券发行人之间良好的业务往来合作关系，受托人有足够的动机对发行人的违规行为保持沉默。

（2）持有人与受托人之间的对立冲突

对于受托人而言，公司发行债券的收益主要是从发行人处得到，对于持有人超出法定要求的监控，都会付出公司的相应成本。如果持有人不断地提出要求，受托人的经营成本就会不断上升。受托人的经营成本上升带来的服务质量提升，并不会为受托人带来更高的经济回报，甚至反而可能对其他发行人聘任负责任的持有人带来负面效应。因此，持有人对受托人的要求提高与受托人尽量避免过分参与持有人事务之间就会形成尖锐的利益冲突。在我国债券违约的案例中，持有人与受托人之间显然已经变成了对立的关系。

我国立法者并非没有注意到债券受托管理人与债券发行人、债券持有人之间的利益冲突问题，但对于如何解决利益冲突问题缺乏足够的把握。如果说，我国在 2007 年出台的《公司债券发行试点办法》第 24 条规定，

---

① 从我国证券交易所网站上可查到的公开信息披露中，往往可以发现，发债公司的债券承销人就是债券的受托人。详情可以查阅 http://www.sse.com.cn/disclosure/bond/corporate/。

"债券受托管理人应当为债券持有人的最大利益行事，不得与债券持有人存在利益冲突"还彰显了对利益冲突的严格禁止态度，但在《管理办法》中，其态度变得暧昧不清。该法第58条规定，"对于债券受托管理人在履行受托管理职责时可能存在的利益冲突情形及相关风险防范、解决机制，发行人应当在债券募集说明书及债券存续期间的信息披露文件中予以充分披露，并同时在债券受托管理协议中载明"。从法条字面意义判断，该法条接受了利益冲突的存在，只是要求利益冲突问题必须披露并且由债券受托管理人提供解决方案。换言之，我国针对利益冲突问题，从最初的一禁了之改变为现在的意思自治。但是，受托管理人将如何通过意思自治的方式来提供解决方案呢？又由谁来评估债券受托管理人的解决方案是否合理有效？如果该方案并非合理有效以至于债券持有人由于债券受托管理人的行为导致利益受损，又该如何进行赔偿？当这些规则统统缺乏的情况下，仅仅寄希望于信息披露就可以良好地解决债券受托管理人的利益冲突问题，未免过于天真。何况，正如下一部分所说我国对于债券受托管理人制度中的责任执行问题存在严重缺陷，这将使得把信息披露作为关键解决措施的利益冲突问题更为突出。

4. 债券受托管理人责任规制的严重不足

我国立法虽然对债券受托管理人的规则不断增加，但实务中鲜见债券受托管理人不当履行义务而承担民事责任的案例。究其因，我国对于债券受托管理人的责任安排不仅"重行轻民"，而且严重缺乏可操作性。就行政责任而言，在《管理办法》第74条中规定，"……债券受托管理人等违反本办法规定，损害债券持有人权益的，中国证监会可以对……受托管理人及其直接负责的主管人员和其他直接责任人员采取本办法第六十九条规定的相关监管措施；情节严重的，处以警告、罚款。"这一条是针对债券受托管理人违反义务损害债券持有人利益所作的行政法律责任安排。但是从这条文来看，债券受托管理人违法承担责任的具体情形并不明确。鉴于《管理办法》中有关债券受托管理人的职责履行规定得笼统模糊，尤其没有勤勉尽职履行职责的具体标准，因而如何追究债券受托管理人的责任实在棘手。而且即便债券受托管理人具备严重违法情节的，也仅仅是施以警告、罚款，罚款金额还不甚明了，可以说这样的责任规制毫无威慑力。至于债券受托管理人履行职责不力给债券持有人造成损失所应承担的民事责任则是只字不提。因此，综合来看，《管理办法》并未提供任何真正有效、可识别的行为模式对债券受托管理人的义务履行状况进行评价，因而也无法根据违法情节的严重程度来对其进行追责。反映在市场实践中，就是法律执行力严重不足，对受托管理人责任的规定沦为空文。

四　完善我国债券受托管理人制度的技术要点

基于我国的立法现状与市场发展的需求，我国债券受托管理人制度的构建应以信托关系为基础，在发行人、受托人和债券持有人之间建立明确的信托关系，由受托人运用专业判断对债券有关的财产权利进行管理、处分，以保护债券持有人的利益，并要求其承担严格的法律责任。立法设计上要重点对强制聘请债券受托管理人的情形、债券受托管理人的资格、债券受托管理人的权利和义务、债券受托管理人所应承担的责任等诸方面作出合理细致的规定。

（一）明确定位受托人角色，施加其信义义务

结合债券受托管理人制度在我国的实践，对债券受托管理人的身份与角色给予明确合理的定位，对于构建完善我国债券受托管理人制度具有基础性意义。法律无法穷尽受托人具体的职责，但通过对受托人基本角色的定位能够帮助法律执行机构对受托人的义务标准进行明确，从而在适用法律的过程中演绎出受托人履行职责的评价机制。

从理论上说，面向数量有限的机构投资者私募发行的债券，其对债券受托管理人功能的要求就相对较低，基本上限于财务顾问的角色；而对于面向众多投资者公开发行的债券，就要求由能够承担一定责任与信义义务的专业金融机构担任受托管理人，从而对缺乏自我保护技能的为数众多的投资者提供高效的保护机制。因此，尽管我国没有普通法下的信托法律传统，对于信义义务的适用也没有过于详尽的标准，但从受托管理人制度本身的起源看，一个能够完美实现受托管理人制度目的的受托人应当是能够将债券持有人的利益当作自己的利益去处理。从这个角度上说，我国在设计受托管理人制度时，应当以信托关系中的受托人角色去定位债券受托管理人。

公司债券受托管理人要对委托人和受益人承担信托法上的受信人义务，其核心就是忠实义务和善良管理人义务。借鉴日本立法例，日本《公司法》第 704 条规定，公司债管理人为了公司债债权人，负有公平且诚实地进行公司债管理的义务，同时负有以善良管理者的注意进行公司债管理的义务。所谓公平义务，指的是要根据公司债债权人所持有的公司债的内容及数额，公平地对待公司债债权人。至于诚实义务与善管注意义务，可以视同于董事对公司的忠实义务与善管注意义务。其中，忠实义务是指不允许公司债管理人为谋取自己或第三人利益而损害公司债债权人的利益；至于善管注意义务，其实不同类型的受托人的善管注意义务是不同的，只能根据具体情况来具体判断。但总体而言，依据我国《信托法》第 25 条第 1 款规定的"为受益人最大利益行事"之原则，债券受托管理人应该以一个审慎的人处理自己的事务一样从事债券管理事务。管理人因懈怠注意给公司债权人造成不利时，就是对善管注意义务的违反。

（二）强化债券受托管理人权能，发挥其能动性

科技的发展致使当今的金融市场已经与过去依靠传统书信、电话来不断征求意见的市场大相径庭。因此，受托管理人的职责也将逐渐地从为债券持有人获取信息转化为获得信息后的处理问题的能力。

在我国目前的《管理办法》中，债券受托管理人实质上仅仅是对债券发行人的行为进行关注和信息传递。但根据上文的分析，债券受托管理人的存在是为了解决债券持有人自我保护不足的弊端。因此，如果想要真正发挥债券受托管理人制度的功能，就必须明确要求债券受托管理人承担积极的信义义务，要求债券受托管理人以管理自己财产同样的注意水平来管理债券持有人的债券财产权利。当前突出的问题是两个，一是信息调查权，二是受托人履职机制与债券持有人会议机制兼容协调的问题。这两个问题可以结合起来进行思考。首先，立法者为了保护债券持有人的利益，设置了债券持有人会议这一集体决策机关。为了能够让这一决策机关充分发挥作用，就需要强化债券受托管理人在信息披露方面的责任。具体而言，债券受托管理人需要为了债券持有人的利益，主动地审核、调查发行人所披露的信息。在发行人披露信息存在疑问的时候，债券受托管理人应当积极主动地要求债券发行人进行补充和解释。所有这些相关信息最终将会由债券受托管理人予以统一与整合，将之传递给债券持有人会议，最终让债券持有人会议作出决议。此种方式同时也就解决了债券持有人会议与债券受托管理人之间的权利义务兼容性问题。其次，我国立法应当在加强受托管理人义务的同时，赋予其主动积极的调查权，而债券发行人应当对受托管理人的调查行为予以配合。当债券受托管理人充分履行自己职能的时候，可以主张就债券持有人的损失免责。但是，鉴于债券持有人与股东身份的不同，公司的深度核查一般属于股东权。股东作为公司的剩余价值分配者，对公司具有全面核实信息的权利。而债券受托管理人仅仅是为了保证公司能够正常的偿付，因此也应当赋予一定的核查权，但是应当将其范围控制在仅与公司的偿付能力相关的领域里。

归而言之，为适时有效地保障债权人的利益，本文建议采取日本立法模式，赋予"受托管理人为了债权人受领清偿或者为保全债权的实现所必要的一切裁判内外的行为的权限"，同时，为使公司债债权人会议的自治管理不受损害，在实施处分公司债债权人权利、对债权人的权利影响重大的行为时，受托管理人须依公司债债权人会议的决议行事以求慎重。

（三）通过改变债券受托管理人报酬的获取机制来避免利益冲突

如前所述，对利益冲突问题，各国立法都倾向于对债券受托管理人处于与债券持有人利益相反地位进行禁止的方法。但要从根本上解决问题，笔者以为，可以尝试改变受托人获取报酬的机制来解决利益冲突的存在。从实践来看，受托人的存在必定需要耗费一定的成本。如果费用由发行人承担，那么受托人将成为发行人的附庸，无法从根本上改变现有的债券发行制度的缺陷。美国学者探讨的解决方案是，要求担任受托人的机构需要购买债券达到一定比例。然而这一举措将极大地增加受托人的成本，也会扭曲市场的供求力量。试想，如果债券持有人的清偿比例意味着受托人的获得报酬的比例，便可以改变受托人的激励机制。债券发行人向债券受托管理人发放报酬这一点无须改变，因为如果由债券持有人来委派，将不合理地增加债券持有人的成本。因此，解决的方案是，如果当债券发生违约的时候，债券受托管理人需要将自己收取的报酬返还给债券持有人，就可以解决债券受托管理人与债券持有人的利益冲突。返还的范围不仅仅包括履行受托管理人职责的收费，在受托管理人同时又是发行人的承销商时，还应当将承销利润返还给持有人。如果债券受托管理人在债券违约的情况下，可以举证证明自己已经采取一切必要的手段对债券发行人的资信状况进行了调查和核实，并及时地督促债券发行人补充担保或召开债券持有人会议，那么可以豁免一定的返还责任。这种机制的安排将使得证券市场更有效。因为当债务发生违约的时候，债券受托管理人将与债券持有人成为利益的统一体，债券受托管理人的报酬取得与债券持有人的偿付水平具有正相关性。因此，不仅仅是在债务违约的情况下，即使是在债券正常还本付息的情况下，债券受托管理人也将严密地关注债券发行人的经营状况和偿付能力。

（四）注重公司债券受托管理人的损害赔偿责任

与行政责任相比，对债券受托管理人更有威慑力的应该是损害赔偿责任。因此，立法上要明确债券受托管理人对债券持有人所要承担的两类损害赔偿责任。

1. 有关违反法令等的责任

它是指公司债券受托管理人实施了违反公司法或公司债债权人会议决议的行为而需要承担的损害赔偿责任。这些行为包括上述的违反公平诚实义务以及善管注意义务的行为。这是对公司债券受托管理人违反一般义务所作的原则性规定。只要受托人违反相关法令或者公司债债权人会议决议的行为致使公司债债权人遭受损失时，该受托人就要对公司债债权人承担赔偿责任。

2. 基于利益相反行为的责任

它是指债券受托管理人实施了违反公平诚实义务行为时的特别损害赔偿责任，也可看作利益冲突时的赔偿责任。对于该损害赔偿责任，可以采取推定过错归责原则，实行举证责任倒置方法，或者受托管理人能够证明一定事项时免除其责任的规制方法。①

---

① 参见〔日〕前田庸《公司法入门》，王作全译，北京大学出版社，2012，第503页。

从问题性思考到体系化安排

——《关于依法从严打击证券违法活动的意见》评述

　　打击证券违法活动是资本市场永恒的主题。资本市场的发展史一定意义上也是不断识别证券违法行为并予以有效规制的演进史。鉴于资本市场的规范发展及其良好生态对维护我国社会经济秩序平稳运行的重大意义，2021 年 7 月，中共中央办公厅、国务院办公厅印发了《关于依法从严打击证券违法活动的意见》（以下称《意见》）。该《意见》是我国历史上第一次由"两办"联合发布的具体指导资本市场监管工作的专门性文件，它从证券法整体功能运行机制的角度为从严打击证券违法活动提供了顶层设计，体现了中央对资本市场法治建设以及资本市场长远健康发展的高度重视。而在方法论意义上，此次《意见》从体系化视角出发，强调从立法、执法、司法和协调配合机制构成的整个制度体系来实现从严打击证券违法活动的重大部署，这种系统性的具有战略意义的联动安排克服了从具体问题出发解决个别问题的问题性思考路径的局限，谋求从证券违法行为责任设定到实施机制整个运行体系中获得解决问题的综合方案，从而实现从立法、执法、司法等各系统的资源整合和协调配合中获得更大的监管效能。

一　打击证券违法活动需要体系化思维

　　所谓体系，是一定范围内的事物按照一定的秩序和联系组合而成的整体。体系化思维是通过梳理各个部分之间的内在联系，从而将一系列零散的问题进行有序整理的分析问题的思维方法，同时也是立足全面的、整体的视域通盘考虑进而解决问题的思维框架。打击证券违法活动是个巨大的系统工程，涉及立法、执法、司法、社会监督等多方面的系统构成，其各自内容的合理性和相互之间的协调性，是打击证券违法活动的法律规范和实施机制具有科学性适当性的前提，也是建构更为有效的资本市场运行机制的必然要求。

（一）现有庞大的立法规范的整合需要体系化思维

《公司法》《证券法》《证券投资基金法》《刑法》等是规范资本市场的重要法律，也是打击证券违法活动的基本依据。为具体落实上述法律规范，国务院、证监会、最高人民法院、最高人民检察院等依据这些法律制定了数目众多的行政法规、部门规章、司法解释以及规范性文件。其中，仅证监会发布的规范性文件就数以千计。尽管庞大的立法规范本身也是我国资本市场发展的重大成就，它为我国打击资本市场违法活动提供了坚实的法律基础，但是，如此众多的产生于不同部门、不同时期的法律渊源之间的冲突也给资本市场证券执法造成了极大的困扰。事实上，伴随着资本市场的迅猛发展，我国证券监管领域权宜之计的解决问题方式和"头痛医头、脚痛医脚"的"应急式"的规则供给方式，因严重欠缺整体性与长远性的考虑，极大地损害了法律规则应有的逻辑性与稳定性，致使不同法律部门之间、不同效力等级的法律规范的协调衔接成为我国资本市场执法司法实践的一大难点。要对现有作为证券执法司法依据的各种法律渊源进行整理衔接，消弭冲突、理顺关系，就需要从法律规范体系意义上进行通盘考虑，用系统论的观念，厘清不同规范性文件的功能定位以及不同责任种类与不同执法形态间的界限，尽量实现各种责任及执法措施的协调与平衡。

（二）市场分割与多头监管的统合需要体系化思维

在我国资本市场发展进程中，因证券法的制度建构受制于行政体制分权导致的多头监管、市场分割等问题始终未能得到彻底解决。长期以来，中国人民银行、证监会、财政部以及其他金融监管机构在不同的权限范围内负责对不同对象的监管造成的市场割裂与监管割裂是我国资本市场中不可回避的问题。而在执法司法层面，证监会和公安机关、检察机关、人民法院之间的行政执法、民事诉讼以及刑事执法的衔接问题也相当突出。即便在证监会系统内，证监会、证券交易所、派出机构也不同程度地行使对证券市场的管理权。由此，与市场割裂、多头监管相伴共生的监管主体授权不明、权责界限不清、监管主体之间协调困难等致使我国打击证券违法活动的效能严重受损，一定程度上阻碍了资本市场的健康发展和平稳运行。为此，在总结证券市场司法执法实践的基础上，急需根据不同系统的运行特点、分工职能等要素，从不同机构之间的界限划分、职责要求和协调机制方面对多头监管、市场分割等予以体系化的统合安排。

（三）法律责任制度措施同法律实施机制的协调衔接需要体系化思维

在建构高效的打击证券违法活动的体制机制中，法律责任制度措施同法律实施机制的协调配合无疑是至关重要的环节。仅从技术设计层面而言，各个法律责任措施与实施机制相协调，意味着在特定证券市场活动的各个法律关系之间实现了有效的统筹兼顾，相关制度措施协调有效地发挥功能。[1] 然而，在我国证券法律责任制度体系中，由于配套机制的缺乏，证券法所精心设计的很多法律机制无法实现。此外，由于立法规定的过于原则及可操作性不足，某些具体制度因缺乏体系配合未能充分发挥预期功能，很多证券法规定的责任制度难以落到实处。例如，证券法明确规定，操纵证券市场行为给投资者造成损失的，行为人应当依法承担赔偿责任。但由于该条款过于笼统，缺乏相应的配套机制，在司法实践中难以适用，从而无法实现操纵市场民事责任制度的实施完整化。可以说，法律责任制度措施同法律实施机制的不协调实质上导致了资本市场监管效能的弱化，难以适应新形势下对证券违法行为零容忍的迫切要求。从法律责任贯彻实施的角度看，树立体系化思维对确保立法、执法和司法的顺畅衔接至为关键，对于消除因证券立法随意化、片面化、碎片化造成的不良影响至为关键。

二　《意见》关于打击证券违法活动的体系化安排

在全球经济金融环境深刻变化、我国资本市场改革开放不断深化的背

---

[1]　参见中国社科院课题组《证券法律责任制度完善研究》，载《证券法苑》（第10卷），法律出版社，2014，第481页。

景下，伴随着市场规模日益扩大，市场交易产品日趋多样以及交易模式的日益丰富，资本市场违法行为更加隐蔽，案件查处难度加大，相关执法司法等工作面临新形势和新挑战。《意见》经由常规的问题性思维进阶体系性思维，从打击证券违法活动的系统性、整体性、协同性入手，在证券执法司法的重要领域和关键环节作针对性的安排，其核心就是对分散的监管资源、司法资源及其他相关资源进行合理配置，以期形成系统完备、科学规范、运行有效的打击证券违法活动的执法司法体制机制，从而提升打击证券违法活动的整体效益。概括而言，《意见》从总体目标、实施路径以及基础建设三方面对打击证券违法活动作了重大体系化的战略部署。

（一）明确总体目标与基本要求

打击证券违法犯罪活动是资本市场长期不懈的任务。《意见》开门见山从指导思想、工作原则及主要目标三个方面确立了打击违法活动的总体思路，即在遵循资本市场市场化、法治化方向的指导思想下，坚持零容忍要求、坚持法治原则、坚持统筹协调、坚持底线思维的基本原则，争取到2022 年，资本市场违法犯罪法律责任制度体系建设取得重要进展，资本市场秩序明显改善；到 2025 年，资本市场法律体系更加科学完备，中国特色证券执法司法体制更加健全，崇法守信、规范透明、开放包容的良好资本市场生态全面形成。

《意见》总体要求的提出，强调了资本市场发展必须以市场化、法治化为基本方向，同时明确了实现总体目标的四个工作原则，这些原则体现了我国打击证券违法活动的价值取向和基本精神，是贯穿证券立法、执法、司法整个过程的根本性原则，也是确保分阶段实现未来目标的基本保障。《意见》指导思想与工作原则的提出，不仅从文本上明确了我国资本市场未来相当长时间内打击证券违法活动的目标和要求，也对市场实践中打击证券违法活动的指导思想和实施手段的统一指明了方向，进一步厘清了我国资本市场惩处不当行为的基本思路框架。

（二）确立统筹兼顾的实施路径

一个科学高效的打击证券违法活动的体系构建，其核心是优化立法、执法、司法三大体系，并形成环环相扣、功能齐全、纵横交错的打击证券违法活动的立体架构，最终实现对证券违法行为从立法、执法到司法的系统应对及管理机制。

在立法方面，《意见》强调完善资本市场违法犯罪法律责任制度体系。证券法律责任制度的实施与完善，是实现我国资本市场法治化的基本路径，也是追求证券法价值目标的根本保障。为此，《意见》从法律、司法解释、行政规章及行业自律规范性文件方面提出了五项基本举措：其一，完善证券立法机制，增强法律供给及时性；其二，加大刑事惩戒力度，完善相关刑事司法解释和司法政策；其三，完善行政法律制度，贯彻实施新修订的证券法，加快制定修订上市公司监督管理条例、证券公司监督管理条例等配套法规制度；其四，健全民事赔偿制度，具体包括推进证券纠纷代表人诉讼制度实施，修改因虚假陈述引发民事赔偿有关司法解释，开展证券行业仲裁制度试点；其五，强化市场约束机制，完善交易场所、行业协会等对证券违法违规行为的自律监管制度。

在执法司法方面，《意见》着力强调建立健全打击证券违法活动的执法司法体制机制，基本思路是建立打击资本市场违法活动协调工作机制，加大对重大案件的协调力度，完善信息共享机制，推进重要规则制定，协调解决重大问题。至于基本举措，则是从纵横两方面作了全面的部署安排。在横向方面：其一，完善证券案件侦查体制机制，进一步发挥公安部证券犯罪侦查局派驻中国证监会的体制优势；其二，完善证券案件检察体制机制，研究在检察机关内部组建金融犯罪办案团队，探索在中国证监会建立派驻检察的工作机制；其三，完善证券案件审判体制机制，探索统筹证券期货领域刑事、行政、民事案件的管辖和审理。在纵向方面：其一，加强办案、审判基地建设，在证券交易所、期货交易所所在地等部分地市的公安机关、检察机关、审判机关设立证券犯罪办案、审判基地；其二，强化地方属地责任，在坚持金融管理主要是中央事权前提下，加强中国证监会与地方政府及有关部门之间的信息互通和执法合作，研究建立资本市场重大违法案件内部通报制度，有效防范和约束办案中可能遇到的地方保护等阻力和干扰，推动高效查办案件。

在上述基础上，《意见》提出要强化重大证券违法犯罪案件惩治和重点领域执法，重点包括依法严厉打击非法证券活动，加强债券市场统一执法，加大对私募领域非法集资、私募基金管理人及其从业人员侵占或挪用基金财产等行为的刑事打击力度，从而突出分类监管、精准打击的思路，以全面提升证券违法大案要案查处质量和效率。此外，《意见》提出进一步加强跨境监管执法司法协作，积极探索加强国际证券执法协作的有效路径和方式，积极参与国际金融治理，推动建立打击跨境证券违法犯罪行为的执法联盟。

（三）全面夯实基础建设

《意见》构建的打击证券违法活动的立法、执法、司法协同配合的治理体系离不开基础性制度供给条件的支持。治理体系与基础建设是相互依存、相互促进的关系：一方面，基础建设是治理体系构建的基础，治理体系的提升必须依赖基础建设的扎实有效；另一方面，治理体系的提升和强大，也彰显了基础建设的完善和高效。鉴于治理体系与基础建设相辅相成的关系，《意见》提出全面夯实打击证券违法活动的人力资源、组织保障等基础建设的基本构想，努力从协调体系措施与基础建设安排两方面共同推进，以避免执法司法系统所拥有的人力、物力、财力资源保障不足可能对打击证券违法活动综合治理体系效能的各种限制。

第一，着力提升证券执法司法能力和专业化水平。具体包括：①增强证券执法能力。通过加强证券执法力量，优化证券稽查执法机构设置，推动完善符合资本市场发展需要的中国特色证券执法体制机制。②丰富证券执法手段。有效运用大数据、人工智能、区块链等技术，建立证券期货市场监测预警体系，构建以科技为支撑的现代化监管执法新模式，提高监管执法效能。③严格执法公正司法。牢固树立权责意识、证据意识、程序意识，切实提升执法司法专业性、规范性、权威性和公信力。

第二，加强资本市场信用体系建设。具体包括：①夯实资本市场诚信建设制度基础。建立资本市场诚信记录主体职责制度，明确市场参与主体诚信条件、义务和责任，依法合规开展资本市场失信惩戒和守信激励。②建立健全信用承诺制度。建立资本市场行政许可信用承诺制度，明确适用主体范围和许可事项。③强化资本市场诚信监管。建立健全全国统一的资本市场诚信档案，全面记录资本市场参与主体诚信信息。

第三，加强组织保障和监督问责。具体包括：①加强组织领导。明确职责分工，加强工作协同，落实工作责任，确保各项任务落到实处。②加强舆论引导。做好立体化打击证券违法活动的新闻舆论工作，多渠道多平台强化对重点案件的执法宣传。③加强监督问责。坚持全面从严治党，坚决落实深化金融领域反腐败工作要求。

综上，《意见》遵从资本市场运行基本规律的内在要求，强调完善资本市场违法犯罪法律责任体系，建立健全打击证券违法活动的执法司法体制机制，夯实跨部门监管协作机制的基础建设，旨在构建一个立体型全方位的系统打击证券违法活动的综合体系，以实现立法、执法、司法对打击证券违法活动职能的一体化整合，使立法、执法、司法各系统既按照各自不同的职责发挥功能，又彼此协作制衡，有效发挥各个系统科学聚合产生的合力作用，力求实现维护资本市场秩序的最大法治效益。

三 落实《意见》急需处理好的三个问题

尽管《意见》从总体要求、基本原则、制度实施层面提出了打击证券违法活动的体系化的思路框架及具体措施，但具体落实《意见》精神还要注意以下三个问题。

（一）注重多元平衡的监管理念

证券市场不当行为的复杂性、多样性决定了证券法律责任的多样性以及实施机制的多样性。鉴于打击证券违法活动目标的多维性和广泛性，如何协调和平衡不同责任制度及实施机制的多元价值，实际上关涉对证券监管理念的选择和把握。尽管民事、行政、刑事是打击证券违法活动制度体系的三大支柱，但在证券法整体功能运行机制设计层面，我国现行证券法是行政法律规范和行政实施机制更占优先地位，行政监管的过度控制在制度上和实施效果上都压缩了民事责任及司法机制的作用空间。[①] 成熟市场的实践经验表明，打击证券违法活动的关键不仅在于行政处罚及刑事制裁有

---

① 参见陈甦、陈洁《证券法的功效分析与重构思路》，《环球法律评论》2012 年第 5 期。

多严厉，还在于惩治违法行为是否存在多元的法律救济机制。就我国而言，只有基于市场发展阶段以及监管资源、司法资源的科学利用，合理协调民事、行政和刑事责任及实施机制的配比关系，三种责任制度之间相互联结、相互协调，成为相互促进、不可分割的责任救济机制，才能共同承担履行证券法律责任的使命，并使证券法制度功能发挥出最大系统效应。当前在证券监管部门屡屡强调要对证券犯罪进行"零容忍"式打击的背景下，笔者以为，司法实践中不能过分倚重行政刑事打击这一途径，而应以制定综合性解决方案为前导，在整体上通盘考虑证券市场中的各种法律关系，尤其是行政法律关系与民事法律关系的交接与互动，由此引申出去，则是科学建构证券市场机制与行政监管体制的关系，倡导并践行证券市场多元化纠纷解决机制，从而使行政监管机制有机地融入证券市场机制，从而确保证券法的宗旨、目标及功能措施切实而有效地得以实现，并使打击证券违法活动最终达到法律效果、社会效果和经济效果的统一。

（二）建立执法司法协调机制的规范流程

打击证券违法活动是一个连续的动态过程，不仅包含刑法和刑事诉讼法，也包括民事、行政等法律实体法和程序法的相关内容，涉及证券违法的行政处罚、民事赔偿以及证券犯罪的预防、侦查起诉、审判、执行等各个环节。这种执法司法活动的全程性、多样性特点决定了必须建立不同系统执法司法机制协调配合的规范化的操作流程。要建立常态化的沟通协调机制，包括《意见》提出的成立打击资本市场违法活动的协调工作小组，加大对重大案件的协调力度，尤其是要推进衔接平台的建设，实现信息共享机制。例如，可以推进行政执法与侦查检察以及刑事司法的衔接平台建设，建立双向信息共享平台及联络机制，实现数据的双向互联以及案件移送等的密切配合。目前实践中证券行政处罚与刑事制裁衔接问题相当突出。以案件移送为例，尽管最高人民检察院、公安部等相关部门出台了《行政执法机关移送涉嫌犯罪案件的规定》、《关于公安机关办理经济犯罪案件的若干规定》以及《关于加强行政执法与刑事司法衔接工作的意见》等，但实践中执法司法系统对案件移送的管理衔接依然混沌不清。一方面，当前行政处罚法只规定了违法行为构成犯罪的，行政机关必须将案件移送司法机关，依法追究刑事责任，但对那些没有构成犯罪但又涉行政处罚的案件，司法机关如何将其及时移送行政机关的操作规范及检察监督问题没有规定。另一方面，在各个系统相应的规范性文件中也缺乏针对案件互相移送的科学、合理明确规范的流程设计及程序安排。为此，笔者建议在充分尊重各个系统自身运行机制的前提下，根据实体法、程序法的有关规定，建立一套执法司法部门针对重大案件的协调沟通互相配合的办案规则、工作流程及工作标准，力求民事责任、行政责任与刑事责任的衔接环节都有实践运行的法律依据。例如，对如何将行政执法中发现达到刑事立案标准的线索移送刑事处理应作详细规定，同时，对司法机关在刑事办案中发现案件达不到刑事处罚标准或对犯罪行为人进行刑事处罚后仍需对犯罪行为人或其他违法行为人进行行政处罚的，司法机关如何移送应作详细规定。① 只有从流程规范入手，使执法司法协调工作具有规范性、管理工作具有连续性，才能有效地约束当前不同系统之间协调沟通工作的随意性，从而实现打击证券违法活动中涉行政刑事案件处理的专业整合，弥补"刑行交叉"的执法和监管漏洞，更好地发挥执法司法系统管理的综合效能。

（三）弥补监管漏洞与程序规范不足

由于我国证券法未能采纳"实质证券"的概念界定，因此证券法形式上确定的证券市场小于实质上的证券市场，从而导致部分证券市场活动游离于监管机制之外，一些需要由证券法规范的市场关系或活动并不在证券法的调整范围内。此外，由于证券市场交易形式的多样化复杂化，证券法在设计行政法律规范时，对证券经济活动的交易运作方式、利益与风险分配模式等缺乏深入周延的分析，再加上现行的行政处罚条文沿袭刑事处罚之思路，对行政违法行为的构成规定得过于详细具体，致使具体法律条文可适用的空间太小，导致一些强制性的证券行政法律规范被规避，客观上造成打击证券违法活动的监管漏洞或真空地带。例如，尽管国务院曾发布《关于清理整顿各类交易场所切实防范金融风险的决定》（国发〔2011〕38

---

① 参见王斌、邓烈辉《完善"两法衔接"逆向移送和监督机制的思考》，《人民检察》2021年第 1 期。

号），国务院办公厅发布《关于清理整顿各类交易场所的实施意见》（国办发〔2012〕37号），但市场实践中各种名目的交易所打着现货挂牌交易的幌子，实际上开展的是期货交易活动。对这种"名为现货交易而实为期货交易"的情形，证券监管部门始终未能采取积极应对措施，客观上使相当多的投资者权益在交互影响的金融市场得不到充分有效的保护。

此外，证券法是实体法与程序法的结合，打击证券违法活动就是证券法制裁手段的实体规范与程序规范的结合运用。然而，实践中，不仅证券法领域，其他关涉执法、司法权限行使的程序性规定普遍存在过于简陋的问题。为此，进一步强化打击证券违法活动中的程序规范制度建设，尤其要对特殊制度的特殊程序，包括行政刑事案件的移送程序等予以科学设计、合理安排，这也是当前完善资本市场执法司法机制、确保打击证券违法活动目标有效实现的重要方面。

结　语

经过体系性的思考形成体系性的安排实现体系化的秩序，是保证证券市场长远健康发展的重要保障。《意见》运用体系化思维从整体视角统筹安排证券立法、执法和司法活动的协同实施，强调充分发挥证券市场制度机制的系统效益，这对提高我国证券市场的监管效益，增强各个系统在规范证券市场秩序方面的角色功能，真正构建一个既能推动市场创新又能有效控制风险的证券市场法律制度体系将具有深远积极的影响。

参考文献

（一）著作类

1. 赵旭东主编《公司法学》，高等教育出版社，2006。

2. 〔美〕约翰·C. 科菲：《看门人机制——市场中介与公司治理》，黄辉、王长河等译，北京大学出版社，2011。

3. 曹富国：《少数股东保护与公司治理》，社会科学文献出版社，2006。

4. 〔日〕前田庸：《公司法入门》，王作全译，北京大学出版社，2012。

5. 赖英照：《股市游戏规则——最新证券交易法解析》，中国政法大学出版社，2006。

6. 陈甦主编《证券法专题研究》，高等教育出版社，2006。

7. 〔美〕莱斯特·M. 萨拉蒙主编《政府工具新治理指南》，肖娜等译，北京大学出版社，2016。

8. 缪因知：《中国证券法律实施机制研究》，北京大学出版社，2017。

9. 彭冰主编《规训资本市场》，法律出版社，2018。

10. 刘毅：《股东权利保护研究》，北京大学出版社，2016。

11. 〔英〕A. J. 博伊尔：《少数派股东救济措施》，段威、李扬、叶林译，北京大学出版社，2006。

12. 汪青松：《股份公司股东权利配置的多元模式研究》，中国政法大学出版社，2015。

13. 范愉：《集团诉讼问题研究》，北京大学出版社，2005。

14. 陈洁主编《商法界论集（第6卷）：证券纠纷代表人诉讼的理论与实践》，法律出版社，2020。

15. 胡震远：《共同诉讼制度研究》，上海交通大学出版社，2010。

16. 郭文英、徐明主编《支持诉讼维权案例评析（2018年）》，法律出版社，2018。

17. 徐明：《中国资本市场概论》，中国金融出版社，2023。

18. 陈洁编著《证券法》，社会科学文献出版社，2006。

19. 李中原：《多数人侵权责任分担机制研究》，北京大学出版社，2014。

20. 欧洲侵权法小组：《欧洲侵权法原则：文本与评注》，于敏、谢鸿飞译，法律出版社，2009。

21. 全国人大常委会法制工作委员会民法室编《〈中华人民共和国侵权责任法〉条文说明、立法理由及相关规定》，北京大学出版社，2010。

22. 全国人民代表大会常务委员会法制工作委员会编《中华人民共和国侵权责任法释义》（第2版），法律出版社，2013。

23. 王瑞贺主编《中华人民共和国证券法释义》，法律出版社，2020。

24. 王竹：《侵权责任法疑难问题专题研究》，中国人民大学出版社，2012。

25. 邹海林、朱广新主编《民法典评注：侵权责任编》，中国法制出版社，2020。

26. 最高人民法院民法典贯彻实施工作领导小组主编《中华人民共和国民法典侵权责任编的理解与适用》，人民法院出版社，2020。

27. 张新宝：《中国民法典释评·侵权责任编》，中国人民大学出版社，2020。

28. 杨立新：《侵权法论》（第3版），人民法院出版社，2005。

29. 阳雪雅：《连带责任研究》，人民出版社，2011。

（二）论文类

1. 肖钢：《证券法的法理与逻辑》，《证券法苑》（第10卷），法律出版社，2014。

2. 吴弘：《证券投资者保护组织的立法思考》，《东方法学》2008年第2期。

3. 李燕、杨淦:《中小投资者自律组织的组建机理——基于结构功能主义的分析框架》,《理论月刊》2014 年第 10 期。

4. 冯果:《投资者保护法律制度完善研究》,载《证券法苑》(第 10 卷),法律出版社,2014。

5. 宋功德:《证券执法和解机制》,《甘肃行政学院学报》2010 年第 3 期。

6. 陈甦:《商法机制中政府与市场的功能定位》,《中国法学》2014 年第 5 期。

7. 汪青松:《股份公司股东权利多元化配置的域外借鉴与制度建构》,《比较法研究》2015 年第 1 期。

8. 陈红:《设立我国证券投资者保护基金法律制度的思考》,《法学》2005 年第 7 期。

9. 投保基金公司专项补偿基金工作组、黄子波、王旭:《证券市场投资者保护新机制探索》,《证券市场导报》2015 年第 3 期。

10. 白江:《中证中小投服者服务中心有限责任公司的地位、职责和权限问题研究》,《投资者》2018 年第 4 期。

11. 罗培新、丁勇:《赋予投服中心特殊权利的法理基础及制度设计》,《投资者》2019 年第 2 期。

12. 邓峰:《论投服中心的定位、职能与前景》,《投资者》2018 年第 2 期。

13. 邵庆平:《金融管制与私人执行——国际金融危机后管制发展的反省》,《中正大学法学集刊》2013 年第 4 期。

14. 邵庆平:《投保中心代表诉讼的公益性:检视、强化与反省》,《台大法学论丛》2015 年第 1 期。

15. 周友苏、蓝冰:《证券行政责任重述与完善》,《清华法学》2010 年第 3 期。

16. 肖刚:《积极探索监管执法的行政和解新模式》,《行政管理改革》2014 年第 1 期。

17. 汤欣:《私人诉讼与证券执法》,《清华法学》2007 年第 3 期。

18. 张立省:《欧洲黄金股研究及对我国的启示》,《管理前沿》2012 年第 1 期。

19. 刘俊海：《股东中心主义的再认识》，《政法论坛》2021 年第 5 期。

20. 王彦明：《股东积极主义：股东积极行为的公司法界限》，《行政与法》2009 年第 8 期。

21. 冯果、李安安：《投资者革命、股东积极主义与公司法的结构性变革》，《法律科学（西北政法大学学报）》2012 年第 2 期。

22. 郭雳：《作为积极股东的投资者保护机构——以投服中心为例的分析》，《法学》2019 年第 8 期。

23. 卡塔琳娜·皮斯托、许成钢：《不完备法律——一种概念性分析框架及其在金融市场监管发展中的应用》，《比较》2002 年第 3、4 期。

24. 石超：《持股行权的法理逻辑与制度取向》，载《北大法律评论》（第 20 卷第 2 辑），北京大学出版社，2019。

25. 张巍：《美式股东集团诉讼问题与矛盾》，《投资者》2022 年第 2 期。

26. 郭雳、赵轶君：《股东投票代理机构的域外实践与中国启示》，《投资者》2018 年第 4 期。

27. 席涛：《证券行政和解制度分析》，《比较法研究》2020 年第 3 期。

28. 张红：《行政处罚的设定方式》，《中国法学》2020 年第 5 期。

29. 陶立早：《台湾投保中心之股东代表诉讼制度镜鉴》，《西安电子科技大学学报》（社会科学版）2014 年第 4 期。

30. 赖源河：《台湾公司法之修正方向》，载王保树主编《全球竞争体制下的公司法改革》，社会科学文献出版社，2003。

31. 伍坚：《股东提案权制度：美国的立法与启示》，《证券市场导报》2012 年第 1 期。

32. 欧阳琪：《防范"门口的野蛮人——投服中心诉海利生物案"的法律分析》，载《公司法律评论》（2019 年卷·总第 19 卷），法律出版社，2019。

33. 郭雳、赵轶君：《机构投资者投票顾问的法律规制——美国与欧盟的探索及借鉴》，《比较法研究》2019 年第 1 期。

34. 杨严炎：《多元化群体诉讼制度研究》，《东方法学》2008 年第 1 期。

35. 肖建国：《民事公益诉讼的基本模式研究——以中、美、德三国为中心的比较法考察》，《中国法学》2007 年第 5 期。

36. 胡永庆：《证券欺诈民事赔偿案件中集团诉讼模式之构建》，《比较法研究》2004 年第 4 期。

37. 章武生：《论群体性纠纷的解决机制——美国集团诉讼的分析和借鉴》，《中国法学》2007 年第 3 期。

38. 陈逸敏、朱羿锟：《股东派生诉权保护：东亚经验及其启示》，《学术交流》2004 年第 12 期。

39. 刘连煜：《投资人保护法研讨会（二）——团体、公益诉讼于证券期货市场之适用》，《月旦法学杂志》总第 49 期（1999 年）。

40. 薛永慧：《代表人诉讼抑或集团诉讼——我国群体诉讼制度的选择》，《中国政法大学学报》2009 年第 5 期。

41. 章武生：《香港证监会代表投资者索赔诉讼案例分析与借鉴》，《华东政法大学学报》2016 年第 4 期。

42. 汤欣、谢日曦：《从洪良国际案到证券民事赔偿》，载《证券法苑》（第 12 卷），法律出版社，2014。

43. 王彦明、贾翱：《论股东的临时股东大会召集请求权》，《社会科学战线》2010 年第 5 期。

44. 黄江东、施蕾：《中国版证券集团诉讼制度研究——以新〈证券法〉第 95 条第 3 款为分析对象》，《财经法学》2020 年第 3 期。

45. 何曜琛：《少数股东召集股东临时会与董监改选——经营权争夺战》，《台湾法学杂志》第 214 期（2012 年）。

46. 陈刚：《支持起诉原则的法理及实践意义再认识》，《法学研究》2015 年第 5 期。

47. 刘冰：《论中小投资者维权之证券支持诉讼》，载《证券法苑》（第 23 卷），法律出版社，2017。

48. 蓝冰、陈立群：《保护证券中小投资者权益的支持起诉机制》，载郭锋主编《证券法律评论》（2018 年卷），中国法制出版社，2018。

49. 王利明：《我国证券法中民事责任制度的完善》，《法学研究》2001 年第 4 期。

50. 郭峰：《少数股东权在股东大会的行使与保护》，载郭锋主编《证券法律评论》（第 1 卷），法律出版社，2001。

51. 齐树洁：《司法改革和接近正义》，《司法改革论评》2013 年第 2 期。

52. 黄国昌：《纷争解决机制之旧挑战与新视野——以英国 Private Ombudsman 对台湾地区"金融消费者保护法"之影响为例》，《北大法律评论》2012 年第 1 期。

53. 刘如翔：《台湾地区金融申诉专员机制述评》，《金融理论与实践》2014 年第 4 期。

54. 吕成龙：《投保机构在证券民事诉讼中的角色定位》，《北方法学》2017 年第 6 期。

55. 丁丁、侯凤坤：《我国引入证券执法和解制度的法律争点与解决路径》，载黄元红、徐明主编《证券法苑》（第 9 卷），法律出版社，2013。

56. 胡宝岭：《中国行政执法的被动性与功利性——行政执法信任危机根源及化解》，《行政法学研究》2014 年第 2 期。

57. 张保生、朱媛媛：《证券先行赔付制度的定分止争功能与效果的反思——以欣泰电气欺诈发行先行赔付专项基金后续争议为引入》，载郭锋主编《证券法律评论》（2018 年卷），中国法制出版社，2018。

58. 叶林、张辉、张浩：《证券执法和解制度的比较研究》，《西部法学评论》2009 年第 4 期。

59. 郭雳：《证券执法中的公共补偿——美国公平基金制度的探析与借鉴》，《清华法学》2018 年第 6 期。

60. 王文士：《论少数股东申请许可自行召集股东会》，《会计师季刊》第 233 期（2007 年）。

61. 王志诚：《股东之一般提案权、特别提案权及临时动议权——最高法院九十六年度台上字第二〇〇〇号判决之评释》，《月旦法学杂志》第 185 期（2010 年）。

62. 王志诚：《股东之股东名簿查阅权》，《月旦法学教室》第 128 期（2013 年）。

63. 王志诚：《股东之股东会召集请求权》，《月旦法学教室》第 68 期（2008 年）。

64. 王志诚：《股东之股东会自行召集权》，《月旦法学教室》第 72 期

（2008 年）。

65. 王志诚：《股东召集股东会之权限及保障》，《华冈法粹》第 55 期（2013 年）。

66. 曾宛如：《股东会与公司治理》，《台大法学论丛》2010 年第 3 期。

67. 罗培新：《论股东平等及对少数股股东之保护》，《宁夏大学学报》（人文社会科学版）2000 年第 1 期。

68. 梁上上：《股东表决权：公司所有与公司控制的连接点》，《中国法学》2005 年第 3 期。

69. 章武生：《论群体性纠纷的解决机制——美国集团诉讼的分析和借鉴》，《中国法学》2007 年第 3 期。

70. 洪国盛：《论第三人行为与违反安全保障义务的责任承担》，《法学》2020 年第 9 期。

71. 洪国盛：《义务范围理论下证券服务机构过失虚假陈述赔偿责任》，《法学研究》2022 年第 5 期。

72. 胡睿超：《美国证券律师的角色、监管及启示》，《政法学刊》2019 年第 2 期。

73. 胡岩：《美国侵权法改革及其对我国的启示》，《法律适用》2019 年第 19 期。

74. 高圣平：《产品责任中生产者和销售者之间的不真正连带责任——以〈侵权责任法〉第五章为分析对象》，《法学论坛》2012 年第 2 期。

75. 葛云松：《纯粹经济损失的赔偿与一般侵权行为条款》，《中外法学》2009 年第 5 期。

76. 耿利航：《美国证券虚假陈述的"协助、教唆"民事责任及其借鉴——以美国联邦最高法院的判例为分析对象》，《法商研究》2011 年第 5 期。

77. 耿利航：《欺诈市场理论反思》，《法学研究》2020 年第 6 期。

78. 曹险峰：《〈侵权责任法〉第 12 条之按份责任正当性论证——兼论第 12 条与第 37 条第 2 款的关系》，《苏州大学学报》（哲学社会科学版）2014 年第 2 期。

79. 曹险峰：《数人侵权的体系构成——对侵权责任法第 8 条至第 12 条

的解释》,《法学研究》2011 年第 5 期。

80. 曹相见:《我国商事侵权制度的现状与未来——以连带责任为中心的考察》,《私法研究》2020 年第 1 期。

81. 陈洁:《论保荐机构的担保责任》,《环球法律评论》2010 年第 6 期。

82. Brian R. Cheffins, John Armour, "The Past, Present, and Future of Shareholder Activism by Hedge Funds," *The Journal of Corporation Law*, vol. 37, 2011.

83. Ronald J. Gilson, Jeffrey N. Gordon, "The Agency Costs of Agency Capitalism: Activist Investors and the Revaluation of Governance Rights," *Columbia Law Review*, vol. 4, 2015.

84. Lynn Baker, Michael Perino and Charles Silver, "Is the Price Right? An Empirical Study of Fee-Setting in Securities Class Actions," *Columbia Law Review*, vol. 115, 2005.

85. John Coffee, "Reforming the Securities Class Action: An Essay on Deterrence and Its Implication," *Columbia Law Review*, vol. 106, 2006.

86. Lee-Casner, Cassandra M., "Nudging toward Mediation: An Analysis of Factors to Nudge Mediation as the Preferred Method of Alternative Dispute Resolution in International Commercial Disputes," *Wayne State University Journal of Business Law*, vol. 4, 2021.

87. Kastiel, Kobi, "The Corporate Governance Gap," *Yale Law Journal*, vol. 131, 2022.

88. Helland, Eric., "Reputational Penalties and the Merits of Class Action Securities Litigation," *Journal of Law and Economics*, vol. 49, 2006.

89. Pritchard A. C, Janis P. Sarra, "Securities Class Actions Move North: A Doctrinal and Empirical Analysis of Securities Class Actions in Canada," *Alberta Law Review*, vol. 47, 2010.

90. Urska Velikonja, "Public Compensation for Private Harm: Evidence from the SEC's Fair Fund Distributions," *67 Stanford Law Review* 331, (2015).

91. La Porta R., Lopez-de-Silanes F., Shleifer A, et al., "Legal Determinants

of External Finance," *Journal of Finance*, 1997: 1131–1150.

92. Winship V. , *Fair Funds and the SEC's Compensation of Injured Investors*, Social Science Electronic Publishing, 2008.

93. Black B. , "Should the SEC Be a Collection Agency for Defrauded Investors?" *The Business Lawyer*, 2008: 317–346.

94. Jorge Baez, James A. Overdahl, Elaine Buckberg, "SEC Settlement Trends," *NERA Economic Consulting*, 2013.

95. Velikonja U. , "Public Compensation for Private Harm: Evidence from SEC's Fair Fund Distributions," *Social Science Electronic Publishing*, 2015, 67 (2): 331–395.

96. John C. Coffee, Jr. , "Understanding Enron: It's About the Gatekeepers, Stupid," *The Business Lawyer*, vol. 57 , 2002.

97. John C. Coffee, Jr. , "Gatekeeper Failure and Reform: The Challenge of Fashioning Relevant Reforms," *Boston University Law Review*, vol. 84, 2004.

98. Jonathan R. Macey, Geoffrey P. Miller, "Good Finance, Bad Economics: An Analysis of the Fraud—on—the—Market Theory," *Stanford Law Review*, vol. 42, 1990.

99. Kenneth S. Abraham, "What Is a Tort Claim? An Interpretation of Contemporary Tort Reform," *MD. L. REV*, vol. 51, 1992.

（三）网上文献及其他类

1. 财团法人证券交易人及期货交易人保护中心网，http：//www. sfipc. org. tw/。

2. 刘彬：《台湾证券市场发展经验》，载资本市场研究网——北京期货研究院，http：//www. bisf. cn/zbscyjw/yjbg/201402/f8e26a18d41b431e88857c4f44b98689. shtml。

3. 《关于持股行权工作试点的研究报告》，中证中小投资者服务中心有限责任公司，2014。

4. 《中证中小投资者服务中心有限责任公司持股行权试点工作规则（草案）》，中证中小投资服务中心有限责任公司，2014。

5.《台湾投保中心参与治理及维权业务分析报告》，中证中小投资服务中心有限责任公司，2014。

6. Lawrence S. Liu, "A Perspective on Corporate Governance in Taiwan," 31 *Asia Bus. L. Rev.*, 29, 35 (2001).

7. About Kabunushi (Shareholders) Ombudsman: Its Goals and Activities, http://www.zephyr.dti.ne.jp/~kmorioka/about%20KO_e.html.

后　记

我是从 1999 年进入博士研究生阶段开始研习证券法的，一晃 25 年了。这 25 年里，我国的资本市场从蹒跚起步成长为全球第二大市场；我国的《证券法》从刚刚出台到历经四次修订；而我，也从三十而立跨入半百之年。时间唏嘘，世事沧桑。庆幸的是，岁月让我衰老，却没有减蚀我对证券法研究的热情，反而伴之愈久，迷之愈深。究其因，尽管资本市场如此波谲云诡，但证券法的学术天地如此纯粹又生机益然，以至于我可以沉浸在自己的研究领域静心自足；尽管证券法在我的法学领域尚属小众学科，但证券法的时空场域是如此辽阔，辽阔到足以消弭世间的喧嚣，也足以让我心无旁骛地去实现"陪伴是最长情的告白"。

证券法作为资本市场的基础法律规范，基于资本市场的特性以及投资者在证券市场中的地位，其以保护投资者权益为立法宗旨和首要原则。投资者权益保护既是资本市场发展的根本性问题，也是证券法研究的本源性问题。可以说，证券法所有的制度设计都可以在投资者保护中找到思路和方向。然而，我国对证券投资者保护制度的研究还较为薄弱，很多基础性的理论问题和技术问题还未解决，以至于我们的制度在市场实践中时常捉襟见肘而饱受质疑。但是，毋庸置疑，在我国资本市场前所未有跨越式发展背景下，在理论界和实务界共同努力探索与持续推进下，我国逐步建立了具有中国特色的投资者保护机制，创设了诸如持股行权、先行赔付等卓有成效的特殊保护制度，这些制度有的已经在国际上获得广泛的影响，获得越来越多的认同，但更多的还需要不断完善，尤其是与这些特殊制度相配套的整体投资者保护机制的科学化体系性建构任务还相当艰巨，为此急需学界从法理基础和运行逻辑上提供更多的智识支持。

　　此书就是我对证券投资者保护问题研究的一点心得。尤其是对 2019 年最新修订的《证券法》所确立的投资者保护创新机制所作的思考。因学养和学识所限，这些思考难免存在诸多的疏漏之处，但就学术研究而言，本书的内容从选题价值到研究视角，都试图在兼顾理论拓展和实务需求的同时，积极积累自己的思考并力求裨益于我国的实践。这样积累的过程中，我时常思绪万千却落笔寥寥。尽管"尽精微、致广大"是每一个学者努力去践行的一个目标或者过程，但客观上总有很多问题，是我们暂时无法解释或解释不清的，我们必须接受自己的渺小和自己的能力所限。但不管如何，可以终日于案牍，想我所想，写我所写，无问西东，诚乃何其幸运。在这样思长与笔短、兴奋与焦虑交织的过程里，所有的为时已晚与恰逢其时，所有的困顿与蹉跎，或许都是对自己心路历程最好的注脚。

　　博尔赫斯说，"时间永远分岔，通向无数的未来"。而我以为，学者的未来即是此刻，亦是当下。当下的任何一个瞬间，其实都已经承载了所有的过去与所有的未来。只是步履匆匆间，多少时光如流水一般在身上湍急而过，而我们，身在水中，不觉水流。

　　在 2024 年的除夕之夜写下这些文字。窗外是烟花掠过依稀的微光。往事如风。唯晨钟暮鼓，远山巍峨。

陈　洁

2024 年 2 月 9 日深夜

图书在版编目（CIP）数据

证券投资者保护实现机制研究／陈洁著. -- 北京：

社会科学文献出版社，2024.5. -- ISBN 978-7-5228

-3785-7

Ⅰ. D922.287.4

中国国家版本馆 CIP 数据核字第 20240U2A98 号

证券投资者保护实现机制研究

著　　者 ∕	陈　洁
出 版 人 ∕	冀祥德
责任编辑 ∕	芮素平
责任印制 ∕	王京美

出　　版 ∕ 社会科学文献出版社·法治分社 （010）59367161
　　　　　　地址：北京市北三环中路甲 29 号院华龙大厦　邮编：100029
　　　　　　网址：www.ssap.com.cn
发　　行 ∕ 社会科学文献出版社 （010）59367028
印　　装 ∕ 北京联兴盛业印刷股份有限公司

规　　格 ∕ 开本：787mm × 1092mm　1/16
　　　　　　印张：21.5　字数：340 千字
版　　次 ∕ 2024 年 5 月第 1 版　2024 年 5 月第 1 次印刷
书　　号 ∕ ISBN 978-7-5228-3785-7
定　　价 ∕ 128.00 元

读者服务电话 4008918866